广东财经大学华商学院应用型人才培养会计系列教材
GUANGDONG CAIJING DAXUE HUASHANG XUEYUAN YINGYONGXING RENCAI PEIYANG KUAIJI XILIE JIAOCAI

会计信息系统

KUAIJI XINXI XITONG

主 编 ○ 郭婉儿
副主编 ○ 罗述苹 马玉娟 何子昉

西南财经大学出版社
Southwestern University of Finance & Economics Press
中国 · 成都

编委会

前 言

近年来，信息技术在我国财务会计领域得到了广泛的应用，使得财务会计理论和实务发生了巨大变化，不仅提高了会计信息的质量、会计工作的效率，而且推动了财务会计模式的不断创新，财务会计信息系统已经成为企业信息化应用中最具有价值的信息系统之一。

会计信息系统就是从全局观、系统观、信息观的视角出发，在网络环境中研究会计信息系统的分析、设计和评价方法，研究会计数据的搜集、加工、存储、控制、输出等方法，研究财务与业务信息集成的一体化策略的一门交叉学科。本书由浅入深地介绍了会计信息系统的基本概念，会计信息系统的设计方法，使学生理解和初步掌握在计算机及网络环境中会计核算职能是如何实现与完成的；通过对账务处理、销售与应收账款、采购、付款和存货等子系统处理流程、数据文件、总体结构的分析和讲解，使学生深刻地理解和掌握如何将信息技术与财务会计工作及流程有机融合的基本原理和方法，从全局和系统观的视角理解财务会计的核算与控制职能的有效发挥；通过网络环境下的会计报表编制与分析的阐述，培养学生利用会计软件编制外部会计报表和企业内部管理报表的能力以及如何将会计信息进行再利用的能力；通过对会计信息系统审计的讨论，使学生能够了解计算机审计方法和会计信息系统内部控制的解决方案。

总之，通过本书的学习，能够培养学生在网络环境以全局观、系统观和信息观的眼光去理解和规划财务会计工作；应用分析和设计工具正确地描述不同时期、不同企业的会计信息的处理流程；根据会计核算和管理的需要确定会计信息系统的基本功能；能够应用会计信息系统处理会计工作；能够正确地理解和评价会计信息系统，并为不断完善和创新会计核算与管理方法打下良好基础。

本书以最新的用友 ERP-U8V10.1 版本软件为依据，介绍了会计信息系统的基本操作内容和操作原理，并选取财务管理系统相关模块设计了一整套模拟企业实训业务。本书注重理论与实践的有机结合。

本书共四章，第一章为导论，简要介绍会计信息相关概念和 ERP 软件的应用情况。第二章为会计信息系统原理，介绍了企业进行会计信息化建设的方案设计及相关内容，并详细介绍了会计信息系统相关财务模块和供应链（业务）模块的基本功能和原理。第三章为会计信息系统实验操作，设计了一整套企业日常经营业务并应用于财务管理系统软件中。该部分内容既有实训要求和实训资料，又有实训指导和实训答案比对，能够使学生将理论应用于实践，达到理论联系实践的显著效果。第四章为财务业务一体化综合案例，提供给学生进行自我考核，以检验本书内容的掌握情况，同时达到一个学习的总结和升华效果。

本书编写的目的是使学生掌握最新的财务管理软件，掌握会计信息系统的相关知识，并具有一定的 ERP 软件操作能力，为学生以后从事会计工作奠定较为扎实的基础。本书非常适合应用型本科院校会计、财务管理及其他经管类专业的本科生学习使用。

本书从编写到完善得到了许多专家、专业教师和同事的大力支持与配合。广东财经大学华商学院副院长郭银华教授，广东财经大学华商学院副院长、会计学院院长陈美华教授，会计学院巴雅尔副院长、罗绍德副院长、向子贵教授多次参加本书编撰的讨论和修订会议，提出了许多宝贵的指导意见；马玉珍教授、葛敬东教授、刘良惠教授、杨咏梅老师等对本书的编撰、修改提出许多建设性意见。在此，对大家的大力支持与无私帮助表示衷心的感谢！

由于编者水平所限，书中难免存在不足之处，恳请专家、读者批评指正！

编者

2017 年 10 月

目 录

第一章
导论

第一节 会计信息化概述

20 世纪末，信息技术特别是网络技术的飞速发展和广泛应用，把人类带入了一个崭新的信息时代。信息时代使社会经济环境发生了深刻的变化，并彻底改变了社会的发展和运行方式。对会计职业领域来说，传统的工作方式、工作流程受到重大冲击，从会计电算化到会计信息化再到企业资源计划（Enterprise Resource Planning，ERP）的迅速升温，给会计工作者带来了紧迫感和危机感。借助信息化工具武装自己，寻求提升工作效率的新思维已经成为一种全社会的共识，而且日渐成为一种大众文化。

会计是一门实践性很强的学科，今天的会计实践和十几年前最大的不同就是ERP 的导入和发展。自 2005 年始，在国内众多管理软件厂商的引导和推动下，ERP 进入普及时代。ERP 系统覆盖了企业管理的所有领域，财务管理是其中不可缺少的重要组成部分，它与企业的产、供、销业务活动密切结合，企业的任何行为都会以价值形式在财务系统中反映出来。对于信息时代的企业管理者和财务管理者来说，不了解这种新的财务管理平台将影响到其未来的职业发展。在这样的时代背景下，如果不能将现代信息技术与会计工作相融合，了解新形势、新环境下如何更好地发挥会计的作用，无疑会被时代淘汰。

一、相关概念

（一）会计电算化

会计电算化是将以电子计算机为主的当代电子和信息技术应用到会计工作中的简称。会计电算化主要是用电子计算机代替人工记账、算账、报账以及代替部分由大脑完成的对会计信息的处理、分析和判断。

会计电算化是会计发展史上的一次革命，对会计工作的各个方面都产生了深刻的影响。会计电算化的普及，有利于促进会计工作的规范化，提高会计工作质量；

有利于减轻会计人员的劳动强度，提高会计工作的效率；有利于更好地发挥会计的职能作用，为实现会计工作现代化奠定良好的基础。

（二）会计信息化

会计信息化是指将会计信息作为管理信息资源，全面运用以计算机、网络通信为主的信息技术对其进行获取、加工、传输、应用等处理，为企业经营管理、控制决策和经济运行提供充足、实时、全方位的信息。会计信息化是信息社会的产物，是会计电算化发展的高级阶段。会计信息化不仅仅是将计算机、网络、通信等先进的信息技术引入会计学科，与传统的会计工作相融合，在业务核算、财务处理等方面发挥作用。会计信息化还包括更深层次的内容，如会计基本理论信息化、会计实务信息化、会计教育信息化、会计管理信息化等。

（三）ERP 与会计信息系统

ERP 的目的是优化企业资源。具体来说，ERP 以市场和客户需求为导向，进行企业内外资源的优化配置，消除生产经营过程中的无效劳动和资源浪费，实现企业整体的信息流、物流、资金流、价值流和业务流的有机集成，对企业的所有资源（人力、资金、信息、物料、设备、时间等）进行充分调配和平衡优化，为企业加强财务管理、提高资金运营水平、建立高效率供应链、减少库存、提高生产效率、降低成本、提高客户服务水平等提供保障，同时为企业管理者提供科学决策的依据。在 ERP 已经普及的今天，ERP 几乎成为企业管理软件的代名词。

会计信息系统在企业管理信息系统中占有举足轻重的地位。会计信息系统是采用现代信息技术，对企业生产经营过程中的业务数据进行采集、加工、整理、传输，以便系统地、连续地、综合地反映企业经营活动的全过程，以达到客观地反映过去、实时地控制现在、准确地预测未来的目的。把会计信息系统作为企业管理信息系统的一部分来认识和剖析更能反映会计是为企业经营管理决策服务的本质特征。

二、会计信息化的发展历程

在世界上任何一个国家，宏观经济管理体制都是随着一个国家经济所处成长阶段的不同而不断变化发展的。作为宏观经济组成单元的微观经济企业，其管理模式也必然随着宏观经济管理体制的变革而变革。会计信息系统作为企业管理信息系统的一个重要组成部分，其开发与应用的最终目的就是要满足企业管理的需要。也就是说，特定时期开发的会计信息系统，其结构与功能必须适应特定时期的企业管理体制。与此同时，会计信息系统的开发与应用也会在一定程度上规范企业业务流程，把企业管理推进到一个更高的层次。企业管理达到一个更高层次后又反过来要求会计信息系统在结构与功能上的进一步发展，以适应企业更高层次管理模式的需要。因此，会计信息系统的发展与企业管理的进步是既相互适应又相互推动的。

会计信息系统的发展与计算机硬件、系统软件、应用软件和专业人才培养息息相关。根据会计信息系统的系统结构、功能与技术的变化过程，我们大体上将我国会计信息系统的发展分为四个阶段。

（一）1979—1988 年，会计信息系统理论研究与定点开发阶段

在我国，计算机最早用于会计事务处理工作始于 1979 年。1979 年，财政部拨款 500 万元，在长春第一汽车制造厂进行会计电算化试点尝试。

1981 年，在长春召开的“财务、会计、成本应用计算机专题研讨会”正式把“计算机在会计工作中的应用”简称为“会计电算化”。

在这一阶段，微型计算机还没有面市，计算机是昂贵的，只有实力雄厚的大型企业才有能力购置。市场上还没有商品化的会计软件。部分高校和研究所的学者开始进行会计电算化理论的研究，框架性地提出了会计信息系统的结构和主要功能。部分单位开始进行自主开发，首选突破口一般为易于解决的会计核算工作，如工资发放与管理业务。这一时期的开发工作非常艰难，应用单位不了解计算机技术，也不能准确描述自己的业务需求，而专业技术人员不了解会计业务处理过程，只能依赖于个人的理解，因此开发是盲目的，开发周期长且低水平重复开发严重，造成大量人力、物力的浪费。

20 世纪 80 年代中期，外部环境发生了变化。计算机技术发展迅猛，微型计算机的出现、计算机网络技术的应用、数据库管理系统的发展，给会计电算化的发展开辟了广阔的天地，使其呈现出普及化的趋势。会计人员也不再把会计电算化看成技术人员的工作，而是积极参与到这一工作中来。1984 年，财政部科研所开始招收会计电算化方向的研究生，着手培养会计电算化方面的专门人才。

（二）1989—1995 年，商品化会计软件面市

计算机技术在国内逐渐普及，使国民对计算机应用有了一定认识。经过了 20 世纪 80 年代初期的探索，部分参与会计电算化开发的人员积累了一定经验，国家也培养了一大批既懂会计又懂计算机的复合型人才，这些都为我国会计电算化软件商品化、市场化打下了基础。

根据国际会计业务的发展趋势和国内的具体情况，我国认识到依靠会计信息系统的定点开发是不能解决中国会计电算化问题的，必须走通用化的道路。1988 年，中国会计学会在吉林省召开了第一届会计电算化学术讨论会，主题就是会计信息系统的通用化问题。与此同时，在市场经济的大背景下，一批年轻人先后成立了多家专门从事财务软件开发的专业公司。目前，国内最大的管理软件供应商和服务商——用友软件股份有限公司就成立于 1988 年。1989 年，财政部开始组织专家学者对会计软件进行评审。1989 年 12 月，财政部发布了关于会计电算化的第一个法规《会计核算软件管理的几项规定（试行）》，提出了对会计软件的“十条基本要求”，建立了商品化会计核算软件的评审制度。管理部门的介入对会计软件开发从通用化向商品化发展起到了积极的推动作用。

这一期间开发出的商品化会计软件主要以用计算机代替手工核算和减轻会计人员记账、算账的工作量为主要目标，一般称为核算型会计软件。它主要用于财务部

门，是一种部门级的会计信息系统。它利用计算机代替了手工记账，实现了会计核算业务的计算机处理。软件模块构成主要包括账务处理、报表、工资核算、固定资产、材料核算等，各模块相对独立，没有形成一个整体系统。

核算型会计软件的开发基于以下背景：

（1）在计划经济向市场经济过渡的阶段，企业管理主要注重按计划组织生产，财务工作主要是记账或会计核算，在企业管理中发挥的作用很小。在这种体制下开发出的会计信息系统，其开发和应用必然只注重会计核算。

（2）核算型会计软件是在探索中开发与扩展功能的，软件开发一般从账务处理开始，然后逐步扩大系统的边界和范围，缺乏总体设计环节。不断推出的外围专项业务处理系统与账务处理系统之间不存在真正的结构关联性，众多模块不能构成一个系统整体。

（3）在会计人员与计算机软件开发人员合作的过程中，会计人员总是强调对手工会计业务处理流程的模拟而不考虑计算机信息处理的特点；而计算机软件开发人员在不精通会计业务的情况下只能根据会计人员对业务的描述进行模拟，所能发挥的作用就是机械地追求在计算机屏幕上模仿手工凭证与印刷账簿的逼真性。

（4）由于核算型会计软件的开发主要是模拟手工会计业务处理流程，而在手工会计业务处理过程中，财务部门与其他业务部门相对独立，资金与实物管理相对分离。此外，在手工会计业务处理过程中，各部门之间信息重复记录已司空见惯，信息一致性需要人工进行不定期核对，账实不符时有发生。再加上这期间企业人员计算机应用水平有限，因此使用一个个独立的功能模块完成会计业务处理有其方便性。

在这期间推出的第一批商品化会计软件是基于 DOS 操作系统、小型桌面数据库系统（如 dBASE、FoxBASE、FoxPro、Access 等）开发的，以单机应用为主。

（三）1996—2000 年，会计软件由核算向管理转型

在第一批商品化会计软件的开发与推广应用过程中，开发人员在怎样实现计算机信息处理技术与会计业务处理有机结合方面的认识不断加深。与此同时，会计信息系统的应用单位对会计信息系统的应用需求越来越明确。财政部于 1994 年发布的《会计核算软件基本功能规范》和《商品化会计软件评审规则》对于提高会计软件质量和商品化也起到了积极的作用。此外，为了解决会计电算化人才不足的问题，从 1995 年开始，财政部在全国大规模开展会计电算化培训，提高了广大会计人员的计算机应用水平。

因此，20 世纪 90 年代中期以后的会计信息系统在功能上有了很大的提高，总体上更加系统化、规范化，已由过去单纯的以记账、算账、报账为主的核算型会计信息系统发展成为以管理为核心的面向企业生产经营全过程的管理型会计信息系统；由单纯的只对资金流进行管理，发展成为财务与购销存业务一体化管理；由单一的财务部门级的应用系统，发展成为跨越多个部门的企业级应用系统；由单机型会计信息系统发展为网络型会计信息系统；由孤立的几个财务模块，发展成为账务、报表、应收、应付、工资、固定资产、采购管理、库存管理、存货核算、销售管理、

成本管理、财务分析、决策支持等各项功能高度集成化的通用会计信息系统。

与以前的会计信息系统相比，这一时期推出的商品化会计信息系统在以下方面有了明显的改善：

（1）会计软件向广度和深度发展。随着社会主义市场经济的发展，会计核算工作越来越细，这就要求商品化会计软件从软件功能、系统结构、适用范围等方面向深度和广度发展。会计软件的功能体系开始向管理型发展，通用软件通过配置参数满足不同应用者的需求。此外，很多行业软件也日渐成熟。

（2）会计软件的集成度更高。这一阶段的会计软件已不是独立的核算模块，而是将各个模块联系起来，统一服务于企业管理。企业级会计信息系统就是总账、报表、应收、应付、工资、固定资产、采购管理、库存管理、存货核算、销售管理、成本管理、财务分析、决策支持等各项功能高度集成化的通用会计信息系统，有效地弥补了部门级会计信息系统下存在的“信息孤岛”的缺点，可以实现信息共享。在使用中，会计人员和各层级管理者可以以不同的权限进入系统，获得所需信息并进行处理，这样就强化了审核和监督职能，有效提高了会计信息的质量。

（3）会计信息系统的各项业务划分更加合理，业务处理模块更加完善。在第一批商品化会计信息系统中，往来管理功能一般是在账务处理模块中，主要是进行往来业务核销和账龄分析。改善后的软件将往来分为应收款管理和应付款管理，并成为相对独立的功能模块，使企业会计人员可以更好地对短期流动资金进行管理。此外，材料管理还被分为采购和库存管理两个模块，更加明确了其职权划分和责任划分，并将销售等企业管理信息融入系统。企业级会计信息系统增加了决策支持模块，初步体现了会计信息系统的信息管理和决策支持的特点。这一阶段的会计信息系统主要使用 Windows 环境下的面向对象的开发工具如 C++、Visual Basic 等，缩短了软件开发周期，而且运行在 Windows 操作系统中，其友好的界面使得软件更容易操作使用。数据库则采用 Oracle、Sybase、SQL Server 等，提高了系统的安全性和数据处理效率。另外，这个时期开发的会计信息系统基本上采用了客户/服务器（C/S）网络体系结构，并逐步出现了三层 C/S 结构和 B/S（广域网浏览器/服务器）结构。

（四）21 世纪，信息信息系统向企业全面管理信息系统发展阶段

当会计信息系统从部门级升级为企业级之后，实际上已经同企业管理信息系统成功接轨。20 世纪 90 年代末开始，我国一些财务软件公司开始向 ERP 进军，这标志着我国会计信息化又一新阶段的到来。

我国 ERP 的发展大致经过了以下三个时期：

（1）1990—1997 年，主要由国际厂商主导，称为 ERP 导入时代。这一时代的特征是 ERP 产品复杂、实施周期长、成本高，企业管理与信息化基础薄弱，因此这一时期的尝试失败多成功少。

（2）1998—2004 年，国内厂商迅速成长，超越国际厂商，称为 ERP 发展时代。这一时代的特征是国产 ERP 产品不断成熟，厂商服务能力快速形成，企业管理和信

息化基石出不断提高，ERP 系统在越来越多的企业得到成功的应用。

（3）从 2005 年开始，由国内厂商主导并带动产业链发展，ERP 进入全面普及时代。在 ERP 全面普及时代，产品实现了易用、低成本和快速实施的目标，企业管理与信息化基础普遍提高，ERP 应用得到普遍成功。

需要说明的是，从企业应用的角度看，并非所有企业都需要应用企业管理信息系统，只有实现规范化管理并具有一定规模的企业才有必要考虑实施企业管理信息系统，如世界 500 强企业几乎全部采用了企业管理信息系统。而对于其他大部分企业，可以先实现会计信息化，待条件成熟后再应用面向企业全面管理的企业管理信息系统。

三、会计信息化现状分析

我们主要从会计信息系统的构成要素来剖析会计信息化目前的态势。

（一）技术架构

计算机硬件的飞速发展使其不再成为任何应用系统的发展瓶颈，而网络体系成为会计信息系统的主要运行模式。相应地，网络结构和安全性日益成为企业关注的重点。

从技术实现上，基于局域网应用的 C/S 结构的应用系统仍然占据主流，从安全性考虑，可以设计为三层架构体系，即逻辑上分为数据服务器、应用服务器和客户端，以提高系统的运行效率与安全性。此外，互联网的飞速发展是众多软件厂商决不会忽略的因素，基于互联网的 B/S 结构的应用系统在财务集中核算与管理集团业务上发挥了无可比拟的优势。

（二）应用软件

应用软件的真正价值在于延伸管理者的视觉和触觉，使其真正了解企业，以监控业务过程，获取决策所需的必要信息。唯有这样的应用软件才是企业需要的、适合的应用软件。

目前，市场上常见的会计信息化应用软件有 SAP、ORACLE、用友、金蝶、新中大、浪潮、神州数码等。不同的应用软件的开发公司规模不同，发展历史及背景不同，所提供的产品及服务也必然存在差异。

（三）人才建设

从软件企业的角度来看，其需要系统分析、设计、开发、销售、市场、实施顾问、维护、培训等各类人员。从企业应用的角度来看，其需要各模块操作人员、信息系统管理人员、企业管理人员等。计算机文化的迅速渗透及近年来的高校扩招，为企业会计信息化事业准备了充足的后备军。但是客观来讲，高端人才，如政府宏观管理人员、资深的企业顾问、成熟的系统分析师、设计师等则明显不足。

（四）政策导向

任何事物的发展与政策导向都是直接相关的。从最初的会计电算化到今天的企业信息化，国家宏观管理机构可以说是发起者、推动者、支持者。但是国家宏观管理及会计信息化理论研究已远远落后于实务的发展。

四、会计信息化发展趋势

（一）一体化

随着用户需求逐渐走向成熟，用户需要的管理软件不再是单点的、单一的产品，而是整合的、集成的、一体化的、平台化的产品组合形态。管理软件也将因势而变，迎来一体化浪潮。当前企业在生产经营管理过程中正遭遇越来越多的“痛点”，用户需求也正逐步呈现集成化、深度化、服务化、战略化的“四化趋势”。因此，以ERP与客户关系管理（CRM）、供应链管理（SCM）、办公自动化（OA）、商业智能（BI）、生产周期管理（PLM）等系统的全面集成为特征的，围绕企业业务一体化框架展开的一体化具体需求正逐渐成为管理软件行业未来发展的原动力。一体化可以在管理效益、市场效益、成本效益三个重点领域为企业带来管理效率提升、市场反应快速、成本降低、企业竞争力增强等多重商业价值。

（二）商业智能

商业智能是指通过对数据的收集、管理、分析以及转化，使数据成为可用的信息，从而获得必要的洞察力和理解力，更好地发挥ERP的效能和潜能，更好地辅助决策和指导行动。商业智能是能够帮助用户对自身业务经营做出正确决策的工具，即利用企业积累的数据增进对业务情况的了解，帮助企业在业务管理及发展上做出及时、正确的判断，然后采取明智的行动。

（三）移动商务

移动商务是指通过移动通信网络进行数据传输，并利用手机等移动终端开展各种商业经营活动的电子商务模式。移动商务的商务活动主要是借助移动通信技术实现随时随地沟通，提供实时准确的信息查询，创造更多的商务机会。

（四）云服务

新一代以物联网、云计算为代表的信息技术时代已经到来，中国企业的信息化已经从“部门级职能应用”到达了“企业级平台集成”的阶段，要进一步满足企业工业化和信息化的深度融合需求，需要更睿智、更好用、更绿色的信息科技及产品和服务，而云计算恰好能够帮助企业做到这点。云计算模式给客户带来“多、快、好、省”的价值正日渐凸显。“多”是指在云计算模式下，能提供大量传统模式提供不了的服务；“快”是指能够随时随地提供信息与应用服务，企业客户可以实时获得经营管理的精准数据，进行实时商业分析；“好”是指更好用、更易用；“省”是指企业获得同样价值服务的投入和运营成本将大幅下降。

第二节　会计信息系统学习导航

理解学习目标，明确为什么要学习这门课，才能产生学习的动机和意愿，了解学习方法，善用教学资源，解决如何学习才更有效率的问题，达到事半功倍的效果。

一、课程目标

企业对入门财务人员的能力要求可以概括为以下几点：业务解读能力、业务核算能力、善用现代化管理工具的能力、协同工作能力以及良好的沟通能力。通过本课程的学习，学习者应具备以下能力：

（1）理解会计信息系统与ERP系统的关系，认识会计在企业管理中的位置及作用。

（2）理解财务与业务的关系及网络环境下如何对二者进行协同管理。

（3）对财务管理和供应链管理各子系统的工作原理有较为深刻的把握。

（4）熟悉财务管理和供应链管理各子系统的功能及其数据传递关系。

（5）运用会计信息系统处理企业日常发生的各种类型的实际业务。

具备以上能力，学习者才能胜任信息化企业中财务部门、业务部门的应用人员岗位。

二、学习方法

会计信息系统融合了会计、信息技术、管理科学等多个学科，又是企业管理系统不可分割的组成部分。因此，学习者要学会：

（1）从对比中学，明晰手工会计业务处理与计算机会计业务处理的差别。

（2）建立全局观，从服务企业管理的高度出发理解会计工作，把握核心内容。

（3）坚持实践性，易知不易行，易学不易会，只有努力实践，才能终有所成。

第三节　用友ERP概述

本书选择了用友ERP-U8（V10.1版本）（以下简称用友ERP-U8）管理软件作为实验平台。

一、功能概述

用友ERP-U8是企业级解决方案，运行于局域网环境，定位于中国企业管理软件的中端应用市场，可以满足不同竞争环境下，不同制造、商务模式下以及不同运营模式下的企业经营用友ERP-U8以全面会计核算和企业级财务管理为基础，实现了购销存业务处理、会计核算和财务监控的一体化管理，提供从企业日常运营、人力资源管理到办公事务处理等全方位的企业管理解决方案。

二、总体结构

用友ERP-U8管理软件提供了企业信息化全面解决方案，对应了高等教育的多个专业方向，如企业管理、物流管理、信息管理、会计、人力资源管理等。对于教学而言，如果全面展开上述所有内容无疑面临着教学学时的限制。因此，在综合考虑教学对象、教学内容、教学学时的基础上，我们选择了其中的财务管理和供应链管理两部分中的常用模块搭建了本书的实验体系，以满足对企业财务业务的一体化管理的学习需要。其中，财务管理中选择了总账管理、UFO 报表、固定资产、应收管理、应付管理、存货核算等主要模块，供应链管理中选择了采购管理、销售管理、库存管理等主要模块。另外，本书还介绍了人力资源管理中的薪资管理模块。

三、数据关联

为了使大家对财务业务一体化运行模式有总体认识和了解，我们需要清晰地描述这些模块之间的数据关系（如图 1-1 所示）。

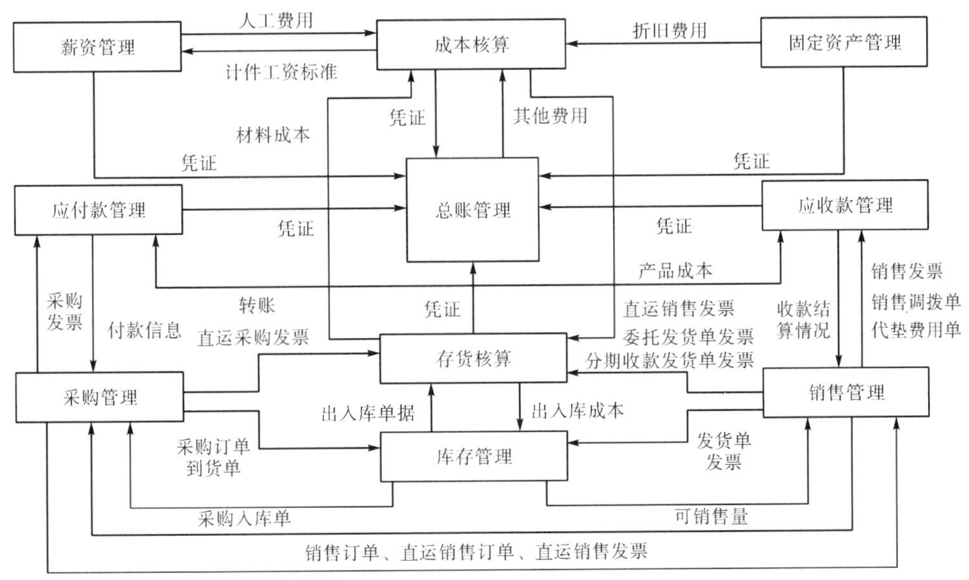

图 1-1 用友 ERP-U8 模块间的数据关系

四、企业业务流程

业务流程是企业中一系列创造价值的活动的组合。企业信息化实施过程就是分析企业业务及管理需求，并充分利用管理软件的功能优化企业业务流程，实现企业管理诉求的过程。认识企业业务流程，可以了解企业业务管理的概况，明晰业务部门和财务部门的关联，为学习管理软件奠定业务基础。

典型制造业的业务流程如图 1-2 所示。

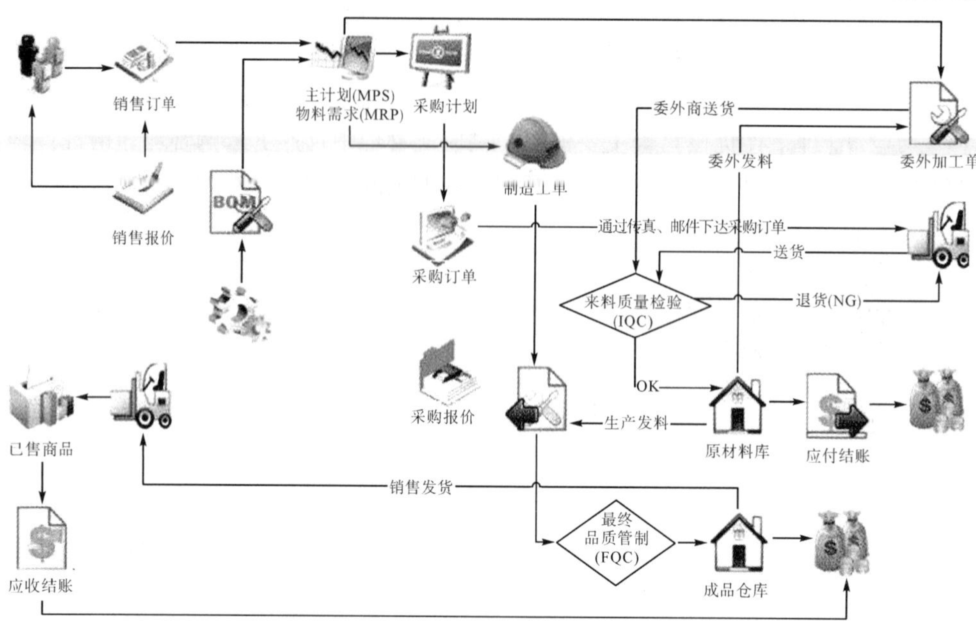

图 1-2　典型制造业的业务流程图

第二章
会计信息系统原理

会计信息系统是企业管理信息系统中的一个子系统，是组织处理会计业务，为企业提供财务会计信息并管理控制企业经济活动的系统。

大型企业采用集成管理软件实现会计信息系统和管理信息系统的工作。在集成管理软件中，会计信息系统是其重要组成部分，是 ERP 的重心，是整合企业各个部门、各种资源的最佳手段，完全实现了管理会计与财务会计的一体化及财务管理与其他业务管理的一体化。

企业集成管理软件一般包括四个方面的功能，即财务管理、供应链管理、分销管理和决策支持管理。财务管理只是企业管理的组成部分之一，是对企业资金流的管理，而企业管理软件则是对企业进行全面管理的计算机软件系统，涵盖企业管理全部业务流程，包括企业资金流、物流、信息流的全面一体化管理。

本章内容将以用友 ERP 管理软件为例来介绍会计信息系统相关软件模块的内容和基本原理。

第一节　会计信息系统的建设与管理

在我国开展会计信息化建设的早期，人们把企业会计信息系统建设简单地等同于“购置硬件+购置软件”，而今天，这种想法必须要改变了。随着计算机和现代信息技术的飞速发展，改造企业管理手段和实现企业管理信息化已成为提升企业竞争力的重要措施，会计信息系统就是在企业管理信息化中的典型应用。

会计信息系统是一种先进的管理手段，建立会计信息系统的过程同时也是在企业内部建立一套新的管理目标体系的过程。实际上，对建立大型会计信息系统的单位来说，硬件和软件的投资仅仅是系统建设与投资的一部分，而系统实施、形成信息处理规范、培训业务和管理人员、完善现行的管理制度、调整业务流程、进行信息的综合分析都是构成信息系统建设的重要环节，这一切均需要人力、时间和资金的投入。企业会计信息系统的建设是一项复杂的系统工程，涉及单位的各个方面和诸多业务环节，是一项长期的、艰苦的工作，任何一个环节的失误都会影响到系统建设的成败。

会计信息系统建设是指企业建立会计信息系统的全过程。无论企业规模大小、结构及业务复杂程度如何，建立会计信息系统的工作程序都大致相同（如图 2-1 所示）。

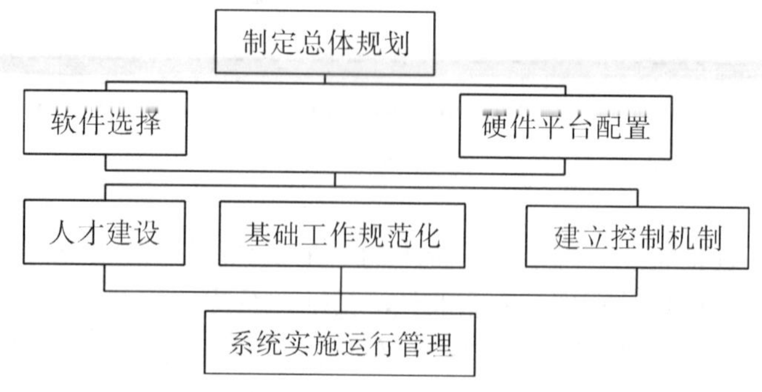

图 2-1　建设会计信息系统的工作程序

一、会计信息系统建设的总体规划

（一）需求分析

在制定总体规划前，应进行需求分析。企业是否进行管理信息化建设，完全取决于企业在全球市场环境下的竞争需求。

1. 宏观需求分析

宏观需求分析主要解决企业战略目标的制定问题。首先，企业需要分析是否进行管理信息化的建设、有没有条件进行、什么时候进行、资金和人力是否准备到位、预期效益如何等问题。其次，企业需要分析其在全球一体化竞争中的位置，把企业的竞争状况与主要竞争对手进行逐项对比，确定企业产品和技术的发展趋势，确定希望管理信息化解决的问题。最后，企业需要分析高层领导是否有改革开拓的决心，是否有不断进取和对项目勇于承担责任的精神，这也直接影响管理信息化的成败。如果企业管理层认为有必要建设管理信息化，则要制定战略目标，确定企业建立会计信息系统所期望达到的目标，并与企业发展战略目标保持一致。

2. 微观需求分析

微观需求分析主要是解决企业实施战术的制定问题。企业要制定合理的实施战术，必须认真、细致地分析企业存在的问题，对问题进行诊断，并提出新的需求。一般来讲，企业应该成立需求分析小组，对企业存在的问题进行充分调研，总结和分析企业会计信息系统的需求。

（二）会计信息系统建设的目标

在需求分析的基础上，企业应该确定会计信息系统建设的目标和范围。会计信息系统建设的目标应指明企业建设会计信息系统的基本方向，明确系统建设的规模和业务处理规范。按时间划分，会计信息系统建设的目标可分为近期目标和中长期目标。制定目标的基本依据是企业发展的总目标，一切策略都是为企业战略服务的。

（三）会计信息系统建设的工作步骤

会计信息系统建设的工作步骤是按照会计信息系统建设目标的要求和企业实际情况对会计信息系统建设过程的任务分解，主要规定系统的建设分哪几步进行、每一步的阶段目标和任务、各阶段资源配置情况等。一般来讲，会计信息系统的建设分为以下三个基本阶段：

（1）项目准备。

（2）项目管理。

（3）项目验收。

在各个阶段所采用的特定控制机制和管理方法就是信息系统的实施方法，如图2-2所示。

项目管理实施周期 →

项目管理过程的控制机制 ↓

	项目准备	项目管理				项目验收
		制订计划	组建组织	建立控制机制	明确实施步骤	
注意控制						
质量控制						
问题跟踪						
文档管理						
报告控制						
风险控制						

图 2-2 项目实施过程和生命周期

（四）会计信息系统建设的组织机构

会计信息系统建设过程不仅会改变会计工作的操作方式，还会引起会计业务处理流程、岗位设置，甚至是单位整个管理模式的一系列重大变革。因此，决不能把会计信息系统建设看成财务部门或信息部门的工作。企业最高决策人应该建立项目指导委员会和项目（实施）组。项目指导委员会中应有双方高层领导参与。组织机构在会计信息系统建设过程中，还要投入大量的时间，组织专门的人员根据本企业的具体情况建设适应新系统的工作流程、管理制度、组织形式以及绩效考核标准等。当然，有条件的企业可以专门聘请管理咨询机构代为设计，但仍需要本企业组织机构的大力配合。

（五）资金预算

会计信息系统建设需要较多的资金投入，因此要对资金统筹安排，合理利用。会计信息系统建设过程中的资金耗费主要是由系统硬件配置费、会计软件购置费、人员培训费、咨询费和后期的运行维护费用等构成。企业制定预算时往往容易重视软硬件购置费而忽视咨询费、维护费。事实上，软件实施费及后期的维护费占到系统建设费用的50%以上。

二、会计信息系统的软件选择

建设会计信息系统，关键的一步是选择会计软件。有实力的企业可以自行组织信息技术人才队伍进行软件开发，但是成本较高，效益和效果并不理想。

近年来，我国会计软件市场已初具规模，迄今为止国内通过财政部评审的会计软件企业已近40家，如用友公司、金蝶公司等；通过地方财政部门评审的会计软件企业有近200家；外国软件公司也纷纷进入中国，如甲骨文公司、SAP公司等。大多数专业化软件公司开发的会计软件产品既通用，又比较稳定实用，因此购买商品化软件建立企业会计信息系统已成为多数企业的首选。面对众多的商品化会计软件，企业如何选择？一般来说，会计软件选择应考虑以下几个方面的因素：

（一）软件功能是否满足本单位业务处理的要求

明确企业业务处理要求并了解软件功能能否满足这些要求，是企业选择会计软件时首先需要考虑的问题。

首先，用户应明确本企业所属行业，不同的软件可能适应不同的行业。其次，用户应了解软件在功能细节上能否满足本企业的特殊要求。最后，用户还要了解软件功能的完整性。企业可能需要分阶段建立会计信息系统，如先实现总账、报表、工资、固定资产的计算机管理，再考虑购销存业务处理，最后解决成本核算问题。在这种情况下，企业购买某一家的软件时，应考虑软件是否具有上述所有功能。

（二）考察软件的灵活性、开放性与可拓展性

会计信息系统的建立实际上是在现代管理理论的指导下，用现代技术加强、改造、完善或建立全新的信息管理系统的过程。因此，在应用软件系统运行后还必须考虑由于信息技术的飞速发展所引起的商业活动方式的变化对企业经营管理方式提出的要求，包括机构变革和业务流程重组。同时，随着经营活动范围的扩大和方式的多样化，会产生许多新的市场机会，而企业抓住这些机会的必要条件之一就是要进一步调整、增强和完善信息管理系统的功能。这就要求软件系统的设置具有一定的灵活性和可拓展性，以便调整软件操作规程和适应新的业务处理流程的变化。同时，软件在与其他信息系统进行数据交换及进行二次开发方面的功能对于适应企业不断变化中的管理工作也是非常重要的。

（三）根据企业业务量和规模选择会计软件的网络体系结构

企业当月凭证量与业务票据的多少对于选择特定结构体系的网络会计软件是非

常重要的。对单一企业而言，如果企业规模比较大，业务量和凭证量也比较大，则应考虑选择基于大型数据库开发的软件和客户/服务器（C/S）结构体系的网络版软件。对于跨地域经营的集团企业，为了实现财务的集中化管理，在选择软件时还要考虑软件系统是否支持互联网技术，如选用基于广域网浏览器/服务器（B/S）结构体系的会计软件。

（四）考察会计软件的运行稳定性和易用性

软件运行的稳定性是软件质量和技术水平的体现，如果软件在运行时经常死机或非法中断，势必会影响会计信息系统的运行效果和数据的安全性。一般而言，软件开发至少需要一年以上的时间才能形成产品；而在软件推向市场时，需要一年时间的磨合，经过众多用户的实际运行考验才能趋向稳定；之后还需要半年至一年时间才能趋向成熟。用户可以从软件开发与投放市场的时间长短初步判断软件的稳定性，再通过一些实际操作或试运行进一步确定其稳定性。

软件的易用性对人员培训的工作量及软件系统的应用效果是有直接影响的，也是企业在选购软件时应该考虑的。

（五）选择稳定的开发商和服务商

软件开发商的技术实力和发展前景也是企业在选择会计软件时应考虑的一个重要方面。如果软件开发商的技术实力有限或者根本没有稳定的开发队伍，则今后软件版本的升级和软件功能的改进都将存在问题，用户后续服务支持将无从保证。

此外，某一软件的售后服务体系是否健全、服务水平高低以及服务态度如何也是会影响到软件能否顺利投入使用的。软件在运行过程中出现问题能够及时得到解决是至关重要的。最好选用在企业所在城市或地区设立售后服务部门的软件开发商的产品，这是软件长期稳定运行的一个重要保障。

三、会计信息系统的实施和运行

目前，我国企业建立的大型会计信息系统中，一些系统的应用效果不好，问题一般都处在应用软件实施这一环节，失败的教训使人们认识到“三分软件，七分实施”这个道理。

信息系统的实施是指对企业管理与控制目标和需求进行认真分析，对业务流程进行标准化重组，建立项目实施小组，在一把手的指挥下，按照先进的实施方法一步步将管理目标、管理思想、管理方法、企业流程、企业员工等与软件有机融合起来，最终建立一个可以运行的系统。大型会计软件的实施需要在科学的方法论的指导下按照规范化的实施步骤进行。不同的软件开发商和管理咨询公司提供的软件实施方法各不相同，但一般主要包括以下步骤：

（一）建立项目实施组织

为保证项目顺利实施，应建立项目组织结构，项目组织成员应由实施方和企业方双方人员组成，双方在项目实施过程中承担着不同的工作，为了同一个目标而相互协作。项目成员组成一般如图 2-3 所示。

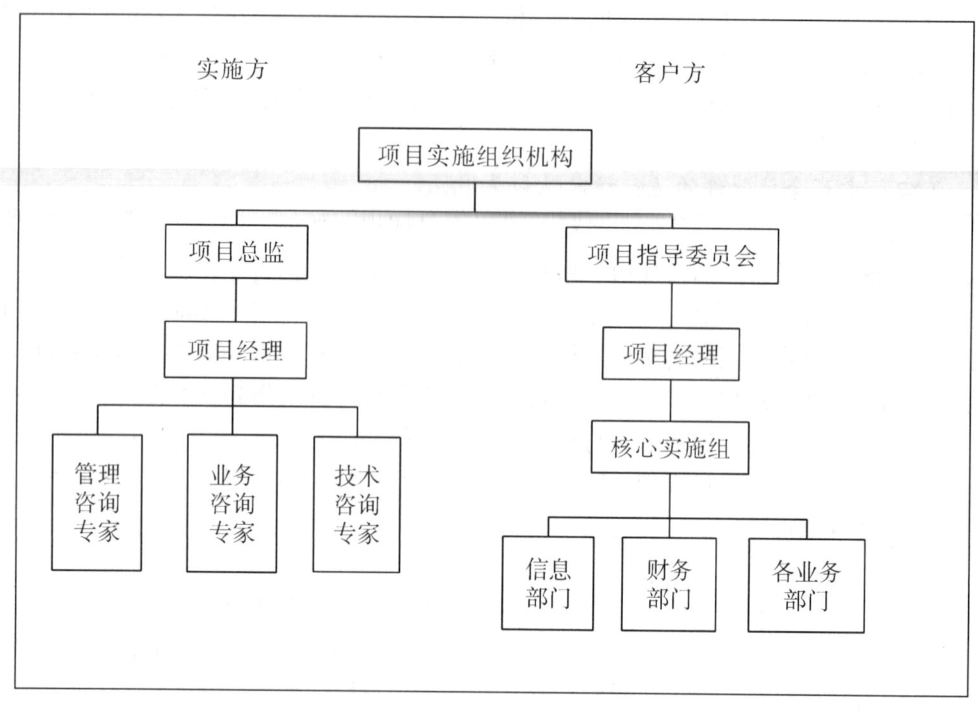

图 2-3 **项目实施组织构架**

1. 实施方主要责任

在项目实施过程中，实施方主要负责的工作有项目管理与控制、企业管理层培训和项目组成员培训、业务需求分析与定义、功能匹配、指导进行系统客户化配置及数据准备工作、系统测试、数据转换与移植、系统运行支持等。

2. 客户方主要责任

在实施方的指导下，客户方主要承担的任务包括业务流程描述、测试数据准备、基础数据准备与录入、数据转换运行、最终用户培训、标准操作流程（最终用户手册）文档。

（二）制订项目实施计划

正所谓："凡事预则立，不预则废。"一个项目的成功实施需要有一个有条不紊的实施过程，而该过程需要通过项目实施计划来指导。一般来讲，由项目组项目经理编制项目实施计划，并在项目实施过程中及时更新和维护。实施计划模板如表 2-1所示。

表 2-1　　实施计划模板

标识	阶段	阶段中的任务
1	项目准备	
1.1		指派项目经理并成立项目组
1.2		制订具体实施计划和步骤
1.3		系统需求调研与需求确认
1.4		项目涉及的管理课程培训准备
2	项目建设	
2.1		项目启动会议与管理思想和方法培训
2.2		系统安装和产品培训准备
2.3		项目组人员软件产品培训
2.4		系统需求调研
2.5		制订实施解决方案和数据准备方案
2.6		实施方案测试
2.7		二次开发
2.8		制订测试方案和测试数据准备
2.9		用户测试培训
2.10		模块测试、二次开发测试、集成测试
2.11		实施解决方案
2.12		制作标准操作手册
3	项目交付	
3.1		系统切换计划
3.2		最终用户培训
3.3		系统权限设计和分配
3.4		正式账套准备
3.5		系统切换
3.6		现场支持
4	项目验收	
	持续支持	

（三）系统调研与咨询

系统调研的目的主要有两个方面：一方面是要了解企业目前的组织结构业务内

容及其业务处理流程，明晰企业管理层的真正需求和企业的管理目标；另一方面是要获取实施软件所必要的参数信息。

系统调研的主要内容如下：

（1）分析企业目标和策略。

（2）了解和分析当前业务内容及处理流程。

（3）结合软件功能和业务目标，对当前业务流程进行重新调整和优化改进。

（4）确定系统配置和报表方面的需求。

（5）收集必要信息，为实施运行阶段的数据做准备。

（6）确定新的业务处理流程中的各项业务处理程序、完成的任务与处理步骤。

（四）系统安装设计

系统安装设计包括软件和硬件的设计与安装，尤其是硬件方案可以与调研同步进行。

（五）确定解决方案

在系统调研的基础上，由项目组将企业实际和软件内含的管理模式相融合，具体讨论制订系统实施方案。为保证方案的可行性，企业应及时组织方案测试，对企业关键业务处理过程确定解决方案。

实施方案的基本内容如下：

（1）单位基本情况，包括单位名称、已购买的模块、系统实施的总体目标等。

（2）总体流程图。

（3）各模块基本参数、业务流程的确定。

（4）结账流程。

（5）特殊业务的变通处理。

（6）目前软件无法解决的问题及建议方案。

（六）培训与业务改革

培训的类型有理论培训、实施方法培训、项目管理培训、系统操作应用培训、计算机系统维护等。经过系统的培训，领导小组、实施小组成员都可以对业务改革提出更为详细的执行计划。

1. 企业管理层培训

企业管理层培训的一个目的是让其理解信息系统建设是管理改造工程，项目实施过程中会存在各种风险，也会遇到各种阻力，这些都离不开领导的支持；另一个目的就是让其对实施结构有一个正确的预期。对企业管理层的培训一般发生在企业软件选择和项目启动的前期。

2. 项目组成员培训

项目组成员也称为关键用户，其在项目实施过程中起着非同寻常的作用。对关键用户的培训发生在项目实施的各个阶段，主要内容有项目实施中的项目管理、管理软件涉及的新的管理理念认知、管理软件包含的模块功能及其间数据传递关系、该软件能给企业解决哪些问题及不能解决哪些问题、实施各阶段要做的工作及应注意的问题。

3. 最终用户培训

系统的最终用户是指各模块的操作人员、系统管理员、数据分析人员等，系统能否顺畅运行及能发挥多大的效用与最终用户密切相关。对最终用户的培训内容取决于其工作性质。一般地，对操作人员的培训主要包括系统的操作规程、软件的具体操作方法及注意事项、本模块与其他模块联系的培训；而对系统管理员的培训则集中在确保网络及系统运行安全、数据库管理、系统运行监控等内容的培训。

（七）数据准备

培训开展后就可以开始收集业务数据，也就是进入数据准备阶段。系统上线前，应将系统运行的基础数据按照一定规范进行整理，并在后期的初始数据录入中输入系统，作为新系统运行的基础。

（八）模拟运行

通过模拟运行，用户一方面可以考察软件如何满足了其业务需求，另一方面会对软件及新的业务流程提出调整或改进意见，同时还会采取一定的方法确保业务处理需求得以满足。模拟运行是在双方共同参与下进行的，所使用的数据是用户真实的业务数据，模拟运行时，最好能得到用户主管部门和企业决策层密切关注、认可和支持。

模拟运行阶段积累的经验、操作技巧和遇到的问题，对系统正式启用有着直接的警示作用，是实施成功的关键一环。其具体工作步骤如下：

（1）确定模拟运行的阶段目标。

（2）准备业务处理流程、标准化编码和模拟数据。

（3）设置关键的用户报表。

（4）输入数据，熟悉软件功能及实际业务处理的解决方法。

（5）将模拟运行中发现的问题记录在案并做出相应决策，找出解决问题的方法。

（6）对模拟运行过程进行归纳总结，详细记录形成文档。

（7）制定用户各项业务处理的文档、处理程序和工作要求。

（8）审阅本阶段的目标、进度、预算等。

（九）新旧系统并行

新旧系统并行的主要目的是检验基础设置是否适当以及新旧系统的运行结果是否一致。同时，新系统启动后，有很多流程和工作方法与以前不尽相同，而最终用户往往习惯了以前的做法，短期内可能不适应，新旧系统并行可以让最终用户有一段时间去熟悉各项功能的操作。但要注意新旧系统并行会增加最终用户的工作量，对这一点最终用户一定要做好充分的思想准备。

新旧系统并行应注意四点事项。

（1）项目小组及最终用户必须要加大投入，特别是开始利用新系统处理阶段，有必要可利用周末或晚上进行集中的业务录入，保证业务处理的连续不受外界干扰，而且强化熟练程度。

（2）做好培训工作，使最终用户掌握新系统的操作和新的业务处理流程。

（3）制定详细的业务规则，规定企业各种业务在新系统中是如何处理的，并让每位相关的最终用户知晓和理解。

（4）制定必要的制度，确保按规定操作。

（十）实施后的评价与优化

系统上线后，经过一段时间的使用，用户对软件所包含的功能有了一定的认知，业务流程逐渐顺畅，积累了一定的运行经验。各级管理人员对系统有了深层次的理解，或多或少地发现了一些问题，希望对会计信息系统的实施效果进行评价与优化，对已实现的功能进行修正或完善，对未能实现的功能进行系统扩充，以实现对系统的优化。

这种对会计信息系统实施的评价与优化，由实施方和企业共同配合完成，一般按照实施阶段进行，并给出评价意见与建议，以便优化。审查与评价内容如下：

1. 应用审查与评价

（1）了解系统运行状况。

（2）向用户介绍功能与技术上的最新发展。

（3）引导用户如何应用系统功能适应变化的业务需求，提高业务处理能力。

（4）帮助用户更新相关的文档资料。

（5）指出系统应用中的不足之处。

（6）汇总应用审查问题，给出评价意见与建议。

2. 技术审查与评价

（1）是否正确执行操作规程，如是否按期进行数据备份与恢复。

（2）系统运行是否达到预期的技术指标。

（3）数据维护的工作量如何。

（4）系统维护人员知识更新状况。

（5）汇总技术审查问题，给出评价意见与建议。

第二节　系统管理与企业应用平台

用友 ERP-U8 管理软件由财务管理、供应链管理、生产管理等多个部分组成，每个部分又包括若干个子系统，各子系统本身既具有相对独立的功能，彼此之间又有紧密的联系，它们共用一个企业数据库，拥有公共的基础信息、相同的账套和年度账。

系统管理和企业应用平台是 ERP-U8 管理软件为各个子系统提供的一个公共管理平台。

一、系统管理

系统管理的主要功能是对用友 ERP-U8 管理系统的各个产品进行统一的操作管理和数据维护，具体功能包括账套管理、年度账管理、系统操作员及操作权限的集中管理、系统运行安全的统一管理。系统管理的使用者为企业的信息管理人员，即系统管理员（Admin）、安全管理员（Sadmin）、管理员用户和账套主管。

（一）系统管理员与账套主管

鉴于系统管理模块在整个 ERP 系统中的地位和重要性，系统对登录系统管理的人员做了严格界定。只有系统管理员和账套主管两种身份可以注册进入系统管理。

其中，系统管理员是系统事先预设好的，负责整个系统的安全运行和数据维护。具体权限包括建立账套、引入或输出账套、定期备份数据、设置操作员和权限、监控系统运行过程、清除异常任务等。

账套主管是以系统管理员身份登录后，添加的一个用户，并赋予该用户拥有某个新建账套账套主管的角色，负责所辖账套的管理。对其所辖账套而言，账套主管是级别最高的，拥有该账套所有模块的操作权限，具有修改账套、该账套的年度账管理、为该账套内操作员分配权限等功能。

（二）系统管理的主要功能

1. 账套管理

账套是一组相互关联的数据，存储在数据库服务器中。企业在应用会计信息系统之前，需要在系统中建立其基本信息、核算方法、编码规则等，称为建账（账套）。每一个企业（或企业内独立核算的部门）都有一套完整的账簿体系，把这样一套完整的账簿体系建立在计算机系统中就是一个账套。在企业管理系统中，可以为多个企业（或企业内多个独立核算的部门）分别立账，并且各账套数据之间相互独立、互不影响，但系统最多允许建立 999 个账套。账套管理功能一般包括建立账套、修改账套、删除账套、引入或输出账套等。

企业建账、修改账套的工作流程如图 2-4 所示。

账套管理需要注意以下几点：

（1）只有账套主管有权修改账套。账套部分信息无法修改，如账套号、启用日期。

（2）账套建立后，在未使用相关信息的基础上，才能修改账套信息；若已设置相关信息，如编码方案、供应商分类、核算方式信息，将不能再修改账套信息。

（3）只有系统管理员能够输出（删除）/引入企业账套，账套主管只能输出（删除）/引入企业年度账。

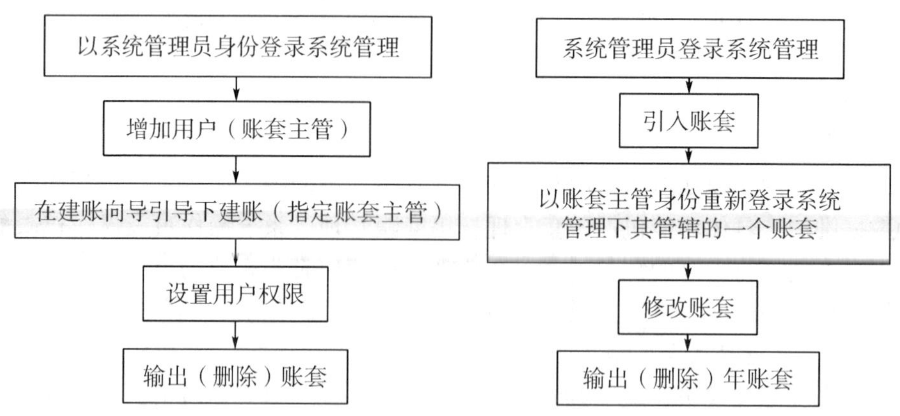

图 2-4　企业建账、修改账套的工作流程

2. 年度账管理

年度账与账套是两个不同的概念。一个账套中包含了企业所有的数据，把企业数据按年度进行划分，称为年度账。年度账管理包括年度账的建立、引入、输出和结转上年数据、清空年度数据等。对年度账的管理只能由账套主管进行。

3. 系统操作员及操作权限的集中管理

为了保证系统及数据的安全，系统管理提供了操作员及操作权限的集中管理功能。通过对系统操作分工和权限管理，一方面可以避免与业务无关的人员进入系统，另一方面可以对系统所包含的各个子产品的操作进行协调，以保证各司其职，流程顺畅。

操作权限的集中管理包括设置角色、用户管理以及权限管理。

（1）设置角色。用友-U8 根据企业加强内部控制中权限管理的要求，支持按角色分工管理的理念，加大控制的广度、深度和灵活性。角色是指在企业管理中拥有某一类职能的组织，这个组织可以是实际的部门，可以是由拥有同一类职能的人构成的虚拟组织。例如，实际工作中最常见的会计和出纳两个角色（他们可以是一个部门的人员，也可以不是一个部门但工作职能是一样的角色的统称）。我们在设置角色后，可以定义角色的权限，如果用户归属此角色，则其相应具有角色的权限。设置角色功能的好处是方便控制操作员权限，可以依据职能统一进行权限的划分。设置角色功能可以进行账套中角色的增加、删除、修改等维护工作。

（2）用户管理。用户是指有权登录系统，并对系统进行操作的人员，即通常意义上的操作员。设置用户后系统对于登录操作要进行相关的合法性检查。其作用类似于 Windows 的用户账号，只有设置了具体的用户之后，才能进行相关的操作。

用户和角色设置不分先后顺序，用户可以根据自己的需要先后设置。但对于自动传递权限来说，应该首先设定角色，然后分配权限，最后进行用户的设置。这样在设置用户的时候，如果选择其归属哪一个角色，则其自动具有该角色的权限（包括功能权限和数据权限）。一个角色可以拥有多个用户，一个用户也可以分属于多个不同的角色。

用户管理包括用户的增加、修改和删除。

只有系统管理员和有权限的管理员可以增加用户。用户类型分为普通用户和管理员用户，默认为普通用户。

普通用户是指一般的登录用户、进行各种业务处理的用户，系统中大部分用户应该属于此类型。

管理员用户是指进行账套管理、协助系统维护的用户，其只能登录“系统管理”进行操作，为系统管理员分担一部分管理工作，可以有账套库备份、升级、用户或角色管理、权限管理、任务管理等权限。

增加用户时，必须明确关于用户的特征信息，包括编号、姓名、所属部门和口令。

操作员编号是系统区分不同操作人员的唯一标识，因此必须输入。操作员编号在系统中必须唯一，即使不同的账套，操作员编号也不能重复。设置的操作员编号一旦被引用，便不能被修改和删除。

操作员姓名一般会出现在其处理的票据、凭证上，因此应记录其真实姓名，以便对其操作行为进行监督。

用户设置完成后，可以对其姓名与口令进行更改，但正在登录中的用户不能被修改。另外，一旦以其身份进入过系统，留下上机日志，便不能被删除。如果需要暂时停止使用该用户，可以“注销当前用户”，待需要用时再“启用当前用户”。

（3）权限管理。随着经济的发展，用户对管理要求不断变化、提高，越来越多的信息都表明权限管理必须向更细、更深的方向发展。用友 ERP-U8 提供集中权限管理，除了提供用户对各模块操作的权限之外，还相应地提供了金额的权限管理和对于数据的字段级和记录级的控制，不同的组合方式将为企业的控制提供有效的方法。用友 ERP-U8 可以实现以下三个层次的权限管理：

第一，功能级权限管理。该权限可以提供划分更为细致的功能级权限管理功能，包括各功能模块相关业务的查看和分配权限。例如，赋予用户 001 对“800 演示账套”中总账、工资模块的全部操作功能。

第二，数据级权限管理。该权限可以通过两个方面进行权控制，一方面是字段级权限控制，另一方面是记录级的权限控制。例如，设定操作员 002 只能录入收付款凭证。

第三，金额级权限管理。该权限主要用于完善内部金额控制，实现对具体金额数量划分级别，对不同岗位和职位的操作员进行金额级别控制，限制其制单时可以使用的金额数量，不涉及内部系统控制的不在管理范围内。例如，设定操作员 003 只能录入金额在 20 000 元以下的凭证。

功能权限的分配在系统管理中的“权限”中设置，数据权限和金额权限在“企业应用平台/系统服务/数据权限”中进行分配。对于数据级权限和金额级的设置，必须是在系统管理的功能权限分配之后才能进行。

4. 系统运行安全的统一管理

对企业来说，系统运行安全、数据存储安全是非常重要的，因此每个系统都无一例外地提供了强有力的安全保障机制。例如，设置对整个系统运行过程的监督机制、清除系统运行过程中的异常任务、设置系统自动备份计划等。

（1）系统运行监控。以系统管理员身份注册进入系统管理后，可以查看到两部分内容，一部分列出的是已经登录的子系统，还有一部分列出的是登录的操作员在子系统中正在执行的功能。这两部分的内容都是动态的，它们都根据系统的执行情况而自动变化。

（2）清除系统运行异常。系统运行过程中，死机、网络阻断等都有可能造成系统异常。针对系统异常，应及时予以排除，系统管理员可以通过“视图”中的“清除异常任务”“清退站点”“清除单据锁定”等功能来释放异常任务所占用的系统资源，使系统尽快恢复正常秩序。

（3）上级日志。为了保证系统的安全运行，系统随时对各个产品或模块的每个操作员的上下机时间、操作的具体功能等情况都进行登记，形成上机日志，以便使所有的操作都有所记录、有迹可循。

如果需要管理日志，执行备份删除、恢复日志的操作，应以安全管理员的身份登录后在“系统”下级菜单中的“数据清除”“数据还原”中处理。

（4）设置自动备份计划。用友 ERP-U8 提供了设置自动备份计划的功能，其作用是自动定时对设置的账套进行输出（备份）。利用该功能，可以实现定时、自动输出多个账套的目的，既有效减轻了系统管理员的工作量，又保障了系统数据安全。

（5）数据升级。任何一个应用系统的功能拓展和完善都是无止境的。随着信息技术的不断发展，应用系统的开发不断融入新的技术和更为先进的管理思想，这样就出现了对老系统的数据进行更新的问题。为保证客户数据的一致性和可追溯性，用友 ERP-U8 应用系统在系统管理中提供了升级工具，可以使用此功能一次性地将数据升级到新产品中。

二、企业应用平台

顾名思义，企业应用平台是用友 ERP-U8 管理软件的集成应用平台，可以实现系统基础数据的集中维护、各种信息的及时沟通、数据资源的有效利用。企业应用平台为企业员工、用户和合作伙伴提供了访问系统的唯一通道。通过企业应用平台，企业员工可以通过单一的访问入口访问企业的各种信息，定义自己的业务工作，并设计自己的工作流程，实现与日常办公的协同进行。信息的及时沟通、资源的有效利用、与合作伙伴的在线和实时链接，将提高企业员工的工作效率及企业的总处理能力。

企业应用平台包含的内容极为丰富，与系统应用相关的主要项目包括基础设置、业务工作、系统服务。

（一）基础设置

基础设置中主要包括基本信息设置、基础档案设置、单据设置、业务参数设置、个人参数设置、档案设置。

1. 基本信息设置

在基本信息设置中可以进行系统启用设置，还可以对建账时设定的会计期间、分类编码方案、数据精度进行修改。

系统启用设置是指设定在用友 ERP-U8 管理软件中各个子系统开始使用的日期。用友 ERP-U8 管理软件分为财务会计、管理会计、供应链、生产制造、人力资源、内控审计、集团应用、决策支持和企业应用集成等产品组，每个产品组中又包含若干模块，它们大多数既可独立运行，又可集成使用，但两种用法的数据流程会有差异。企业可以根据信息化规划选购不同的子系统，采取循序渐进的策略有计划地先启用一些模块，一段时间后再启用另外一些模块。系统启用为企业提供了选择的便利。只有设置了系统启用的模块才可以登录。例如，2017 年 1 月 1 日账套主管 001 启用总账、应收款管理、应付款管理模块，此时用户登录企业应用平台，仅仅可以看到总账、应收款管理和应付款管理这三个业务工作模块。

系统启用的方式有两种：一种是系统管理员在建立账套完成后直接进行系统启用设置；另一种是账套主管登录企业应用平台进行系统启用，两者效果一样。

2. 基础档案设置

一个企业账套是由若干个子系统构成的，这些子系统共享公用的基础档案信息。企业在启用新账套前，应根据本单位的实际情况及业务需求进行基础档案的整理工作，以方便录入系统中。

设置基础档案的前提是确定基础档案的分类编码方案。基础档案的设置必须遵循预设的编码规则，如科目编码的编码规则为 4222，表示会计科目最多设置四级科目，一级科目编码用四位数，二级科目、三级科目、四级科目均用两位数编码，则“生产成本——基本生产成本（材料费）”编码为“50010101”；如科目编码为 4，则只能录入一级会计科目，无法录入二级会计科目等，即“生产成本 5001”，无法添加生产成本的明细科目。又如，客户档案编码规则设置为 12，则客户档案可以整理为“华南区客户——A 企业、B 企业”“西北区客户——C 企业、D 企业”，其中“华南区客户——A 企业”可编码为“101”。

按照基础档案的用途不同，系统将基础档案划分为机构人员、客商信息、财务信息、结算方式等。为明确各种档案的用途，现将相关信息进行列示，如表 2-2 所示。

表 2-2　　　　　　　　　　　　**基础档案的设置**

基础档案分类	基础档案目录	档案用途	前提条件	使用的系统
机构设置	部门档案	设置与企业财务核算与管理有关的部门	先设置部门编码方案	所有子系统
	职员档案	设置企业的各个职能部门中需要对其核算和业务管理的职工信息	先设置部门档案，才能在其下增加职员	除固定资产外
往来单位	客户分类	便于进行业务数据的统计、分析	先确定对客户分类，然后确定编码方案	总账、应收、销售、库存、存货
	客户档案	便于进行客户管理和业务数据的录入、统计、分析	先建立客户分类档案	总账、应收、销售、库存、存货
	供应商分类	便于进行业务数据的统计、分析	先确定对供应商分类，然后确定编码方案	总账、应付、采购、库存、存货
	供应商档案	便于进行供应商管理和业务数据的录入、统计、分析	先建立供应商分类档案	总账、应付、采购、库存、存货
	地区分类	针对客户或供应商所属地区进行分类，便于进行业务数据的统计、分析	先建立地区分类档案	总账、应收、应付、销售、采购、库存、存货
存货	存货分类	便于进行供应商管理和业务数据的录入、统计、分析	先确定对存货分类，然后确定编码方案	总账、应收、应付、销售、采购、库存、存货、
	计量单位	设置存货的计量单位组和计量单位信息	先设置计量单位组，然后在组内设置计量单位信息	应收、应付、销售、采购、库存、存货
	存货档案	便于存货核算、统计、分析和实物管理	先确定对存货分类、确定编码方案、设置计量单位	总账、应收、应付、销售、采购、库存、存货
财务	会计科目	设置企业核算的科目目录	先设置科目编码方案及外币	总账、工资、固定资产、应收、应付、存货
	凭证类别	设置企业核算的凭证类型		总账、工资、固定资产、应收、应付、存货
	外币	设置企业用到的外币种类及汇率		所有子系统
	项目目录	设置企业需要对其进行核算和管理的对象、目录	可将存货、成本对象、现金流量直接作为核算的项目目录	所有子系统

表2-2(续)

基础档案分类	基础档案目录	档案用途	前提条件	使用的系统
收付结算	结算方式	资金收付业务中用到的结算方式		总账、应收、应付、销售、采购
	付款条件	设置企业与往来单位协议规定的收、付款折扣优惠方法		应收、应付、采购、销售
	开户银行	设置企业在收付结算中对应的开户银行信息		应收、应付、销售
业务	仓库档案	设置企业存放存货的仓库信息		采购、销售、库存、存货
	收发类别	设置企业的入库、出库类型		采购、销售、库存、存货
	采购类型	设置企业在采购存货时的各项业务类型	先设置好收发类别，为收的收发类别	采购
	销售类型	设置企业在销售存货时的各项业务类型	先设置好收发类别，为发的收发类别	销售
	产品结构	用于设置企业各种产品的组成内容，以利于配比出库、成本计算	先设置存货、仓库档案	库存、存货

3. 单据设置

不同企业各项业务处理中使用的单据可能存在细微的差别，用友 ERP-U8 管理软件中预置了常用单据模板，而且允许用户对各单据类型的多个显示模板和多个打印模板进行设置，以满足企业个性化的单据格式需求。

4. 业务参数设置

业务参数设置可以设置系统已启用的相关业务模块的基本参数。该功能与业务工作选项卡下的各模块中的参数设置功能是一样的。此处仅仅是提供了一个各业务模块参数统一管理的入口，方便用户管理。

5. 个人参数设置

个人参数设置包括个人选项、门户选项、功能权限转授、工作任务委托，为用户提供了一个日常办公平台的个性化设置通道，优化了用户工作环境，便于用户提高工作效率。

6. 档案设置

档案设置主要提供基础档案编码设置方式，可以选择完全手工录入，系统自动编码，允许手工改动，同时可以对基础档案进行流水号编码。对于基础档案数据庞大的企业来说，这减轻了人工编码的繁琐工作，大大提高了工作效率。

（二）业务工作

在企业应用平台的“业务工作”选项卡下集成了登录用户拥有操作权限的所有

功能模块，它们分属于各产品组。用友 ERP-U8 管理软件分为财务会计、管理会计、供应链、生产制造、人力资源、内控审计、集团应用、决策支持和企业应用集成等多个产品组，每个产品组中又包含若干模块。这里也是用户访问用友 ERP-U8 管理软件中各功能模块的唯一通道。业务工作中相关会计信息系统的模块在后面章节内容中将详细介绍。

（二）系统服务

系统服务中包括系统管理、服务器配置、工具、权限四个内容。此处系统管理、服务器配置只是提供了一个打开通道，与企业应用平台外打开的系统管理、服务器配置是一样的，此处不再赘述。

权限主要进行数据权限、金额权限设置，功能权限转授和工作任务委托。用友 ERP-U8 提供了三个层次的权限管理，功能权限、数据权限、金额权限。前面关于权限管理的内容已经详细介绍，此处不再赘述。

功能权限转授功能实现了除系统管理员外，也允许其他用户进行功能权限的授权。其目的是减少系统管理员的压力和责任，完善功能权限的管理，提高功能权限授权的灵活性。

功能权限转授的前提是在“系统管理”主界面，给相应用户分配权限转授功能的权限。拥有转授权限的用户登录门户后，可以在“功能权限转授”中设置权限转授，选择要转授给的用户，点击“修改”，弹出权限分配页面，设置要给用户转授的权限。用户如果想收回转授的权限，则在权限分配页面把已经转授的权限取消即可，被授权的用户则只拥有其原来本身的权限。

第三节　财务管理系统及薪资管理

企业信息化管理的核心是会计信息化，用友 ERP-U8 实现会计核算信息化需要启用的主要模块包括总账管理、固定资产管理、应收款管理、应付款管理、薪资管理以及 UFO 报表。下面将对每个模块的基本功能和原理进行介绍。

一、总账管理

总账是会计信息系统的核心子系统，适用于各行各业的财务核算和管理工作。基于信息化平台的账务处理不仅仅是对手工会计处理方式的简单模拟，而是借助计算机数据运算速度快、海量数据存储和查询方便的特点，从会计科目体系架构、数据分类查询和汇总、精细项目核算等多方面超越了传统会计的局限性，为提升企业管理水平奠定了基础。

(一) 总账系统概述

1. 总账系统的主要功能

总账系统的主要功能包括了总账初始化、凭证管理、出纳管理、账簿管理、辅助核算管理以及月末处理。

(1) 总账初始化。总账初始化是由企业用户根据自身的行业特性和管理需求，将通用的总账系统设置为适合企业自身特点的专用系统的过程。总账初始化主要包括系统选项设置和期初数据录入两项内容。

(2) 凭证管理。凭证是记录企业各项经济业务发生的载体，凭证管理是总账系统的核心功能，主要包括填制凭证、出纳签字、审核凭证、记账、查询打印凭证等。凭证是总账系统数据的唯一来源，为严把数据源的正确性，总账系统设置了严密的制单控制流程以保证凭证填制的正确性。另外，总账系统还提供资金赤字控制、支票控制、预算控制、外币折算误差控制、凭证类型控制、制单金额控制等功能，以加强对业务的及时管理和控制。

(3) 出纳管理。资金收付的核算与管理是企业的重要日常工作，也是出纳的一项重要工作内容。总账系统中的出纳管理为出纳人员提供了一个集成办公环境，可以完成现金日记账、银行存款日记账的查询和打印，随时生成最新资金日报表，进行银行对账，生成银行存款余额调节表。

(4) 账簿管理。总账系统提供了强大的账证查询功能。总账系统可以查询总账、明细账、日记账、发生额余额表、多栏账、序时账等。总账系统不仅可以查询到已记账凭证的数据，查询的账表中也可以包含未记账凭证的数据，还可以轻松实现总账、明细账、日记账和凭证的联查。

(5) 辅助核算管理。为了细化企业的核算与管理，总账系统提供了辅助核算管理功能。辅助类型主要包括以下几种：客户往来核算、供应商往来核算、项目核算、部门核算和个人往来核算。利用辅助核算功能，可以简化会计科目体系，使查询专项信息更为便捷。

(6) 月末处理。总账系统月末处理主要包括自动转账凭证的定义、自动转账凭证的生成、对账和结账等内容。

2. 总账系统与其他子系统的数据关系

总账系统是 ERP 财务管理系统的组成部分，既可以独立运行，也可以同其他系统协同运转。总账系统与其他子系统之间的数据关系如图 2-5 所示。

在总账与应收款管理集成应用模式下，应收款系统向总账系统传递销售过程中形成的应收凭证及收款结算形成的收款凭证。

在总账与应付款管理集成应用模式下，应付款系统向总账系统传递采购过程中形成的应付凭证及付款结算形成的付款凭证。

薪资管理系统将工资分摊及费用分配的结果形成的凭证传递给总账系统。

固定资产系统将固定资产增加、减少、计提折旧等业务处理产生的凭证传递给

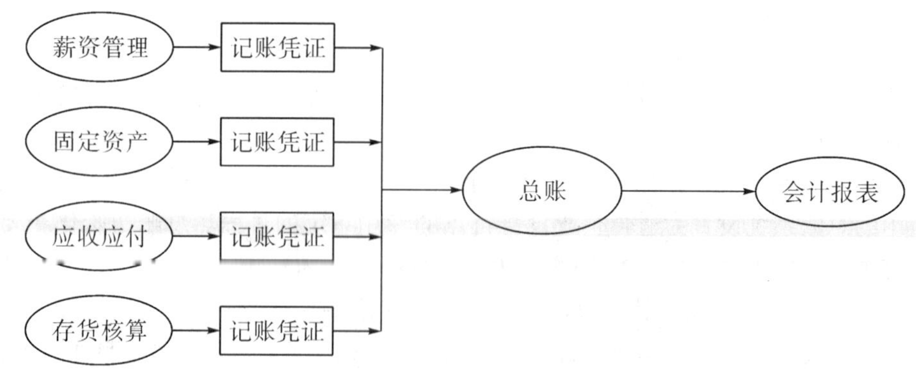

图 2-5　总账系统与其他子系统之间的数据关系

总账，通过对账保持固定资产明细记录与总账记录之间的平衡。

采购、销售、库存管理等业务处理环节生成的凭证统一通过存货核算系统传递给总账。

各子系统传递到总账中的凭证，需要在总账系统中继续进行审核、记账处理。

3. 总账系统的应用流程

总账系统的应用流程指明了正确使用总账系统的操作顺序，有助于帮助企业实现快速应用。一般来讲，各业务系统的应用大都划分为三个阶段，即系统初始化、日常业务处理和月末处理，总账系统也遵循这一规律。总账系统的应用流程如图 2-6 所示。

对于图 2-6，需要说明以下两点：

（1）系统初始化阶段与总账相关的基础档案（内框包含的部分）在企业应用平台中进行设置，此处仅为列示，以保证体系的完整性。

（2）如果在总账选项中设置了出纳凭证必须由出纳和主管签字，那么在凭证处理流程中就必须经过出纳签字、主管签字环节。出纳签字、主管签字与凭证审核没有先后次序之分。

（二）总账系统初始化

总账系统初始化主要包括选项设置和期初余额录入。

1. 选项设置

为了最大范围地满足不同企业用户的信息化应用需求，总账作为通用商品化管理软件的核心子系统，是通过内置大量的选项参数来提供面向不同企业应用的解决方案的。企业可以根据自身的实际情况进行选择，以确定符合企业个性特点的应用模式。

软件越通用，意味着系统内置的参数越多，系统参数的设置决定了企业的应用模式和应用流程。为了明确各项参数的适用对象，软件一般将参数分门别类进行管理。用友 ERP-U8 总账系统将参数分为以下七个选项卡：

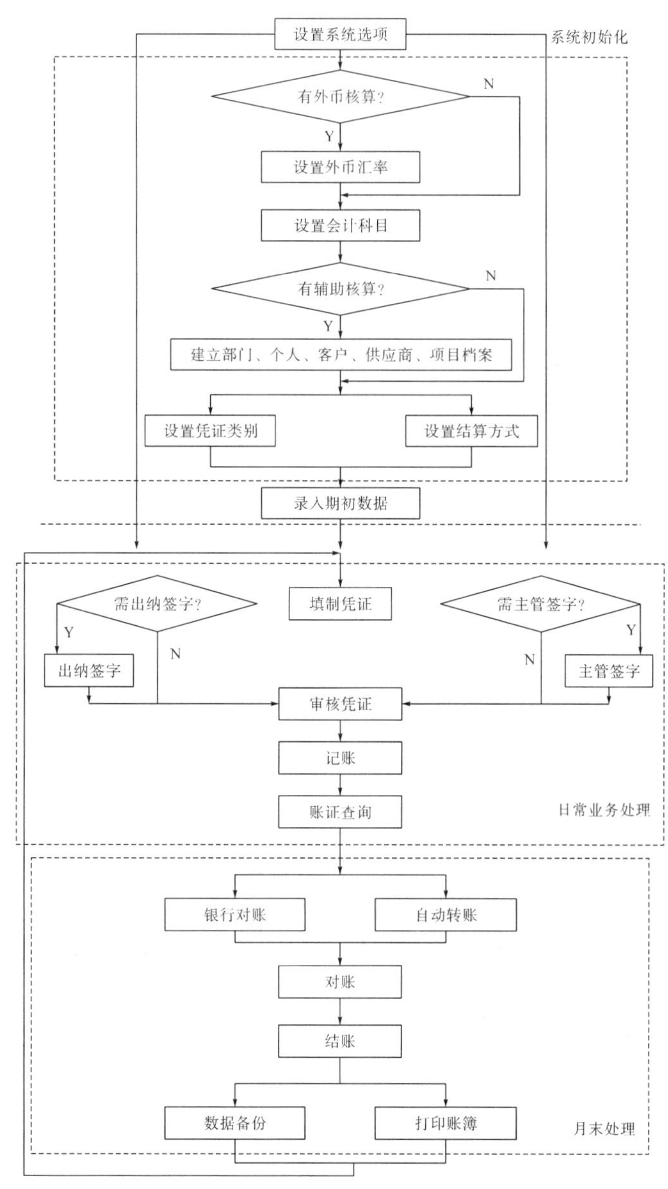

图 2-6 总账系统的应用流程

（1）凭证选项卡。

①制单控制。制单控制主要设置在填制凭证时，系统应对哪些操作进行控制。其主要包括以下各项：

第一，制单序时控制。此项和“系统编号”选项联用，制单时某类凭证编号必须按日期顺序自小到大排列，凭证日期既不能小于该类别最后一张凭证日期，也不能大于系统日期。

第二，支票控制。若选择了此项，在制单时使用银行科目编制凭证时，系统会针对已设置了票据管理的结算方式进行登记，如果录入的支票号在支票登记簿中已存在，系统提供登记支票报销的功能；否则，系统提供登记支票登记簿的功能。

第三，赤字控制。若选择了此项，在填制凭证时，当“资金及往来科目”或“全部科目”的最新余额出现负数时，系统将予以提示。赤字控制既可以只针对资金类科目和往来科目，也可以针对所有科目。

第四，受控科目。若科目为应收款系统的受控科目，为了防止重复制单，只允许应收款系统使用此科目进行制单，总账系统是不能使用此科目制单的。因此，如果希望在总账系统中也能使用这些科目填制凭证，应选择此项。

需要注意的是，总账和其他业务系统使用受控科目会引起应收系统与总账对账不平。

②凭证控制。

第一，现金流量科目必录现金流量项目。如果企业选择利用现金流量项目核算作为编制现金流量表的方法，就涉及此选项的选择。选择该项，在录入凭证时如果使用了现金流量科目则必须输入现金流量项目及金额。

第二，自动填补凭证断号。如果选择凭证编号方式为系统编号，则在新增凭证时，系统按凭证类别自动查询本月的第一个断号作为本次新增凭证的凭证号。

第三，凭证录入时结算方式及票据号必录。在填制凭证时，如果使用了银行科目，则必须录入结算方式及票据号。

③凭证编号方式。系统提供系统编号和手工编号两种方式。如果选用系统编号，系统在填制凭证时会按照设置的凭证类别按月自动编号。

（2）账簿选项卡。账簿选项卡用来设置各种账簿的输出方式和打印要求等。

（3）凭证打印。凭证打印用来设置凭证的输出方式和打印要求等。其内容主要包括以下各项：

①合并凭证显示、打印。选择此项，在填制凭证、查询凭证、出纳签字和凭证审核时，凭证按照“按科目、摘要相同方式合并”或“按科目相同方式合并”合并显示，在明细账显示界面提供是否“合并显示”的选项。

②打印凭证页脚姓名。此项决定在打印凭证时，是否自动打印制单人、出纳、审核人、记账人的姓名。

（4）预算控制。预算控制根据预算管理系统或财务分析系统设置的预算数对业务发生进行控制。

（5）权限选项卡。

①制单权限控制到科目。如果需要明确操作员只能使用具有相应制单权限的科目制单，则首先应在数据权限控制设置中选择对“科目”进行控制，然后选中此项，最后在数据权限中为操作员指定制单可以使用的科目。设置完成后，该操作员只能使用有权限的科目进行制单。

同样意义的选项还有“制单、辅助账查询控制到辅助核算”“明细账查询控制到科目”。

②制单权限控制到凭证类别。如果需要明确操作员只能填制特定类别的凭证，则首先应在数据权限控制设置中选择对“凭证类别”进行控制，然后选中此项，最后在数据权限中为操作员指定制单时可以使用哪些凭证类别。设置完成后，操作员制单时，凭证类别参照中只显示操作员有权限的凭证类别。

③操作员进行金额权限控制。系统可以对不同级别的人员进行制单金额大小的控制。例如，财务主管可以对 10 万元以上的经济业务制单，一般财务人员只能对 5 万元以下的经济业务制单，这样可以减少由不必要的责任事故带来的经济损失。

以下情况不能进行金额权限控制：

第一，如为外部凭证或常用凭证调用生成，则不做金额权限控制。

第二，自定义结转凭证不受金额权限控制。

④凭证审核控制到操作员。如果需要指定某具有凭证审核权限的操作员只能审核某些制单人填制的凭证，则应选择此选项。

⑤出纳凭证必须经由出纳签字。出纳凭证是指凭证上包含现金或银行科目的凭证。涉及现金收付的业务是企业需要重点关注的业务，如果选择此项，凭证处理流程为：填制凭证→出纳签字→审核凭证→记账。

出纳签字与审核凭证不分先后顺序。如果选择了“凭证必须经由主管会计签字”，则在凭证处理流程的填制凭证和记账之间中还需要增加主管签字环节。

⑥凭证必须经由主管会计签字。如果企业规定所有凭证都必须由主管会计签字才能作为记账依据，则应选中此项。

⑦允许修改、作废他人填制的凭证。如果制单人填制的凭证有误，此选项决定其他人员（如审核人员）发现凭证有误时是否被允许修改或作废凭证。“控制到操作员”属于数据权限控制内容，利用此项可以指定允许修改、作废哪些操作员填制的凭证。

⑧可查询他人凭证。利用“控制到操作员”可以指定可以查询哪些操作员填制的凭证。

（6）会计日历选项卡。会计日历选项卡包括以下内容：

①可查看各会计期间的起始日期与结束日期以及启用会计年度和启用日期。此处仅能查看会计日历的信息，如需修改则要到系统管理中进行。

②可查看建立账套时的一些信息，如账套名称、单位名称、账套存放的路径、行业性质和定义的科目级长等。

③可以修改数量小数位、单价小数位和本位币精度。

（7）其他选项卡。在其他选项卡中可以设置以下内容：

①外币核算方式。有外币业务时，企业可以选择“固定汇率”或“浮动汇率”处理方式。

②排序方式。在参照部门目录、查询部门辅助账时，可以指定查询列表的内容是按编码顺序显示还是按名称顺序显示。对个人往来辅助核算和项目辅助核算也可以进行设置。

2. 期初余额录入

企业账套建立之后，还需要在系统中建立基础档案和各账户的余额数据，才能接续手工业务处理进程。各账户余额数据的准备与总账启用的会计期间相关。

（1）准备期初数据。为了保持账簿资料的连续性，应该将原有系统下截至总账启用日的各账户年初余额、累计发生额和期末余额输入到计算机系统中。但是因为它们之间存在这样的关系：如果某账户余额在借方，则年初余额+本年累计借方发生额-本年累计贷方发生额=期末余额；如果某账户余额在贷方，则年初余额+本年累计贷方发生额-本年累计借方发生额=期末余额。所以一般只需要向计算机输入其中三个数据，另外一个数据可以根据上述关系自动计算。

选择年初启用总账和选择年中启用总账需要准备的期初数据是不同的。

①年初建账。如果选择年初建账，只需要准备各账户上年年末的余额作为新一年的期初余额，并且年初余额和月初余额是相同的。例如，某企业选择 2017 年 1 月启用总账系统，则只需要整理该企业 2016 年 12 月末各账户的期末余额作为 2017 年 1 月初的期初余额，因为本年没有累计数据发生，所以月初余额同时也是 2017 年年初余额。

②年中建账。如果选择年中建账，不仅要准备各账户启用会计期间上一期的期末余额作为启用期的期初余额，而且还要整理自本年度开始截至启用期的各账户累计发生数据。例如，某企业 2017 年 8 月开始启用总账系统，那么应将该企业 2017 年 7 月末各科目的期末余额及 1~7 月的累计发生额整理出来，作为计算机系统的期初数据录入到总账系统中，系统将自动计算年初余额。

如果科目设置了某种辅助核算，那么还需要准备辅助项目的期初余额。例如，应收账款科目设置了客户往来辅助核算，除了要准备应收账款总账科目的期初数据外，还要详细记录这些应收账款是哪些客户的销售未收，因此要按客户整理详细的应收余额数据。

（2）录入期初数据。期初余额录入时，根据科目性质不同，分为以下几种情况：

①末级科目的余额可以直接输入。

②非末级科目的余额数据由系统根据末级科目数据逐级向上汇总而得。

③科目有数量外币核算时，在输入完本位币金额后，还要输入相应的数量和外币信息。

④科目有辅助核算时，不能直接输入该账户的期初余额，而是必须输入辅助账的期初余额。辅助账余额输入完毕后，自动带回总账。累计发生额可以直接输入。

如果余额方向与科目余额方向相反，录入余额时录入负数。

(3) 进行试算平衡。期初数据输入完毕后应进行试算平衡。如果期初余额试算不平衡，可以填制、审核凭证，但不能进行记账处理。因为企业信息化时，初始设置工作量大，占用时间比较长，为了不影响日常业务的正常进行，所以允许在初始化工作未完成的情况下进行凭证的填制。

凭证一经记账，期初数据便不能再修改。

(三) 总账系统日常业务处理

在总账系统中，初始化工作完成后，就可以开始进行日常业务处理了。总账系统日常业务处理主要包括凭证管理、出纳管理、账簿查询等。

1. 凭证管理

记账凭证是登记账簿的依据，是总账系统的唯一的数据来源，因此凭证管理是总账系统最为核心的内容。凭证管理的内容主要包括填制凭证、凭证复核、凭证记账、修改凭证、作废凭证、冲销凭证、查询凭证、凭证汇总、设置常用凭证、设置常用摘要、设置明细权限等内容。

(1) 填制凭证。记账凭证按其编制来源可分为两大类：手工填制凭证和机制凭证。机制凭证包括利用总账系统自动转账功能生成的凭证以及在其他子系统中生成传递到总账的凭证。这里主要介绍手工填制凭证。

手工填制凭证也分为两种方式：一种是根据审核无误的原始凭证直接在总账系统中填制记账凭证；另一种是先在手工方式下填制好记账凭证而后再集中输入到总账系统中。企业可以根据实际情况选择适合自己的方式。

填制凭证时各项目应填制的内容及注意事项如下：

①凭证类别。填制凭证时可以直接选择所需的凭证类别。如果在设置凭证类别时设置了凭证的限制类型，那么所选的凭证必须符合限制类型的要求，否则系统会给出错误提示。例如，假定企业选择了“收、付、转”三类凭证，并且设置了收款凭证的限制类型为“借方必有科目 1001，1002”，如果企业发生了“销售产品，货款未收”的业务，应借记“应收账款”科目，贷记“主营业务收入”科目；如果用户误选了“收款凭证”类别，保存时系统会提示“不满足借方必有条件”。

②凭证编号。如果选择“系统编号”方式，凭证根据凭证类别按月自动编号。如果选择“手工编号”方式，需要手工输入凭证号，但应注意凭证号的连续性、唯一性。

③凭证日期。填制凭证时，日期一般自动选取登录系统时的业务日期。选择“制单序时控制”的情况下，凭证日期应大于等于该类凭证最后一张凭证日期，但不能超过系统日期。

④附单据数。记账凭证打印出来后，应将相应的原始凭证粘附其后，这里的附单据数就是指将来该记账凭证所附的原始单据数。

⑤摘要。摘要是对经济业务的概括说明。因为计算机记账时是以记录行为单位的，因此每行记录都要有摘要，不同记录行的摘要可以相同也可以不同，每行摘要

将随相应的会计科目在明细账、日记账中出现。摘要可以直接输入，如果定义了常用摘要的话，也可以调用常用摘要。

⑥会计科目。填制凭证时，要求会计科目必须是末级科目，可以输入科目编码、科目名称、科目助记码。

如果输入的是“银行存款”科目，一般系统会要求输入有关结算方式的信息，此时最好输入，以方便日后银行对账；如果输入的科目有外币核算，系统会自动带出在外币中已设置的相关汇率，如果不符还可以修改，输入外币金额后，系统会自动计算出本币金额；如果输入的科目有数量核算，应该输入数量和单价，系统会自动计算出本币金额；如果输入的科目有辅助核算，应该输入相关的辅助信息，以便系统生成辅助核算信息。

⑦金额。金额可以是正数或负数（即红字），但不能为零。凭证金额应符合“有借必有贷，借贷必相等”的原则，否则将不能保存。

另外，如果设置了常用凭证，可以在填制凭证时直接调用常用凭证，从而增加凭证录入的速度和规范性。

（2）凭证复核。为了保证会计事项处理正确和记账凭证填制正确，需要对记账凭证进行复核。凭证复核包括出纳签字、主管签字和审核凭证。

①出纳签字。由于出纳凭证涉及企业资金的收支，因此应加强对出纳凭证的管理。出纳签字功能使得出纳可以对涉及现金、银行存款的凭证进行核对，以检查凭证是否有误。如果凭证正确无误，出纳便可签字，否则必须交由制单人进行修改后再重新核对。

出纳凭证是否必须由出纳签字取决于系统参数的设置，如果选择了“出纳凭证必须由出纳签字”选项，那么出纳凭证必须经过出纳签字才能够记账。

②主管签字。为了加强对会计人员制单的管理，有的企业所有凭证都需要由主管签字，为了满足这一应用需求，总账系统提供主管签字功能。但是凭证是否需要主管签字才能记账，取决于系统参数的设置。

③审核凭证。审核凭证是审核员按照相关规定，对制单员填制的记账凭证进行检查核对，审核内容包括是否与原始凭证相符、会计分录是否正确等。凭证审核无误后，审核人便可签字，否则必须交由制单人进行修改后再重新审核。

所有凭证必须审核后才能记账，并且审核人与制单人不能是同一人。

如果设置了凭证审核明细权限的话，审核凭证还会受到明细权限的制约。

（3）凭证记账。记账凭证经过审核签字后，便可以记账了。在系统中，记账是由计算机自动进行的。记账过程中一旦断电或因其他原因造成中断，系统自动调用“恢复记账前状态”功能恢复数据，再重新选择记账。

如果记账后发现输入的记账凭证有错误需要进行修改，需要人工调用“恢复记账前状态”功能。系统提供了两种恢复记账前状态方式，即将系统恢复到最后一次记账前状态和将系统恢复到月初状态。只有主管才能选择将数据恢复到月初状态。

如果期初余额试算不平衡则不能记账。如果上月未结账，则本月不能记账。

（4）修改凭证。在信息化方式下，凭证的修改分为有痕迹修改和无痕迹修改。

①无痕迹修改。无痕迹修改是指系统内不保存任何修改线索和痕迹。对于尚未审核和签字的凭证可以直接进行修改；对于已经审核或签字的凭证应该先取消审核或签字，然后才能修改。显然，在这两种情况下，都没有保留任何审计线索。

②有痕迹修改。有痕迹修改是指系统通过保存错误凭证和更正凭证的方式来保留修改痕迹，因此可以留下审计线索。对于已经记账的错误凭证，一般应采用有痕迹修改。其具体方法是采用红字更正法或补充更正法。前者适用于更正记账金额大于应记金额的错误或者会计科目的错误，后者适用于更正记账金额小于应记金额的错误。

能否修改他人填制的凭证，取决于系统参数的设置。其他子系统生成的凭证，在账务系统中只能进行查询、审核、记账，不能修改和作废。只有在生成该凭证的原子系统中才能对其进行修改和删除，从而保证记账凭证和原子系统中的原始单据相一致。

修改凭证时，一般而言凭证类别及编号是不能修改的。修改凭证日期时，为了保持序时性，日期应介于前后两张凭证日期之间，同时日期和月份不能修改。

（5）作废凭证。对于尚未审核和签字的凭证，如果不需要的话，可以直接将其作废。作废凭证仍保留凭证内容及编号，但仅显示“作废”字样。作废凭证不能修改、审核，但应参与记账，否则月末无法结账。记账时不对作废凭证进行数据处理，其相当于一张空凭证。账簿查询时，查不到作废凭证的数据。

与作废凭证相对应，系统也提供对作废凭证的恢复，即将已标识为作废的凭证恢复为正常凭证。如果作废凭证没有保留的必要时，可以通过“整理凭证”彻底将其删除。

（6）冲销凭证。冲销凭证是针对已记账凭证而言的。红字冲销既可以采用手工方式，也可以由系统自动进行。如果采用自动冲销，只要告知系统要被冲销的凭证类型及凭证号，系统使会自动生成一张与该凭证相同但金额为红字（负数）的凭证。

（7）凭证查询。凭证查询是计算机系统较手工方式的优势之一。使用此功能既可以查询已记账凭证，也可以查询未记账凭证；既可以查询作废凭证，也可以查询标错凭证；既可以按凭证号范围查询，也可以按日期查询；既可以按制单人查询，也可以按审核人或出纳员查询。此外，通过设置查询条件，凭证查询还可以按科目、摘要、金额、外币、数量、结算方式或各种辅助项查询，快捷方便。

（8）凭证汇总。凭证汇总时，可以按一定条件对记账凭证进行汇总并生成凭证汇总表。进行凭证汇总的凭证可以是已记账凭证，也可以是未记账凭证。凭证汇总使得财务人员可以随时查询凭证汇总信息，及时了解企业的经营状况及其他财务信息。

（9）设置常用凭证。企业发生的经济业务都有其规律性，有些业务在一个月内会重复发生若干次，于是在填制凭证的过程中，经常会有许多凭证完全相同或部分相同。因此，可以将这些经常出现的凭证进行预先设置，以便将来填制凭证时随时调用，简化凭证的填制过程，这就是常用凭证。

（10）设置常用摘要。由于经济业务的重复性，在日常填制凭证的过程中经常会用到许多相同的摘要。为了提高凭证的录入速度，可以将这些经常使用的摘要预先设置下来，这样在填制凭证时可以随时调用这些摘要，从而提高处理业务的效率。

（11）设置明细权限。如果在系统参数中设置了某些选项，如"制单权限控制到科目""制单权限控制到凭证类别""制单金额控制""审核权限控制到操作员""明细账查询控制到科目"等，还需要利用系统提供的相关功能进行明细权限的设置。

2. 出纳管理

出纳管理是总账系统为出纳人员提供的一套管理工具和工作平台，功能包括出纳签字，现金、银行存款日记账及资金日报表的查询与打印，支票登记簿，银行对账。

（1）出纳签字。如果凭证上使用了指定为现金或银行存款属性的科目，即涉及现金收付业务，就需要出纳对该类业务进行确认。出纳签字在凭证管理中已作过介绍，在此不再赘述。

（2）现金、银行存款日记账及资金日报表的查询与打印。现金日记账和银行存款日记账不同于一般科目的日记账，是属于出纳管理的，因此将其查询与打印功能放置于出纳管理平台。现金、银行存款日记账一般可按月或按日查询，查询时也可以查询未记账凭证。

资金日报表可以反映现金和银行存款日发生额及余额情况。手工环境下，资金日报表由出纳员逐日填写，以反映当天营业终了时现金、银行存款的收支情况及余额。在计算机系统中，资金日报表可由总账系统根据记账凭证自动生成，以便及时掌握当日借、贷金额合计与余额及当日业务量等信息。资金日报表既可以根据已记账凭证生成，也可以根据未记账凭证生成。

（3）支票登记簿。加强支票的管理对于企业来说非常重要，因此总账系统提供了支票登记簿功能，以供出纳员详细登记支票领用及报销情况，如领用日期、领用部门、领用人、支票号、用途、预计金额、报销日期、实际金额、备注等。

使用支票登记簿时，需要注意以下问题：

（1）建立会计科目时，必须为银行存款科目设置银行账属性。

（2）设置结算方式时，必须为支票结算方式设置票据管理属性。

（3）领用支票时，银行出纳员必须据实填写领用日期、领用部门、领用人、支票号、用途、预计金额、备注等信息。

（4）经办人持原始单据报销支票时，会计人员必须据此填制记账凭证。在录入该凭证时，系统要求录入结算方式和支票号，填制完凭证后，在采取支票控制的方式下，系统会自动在支票登记簿中为该支票填上报销日期，表示该支票已报销。否则，出纳员需要自己填写报销日期。

（4）银行对账。银行对账是出纳在月末应进行的一项工作。企业为了了解未达账项情况，通常都会定期与开户银行进行对账。在信息化方式下，银行对账的程序如下：

①录入银行对账期初数据。在第一次利用总账系统进行银行对账前，应该录入银行启用日期时的银行对账期初数据。银行对账的启用日期是指使用银行对账功能前最后一次手工对账的截止日期，银行对账不一定和总账系统同时启用，银行对账的启用日期可以晚于总账系统的启用日期。银行对账期初数据包括银行对账启用日的企业方银行日记账与银行方银行对账单的调整前余额以及启用日期之前的单位日记账和银行对账单的未达账项。录入期初数据后，应保证银行日记账的调整后余额等于银行对账单的调整后余额，否则会影响以后的银行对账。

②录入银行对账单。在开始对账前，必须将银行开出的银行对账单录入到系统中，以便将其与企业银行日记账进行核对。有些系统还提供了银行对账单导入的功能，避免了烦琐的手工录入过程。

③银行对账。银行对账可以采用自动对账和手工对账相结合的方式，即先进行自动对账，然后在此基础上再进行手工对账。

自动对账是指系统根据设定的对账依据，将银行日记账（银行未达账项文件）与银行对账单进行自动核对和勾销。对于已核对上的银行业务，系统将自动在银行日记账和银行对账单双方打上两清标志，视为已达账项，否则视为未达账项。对账依据可由用户自己设置，但“方向+金额”是必要条件，通常可设置为“结算方式+结算号+方向+金额”。

采用自动对账后，可能还有一些特殊的已达账项没有对上而被视为未达账项，为了保证对账的彻底性和正确性，在自动对账的基础上还要进行手工补对。例如，自动对账只能针对“一对一”的情况进行对账，而对于“一对多”“多对一”“多对多”的情况，只能由手工对账来实现。

④查询和打印余额调节表。在进行对账后，系统会根据对账结果自动生成银行存款余额调节表，以供用户查询、打印或输出。

对账后，用户还可以查询银行日记账和银行对账单对账的详细情况，包括已达账项和未达账项。

⑤核销银行账。为了避免文件过大，占用磁盘空间，可以利用核销银行账功能将已达账项删除。对于企业银行日记账已达账项的删除不会影响企业银行日记账的查询和打印。

⑥长期未达账项审计。有的软件还提供长期未达账项审计的功能。通过设置截止日期及至截止日期未达天数，系统可以自动将未达账项至截止日期未达天数超过

指定天数的所有未达账项显示出来，以使企业了解长期未达账项情况，从而采取措施对其进行追踪、加强监督，避免不必要的损失。

3. 账簿查询

企业发生的经济业务经过制单、复核、记账后就可以查询和打印各种账簿了。计算机系统的账簿查询具有以下鲜明的特点：第一，在查询各种账簿时，可以查询未记账凭证；第二，与手工环境不同，在信息化方式下，各种账簿都可以针对各级科目进行查询，第二，可以进行账表联查，如查询总账时可以联查明细账，而查询明细账时可以联查凭证等。

以下分别介绍基本会计账簿查询和辅助账簿查询。

（1）基本会计账簿。基本会计账簿就是手工处理方式下的总账、发生额余额表明细账、序时账、日记账、多栏账等。

①总账。查询总账时，可以单独显示某科目的年初余额、各月发生额合计、全年累计发生额以及月末余额。

②发生额余额表。发生额余额表可以同时显示各科目的期初余额、本期发生额、累计发生额以及期末余额。

③明细账。明细账以凭证为单位显示各账户的明细发生情况，包括日期、凭证号、摘要、借方发生额、贷方发生额以及余额。

④序时账。序时账根据记账凭证以流水账的形式反映各账户的信息，一般包括日期、凭证号、科目、摘要、方向、数量、外币以及金额等信息。

⑤日记账。在信息化方式下，任何账户都可以查询日记账，只要将会计账户设置为日记账即可，而且可以随时设置，现金日记账、银行存款日记账一般是在出纳功能中单独查询的。日记账一般包括日期、凭证号、摘要、对方科目、借方发生额、贷方发生额及余额。

⑥多栏账。在查询多栏账之前，必须先定义多栏账的格式。多栏账的格式可以设置为两种，即自动编制栏目和手工编制栏目。

（2）辅助核算账簿。辅助核算账簿简称辅助账，是在手工处理方式下一般作为备查账存在。

①个人核算。个人核算主要进行个人借款、还款的管理工作，以便及时地控制个人借款，完成清欠工作。个人核算可以提供个人往来明细账、催款单、余额表、账龄分析报告以及自动清理核销已清账等功能。

②部门核算。部门核算主要为了考核部门收支的发生情况，及时地反映控制部门费用的支出，对各部门的收支情况加以比较分析，以便于部门考核。部门核算可以提供各级部门的总账、明细账，还可以对各部门收入与费用进行部门收支分析。

③项目核算。项目核算用于收入、成本、在建工程等业务的核算，以项目为中心为使用者提供各项目的成本、费用、收入、往来等汇总与明细信息以及项目计划执行报告等。

④客户核算和供应商核算。客户核算和供应商核算主要进行客户和供应商往来款项的发生、清欠管理工作，及时掌握往来款项的最新情况。客户核算和供应商核算可以提供往来款的总账、明细账、催款单、对账单、往来账清理、账龄分析报告等功能。如果用户启用了应收款系统和应付款系统的话，可以分别在这两个系统中对客户往来款和供应商往来款进行更为详细地核算与管理。

4. 总账系统期末处理

每个会计期间结束，都要完成一些特定的工作，主要包括期末转账业务、对账及试算平衡、月末结账。由于各会计期间的许多期末业务均具有较强的规律性，因此由计算机来处理期末会计业务，不但可以及时反馈业务的处理，还可以大大提高工作效率。

（1）自动转账。

①转账的分类。转账分为内部转账和外部转账。外部转账是指将其他专项核算子系统自动生成的凭证转入总账系统，如工资系统有关工资费用分配的凭证，固定资产系统有关固定资产增减变动及计提折旧的凭证，应收款系统有关应收账款发生、收回及坏账准备的凭证，应付款系统有关应付账款发生及偿还的凭证等。而内部转账就是我们这里所讲的自动转账，是指在总账系统内部通过设置凭证模板而自动生成相应的记账凭证。一些期末业务具有较强的规律性，而且每个月都会重复发生，如费用的分配、费用的分摊、费用的计提、税金的计算、成本费用的结转、期间损益的结转等。这些业务的凭证分录是固定的，金额来源和计算方法也是固定的，因此可以利用自动转账功能将处理这些经济业务的凭证模板定义下来，期末时通过调用这些模板来自动生成相关凭证。

②定义转账凭证。要想利用自动转账功能自动生成记账凭证，首先应该定义凭证模板。定义凭证模板时，应设置凭证类别、摘要、借贷会计科目及其金额。其中，最关键的是金额公式的设置。因为各月金额不可能总是相同的，所以不能直接输入金额数，而必须利用账务子系统提供的账务函数来提取账户数据，如期初余额函数、期末余额函数、发生额函数、累计发生额函数、净发生额函数等。

定义转账凭证时，一定要注意这些凭证的生成顺序。例如，定义结转销售成本、计算汇兑损益、结转期间损益、计提所得税、结转所得税五张自动转账凭证时，因为销售成本、汇兑损益是期间损益的一部分，所以一定要先生成结转销售成本、计算汇兑损益的凭证并复核记账后，才能生成结转期间损益的凭证。因为要依据本期利润计提所得税，所以一定要先生成结转期间损益的凭证并复核记账后，才能生成计提所得税的凭证。因为有了所得税费用才能结转所得税至本年利润，所以一定要先生成计提所得税的凭证并复核记账后才能生成结转所得税的凭证。因此，这五张凭证的顺序应是结转销售成本、计算汇兑损益、结转期间损益、计提所得税、结转所得税，并且必须在前一张凭证复核记账后才能继续生成后一张凭证。

凭证模板只需定义一次即可，各月不必重复定义。

③生成记账凭证。凭证模板定义好以后，当每个月发生相关经济业务时可以不必再通过手工录入凭证，而可以直接调用已定义好的凭证模板来自动生成相关的记账凭证。

利用凭证模板生成记账凭证需要各月重复进行。

一般而言，只有在凭证记账后，账务函数才能取出相关数据。因此，利用自动转账生成凭证时，一定要使得相关凭证已经全部记账，这样才能保证数据被取出并且是完整的。例如，定义了一张根据本期利润计提所得税的凭证，要生成该张凭证，必须保证有关利润的凭证已经全部记账；否则，要么不能取出相应数据导致金额为零而不能生成凭证，要么取出的数据不完整而导致所得税计提错误。

利用自动转账生成的凭证属于机制凭证，它仅仅代替了人工查账和填制凭证的环节，因此自动转账生成的凭证仍然需要审核记账。

（2）对账及试算平衡。对账，即对账簿数据进行核对，以检查记账是否正确、是否账账相符。对账包括总账与明细账、总账与辅助账的核对。试算平衡时系统会将所有账户的期末余额按会计平衡公式“借方余额=贷方余额”进行平衡检验，并输出科目余额表。正常情况下，系统自动记账后，应该是账账相符的，账户余额也是平衡的。但由于非法操作或计算机病毒等原因有时可能会造成数据被破坏，因而引起账账不符，为了检查是否账证相符、账账相符以及账户余额是否平衡，应经常使用对账及试算平衡功能。结账时，一般系统会自动进行对账和试算平衡。

（3）结账。每月月末都要进行结账。结账前最好先进行数据备份。结账后，当月不能再填制凭证，并终止各账户的记账工作。同时，系统会自动计算当月各账户发生额合计及余额，并将其转入到下月月初。本月结账时，系统会进行下列检查工作：

①检查本月业务是否已全部记账，有未记账凭证时不能结账。

②检查上月是否已结账，上月未结账，则本月不能结账。实际上，上月未结账的话，本月也不能记账，只能填制、复核凭证。

③核对总账与明细账、总账与辅助账，账账不符不能结账。

④对科目余额进行试算平衡，试算结果不平衡不能结账。

⑤损益类账户是否已结转至本年利润。

⑥当各子系统集成应用时，总账系统必须在其他各子系统结账后才能结账。

二、固定资产管理

（一）固定资产系统概述

固定资产是企业资产的重要组成部分，固定资产管理是否完善、核算是否正确，不仅关系到企业资产的安全性，而且也会影响成本费用乃至利润计算的正确性。固定资产系统的主要任务是完成企业固定资产日常业务的核算和管理，生成固定资产卡片，按月反映固定资产的增减变动、原值变化及其他变化，按月计提折旧，生成折旧分配凭证，协助企业进行成本核算，同时输出一些同设备管理相关的报表和账簿。

1. 固定资产系统的主要功能

固定资产系统的主要功能包括初始化设置、日常业务处理、凭证处理、信息查询、期末处理等。

（1）初始化设置。在固定资产系统的初始化过程中需要完成对固定资产日常核算和管理所必需的各种系统参数和基本信息的设置，并输入固定资产系统的原始业务数据。初始设置主要包括核算单位的建立，固定资产卡片项目、卡片样式、折旧方法、使用部门、使用状况、增减方式、资产类别等信息的设置，固定资产原始卡片的录入。

（2）日常业务处理。固定资产系统的日常业务处理主要是当固定资产发生资产增加、资产减少、原值变动、使用部门转移等变动情况时，更新固定资产卡片，并根据用户设定的折旧计算方法自动计算折旧，生成折旧清单和折旧分配表。

（3）凭证处理。固定资产系统根据使用状况和部门对应折旧科目的设置来进行转账凭证的定义。转账凭证可以根据固定资产的业务处理自动生成。转账凭证经过确认后会自动传递到账务或成本等系统等待进一步处理。

（4）信息查询。固定资产系统输出的报表主要有固定资产卡片、固定资产增减变动表、固定资产分类统计表、固定资产折旧计算表、转账数据汇总表等。

（5）期末处理。固定资产系统的期末处理主要包括对账和月末结账两部分。

2. 固定资产系统与其他系统的关系

固定资产系统与总账系统、成本系统和报表系统存在数据关联。

（1）固定资产系统与总账系统的关系。固定资产的日常变动数据和计提折旧的数据通过生成的转账凭证传递到总账系统。同时，固定资产系统可以与总账系统针对固定资产和累计折旧进行对账，保证固定资产明细账与总账的一致性。

（2）固定资产系统与成本系统的关系。固定资产系统为成本系统提供其核算所需要的折旧费用数据，这是成本核算的基础数据之一。

（3）固定资产系统与报表系统的关系。UFO 报表系统可以通过函数调用固定资产系统的核算数据编制相关报表。

3. 固定资产系统的业务处理流程

固定资产系统的业务处理流程大致包括初始化和日常业务处理两部分。初始化主要完成系统参数和基础信息的设置，日常业务处理主要进行固定资产增减变动、计提折旧、凭证处理等工作。相关业务处理完成后可输出固定资产账簿和统计分析报表，并进行月末结账。固定资产系统业务处理流程如图 2-7 所示。

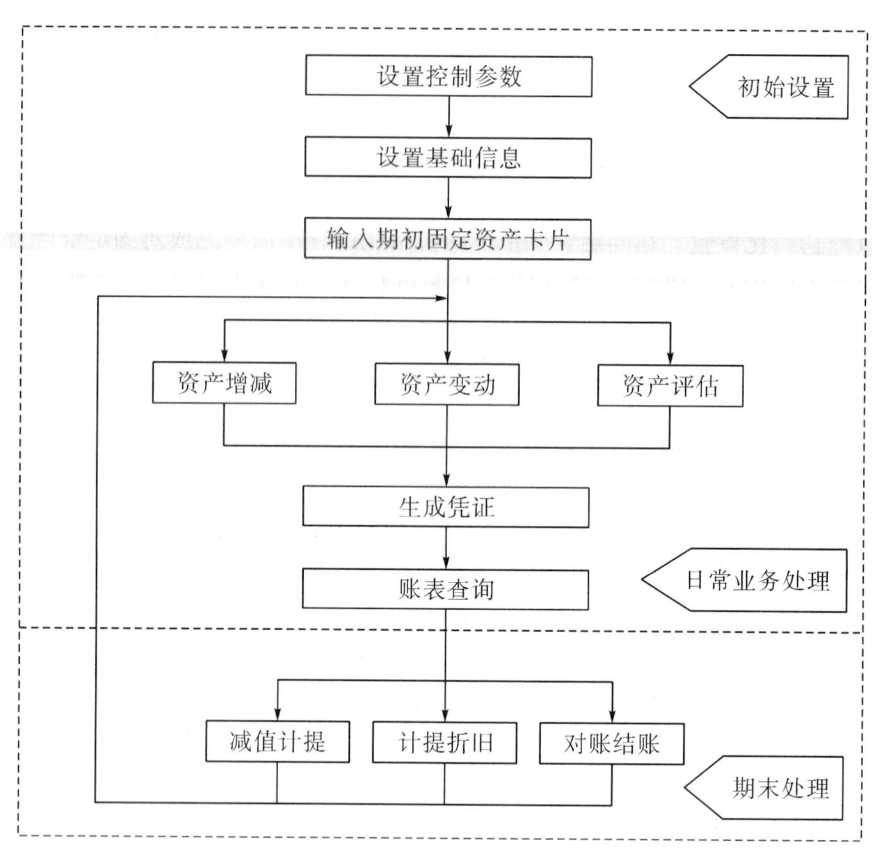

图 2-7　固定资产系统业务处理流程

（二）固定资产系统初始化

固定资产系统初始化的主要内容包括建立固定资产账套、基础信息设置和期初数据录入。

1. 建立固定资产账套

建立固定资产账套是根据企业的具体情况，在已建立的企业会计核算账套的基础上，设置企业进行固定资产核算的必须参数，包括关于固定资产折旧计算的一些约定及说明、启用月份、折旧信息、编码方式、账务接口等。

建账完成后，当需要对账套中的某些参数进行修改时，可以在“设置”中的“选项”中修改；当有些参数无法通过“选项”修改但又必须改正时，只能通过“重新初始化”功能实现，“重新初始化”将清空对该固定资产账套所做的一切操作。

2. 基础信息设置

固定资产系统的基础信息设置包括以下内容：

（1）资产类别设置。固定资产种类繁多、规格不一，为强化固定资产管理，及时准确地进行固定资产核算，需要建立科学的资产分类核算体系，为固定资产的核算和管理提供依据。目前，我国固定资产管理使用的是国家技术监督局 1994 年 1 月 24 日批准发布的《固定资产分类与代码国家标准》（GB/T14885-94），其中规定的类别编码最多可以设置 4 级，编码总长度是 6 位，即 2112。参照此标准，企业可以根据自身的特点和要求，设定较为合理的资产分类方法。

（2）部门对应折旧科目设置。固定资产计提折旧后，需要将折旧费用分配到相应的成本或费用中去，根据不同企业的情况可以按照部门或类别进行汇总。固定资产折旧费用的分配去向和其所属部门密切相关，如果给每个部门设定对应折旧科目，则属于该部门的固定资产在计提折旧时，折旧费用将对应分配到其所属的部门。

（3）增减方式设置。固定资产增减方式设置，即设置资产增加的来源和减少的去向。增减方式包括增加方式和减少方式两大类。增加方式主要包括直接购买、投资者投入、捐赠、盘盈、在建工程转入、融资租入。减少方式主要包括出售、盘亏、投资转出、捐赠转出、报废、毁损、融资租出。增减方式可以根据用户的需要自行增加。在增减方式的设置中还可以定义不同增减方式的对应入账科目，配合固定资产和累计折旧的入账科目使用，当发生相应的固定资产增减变动时可以快速生成转账凭证，减少手工输入数据的工作量。

（4）使用状况设置。固定资产的使用状况一般分为使用中、未使用和不需用三大类，不同的使用状况决定了固定资产计提折旧与否。因此，正确定义固定资产的使用状况是准确计算累计折旧、进行资产数据统计分析并提高固定资产管理水平的重要依据。

（5）折旧方法设置。固定资产折旧的计算是固定资产管理系统的重要功能，固定资产折旧的计提由系统根据用户选择的折旧方法自动计算得出，因此折旧方法的定义是计算资产折旧的重要基础。根据财务制度的规定，企业固定资产的折旧方法有平均年限法、工作量法、双倍余额递减法、年限总和法。企业可以根据国家规定和自身条件选择采用其中的一种，如果系统中预置的折旧方法不能满足企业管理与核算的需要，用户也可以定义新的折旧方法与相应的计算公式。

由于在计算机系统中基本不必考虑处理能力的问题，因此在向计算机系统过渡时只需要根据企业细化会计核算的需要，在会计制度允许的范围内选择折旧计算方法即可。一般来说，选用单台折旧方法核算固定资产折旧更为合适。

（6）卡片项目和卡片样式设置。固定资产卡片是固定资产管理系统中重要的管理工具，固定资产卡片文件是重要的数据文件。固定资产文件中包含的数据项目会形成一个卡片项目，卡片项目也是固定资产卡片上用来记录固定资产资料的栏目，如原值、资产名称、所属部门、使用年限、折旧方法等是卡片上最基本的项目。固定资产系统提供的卡片上常用的项目称为系统项目，但这些项目不一定能满足所有单位的需求。为了增加固定资产系统的通用性，一般系统都为用户留下足够的增减卡片项目的余地，在初始设置中由用户定义的项目称为自定义项目。系统项目和自定义项目一起构成固定资产卡片的全部内容。

固定资产卡片样式指卡片的外观，即卡片的格式和卡片上包含的项目以及项目的位置。不同资产核算管理的内容与重点各不相同，因此卡片样式也可能不同。系统默认的卡片样式一般能够满足企业日常管理的要求，用户可以在此基础上略做调整，形成新卡片模板，也可以自由定义新卡片式样。

3. 期初数据录入

固定资产系统的初始数据是指系统投入使用前企业现存固定资产的全部有关数据，主要是固定资产原始卡片的有关数据。固定资产原始卡片是固定资产系统处理的起点。因此，准确录入原始卡片内容是保证历史资料的连续性、正确进行固定资产核算的基本要求。为了保证所输入原始卡片数据的准确无误，应该在开始输入前对固定资产进行全面的清查盘点，做到账实相符。

传统方式下，固定资产是按卡片进行管理的。固定资产卡片的原值合计应与总账系统固定资产科目余额数据相符；卡片已提折旧的合计应与总账系统累计折旧账户的余额相符。

（三）日常业务处理

固定资产系统的日常业务处理主要是完成固定资产的核算和管理工作，包括固定资产卡片管理、固定资产增减业务处理、变动单处理、折旧处理、资产评估处理、凭证处理、账簿查询和月末处理等内容。

1. 固定资产卡片管理

卡片是记录固定资产相关资料的载体。无论固定资产是增加、减少还是变动都要通过固定资产卡片进行管理。固定资产卡片管理包括卡片修改、卡片删除、卡片查询以及打印等。

2. 固定资产增减业务

当企业由于各种原因而增加或减少其固定资产的时候，就需要进行相应的处理，根据固定资产增减变动记录更新固定资产卡片文件，以保证折旧计算的正确性。

（1）固定资产的增加。企业通过购买或其他方式取得固定资产时要进行固定资产增加的处理，填制新的固定资产卡片。一方面，要求对新增固定资产按经济用途或其他标准分类，并确定其原始价值；另一方面，要求办理交接手续，填制和审核有关凭证，作为固定资产核算的依据。

（2）固定资产的减少。固定资产的减少是指资产在使用过程中，由于毁损、出售、盘亏等各种原因而被淘汰。此时需进行固定资产减少的处理，输入固定资产减少记录，说明减少的固定资产、减少方式、减少原因等。资产减少信息经过确认后，系统会搜索出相应的固定资产卡片，更新卡片文件数据，以反映固定资产减少的相关情况。

只有当账套开始计提折旧后，才可以使用资产减少功能，否则资产减少只能通过删除卡片来完成。

3. 资产变动单处理

固定资产日常使用中出现原值变动、部门转移、使用状况变动、使用年限调整、折旧方法调整、净残值（率）调整、工作总量调整、累计折旧调整、资产类别调整等情况时，需要通过变动单进行处理。变动单是指在资产使用过程中由于固定资产卡片上某些项目调整而编制的原始凭证。

（1）原值变动。资产在使用过程中，其原值增减有五种情况：第一，根据国家规定对固定资产重新估价；第二，增加补充设备或改良设备；第三，将固定资产的一部分拆除；第四，根据实际价值调整原来的暂估价值；第五，发现原记录固定资产价值有误的，原值变动包括原值增加和原值减少两种情况。

（2）部门转移。资产在使用过程中，因内部调配而发生的部门变动应及时处理，否则将影响部门的折旧计算。

（3）使用状况调整。资产使用状况分为使用中、未使用、不需用等。资产在使用过程中，可能会因为某种原因，使得资产的使用状况发生变化，这种变化会影响到设备折旧的计算，因此应及时调整。

（4）使用年限调整。资产在使用过程中，资产的使用年限可能会由于资产的重估、大修等原因而调整。进行使用年限调整的资产在调整的当月就按调整后的使用年限计提折旧。

（5）资产折旧方法的调整。一般来说，资产折旧方法一年之内很少改变，例如，有特殊情况确需调整的也必须遵循一定的原则。例如，所属类别是“总提折旧”的资产调整后的折旧方法不能是“不提折旧”；相应地，所属类别是“总不提折旧”的资产折旧方法不能调整。一般来说，进行折旧方法调整的资产在调整的当月就按调整后的折旧方法计提折旧。

本月录入的卡片和本月增加的资产，不允许进行变动处理。

4. 折旧处理

折旧处理是固定资产系统的基本处理功能之一，主要包括折旧的计提与分配。

（1）折旧计提。根据固定资产卡片中的基本资料，系统自动计算折旧，自动生成折旧分配表，根据折旧分配表编制转账凭证，将本期折旧费用登记入账。

（2）折旧分配。计提折旧工作完成后进行折旧分配形成折旧费用，生成折旧清单。固定资产的使用部门不同其折旧费用分配的去向也不同，折旧费用与资产使用部门间的对应关系主要是通过部门对应折旧科目来实现的。系统根据折旧清单及部门对应折旧科目生成折旧分配表，而折旧分配表是将累计折旧分配到成本与费用中和编制转账凭证将折旧数据传递到总账系统的重要依据。

（3）进行折旧处理需要注意的问题。在固定资产系统中进行折旧处理时一般应注意以下问题：如果在一个会计期间内多次计提折旧，每次计提折旧后，只是将计提的折旧累加到月初的累计折旧上，而不会重复累计。如果计提折旧后又对账套进行了影响折旧计算分配的操作，那么必须重新计提折旧，以保证折旧计算的正确性。

如果上一次计提的折旧已经制单但尚未记账，必须删除该凭证；如果已经记账，必须冲销该凭证重新计提折旧。如果自定义的折旧方法中月折旧率或月折旧额出现负数，系统会自动中止计提。

折旧分配表分为部门折旧分配表和类别折旧分配表两种类型。部门折旧分配表中的部门可以不等同于使用部门，使用部门必须是明细部门而部门折旧分配表中的部门指汇总时使用的部门，因此要在计提折旧后分配折旧费用时做出选择。

当企业中有固定资产按工作量法计提折旧时，在计提折旧之前，需要输入该固定资产当期的工作量，为系统提供计算累计折旧所需要的信息。

5. 资产评估处理

随着市场经济的发展，企业在经营活动中，根据业务或国家要求需要对部分资产或全部资产进行评估和重估，而其中固定资产评估是资产评估很重要的部分。固定资产系统中固定资产评估处理的主要功能有将评估机构的评估数据或定义公式手工录入到系统、根据国家要求手工录入评估结果或根据定义的评估公式生成评估结果以及评估单的管理。

进行资产评估处理的主要步骤如下：

（1）对需要评估的项目进行选择。可以进行评估的内容包括固定资产的原值、累计折旧、使用年限等，每次进行评估时可以根据评估的要求进行选择。

（2）对需要进行评估的资产进行选择。资产评估的目的各有不同，因此每次评估涉及的资产也不尽相同，可以根据需要进行选择。

（3）制作评估单。选择评估项目和评估资产后，录入评估结果，系统会生成评估单，给出被评估资产评估前与评估后的数据。

（4）制作转账凭证。当评估后资产原值和累计折旧与评估前数据不等时，需要通过转账凭证将变动数据传递到总账系统。

6. 凭证处理

固定资产系统的凭证处理功能主要是根据固定资产各项业务数据自动生成转账凭证并传递到总账系统进行后续处理。通常当固定资产发生资产增加、资产减少、原值变动、累计折旧调整、资产评估（涉及原值和累计折旧时）、计提折旧等业务时就要编制转账凭证。

编制凭证可以采用立即制单和批量制单两种方法。编制转账凭证的过程中系统会根据固定资产和累计折旧入账科目设置、增减方式设置、部门对应折旧科目设置以及业务数据来自动生成转账凭证，凭证中不完整的部分可以由用户进行补充。

7. 账表查询

固定资产系统提供的报表可以分为账簿、分析表、汇总表和折旧表四大类。

（1）固定资产账簿。固定资产账簿一般用于提供资产管理所需要的基本信息，主要包括固定资产总账、单项固定资产明细账、固定资产登记簿部门类别明细账等基础报表。

①固定资产总账。固定资产总账是按部门和类别反映一个年度内固定资产变化的账页。

②单项固定资产明细账。单项固定资产明细账可以反映单项资产在查询期间发

生的所有业务，包括在该期间的资产增加或资产减少情况。

③固定资产登记簿。固定资产登记簿可以按资产所属类别或所属部门显示一定期间范围内发生的所有业务，包括资产增加、资产减少、原值变动、部门转移等信息。

④部门、类别明细账。部门、类别明细账可以反映某一类别或部门的固定资产在查询期间内发生的所有业务，包括资产增加、资产减少、原值变动、使用状况变化、部门转移、计提折旧等信息。

（2）固定资产分析表。固定资产分析表用于从资产的构成情况、分布情况、使用状况等角度提供统计分析数据，为管理人员进行决策提供信息。固定资产分析表主要包括固定资产部门构成分析表、固定资产使用状况分析表、固定资产价值结构分析表、固定资产类别构成分析表等报表。

①固定资产部门构成分析表。固定资产部门构成分析表是对企业内资产在各使用部门之间分布情况的分析统计。

②固定资产使用状况分析表。固定资产使用状况分析表是对企业内所有资产的使用状况所做的分析汇总，它可以使管理者了解资产的总体使用情况，尽快将未使用的资产投入使用，及时处理不需要用的资产，提高资产的利用率。

③固定资产价值结构分析表。固定资产价值结构分析表是对企业内各类资产的期末原值和净值、累计折旧净值率数据的分析汇总，它可以使管理者了解资产计提折旧的程度和剩余价值的大小。

④固定资产类别构成分析表。固定资产类别构成分析表是对企业资产按类别分别进行分析的报表。

（3）固定资产汇总表。固定资产汇总表用于提供各种统计信息，主要包括评估汇总表、评估变动表、固定资产统计表、逾龄资产统计表、役龄资产统计表、盘盈盘亏报告表、固定资产原值统计表等报表。

①评估汇总表。评估汇总表反映的是查询日期某使用部门内各类资产评估后价值的变动情况。

②评估变动表。评估变动表是列示所有资产评估变动数据的统计表。

③固定资产统计表。固定资产统计表是按部门或类别统计该部门或类别的资产的价值、数量、折旧等指标的统计表。

④逾龄资产统计表。逾龄资产统计表反映的是指定会计期间内已经超过折旧年限的逾龄资产的状况。

⑤役龄资产统计表。役龄资产统计表反映的是指定会计期间内在折旧年限内正常使用的资产的状况。

⑥盘盈盘亏报告表。盘盈盘亏报告表反映企业以盘盈方式增加的资产和以盘亏、毁损方式减少的资产的情况。因为盘盈、盘亏、毁损属于非正常方式，所以通过该统计表，可以看出企业对资产的管理情况。

⑦固定资产原值统计表。固定资产原值统计表是按使用部门和类别交叉汇总显

示资产的原值、累计折旧、净值的统计表，便于管理者掌握资产的分布情况。

（4）固定资产折旧表。固定资产折旧表用于提供与固定资产折旧相关的明细信息与汇总信息，主要包括部门折旧计算汇总表、固定资产折旧清单表、折旧计算明细表、固定资产及累计折旧表等报表。

①部门折旧计算汇总表。部门折旧计算汇总表反映该账套内各使用部门计提折旧的情况，包括计提原值和计算的折旧额信息。

②固定资产折旧清单表。固定资产折旧清单表用于显示按资产明细列示的折旧数据及累计折旧数据信息，可以根据部门、资产类别提供固定资产的明细折旧数据。

③折旧计算明细表。折旧计算明细表是按类别设立的，反映资产按类别计算折旧的情况，包括上月计提情况、上月原值变动和本月计提情况。

④固定资产及累计折旧表。固定资产及累计折旧表是按期编制的，反映各类固定资产的原值、累计折旧和本年累计折旧变动的相关明细情况。

8. 固定资产系统期末处理

固定资产期末处理主要包括对账和月末结转两项工作内容。

（1）对账。对账是将固定资产系统中记录的固定资产和累计折旧数额与总账系统中的“固定资产”和“累计折旧”科目的数值进行核对，验证是否一致，并寻找可能产生差异的原因。对账工作在任何时候都可以进行，系统在执行月末结账时会自动进行对账，给出对账结果，并根据初始化中是否设置“在对账不平情况下允许固定资产月末结账”选项判断是否允许结账。

（2）月末结转。固定资产系统完成当月全部业务后，便可以进行月末结账，以便将当月数据结转至下月。月末结账后当月数据不允许再进行改动。月末结账后如果发现有本月未处理的业务或需要修改的事项，可以通过系统提供的“恢复月末结算前状态”功能进行反结账。

9. 数据维护

（1）数据接口管理。数据接口管理提供了卡片导入的功能，可以将企业使用固定资产系统之前已有的固定资产卡片自动导入到系统中，能减少手工卡片录入的工作量，提高效率。

（2）重新初始化账套。当系统在运行过程中发现账簿错误太多，无法通过“反结账”功能纠正时，可以利用“重新初始化账套”功能将该账套内容全部清空，然后重新建立账套。

三、应收款管理

（一）应收款系统概述

在实际的经营活动中，企业与其他单位和个人发生的应收账款业务是非常多的，收款工作量比较大，拖欠款情况也时有发生。因此，对应收账款的管理是一项相当繁杂的工作。应收款系统主要用于核算和管理客户往来款项，即管理企业在日常经营过程中所产生的各种应收款数据信息，及时收回欠款。对于应收款的核算与管理既可以深入到各种产品、各个地区、各个部门和各业务员，又可以从不同的角度对应收款项进行分析、决策，使购销业务系统和财务系统有机地联系起来。

通常情况下，系统根据对客户应收款项核算和管理的程度不同，提供了两种应用方法。

第一种应用方法：在应收款系统核算客户往来款项。

如果在销售业务中应收款核算与管理内容比较复杂，需要追踪每一笔业务的应收款、收款等情况，或者需要将应收款核算具体到产品一级，那么可以选择该方法。在这种方法下，所有的客户往来凭证全部由应收款系统生成，其他系统不再生成这类凭证，并由应收款系统实现对应收账款的核算和管理。其主要功能如下：

第一，根据输入的单据或由销售管理系统传递过来的单据，记录应收款项的形成，包括由于商品交易和非商品交易所形成的所有应收项目。

第二，处理应收项目的收款及转账业务。

第三，对应收票据进行记录和管理。

第四，在应收项目的处理过程中生成凭证，并向账务子系统进行传递。

第五，对外币业务及汇兑损益进行处理，并向账务子系统进行传递。

第六，根据所提供的条件，提供各种查询及统计分析。

第二种应用方法：在账务系统核算客户往来款项。

如果销售业务及应收账款业务并不十分复杂，或者现销业务很多，则可以选择在账务系统通过辅助核算完成对客户往来款项的核算和管理。该方法侧重于对客户的往来款项进行查询和分析。其主要功能如下：

第一，若同时使用销售管理系统，可以接收销售管理系统的发票，并对其进行制单处理；在制单前需要预先进行科目设置。

第二，客户往来业务在总账系统生成凭证后，可以在应收款系统进行查询。

1. 应收款系统的主要功能

应收款系统的功能主要包括初始化设置、日常业务处理、信息查询和系统分析、期末处理。

（1）初始化设置。系统初始化设置包括系统参数设置、基础信息设置和期初数据录入。

（2）日常业务处理。日常业务处理是对应收款项业务的处理工作，主要包括应收单据处理、收款单据处理、票据管理、转账处理和坏账处理等内容。

①应收单据处理。应收单据包括销售发票和其他应收单，是确认应收账款的主要依据。应收单据处理主要包括单据录入和单据审核。

②收款单据处理。收款单据主要指收款单。收款单据处理包括收款单的录入、审核和核销。单据核销的主要作用是解决收回客户款项核销该客户应收款的处理，建立收款与应收款的核销记录，监督应收款及时核销，加强往来款项的管理。

③票据管理。票据管理主要是对银行承兑汇票和商业承兑汇票进行管理。票据管理可以提供票据登记簿，记录票据的利息、贴现、背书、结算和转出等信息。

④转账处理。转账处理是在日常业务处理中经常发生的应收冲应付、应收冲应收、预收冲应收以及红票对冲的业务处理。

⑤坏账处理。坏账处理是指计提应收坏账准备的处理、坏账发生后的处理、坏账收回后的处理等。其主要作用是自动计提应收款的坏账准备，当坏账发生时即可进行坏账核销，或当被核销坏账又收回时，即可进行相应处理。

（3）信息查询和系统分析。信息查询和系统分析是指用户对信息的查询以及在各种查询结果的基础上进行的各项分析。一般查询包括单据查询、凭证查询以及账款查询等。统计分析包括欠款分析、账龄分析、综合分析以及收款预测分析等，便于用户及时发现问题，加强对往来款项动态的监督管理。

（4）期末处理。期末处理指用户在月末进行的结算汇兑损益及月末结账工作。如果企业有外币往来，在月末需要计算外币单据的汇兑损益并对其进行相应的处理。如果当月业务已全部处理完毕，就需要执行月末结账处理，只有月末结账后，才可以开始下月工作。月末处理主要包括汇兑损益结算和月末结账。

2. 应收款系统的操作流程

应收款系统的操作流程如图 2-8 所示。

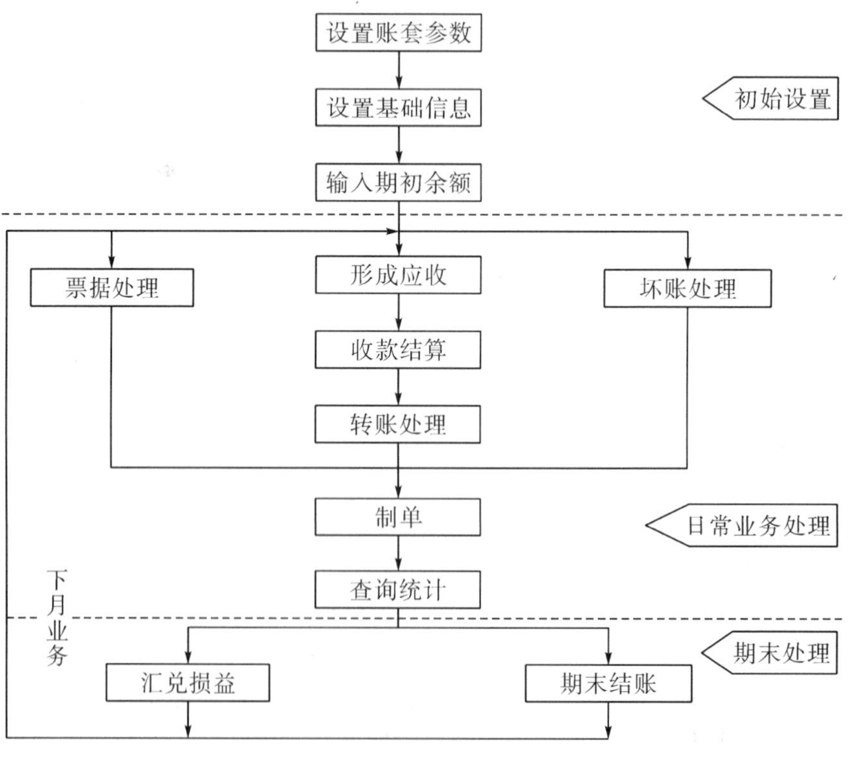

图 2-8　应收款系统的操作流程

3. 应收款系统与其他系统的主要关系

对客户应收款项核算和管理的程度不同，其系统功能、接口、操作流程等均不相同。在此以在应收款系统核算客户往来款项为例，介绍应收款系统与其他系统的主要关系（如图 2-9 所示）。

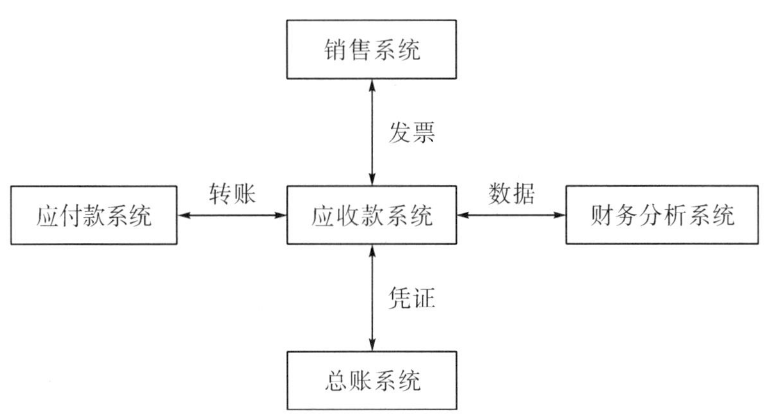

图 2-9　应收款系统与其他系统的主要关系

应收款系统与系统管理共享基础数据。销售管理系统为应收款系统提供已审核的销售发票、销售调拨单以及代垫费用单，生成凭证，并对发票进行收款结算处理。应收款系统为销售管理系统提供销售发票、销售调拨单的收款结算情况及代垫费用的核销情况。应收款系统向总账系统传递凭证，并能够查询其所生成的凭证。应收款系统和应付款系统之间可以进行转账处理，如应收冲应付。应收款系统向财务分析系统提供数据，接收反馈。

（二）应收款系统初始化

在正式启用应收款系统之前，应该对核算企业现有的数据资料进行整理以便能够及时、顺利、准确地运用应收款系统。

1. 应收款系统的参数设置

会计信息化软件为了提高适用范围，各系统都会提供相应的系统参数，企业在实施会计信息系统初始化过程中，必须对各系统提供的系统参数做出选择，以适应自身核算和控制管理的特点与要求。应收款系统提供的主要参数通常有以下几个方面。

（1）确定应收账款核销方式。在选择确定应收账款核销方式时，可按余额、单据或存货三种方式进行账款核销。其具体含义如下：

如果采用按余额核销方式，系统将根据选定的单据，按单据的到期日从前向后排序，然后从时间最早的单据开始核销。

如果采用按单据核销方式，系统会将满足条件的未结算单据全部列出，由用户选择要结算的单据，根据所选择的单据进行核销。

如果采用按存货核销方式，系统会将满足条件的未结算单据按存货列出，由用户选择要结算的存货，根据所选择的存货进行核销。

选择不同的核销方式，将影响到账龄分析的精确性。一般而言，选择按单据核销或按存货核销能够进行更精确的账龄分析。

（2）选择设置控制科目的依据。控制科目是指在应收款系统中所有带有客户往来辅助核算的科目，如应收账款、预收账款等。有三种设置控制科目的依据，即按客户分类设置、按客户设置、按地区分类设置。其具体含义如下：

①按客户分类设置。客户分类是指根据一定的属性将企业的往来客户分为若干大类。针对不同的客户分类，设置不同的应收科目和预收科目。例如，可以根据该客户与企业发生业务往来的时间长短将客户分为长期客户、中期客户和短期客户；也可以根据客户的信用情况将客户分为优质客户、良性客户、一般客户和信用较差的客户等。

②按客户设置。这种设置方式可以为每一种客户设置不同的应收科目和预收科目。采用这种设置方式可以满足特殊客户的需要。

③按地区分类设置。如果客户涉及多个地区，可按地区分类设置，即针对不同的地区分类设置不同的应收科目和预收科目。例如，将客户分为华东、华北、东北等地区，则可以在不同的地区分类下设置科目。

（3）选择设置存货销售科目的依据。存货销售科目设置一般有按存货分类设置和按存货设置两种方式。其具体含义如下：

①按存货分类设置。存货分类是指根据存货的属性对存货所划分的大类，在设置存货销售科目时，可针对存货分类设置不同的科目。例如，将存货分为原材料、燃料及动力、半成品和库存商品等大类，根据存货分类来设置不同的科目。

②按存货设置。当存货种类不多时，可以直接针对不同的存货设置不同的科目。

（4）选择制单方式。制单方式有三种，分别是明细到客户、明细到单据和汇总制单。其具体含义如下：

①明细到客户。明细到客户是指将一个客户的多笔业务合并生成一张凭证时，如果核算多笔业务的控制科目相同，系统将自动将其合并成一条分录。这种方式的特点是在总账系统中能够查看每个客户的详细信息。

②明细到单据。明细到单据是指将一个客户的多笔业务合并生成一张凭证时，系统会将每一笔业务形成一条分录。这种方式的特点是在总账系统中能查看每个客户的每笔业务的详细情况。

③汇总制单。汇总制单是指将多个客户的多笔业务合并生成一张凭证时，如果核算多笔业务的控制科目相同，系统自动将其合并成一条分录。这种方式的特点是能够精简总账系统中的数据，但在总账系统中只能查看该科目的一个总的发生额。

（5）选择预收款的核销方式。预收款核销方式有两种，即按单据核销和按余额核销。

如果按单据核销，应根据所选择的单据，对预收款一笔一笔地进行核销。

如果按余额核销，即按预收款收到的时间从前往后进行核销。

选择不同的核销方式，将影响到账龄分析的精确性。一般而言，选择按单据核销能够进行更精确的账龄分析。

（6）选择计算汇兑损益的方式。计算汇兑损益的方式有两种，即采用外币余额结清时计算和月末计算。

采用外币余额结清时计算是指只有当某种外币余额结清时才计算汇兑损益，否则不计算汇兑损益。在计算汇兑损益时，可以显示外币余额为零且本币余额不为零的外币单据。

采用月末计算是指在每个月末计算汇兑损益。在计算汇兑损益时，可以显示所有外币余额不为零或者本币余额不为零的外币单据。

（7）选择坏账处理方式。坏账处理方式主要有两种，即备抵法和直接转销法。

备抵法包括应收账款余额百分比法、销售余额百分比法和账龄分析法三种方法。

由于直接转销法不符合会计的权责发生制及收入与费用相配比原则，因此容易造成会计信息的失真。

（8）选择核算代垫费用的单据类型。在初始设置的“单据类型设置”中，若应收单据的类型分为多种时，可以选择核算代垫费用单的单据类型的设置；若应收单据不加以分类，则无需设置。

（9）选择是否显示现金折扣或输入发票的提示信息。企业为了鼓励客户在信用期间内提前付款通常采用现金折扣政策。选择显示现金折扣及输入发票显示提示信息时，系统会在“单据结算”中显示“可享受折扣”和“本次折扣”，并计算可享受的折扣，显示发票提示信息，如该客户的信用额度余额和最后的交易情况。如果选择不显示现金折扣及输入发票提示信息，则系统既不会计算折扣也不会显示现金折扣和发票信息。

2. 应收款系统的基础档案设置

与应收款系统相关的基础档案包括客户分类、客户档案、地区分类、存货分类、存货档案、部门档案、职员档案、外币及汇率、结算方式、付款条件、单据设计等。这些基础档案统一在企业应用平台中设置，应收款系统会共享这些设置。

3. 应收款系统的业务处理核算规则设置

（1）凭证科目设置。如果企业应收款业务类型比较为固定，生成的凭证类型也较固定，为了简化凭证生成操作，可以将各业务类型凭证中的常用科目预先设置好。凭证科目设置一般包括以下几个方面的内容：

①基本科目设置。基本科目是指在核算应收款项时经常用到的科目，可以作为常用科目设置，而且所设置的科目必须是末级科目。核算应收款项时经常用到的科目包括应收账款、预收账款、销售收入、应交税费——应交增值税（销项税额）、销售退回等。除上述基本科目外，银行承兑科目、商业承兑科目、现金折扣科目、票据利息科目、票据费用科目、汇兑损益科目、币种兑换差异科目和坏账准备科目

等都可以作为企业核算某类业务的基本科目。

②控制科目的设置。在核算客户的赊销欠款时，如果针对不同的客户（客户分类、地区分类）分别设置不同的应收账款科目和预收账款科目，可以先在账套参数中选择设置的依据，即选择是针对不同的客户设置、针对不同的客户分类设置，还是按不同的地区分类设置。然后再依次将往来单位按客户、客户分类或地区分类的编码、名称、应收科目和预收科目等内容进行设置。

如果某个往来单位核算应收账款或预收账款的科目与常用科目设置中的一样，则可以不设置，否则应进行设置。科目必须是有客户往来辅助核算的末级最明细科目。

③产品科目的设置。如果针对不同的存货（存货分类）分别设置不同的销售收入科目、应交税费——应交增值税（销项税额）科目和销售退回科目，则也应先在账套参数中选择设置的依据，即选择是针对不同的存货设置，还是针对不同的存货分类设置。然后再按存货的分类编码、名称、销售收入科目、应交税费——应交增值税（销项税额）科目和销售退回科目进行存货销售科目的设置。

如果某个存货（存货分类）的科目与常用科目设置中的一样，则可以不设置，否则应进行设置。

④结算方式科目的设置。不仅可以设置常用的科目，还可以为每种结算方式设置一个默认的科目，以便在应收账款核销时，直接按不同的结算方式生成相应的账务处理中所对应的会计科目。

（2）坏账准备设置。坏账准备设置是指对坏账准备期初余额、坏账准备科目、对方科目以及提取比率进行设置。

在第一次使用系统时，应直接输入期初余额。在以后年度使用系统时，坏账准备的期初余额由系统自动生成且不能进行修改。坏账提取比率可以分别按销售收入百分比法和应收账款余额百分比法，直接输入计提的百分比。若按账龄百分比法提取，可直接输入各账龄期间计提的百分比。

（3）账龄区间的设置。为了对应收账款进行账龄分析，需要设置账龄区间。在进行账龄区间的设置时，账龄区间总天数和起始天数直接输入，系统会根据输入的总天数自动生成相应的区间。

（4）报警级别的设置。通过对报警级别的设置，系统会将往来单位按欠款余额与其受信额度的比例分为不同的类型，以便于掌握各个往来单位的信用情况。

如果企业要对应收账款的还款期限做出相应的规定，则可以使用超期报警功能。在运行此功能时，系统将自动列出到当天为止超过规定期限的应收账款清单，从而使企业可以及时催款，避免不必要的经济损失。这一信息可以按往来单位分类，也可按分管人员进行分类。

在进行报警级别设置时，用户可以直接输入级别名称和各区间的比率。其中，级别名称可以采用编号或者其他形式，但名称最好能够上下对应。

（5）单据类型设置。单据可分为发票和应收单两种类型。如果同时使用销售管理系统，则发票的类型包括增值税专用发票、增值税普通发票、销售调拨单和销售日报等。如果单独使用应收款系统，则发票的类型不包括后面两种。

应收单是记录销售业务之外的应收款情况的单据，可以划分为不同的类型，以与应收货款之外的其他应收款进行区分。例如，可以将应收单分为应收代垫费用款、应收利息款、应收罚款、其他应收款等。应收单的对应科目可自由定义。

4. 应收款系统的期初数据录入

在第一次使用系统时，在建立往来客户档案后，为了能使计算机顺利完成清理核销工作，必须把手工方式下尚未结清的客户往来款项输入计算机中。只有当往来期初数据准确输入后，才能正确地进行往来账的各种统计和分析。当进入第二年度时，系统会自动将上年度未全部结清的单据转成为下一年度的期初余额。

在应收款系统中，往来款余额是按单据形式录入的。例如，应收账款余额通过发票录入，预收账款余额通过收款单录入。输入完成后，要与总账系统中相应的客户往来账户余额核对，以检查输入的往来未达账与相应往来科目余额是否相等。

（三）应收款系统日常业务处理

初始化工作完成后就可以在新系统下进行日常业务处理了。应收款系统日常业务处理主要包括应收单据处理、收款单据处理、票据管理、转账处理、坏账处理、制单处理、信息查询和统计分析和应收款系统期末处理等内容。

1. 应收单据处理

应收单据处理包括单据输入和单据管理工作。应收单据处理是应收款系统处理的起点，在应收单据处理中可以输入销售业务中的各类发票及销售业务之外的应收单据。在单据输入后，单据管理可查阅各种应收业务单据，完成应收业务管理的日常工作。其基本操作流程是：单据输入→单据审核→单据制证→单据查询。

（1）单据输入。单据输入是对未收款项的单据进行输入。输入时先输入客户名称代码，与客户相关内容由系统自动显示，然后进行货物名称、数量和金额等内容的输入。

在进行单据输入前，首先应确定单据名称、单据类型及方向，然后根据业务内容输入有关信息。

（2）单据审核。单据审核是在单据保存后对单据的正确性进行审核确认。单据输入后必须经过审核才能参与结算。审核人和制单人可以是同一个人。单据被审核后，将从单据处理功能中消失，但可以通过单据查询功能查看此单据的详细资料。

（3）单据制证。单据制证可以在单据审核后由系统自动编制凭证，也可以集中处理。在应收款系统中生成的凭证将由系统自动传送到账务系统中，并由有关人员进行审核和记账等账务处理工作。

（4）单据查询。单据查询是对未审核单据的查询，通过“单据查询”功能可以查看全部单据。

2. 收款单据处理

收款单据处理是对已收到款项的单据进行输入，并进一步核销的过程。单据结算功能包括输入收款单、付款单，并对发票及应收单进行核销，形成预收款并核销预收款，处理代付款。

应收款系统的收款单用来记录企业所收到的客户款项，款项性质包括应收款、预收款、其他费用等。其中，应收款和预收款性质的收款单将与发票、应收单、付款单进行核销处理。

应收款系统的付款单用来记录发生销售退货时，企业开具的退付给客户的款项。该付款单可以与应收和预收性质的收款单、红字应收单、红字发票进行核销处理。

（1）输入结算单据。输入结算单据是对已交来应收款项的单据进行输入，由系统自动进行结算。在根据已收到应收款项的单据进行输入时，首先必须先输入客户的名称。在进行相应操作时，系统会自动显示相关客户的信息。其次必须输入结算科目、金额和相关部门、业务员名称等内容。

单据输入完毕后，由系统自动生成相关内容。如果输入的是新的结算方式，则应先在结算方式中增加新的结算方式。如果要输入另一客户的收款单，则需重新选择客户的名称。

（2）单据核销。单据核销是对往来已达账做删除处理的过程，即确定收款单与原始发票之间的对应关系后，进行机内自动冲销的过程。单据核销表示本业务已经结清。单据核销的作用是解决收回客商款项而核销该客商应收款的处理，建立收款与应收款的核销记录，监督应收款及时核销，加强往来款项的管理。明确核销关系后，可以进行精确的账龄分析，更好地管理应收账款。

如果结算金额与上期余额相等，则销账后余额为零，如果结算金额比上期余额小，则其余额为销账后的余额。单据核销可以由计算机自动进行，也可以由手工完成。

由于计算机系统采用建立往来辅助账的方式进行往来业务的管理，为了避免辅助账过于庞大而影响计算机运行速度，对于已核销的业务应进行删除。删除工作通常在年底结账时进行。核销往来账时，应在确认往来已达账后，才能进行核销处理，删除已达账。为了防止操作不当误删记录，会计信息系统软件中一般都会设计放弃核销或核销前做两清标记功能。例如，有的财务软件中设置有往来账两清功能，即在已达账项上打上已结清标记，待核实后才执行核销功能，经删除后的数据不能恢复；有的财务软件则设置了放弃核销功能，一旦发现操作失误，可以通过此功能把被删除的数据恢复过来。

3. 票据管理

票据管理可以对银行承兑汇票和商业承兑汇票进行管理，其主要功能包括记录票据详细信息和记录票据处理情况。如果要进行票据登记簿管理，必须将应收票据科目设置成为带有客户往来辅助核算的科目。

当用户收到银行承兑汇票或商业承兑汇票时，应将该汇票在应收款系统的票据管理中录入。系统会自动根据票据生成一张收款单，用户可以对收款单进行查询，并可以与应收单据进行核销勾对，冲减客户应收账款。在票据管理中，用户还可以对该票据进行计息、贴现、转出、结算、背书等处理。

4. 转账处理

转账处理是在日常业务处理中经常发生的应收冲应付、应收冲应收、预收冲应收以及红票对冲的业务处理。

（1）应收冲应付。应收冲应付是指用某客户的应收账款冲抵某供应商的应付款项。系统通过应收冲应付功能将应收款业务在客户和供应商之间进行转账，实现应收业务的调整，解决应收债权与应付债务的冲抵。

（2）应收冲应收。应收冲应收是指将一家客户的应收款转到另一家客户中。应收冲应收功能可以将应收款业务在客商之间进行转入、转出，实现应收业务的调整，解决应收款业务在不同客商之间入错户或合并户问题。

（3）预收冲应收。预收冲应收是指处理客户的预收款和该客户应收欠款的转账核销业务，即某一个客户有预收款时，可用该客户的一笔预收款冲抵其一笔应收款。

（4）红票对冲。红票对冲可实现某客户的红字应收单与其蓝字应收单、收款单与付款单之间的冲抵。如当发生退票时，用红字发票对冲蓝字发票。红票对冲通常可以分为系统自动冲销和手工冲销两种处理方式。自动冲销可以同时对多个客户依据红票对冲规则进行红票对冲，提高红票对冲的效率。手工冲销可对一个客户进行红票对冲，并自行选择红票对冲的单据，提高红票对冲的灵活性。

5. 坏账处理

所谓坏账，是指购货方因某种原因不能付款，造成货款不能收回的信用风险。坏账处理就是对坏账采取的措施。其主要包括计提坏账准备、坏账发生、坏账收回、生成输出催款单等。

（1）计提坏账准备。计提坏账准备的方法主要有销售收入百分比法、应收账款余额百分比法和账龄分析法。

①销售收入百分比法。该方法由系统自动算出当年销售收入总额，并根据计提比率计算出本次计提金额。

初次计提时，如果没有预先设置，则应先进行初始设置。设置的内容包括提取比率和坏账准备期初余额。销售总额的默认值为本会计年度发票总额，企业可以根据实际情况进行修改，但计提比率不能在此修改，只能在初始设置中修改。

②应收账款余额百分比法。该方法由系统自动算出当年应收账款余额，并根据计提比率计算出本次计提金额。

初次计提时，如果没有预先设置，则应先进行初始设置。设置的内容包括提取比率和坏账准备期初余额。应收账款的余额默认值为本会计年度最后一天的所有未结算完的发票和应收单据余额之和减去预收款数额的差值。有外币账户时，用其本位币余额。企业可以根据实际情况对默认值进行修改。计提比率在此不能修改，只能在初始设置中修改。

③账龄分析法。账龄分析法是根据应收账款入账时间的长短来估计坏账损失的方法。该方法是企业加强应收账款回收与管理的重要方法之一。一般说来，账款拖欠的时间越长，发生坏账的可能性就越大。

系统自动算出各区间应收账款余额，并根据计提比率计算出本次计提金额。

初次计提时，如果没有预先设置，则应先进行初始设置。各区间余额由系统自动生成（由本会计年度最后一天的所有未结算完的发票和应收单据余额之和减去预收款数额的差值），企业也可以根据实际情况对其进行修改。但计提比率在此不能修改，只能在初始设置中修改。

（2）坏账发生。发生坏账损失业务时，一般需要输入客户名称、日期（指发生坏账日期，该日期应晚于已经记账的日期，早于当前业务日期）、业务员（指业务员编号或业务员名称）以及部门（指部门编号或部门名称，如果不输入部门，表示选择所有的部门）等。

（3）坏账收回。处理坏账收回业务时，一般需输入客户名称、收回坏账日期（如果不输入日期，系统默认为当前业务日期，输入的日期应晚于已经记账日期，早于当前业务日期）、收回的金额、业务员编号或名称、部门编号或名称、所需币种、结算单号（系统将调出该客户所有未经过处理的且金额等于收回金额的收款单，可选择该次收回业务所形成的收款单）。

（4）生成输出催款单。催款单是对客户或本单位职工的欠款进行催还的单据。催款单用于设置有辅助核算的应收账款和其他应收款的科目中。

不同的行业催款单预先设置的格式不同，其内容主要包括两个部分，即系统预置的文字性的叙述和由系统自动取数生成的应收账款或其他应收款对账单。通常可以对其内容进行修改编辑，系统会自动保存本月所做的最后一次修改。

催款单打印输出时，可以打印所有客户的应收账款或所有职员的其他应收款（备用金）情况，也可以有选择的打印某一个客户或某一位职员的催款单。催款单中还可以按条件显示所有的账款和未核销的账款金额。

6. 制单处理

使用制单功能批量处理制单，可以快速地、成批地生成凭证。制单类型包括应收单据制单、结算单制单、坏账制单、转账制单、汇兑损益制单等。企业可以根据实际情况选取需要制单的类型。

7. 信息查询和统计分析

应收款系统的一般查询主要包括单据查询、凭证查询以及账款查询等。用户在各种查询结果的基础上可以进行各项统计分析。统计分析包括欠款分析、账龄分析、综合分析以及收款预测分析等。通过统计分析，可以按用户定义的账龄区间，进行一定期间内应收账款账龄分析、收款账龄分析、往来账龄分析，了解各个客户应收款的周转天数、周转率和各个账龄区间内应收款、收款以及往来情况，以便及时发现问题，加强对往来款项的动态管理。

（1）凭证查询。通过凭证查询可以查看、修改、删除、冲销应收款系统传递到账务系统中的凭证，同时还可查询凭证对应的原始单据。

（2）单据查询。单据查询包括对发票、应收单以及结算单的查询，既可以查询已经审核的各类型应收单据的收款情况、结余情况，也可以查询结算单的使用情况。

（3）业务账表查询。业务账表查询可以进行业务总账、业务明细账、业务余额表和对账单的查询，并可以实现总账、明细账、单据之间的联查。

通过业务账表查询可以查看客户、客户分类、地区分类、部门、业务员、客户总公司、主管业务员、主管部门在一定期间所发生的应收、收款以及余额情况。

（4）业务账表分析。业务账表分析是应收款管理的一项重要功能，对于资金往来比较频繁、业务量和业务金额比较大的企业，业务账表分析功能能更好地满足企业的需要。业务账表分析功能主要包括应收账款的账龄分析、收款账龄分析、欠款分析、收款预测等。

①应收账款的账龄分析。应收账款的账龄分析主要是分析客户、存货、业务员、部门或单据的应收款余额的账龄区间分布，计算出各种账龄应收账款占总应收账款的比例，以帮助财务人员了解应收账款的资金占用情况，便于企业及时催收款项；同时还可以设置不同的账龄区间进行分析。应收账款的账龄分析既可以进行应收款的账龄分析，也可以进行预收款的账龄分析。

②收款账龄分析。收款账龄分析主要分析客户、产品、单据的收款账龄。

③欠款分析。欠款分析提供多对象分析，可以分析截至某一日期，客户、部门或业务员的欠款构成、欠款数额、信用额度的使用情况、报警级别和最后业务信息。

④收款预测。收款预测可以预测将来的某一段日期范围内，客户、部门或业务员等对象的收款情况，而且能提供比较全面的预测对象、显示格式。

8. 应收款系统期末处理

企业在期末主要应完成计算汇兑损益和月末结账两项业务处理工作。

（1）汇兑损益。如果客户往来有外币核算，并且在应收款系统中核算客户往来款项，则在月末需要计算外币单据的汇兑损益并进行相应的处理。在计算汇兑损益之前，应首先在系统初始设置中选择汇兑损益的处理方法。通常系统会提供两种汇兑损益的处理方法，即月末计算汇兑损益和单据结清时计算汇兑损益。

（2）月末结账。如果确认本月的各项业务处理已经结束，可以选择执行月末结账功能。结账后本月不能再进行单据、票据、转账等任何业务的增加、删除、修改等处理。另外，如果上个月没有结账，则本月不能结账，并且一次只能选择一个月进行结账。

如果用户觉得某月的月末结账有错误，可以取消月末结账。但取消结账操作只有在该月账务系统未结账时才能进行。如果启用了销售管理系统，销售管理系统结账后，应收款系统才能结账。

结账时还应注意本月的单据（发票和应收单）在结账前应该全部审核；若本月的结算单还有未核销的，不能结账；如果结账期间是本年度最后一个期间，则本年度进行的所有核销、坏账、转账等处理必须制单，否则不能向下一个年度结转，而且对于本年度外币余额为零的单据必须将本币余额结转为零，即必须执行汇兑损益。

四、应付款管理

（一）应付款系统概述

应付款系统通过发票、其他应付单、付款单等单据的录入对企业的往来账款进行综合管理，及时、准确地提供供应商的往来账款余额资料，提供各种分析报表，帮助企业合理地进行资金的调配，提高资金的利用效率。

根据对供应商往来款项核算和管理的程度不同，系统提供了应付款详细核算和简单核算两种应用方案。

应付款详细核算，即应付账款在应付款系统进行核算，包括记录应付账款的形成及偿还的全过程。应付款简单核算即应付账款在总账进行核算制单，在应付款系统进行查询。

若企业的采购业务及应付账款业务繁多，或者需要追踪每一笔业务的应付款、付款等情况，或者需要将应付款核算到产品一级，那么可以选择“详细核算”方案，即应付款系统中核算并管理往来供应商的款项。该方案能够帮助企业了解每一个供应商每一笔业务详细的应付情况、付款情况以及余额情况，并进行账龄分析，进行供应商及往来款项的管理，根据供应商的具体情况制订付款方案。

如果使用单位采购业务及应付款核算业务比较简单，或者现结业务较多，可选择在总账系统核算并管理往来供应商款项。

具体选择哪一种方案，可在应付款系统中通过设置系统选项“应付账款核算模型”进行设置。以下主要就详细核算进行说明。

1. 应付款系统的主要功能

应付款系统主要提供了参数设置、日常处理、单据查询、账表管理、其他处理等功能。

（1）参数设置。参数设置提供系统参数的定义，用户结合企业管理要求进行的参数设置是整个系统运行的基础；提供单据类型设置、账龄区间设置，为各种应付付款业务的日常处理及统计分析做准备；提供期初余额的录入，保证数据的完整性与连续性。

（2）日常处理。日常处理提供应付单据和付款单据的录入、审核、核销、转账、汇兑损益、制单等处理。

（3）单据查询。单据查询提供单据查询的功能各类单据、详细核销信息、报警信息、凭证等内容的查询。

（4）账表管理。账表管理提供总账表、余额表、明细账等多种账表查询功能，提供应付账龄分析、付款账龄分析、欠款分析等丰富的统计分析功能。

（5）其他处理。其他处理提供用户进行远程数据传递的功能，提供用户对核销、转账等处理进行恢复的功能以便进行修改，提供进行月末结账等处理。

2. 应付款系统与其他系统的主要关系

应付款系统既可独立运行，又可以与采购管理系统、总账系统等其他系统结合运用，提供完整的业务处理和财务管理信息。

（1）详细核算产品接口。详细核算，即在应付系统核算应付账款，主要与总账系统、采购管理系统、应收款系统、财务分析系统、存货核算系统、UFO 系统等有接口（见图 2-10）。

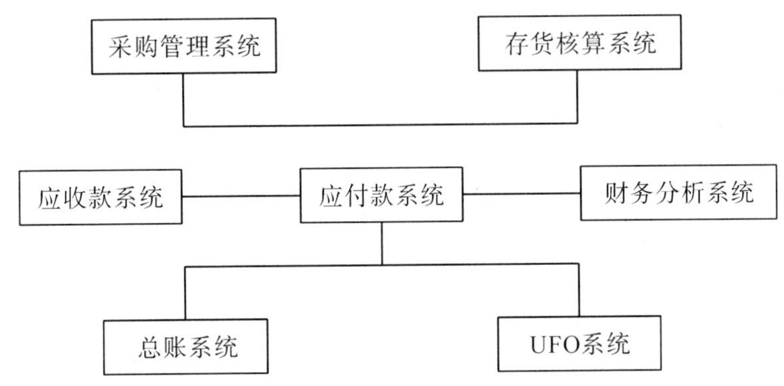

图 2-10 详细核算下应付款系统与其他系统的关系

①采购管理系统。在采购管理系统录入的发票可以在应付款系统中进行审核、制单、核销，已经现付的采购发票可以在应付系统中进行记账、制单。应付款系统可以查询采购管理系统中已经入库但还没有结算的实际应付信息和未复核的发票。

②总账系统。所有凭证都传递到总账系统中，结算方式为票据管理的付款单可以登记到总账系统的支票登记簿中。

当应付款系统先于总账系统启用，则在总账系统启用日之前的凭证总账会在审核时将其标上有错标志，并且这些凭证会导致与总账对账不平。

③应收款系统。应收款、应付款之间可以相互对冲，应收票据背书时可以冲销应付账款。

④财务分析。应付款系统向财务分析系统提供各种分析数据。

⑤UFO 系统。应付款系统向 UFO 系统提供各种应用函数。

⑥存货核算系统。存货核算系统中对采购结算单制单时需要将凭证信息回填到所涉及的采购发票和付款单上，应付款系统对于这些单据不需要进行重复制单，但能查询出科目账。若应付款系统先对这些单据制单了，存货核算系统同样进行重复制单。

（2）简单核算产品接口。简单核算主要在总账系统核算应付账款，主要与总账系统、采购管理系统有接口（见图 2-11）。

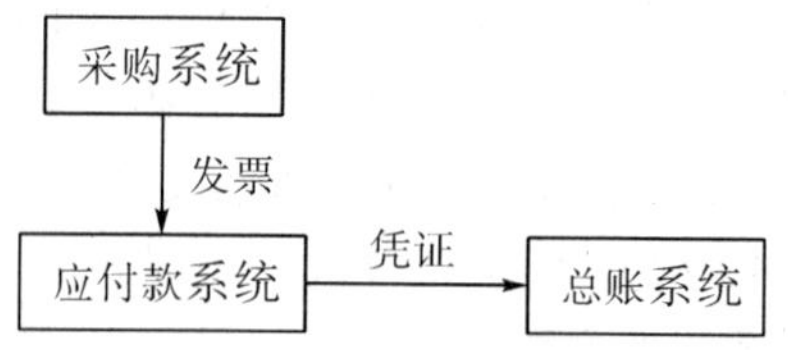

图 2-11　简单核算下的应付款系统和其他系统的关系

①采购管理系统。在采购管理系统录入的发票可以在应付款系统中进行审核记应付账款，已经现付的采购发票可以在应付款系统中进行记账、制单。

②总账系统。采购发票生成的凭证都传递到总账系统中。

3. 应付款系统的操作流程

应付款系统主要用于核算和管理用户的供应商往来款项。应付款系统根据用户对供应商往来款项核算和管理的程度不同提供了两种应用方案。不同的应用方案的系统功能、产品接口、操作流程等均不相同。

详细核算操作流程如图 2-12 所示。

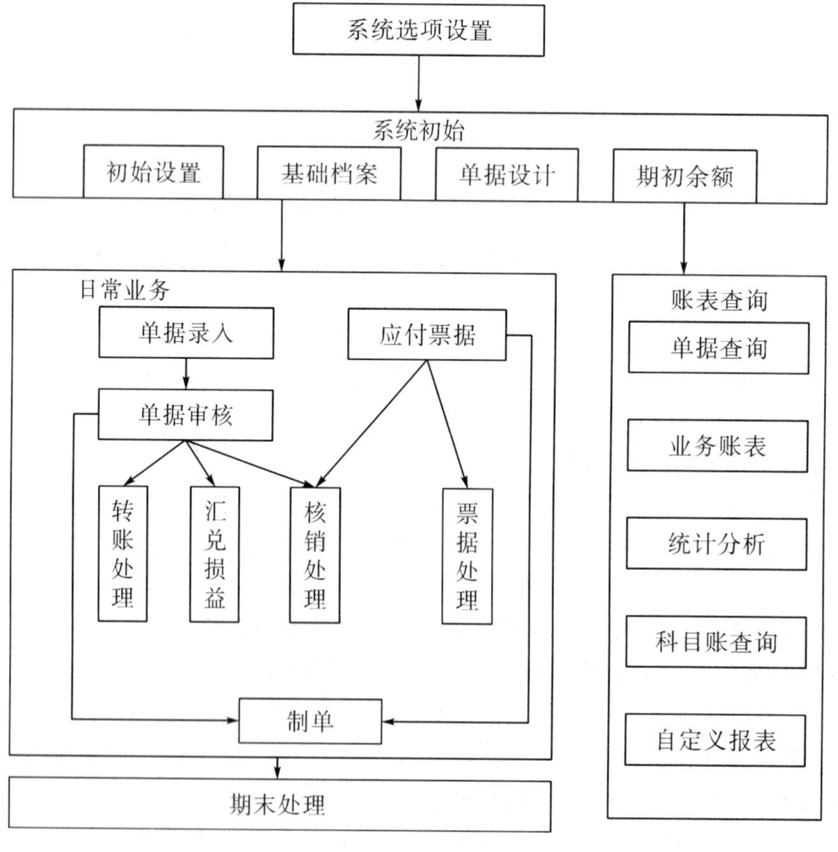

图 2-12　详细核算操作流程

详细核算主要实现应付账款的核算和管理，系统的功能主要包括如下几点：

（1）根据用户输入的单据记录应付款项的形成，包括由于商品交易和非商品交易所形成的所有应付项目。

（2）帮助用户处理应付项目的付款及转账情况。

（3）对应付票据进行记录和管理。

（4）对应付项目的处理过程生成凭证，并向总账系统进行传递。

（5）对外币业务及汇兑损益进行处理。

（6）根据所提供的条件，进行各种查询及分析。

简单核算操作流程如图 2-13 所示。

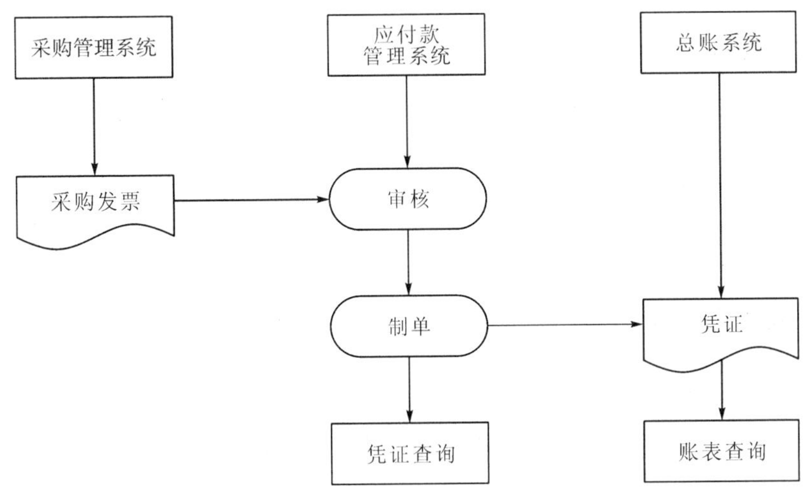

图 2-13　简单核算操作流程

简单核算的主要功能如下：

（1）接收采购管理系统的发票，对发票进行审核。

（2）进行制单处理并可以查询凭证。

（二）应付款系统初始化

1. 设置科目

由于应付款系统业务类型较固定，生成的凭证类型也较固定，因此为了简化凭证生成操作，可以在此处将各业务类型凭证中的常用科目预先设置好。

（1）基本科目设置。用户可以在此定义应付款系统凭证制单所需要的基本科目，如应付科目、预付科目、采购科目、税金科目等。若用户未在单据中指定科目，并且控制科目设置与产品科目设置中没有明细科目的设置，则系统制单依据制单规则取基本科目设置中的科目设置。

（2）控制科目设置。用户可以在此进行应付科目、预付科目的设置，依据用户在系统初始中的控制科目选项而显示设置依据。若单据上有科目，则制单时取单据上的科目；若单据上没有科目，则系统依据单据上的供应商信息在制单时自动带出控制科目。若控制科目没有输入，则系统取基本科目设置中应付、预付科目。

（3）产品科目设置。用户可以在此进行采购科目、应交增值税科目设置，依据用户在系统初始中的采购科目依据选项而显示设置依据。若单据上有科目，则制单时取单据上的科目；若单据上没有科目，则系统依据单据上的存货信息在制单时自动带出采购科目、税金科目等。若产品科目没有输入则系统取基本科目设置中采购科目、税金科目。

（4）结算方式科目设置。用户可以在此进行结算方式、币种、科目的设置。对于现结的发票及收付款单，系统依据单据上的结算方式查找对应的结算科目。系统制单时自动带出，若未输入，则用户需要手工输入凭证科目。

2. 账龄区间设置

账龄区间设置是指用户定义应付账款或付款时间间隔的功能，其作用是便于用户根据自己定义的账款时间间隔，进行应付账款或付款的账龄查询和账龄分析，清楚了解在一定期间内所发生的应付款、付款情况。

（1）序号。序号由系统生成，从 01 开始，不能修改。序号为 01 的区间由系统自动生成，不能修改、删除。

（2）总天数。系统直接输入该区间的截止天数。

（3）起始天数与截止天数。系统会根据用户输入的天数自动生成相应的区间。

3. 报警级别设置

系统可以通过对报警级别的设置，将供应商按照供应商欠款余额与其授信额度的比例分为不同的类型，以便于掌握各个供应商的信用情况。

（1）序号。序号由系统生成，从 01 开始。序号为 01 的区间由系统自动生成，不能修改、删除。

（2）级别名称。用户应直接输入级别名称。用户可以采用编号或者用户喜欢的任何形式，注意名称最好能够上下对应。

（3）比率。用户应直接输入该区间的比率。

（4）起止比率。系统会根据用户输入的比率自动生成相应的区间。

4. 单据类型设置

单据类型设置是指用户将自己的往来业务与单据类型建立对应关系，达到快速处理业务以及进行分类汇总、查询、分析的效果。用友 ERP-U8 系统提供了发票和应付单两大类型的单据。

应付单记录采购业务之外的应付款情况。在本功能中，由用户设置应付单的不同类型。用户可以将应付单划分为不同的类型，以区分应付货款之外的其他应付款。例如，可以将应付单分为应付费用款、应付利息款、应付罚款、其他应付款等。应付单的对应科目由用户自己定义。

用户只能增加应付单的类型，应付单中的其他应付单为系统默认类型，不能删除、修改。发票的类型也是固定的，不能修改和删除。

用户不能删除已经使用过的单据类型。

5. 单据设计

单据设计主要有两部分功能，其一是进行操作员显示模板的定义，其二是进行操作员打印模板表头、表体项目的定义。

单据模板设置指用户可以依据自己的往来业务要求设计自己的单据模板。例如，×××应付单、×××付款单，即操作员可以与单据模板一一对应。它的主要作用是可以充分利用操作员在单据模板设置中所建立的自定义单据模板，使单据更加符合操作员的需要。

操作员可以在自定义的单据模板上进行表头、表体项目的删减，并可以通过自定义项的设置使单据完全符合自己的需要。

操作员可以分别设置单据的显示模板及打印模板。

6. 期初余额

通过期初余额功能，用户可以将正式启用账套前的所有应付业务数据录入系统中，作为期初建账的数据。系统可以对其进行管理，这样既保证了数据的连续性，又保证了数据的完整性。当初次使用本系统时，要将上期未处理完全的单据都录入到本系统，以便于以后的处理。当进入第二年度处理时，系统自动将上年度未处理完全的单据转成下一年度的期初余额。在下一年度的第一个会计期间里，系统可以进行期初余额的调整。

（1）期初发票是指还未核销的应付账款，在系统中以单据的形式列示，已核销部分金额不显示。

（2）期初应付单是指还未结算的其他应付单，在系统中以应付单的形式列示，已核销部分金额不显示。

（3）期初预付单是指提前支付给供应商的款项，在系统中以付款单的形式列示。

（4）期初票据是指还未结算的票据。

（三）应付款系统日常业务处理

应付款系统日常业务处理包括应付业务处理、红字应付业务、制单处理。

1. 应付业务处理

应付账款是企业因购买材料、商品和接收劳务供应等应支付给供应商的款项。应付款系统主要提供用户对应付账款的管理，包括应付账款的形成及其偿还情况。应付业务来源于采购业务，与采购业务息息相关。企业在实际业务中，会因为采购业务付款方式、付款时点的不同而产生不同的会计处理。因此，本部分就采购与付款的关系分为应付款业务、预付款业务、现结业务分别来阐述应付账款、预付账款的形成及其偿还情况的系统处理。

应付款业务是指企业先收到采购发票，形成应付账款，然后在信用期内付款的业务。

预付款业务是指企业先付款，后收货的业务。

现结业务是指采购与付款同时发生的业务，分为完全现付和部分现付。

（1）应付款业务。

①确认应付账款。手工业务处理下，一般来说，企业因购买材料、商品或接受其他服务后，供货单位向企业提供进项发票、发票清单或其他应付单据，企业据此登记入账。

系统处理下，首先需要在系统中依据供货单位提供的原始票据填制采购发票或应付单，然后对采购发票或应付单进行审核，系统用审核功能来确认应付业务的成立。系统在用户填制采购发票、其他应付单后，对发票进行审核后确认应付账款，并记入应付明细账。用友 ERP-U8 系统提供的审核有三个含义，其一是确认应付账款，其二是对单据输入的正确与否进行审查，其三是对应付单据进行记账。

在用友 EPR-U8 系统中，采购发票和应付单据的处理都基于该发票或应付单据已经审核的基础之上。

②冲销应付账款。在实际业务中，企业通过直接付款、支付银行承兑汇票、支付商业承兑汇票或应收账款冲销、红蓝票对冲等业务进行应付账款冲减。

（2）预付款业务。

①确认预付款。手工业务处理下，有些企业由于生产的产品供不应求，企业需要预先打款要货，企业提前支付的款项就是预付款，财务人员付款后记账。

系统处理下，系统用付款单来记录预付款的业务，用户首先需要在系统中录入此笔款项表体款项类型为预付款，该笔款项在系统中视为预付款；然后对该付款单进行审核，系统用审核来确认预付款业务的成立。用户填制预付款单后，系统用审核作为标志确认预付账款并记入应付明细账。审核有三个含义：其一是确认预付账款，其二是对单据输入的正确与否进行审查，其三是对预付款单进行记账。在用友 ERP-U8 系统中，预付款单的处理都基于该单据已经审核的基础上。

预付款录入对于预付款的业务，每支付一笔预付款，需要在系统中增加一张付款单，指定其款项性质为预付款。

②冲销预付账款。手工业务处理下，将预付款与发票、应付单进行勾对。

系统处理下，系统中依据供货单位提供的发票和发票清单填制采购发票并审核，在“核销处理”或“收款单据录入”中将预收款单与应付单过滤出来进行核销。除此之外，系统同时提供预收冲应付来进行冲销操作。

（3）现结业务。手工业务处理下，在实际业务中同时存在一手交钱一手交货的情况，在企业货款全部付清情况下不形成应付账款。有时企业不是全额支付，只是部分现结，在这种情况下，尚未支付的部分形成应付账款，财会人员需要将这些业务入账。

系统处理分为两种模式，提供完全现结和部分现结的处理。

①完全现结。企业在采购业务发生的同时付清货款为完全现结。

启用采购管理系统完全现结的采购业务不形成应付账款，因此应付管理系统不对完全现结的业务进行处理，但提供现结制单的功能。

对未启用采购管理系统完全现结的业务处理，可以在总账系统中直接填制凭证，或者可以通过存货核算系统对采购业务进行结算制单。

②部分现结。企业在采购业务发生的同时，付清一部分货款，为部分现结。

启用采购管理系统部分现结的采购业务，部分形成应付账款，应付款系统对部分现结的业务进行处理仅限于处理尚未结清的那部分金额，对已结算的部分提供现结制单的功能，对尚未结算的部分提供核销、转账等后续处理。

对未启用采购管理系统部分现结的业务处理，可以在总账系统中对已现结的部分直接填制凭证；对未结算部分可以在“应付单据录入”中直接录入采购发票、应付单，参与后续处理。

2. 红字应付业务

手工处理：实际业务中，企业会遇到购买的材料或商品存在质量不合格或企业转产等其他原因发生退货业务，财会人员需要视具体情况重新调整账簿数据。

系统处理：按不同的情况，系统分别进行处理，具体的操作参见应收业务，此处不再详述。

（1）收到采购发票，企业已经付款。

手工处理：企业退回不合格品，供货单位给企业开具红字发票，并退回退货款。

系统处理：在货到、票到、已付款的情况下，用户可以通过在应收系统“应收单据录入”中录入一张红字发票，并在“付款单据录入”中通过“切换”按钮将付款单切换成收款单，录入一张收款单；然后将红字发票与收款单进行核销，冲减本期应付和本期付款。

（2）收到采购发票，企业尚未付款。

手工处理：企业将货物退回，支付剩余货款，供货单位补开红字发票。

系统处理：在票到、未付款的情况下，用户可以通过在应收系统“应收单据录入”或采购管理系统“红字发票”中录入一张红字发票，然后将红字发票与原发票进行冲销，冲减本期应付和本期付款；然后可以通过“红票对冲”进行红蓝票冲销。

（3）采购发票未收，企业尚未付款。

手工处理：货到的情况下，直接将货退回；货未到，则不需处理。

系统处理：不需处理。

（4）采购发票未收，企业已经付款。

手工处理：已到货，则企业将不合格品退回，供货单位将货款退回；未到货，则供货单位直接退款。

系统处理：在系统中对货到、票未到、已付款的情况下，需要在应付系统“付款单据录入”中填制一张收款单，将这张收款单与原预付款在“收款单据录入”或

"核销处理"中进行核销，冲减本期付款。

3. 制单处理

（1）制单规则。对采购发票制单时，若单据上有科目，则取单据上的科目带入；若单据上没有科目，则系统先判断控制科目依据，根据单据上的控制科目依据取"控制科目设置"中对应的科目。然后，系统判断采购科目依据，根据单据上的采购科目依据取"产品科目设置"中对应的科目。若没有设置，则取"基本科目设置"中设置的应付科目和采购科目，或者手工输入。

（2）如何制单。应收系统制单，即生成凭证，并将凭证传递至总账记账。系统在各个业务处理的过程中都提供了实时制单的功能。除此之外，系统提供了一个统一制单的平台，用户可以在此快速、成批生成凭证，还可以依据规则进行合并制单等处理。

（3）凭证查询。用户可以通过凭证查询来查看、修改、删除、冲销应付账款系统传到总账系统中的凭证。

（四）账表查询

账表系统提供账表查询功能，系统选项中选择启用供应商、部门权限则在查询中均需要根据该用户的供应商、部门数据权限进行限制，即用户不能查询没有权限的数据。

1. 科目账表查询

余额查询用于查询应付受控科目各个供应商的期初余额、本期借方发生额合计、本期贷方发生额合计、期末余额，包括科目余额表、供应商余额表、三栏式余额表、业务员余额表、供应商分类余额表、部门余额表、项目余额表、地区分类余额表八种查询方式。

明细账查询用于查询应付受控科目下各个往来供应商的往来明细账，包括科目明细账、供应商明细账、三栏式明细账、多栏式明细账、供应商分类明细账、业务员明细账、部门明细账、项目明细账、地区分类明细账九种查询方式。

2. 业务账表

（1）业务明细账。用户可以通过此功能查看供应商、供应商分类、地区分类、部门、业务员、存货分类、存货、供应商总公司、主管业务员、主管部门在一定期间内发生的应付及付款的明细情况。应付业务明细账既可以完整查询既是供应商又是客户的单位信息，可以包含未审核单据查询，可以包含未开票已出库（含期初发货单）、已入库未结算的数据内容。

（2）业务总账。用户可以通过此功能查看供应商、供应商分类、地区分类、部门、业务员、供应商总公司、主管业务员、主管部门、存货、存货分类在一定月份期间所发生的应付、付款以及余额情况。应付业务总账可以完整查询既是供应商又是客户的单位信息，可以包含未审核单据查询，可以包含未开票已出库（含期初发货单）、已入库未结算的数据内容。

（3）业务余额表。用户可以通过此功能查看供应商、供应商分类、供应商总公司、地区分类、部门、主管部门、业务员、主管业务员、存货、存货分类在一定期间所发生的应付、付款以及余额情况。应付业务余额表可以完整查询既是客户又是供应商的单位信息，可以包含未审核单据查询，可以包含未开票已出库（含期初）、已入库未结算的数据内容。

（4）对账单。用户可以通过此功能获得一定期间内各供应商、供应商分类、供应商总公司、部门、主管部门、业务员、主管业务员的对账单。应收或应付对账单可以完整查询既是客户又是供应商的单位信息，可以包含未审核单据查询，可以包含未开票已出库（含期初）、已入库未结算的数据内容。另外，对账单数据的明细程度可以由用户自己设定，对账单打印的表头格式可以设置。

（5）与总账对账。该功能提供应付款系统生成的业务账与总账系统中的科目账核对的功能，检查两个系统中的往来账是否相等。若不相等，查看造成不相等的原因。用户可以选定条件，系统根据选择显示与总账的对账结果。

3. 统计分析

（1）应付账款账龄分析。用户可以通过此功能分析供应商、存货、业务员、部门或单据的应付款余额的账龄区间分布，同时可以设置不同的账龄区间进行分析，既可以进行应付款的账龄分析，也可以进行预付款的账龄分析。

（2）付款账龄分析功能。用户可以通过此功能分析供应商、产品、单据的付款账龄。

（3）付款预测。用户可以通过此功能预测将来某一段日期范围内，供应商、部门或业务员等对象的付款情况，而且提供比较全面的预测对象、显示格式。

（4）欠款分析。用户可以通过此功能分析截至某一日期，供应商、部门或业务员的欠款金额以及欠款组成情况。

4. 单据查询

单据查询功能可以根据用户需要查询单据的处理过程，包括核销、转账等的操作记录以及凭证信息、单据报警查询、信用报警查询。

（1）发票查询。用户可以通过此功能查询未审核、已审核、已核销、未核销、包含余额为零及是否为负的发票。

（2）应付单查询。用户可以通过此功能查询未审核、已审核、已核销、未核销、包含余额为零的应付单。

（3）结算单查询。用户可以通过此功能查询已核销、未核销、已审核、未审核及款项类型为应付款、预付款、费用的结算单。

（4）凭证查询。用户可以通过此功能查看、修改、删除、冲销应付款系统传到账务系统中的凭证。

（5）单据报警查询。用户可以通过此功能对已审核、未审核、已制单、未制单的单据进行单据报警查询。

若将系统选项"是否根据单据自动报警"选择为是，则在有权限用户登录时，会依据系统选项中的单据报警设置，将符合条件的单据进行显示。

在单据报警查询中，用户可以输入报警查询条件，任意进行单据报警查询。

（6）信用报警查询。用户可以通过此功能对已审核、未审核、已制单、未制单的单据进行信用报警查询。

若将系统选项中"是否根据信用额度自动报警"选择为是，则当有权限查看按供应商预警查询的用户登录时，会依据系统选项中的信用额度预警设置，显示该信用报警单。

信用比率=信用余额/信用额度

信用余额=信用额度-应付账款余额

（信用额度取自供应商档案。）

（7）应付核销明细表。应付核销明细表就应收款的核销提供给用户全面的信息查询应付款的详细核销情况。

5. 自定义报表

若上述报表不能满足用户的要求，则系统提供"我的账表"进行自定义报表，用户可通过自定义报表功能，设计满足需要的报表。

系统提供的自定义报表就是根据企业管理要求，为用户提供的内部管理分析报表工具，是一种可以设置报表标题、表头、表体、定义报表数据来源以及灵活定义过滤条件和显示、打印方式的自定义查询报表工具。

用户可以在"我的账表"中点击"新建"按钮，进行自定义报表的定义。

（五）其他处理

1. 汇兑损益

企业如果本期发生外币业务，则需要对外币业务进行汇兑损益核算。一般来说，企业财会人员对外币业务处理的时点通常为应收业务结算完后或月末进行调整汇差，通过汇兑损益科目调整应收账款。

系统选项中提供两种处理汇兑损益的方式，一种是月末计算，另一种是单据结清时计算汇兑损益。

用户可以在此计算外币单据的汇兑损益并对其进行相应的处理。系统处理与手工处理相似，选择后，系统将按用户的设置进行自动计算。

2. 取消操作

如果用户对原始单据进行了审核、对收款单进行了核销等操作后，发现操作失误，可将其恢复到操作前的状态，以便进行修改。

3. 月末结账

如果确认本月的各项处理已经结束，用户可以选择执行月末结账功能。当执行了月末结账功能后，该月将不能再进行任何处理。

4. 取消结账

取消结账功能帮助用户取消最近月份的结账状态。

5. 年末结转

如果在选项中设置的单据审核日期为业务日期，并且在年末时没有将当年所有发票、应付单进行审核计入应付账款，则在年末结转时，系统会提示用户选择处理这些未审核单据。

五、薪资管理

（一）薪资管理系统概述

1. 薪资管理系统的主要功能

人力资源的核算和管理是企业管理的重要组成部分，其中对于企业员工的业绩考评和薪酬确定的正确与否更是关系到企业每一个职工的切身利益，对调动每一个职工的工作积极性、正确处理企业与职工之间的经济关系具有重要意义。薪资管理是各企事业单位最经常使用的功能之一，在用友 ERP-U8 管理软件中，作为人力资源管理系统的一个子系统存在。薪资管理系统的主要功能包括以下几个方面：

（1）工资类别管理。薪资管理系统提供处理多个工资类别的功能。如果单位按一周或一月多次发放工资，或者单位中有多种不同类别（部门）的人员，工资发放项目和计算公式不同，但需要进行统一工资核算管理，应选择建立多个工资类别。

如果单位中所有人员的工资统一管理，而且人员的工资项目、工资计算公式全部相同，只需要建立单个工资类别，以提高系统的运行效率。

（2）人员档案管理。薪资管理系统可以设置人员的基础信息并对人员变动进行调整，另外该系统也提供了设置人员附加信息的功能。

（3）工资数据管理。薪资管理系统可以根据不同企业的需要设计工资项目和计算公式；管理所有人员的工资数据，并对平时发生的工资变动进行调整；自动计算个人所得税，结合工资发放形式进行扣零处理或向代发工资的银行传输工资数据；自动计算、汇总工资数据；自动完成工资分摊、计提、转账业务。

（4）工资报表管理。薪资管理系统提供多层次、多角度的工资数据查询。

2. 薪资管理系统与其他系统的主要关系

薪资管理系统与系统管理共享基础数据；薪资管理系统将工资分摊的结果生成转账凭证，传递到总账系统；薪资管理系统向成本核算系统传送相关费用的合计数据。

3. 薪资管理系统的操作流程

（1）新用户的操作流程。采用多工资类别核算的企业，第一次启用薪资管理系统，应按图 2-14 所示步骤进行操作。

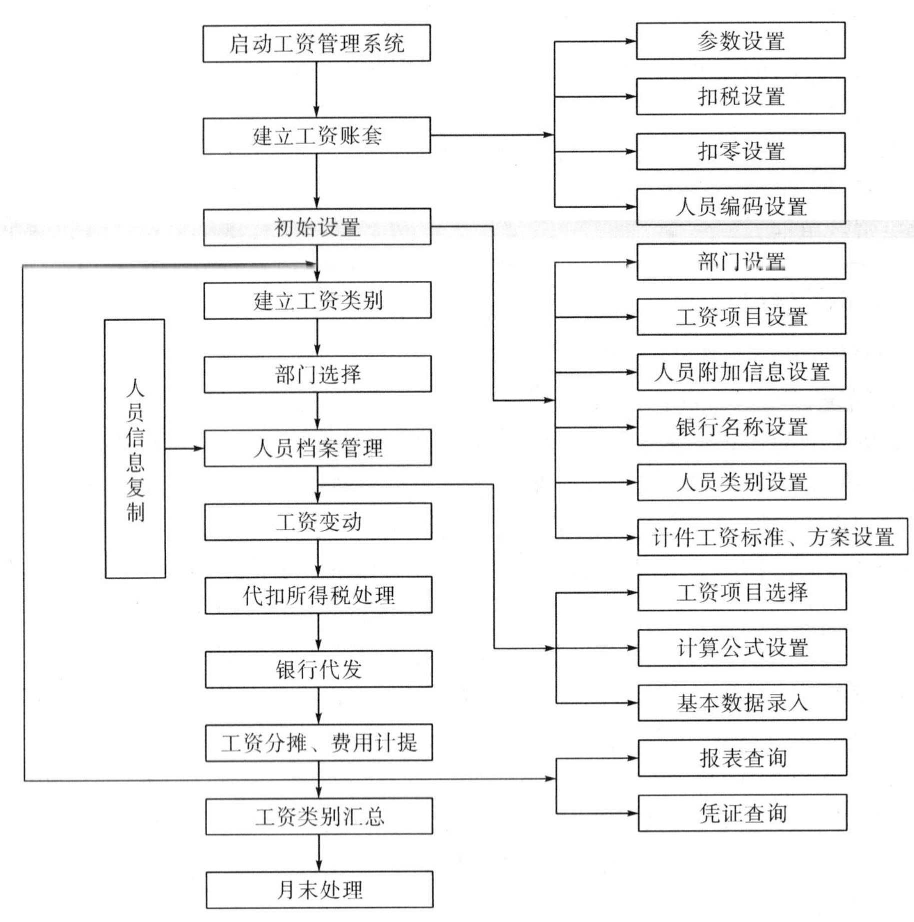

图 2-14 采用多工资类别核算的企业的操作流程

（2）老用户的操作流程。如果用户已经使用工资系统，到了年末应进行数据的结转，以便开始下一年度的工作。

在新的会计年度开始时，用户可在“设置”菜单中选择需要修改的内容，如人员附加信息、人员类别、工资项目、部门等。这些设置只有在新会计年度的第一个会计月中删除所涉及的工资数据和人员档案后才可进行。

（二）薪资管理系统的业务处理

1. 初始设置

计算机处理工资业务的程序基本类似于手工处理，只不过用户要做一次性的初始设置，如部门、人员类别、工资项目、公式、个人工资、个人所得税设置以及银行代发设置、各种表样的定义等。用户每月只需要对有变动的地方进行修改，系统会自动进行计算，汇总生成各种报表。薪资管理系统初始设置包括建立工资账套和基础信息设置两部分内容。

（1）建立工资账套。工资账套与系统管理中的账套是不同的概念，系统管理中的账套是针对整个核算系统的，而工资账套只针对工资子系统。建立工资账套前，用户要先在系统管理中建立本单位的核算账套。建立工资账套时可以根据建账向导分四步进行，即参数设置、扣税设置、扣零设置、人员编码。

（2）基础信息设置。建立工资账套以后，用户要对整个系统运行所需的一些基础信息进行设置。其具体包括以下几个方面：

①部门设置。员工薪资一般是按部门进行管理的。

②人员类别设置。人员类别与工资费用的分配、分摊有关，此项设置有利于按人员类别进行工资汇总计算。

③人员附加信息设置。此项设置可以增加人员信息，丰富人员档案的内容，以便于对人员进行更加有效的管理。例如，增加设置人员的性别、民族、婚否等。

④工资项目设置。工资项目设置，即定义工资项目的名称、类型、宽度、小数、增减项。系统中有一些固定项目，是工资账中必不可少的，包括“应发合计”“扣款合计”“实发合计”，这些项目不能删除和重命名。其他项目可以根据实际情况定义或参照增加，如基本工资、奖励工资、请假天数等。在此设置的工资项目是针对所有工资类别的全部工资项目。

⑤银行名称设置。发放工资的银行可以按需要设置多个，这里银行名称设置是针对所有工资类别的。例如，同一工资类别中的人员由于在不同的地点工作，需要在不同的银行代发工资；或者不同的工资类别由不同的银行代发工资，均需要设置相应的银行名称。

2. 日常处理

（1）工资类别管理。薪资管理系统是按工资类别来进行管理的。每个工资类别下都可以设置人员档案、工资变动、工资数据、报税处理、银行代发等。对工资类别的维护包括建立工资类别、打开工资类别、删除工资类别、关闭工资类别和汇总工资类别。

①人员档案。人员档案的设置用于登记工资发放人员的姓名、职工编号、所在部门、人员类别等信息，此外员工的增减变动也必须在此功能中处理。人员档案的操作是针对某个工资类别的，即应先打开相应的工资类别才能进行操作。

人员档案管理包括增加、修改、删除人员档案，人员调离与停发处理，查找人员等。

②设置工资项目和计算公式。在系统初始中设置的工资项目包括本单位各种工资类别所需要的全部工资项目。由于不同工资类别的工资发放项目不同，计算公式也不同，因此应对某个指定工资类别所需要的工资项目进行设置，并定义此工资类别的工资数据计算公式。

第一，选择建立本工资类别的工资项目。这里只能选择系统初始中设置的工资项目，不可自行输入。工资项目的类型、长度、小数位数、增减项等不可更改。

第二，设置计算公式。这里可以定义某些工资项目的计算公式及工资项目之间的运算关系。例如，定义“缺勤扣款=基本工资÷月工作日×缺勤天数”。运用公式可以直观地表达工资项目的实际运算过程，灵活地进行工资计算处理。定义公式可以通过选择工资项目、运算符、关系符、函数等组合完成。

系统固定的工资项目（“应发合计”“扣款合计”“实发合计”等）的计算公式会根据工资项目设置的增减项自动给出。用户在此只能增加、修改、删除其他工资项目的计算公式。

定义工资项目计算公式要符合逻辑，系统将对公式进行合法性检查，不符合逻辑的系统将给出错误提示。定义公式时要注意先后顺序，先得到的数据应先设置公式。“应发合计”“扣款合计”和“实发合计”公式应是公式定义框的最后三个公式，并且“实发合计”公式要在“应发合计”公式和“扣款合计”公式之后。用户可以通过单击公式框中的“▲”“▼”按钮调整计算公式顺序。如果计算公式超长，用户可以将所用到的工资项目名称缩短（减少字符数），或设置过渡项目。定义公式时用户可以使用函数公式向导参照输入。

（2）工资数据管理。第一次使用薪资管理系统必须将所有人员的基本工资数据录入计算机，平时如果发生工资数据的变动也在此进行调整。为了快速、准确地录入工资数据，系统提供以下功能：

①筛选和定位。如果对部分人员的工资数据进行修改，用户最好采用数据过滤的方法，先将所要修改的人员过滤出来，然后进行工资数据修改；修改完毕后进行“重新计算”和“汇总”。

②编辑。系统在工资变动界面提供了“编辑”按钮，可以对选定的个人进行快速录入。用户单击“上一人”“下一人”按钮可以变更人员，以便录入或修改其他人员的工资数据。

③替换。系统将符合条件的人员的某个工资项目的数据，统一替换成另一个数据。例如，将管理人员的奖金上调100元。

④过滤器。如果只对工资项目中的某一个或几个项目进行修改，系统可以将要修改的项目过滤出来。例如，只对事假天数、病假天数两个工资项目的数据进行修改。对于常用到的过滤项目，可以在项目过滤选择后，输入一个名称进行保存，以后可以通过过滤项目名称调用，不用时也可以删除。

（3）工资分钱清单。工资分钱清单是按单位计算的工资发放分钱票面额清单，会计人员根据此清单从银行取款并发给各部门。系统提供了票面额设置的功能，用户可以根据单位需要自由设置，系统根据实发工资项目分别按部门、人员、企业自动计算出各种面额的张数。

（4）个人所得税的计算与申报。鉴于许多企事业单位计算职工工资薪金所得税的工作量较大，系统特提供个人所得税自动计算功能，用户只需要自定义个人所得税税率，系统就会自动计算个人所得税。

（5）银行代发。目前社会上许多单位发放工资时都采用职工凭工资信用卡去银行取款的方式。银行代发业务处理是指每月末单位应向银行提供银行给定文件格式的软盘。这样做既减轻了财务部门发放工资的工作量，又有效地避免了财务人员去银行提取大笔款项所承担的风险，同时还提高了对员工个人工资的保密程度。

（6）工资分摊。工资是费用中人工费最主要的部分，需要对工资费用进行工资总额的计提计算、分配及各种经费的计提，并编制转账会计凭证，供登账处理之用。

（7）工资数据查询统计。工资数据处理结果最终通过工资报表的形式反映，薪资管理系统提供了主要的工资报表的格式。如果对报表提供的固定格式不满意，用户可以通过“修改表”和“新建表”功能自行设计。

①工资表。工资表包括工资发放签名表、工资发放条、工资卡、部门工资汇总表、人员类别工资汇总表、条件汇总表、条件统计表、条件明细表、工资变动明细表、工资变动汇总表等由系统提供的原始表。工资表主要用于本月工资的发放和统计，工资表可以修改和重建。

②工资分析表。工资分析表是以工资数据为基础，对部门、人员类别的工资数据进行分析和比较而产生的各种分析表，供决策人员使用。

3. 期末处理

（1）月末结转。月末结转是将当月数据经过处理后结转至下月。每月工资数据处理完毕后均可以进行月末结转。由于在工资项目中，有的项目是变动的（即每月的数据均不相同），在每月工资处理时，均需要将其数据清零，然后才可以输入当月的数据。此类项目便为清零项目。

因为月末处理功能只有主管人员才能执行，所以应以主管的身份登录系统。

月末结转只能在会计年度的1~11月进行，并且只能在当月工资数据处理完毕后才可进行。若处理多个工资类别，则应打开工资类别，分别进行月末结转。若本月工资数据未汇总，系统将不允许进行月末结转。进行期末处理后，当月数据将不允许变动。

（2）年末结转。年末结转是将工资数据经过处理后结转至下年。进行年末结转后，新年度账将自动建立。只有处理完所有工资类别的工资数据才能在系统管理中选择“年度账”菜单，进行上年数据结转。其他操作与月末处理类似。

年末结转只有在当月工资数据处理完毕后才能进行。若当月工资数据未汇总，系统将不允许进行年末结转。进行年末结转后，本年各月数据将不允许变动。若用户跨月进行年末结转，系统将给予提示。年末处理功能只有主管人员才能进行。

六、UFO 报表

会计报表是综合反映企业某一特定日期财务状况和某一会计期间经营成果、现金流量的书面文件，是财会部门提供会计信息资料的一种重要手段。通过日常会计核算，虽然可以提供反映会计主体经营活动和财务收支情况的会计信息，但是这些资料分散在会计凭证和会计账簿中，难以满足会计信息使用者的需要，也难以满足企业内部加强经营管理的需要。因此，有必要在日常会计核算的基础上，根据会计信息使用者的需要定期对日常会计核算资料进行加工处理和分类。通过编制会计报表，可以综合、清晰地反映会计主体的财务状况、经营成果和收支情况。因此，会计报表子系统在整个会计信息系统中占有非常重要的地位。

（一）报表系统概述

1. 报表系统的主要功能

报表系统主要用于报表格式设计和报表数据处理，从账务系统或其他业务系统中取得有关会计核算信息生成会计报表，进行报表汇总，生成各种分析图，并按预定格式输出各种会计报表。

UFO 报表系统是用友 ERP-U8 管理系统的重要组成部分，主要功能如下：

（1）报表格式设计。我们可以把一张报表拆分为相对固定的内容和相对变动的内容两部分。相对固定的内容包括报表的标题、表格部分、表中的项目、表中数据的来源等；相对变动的内容主要包括报表中的数据。报表格式设计就是指在计算机系统中建立一张报表中相对固定的部分，相当于在计算机中建立一个报表模板，供以后编制此类报表时调用。UFO 报表系统提供了丰富的格式设计功能，包括设置报表行列数、定义组合单元、画表格线、定义报表关键字、设置公式等。

（2）报表数据处理。报表数据处理是根据预先设置的报表格式和报表公式进行数据采集、计算、汇总等，以生成会计报表。除此以外，UFO 系统还提供了排序、审核、舍位平衡、汇总等功能。

（3）图表处理。图表比数据报表更直观。UFO 的图表处理功能能够方便地对报表数据进行图形组织，制作直方图、立体图、圆饼图、折线图等多种分析图表，还能编辑图表的位置、大小、标题、字体、颜色等，并打印输出各种图表。

（4）文件管理。利用文件管理功能可以方便地完成报表文件的创建、保存等操作，文件管理功能还能够进行不同文件格式的转换，包括“文本文件”“＊.mdb 文件”“Excel 文件”等，提供标准财务数据的导入、导出功能。

（5）行业报表模板。UFO 系统中按照会计制度提供了不同行业的标准财务报表模板，简化了用户的报表格式设计工作。如果标准行业报表仍不能满足需要，系统还提供了自定义模板的功能。

此外，UFO 系统还提供了强大的二次开发功能，方便用户进行各种定制。

2. 报表系统与其他系统的主要关系

会计报表子系统主要是从其他子系统中提取编制报表所需的数据。总账、工资、固定资产、应收、应付、采购、库存、存货核算和销售子系统均可以向报表子系统传递数据，以生成财务部门所需的各种会计报表。

3. 报表系统相关概念

（1）格式状态和数据状态。UFO 将报表制作分为两大部分来处理，即报表格式设计工作与报表数据处理工作。

在报表格式设计状态下，用户可以进行有关格式设计的操作，如设置表尺寸、行高列宽、单元属性、单元风格、组合单元、关键字、定义报表的单元公式（计算公式）、审核公式及舍位平衡公式。在格式状态下时，用户看到的是报表的格式，报表的数据全部隐藏。用户在格式状态下所做的操作对本报表所有的表页都发生作用。在格式状态下，用户不能进行数据的录入、计算等操作。

在报表的数据状态下，用户可以管理报表的数据，如输入数据、增加或删除表页、审核、舍位平衡、制作图形、汇总、合并报表等。在数据状态下，用户不能修改报表的格式，看到的是报表的全部内容，包括格式和数据。

报表工作区的左下角有一个“格式/数据”按钮，单击这个按钮可以在格式状态和数据状态之间切换。

（2）单元。单元是组成报表的最小单位，单元名称由所在行、列标识。行号用数字 1~9999表示，列标用字母 A~IU 表示。例如，D3 表示第 4 列第 3 行的那个单元。单元类型有数值单元、字符单元和表样单元三种。

数值单元用于存放报表的数据，在数据状态下输入。数字可以直接输入或由单元中存放的单元公式运算生成。建立一个新表时，所有单元的类型默认为数值型。

字符单元可以存储字符型数据，在数据状态下输入。其内容可以是汉字、字母、数字以及各种键盘可输入的符号组成的一串字符。字符单元的内容也可以由单元公式生成。

表样单元可以存储报表的格式，是定义一个没有数据的空表所需的所有文字、符号或数字。一旦单元被定义为表样，那么在其中输入的内容对所有表都有效。表样单元在格式状态下输入和修改，在数据状态下不允许修改。

（3）组合单元。由于一个单元只能输入有限个字符，而在实际工作中有的单元有超长输入的情况，这时可以采用系统提供的组合单元。组合单元由相邻的两个或更多的单元组成，这些单元必须是同一种单元类型（表样、数值、字符）。报表子系统在处理报表时将组合单元视为一个单元。用户可以组合同一行相邻的几个单元，也可以组合同一列相邻的几个单元，还可以把一个多行多列的平面区域设为一个组合单元。组合单元的名称可以用区域的名称或区域中的单元的名称来表示。例如，把 C3 到 F6 定义为一个组合单元，这个组合单元可以用“C3”“F6”或“C3：F6”表示。

（4）区域。区域由一张表页上的一组单元组成，自起点单元至终点单元是一个完整的长方形矩阵。例如，B2 到 E5 的长方形区域表示为 B2：E5，起点单元与终点单元用“:”连接。

（5）表页。每一张表页是由许多单元组成的。一个报表中的所有表页具有相同的格式，但其中的数据不同。报表中表页的序号在表页的下方以标签的形式出现，称为“页标”。例如，当前表的第 2 页，可以表示为“@2”。

（6）二维表和三维表。确定某一数据位置的要素称为“维”。在一张有方格的纸上填写一个数字，这个数字的位置可以通过行和列（二维）来描述。

如果将一张有方格的纸称为表，那么这个表就是二维表，通过行（横轴）和列（纵轴）可以找到这个二维表中的任何位置的数据。

如果将多个相同的二维表叠在一起，找到某一个数据所需的要素就要增加一个，即表页号（Z 轴），这一叠表称为一个三维表。

如果将多个不同的二维表放在一起，要从这样多个二维表中找到一个数轴，又需要增加一个要素，即表名。二维表中的表间操作即称为“四维运算”。

（7）固定区和可变区。固定区，即组成一个区域的行数和列数是固定的。一旦设定好以后，在固定区域内其单元总数是不变的。

可变区，即组成一个区域的行数或列数是不固定的，可变区的最大行数或最大列数是在格式设计状态中设定的。

在一个报表中只能设置一个可变区，即行可变区或列可变区。行可变区是指可变区中的行数是可变的；列可变区是指可变区中的列数是可变的。设置可变区后，屏幕只显示可变区的第一行或第一列，其他可变行列隐藏在表体内。在以后的数据操作中，可变行列数会随着需要而增减。

有可变区的报表称为可变表，没有可变区的报表称为固定表。

（8）关键字。关键字是游离于单元之外的特殊数据单元，可以唯一标识一个表页，用于在大量表页中快速选择表页。例如，一个资产负债表的表文件可以存放一年 12 个月的资产负债表（甚至多年的多张表），当要对某一张表页的数据进行定位时，就需要设定一些定位标志，这些定位标志就被称为关键字。关键字的显示位置在格式状态下设置，关键字的值则在数据状态下录入，每张报表可以定义多个关键字。

通常，关键字可以有以下几种：

①单位名称：该报表表页编制单位的名称。

②单位编号：该报表表页编制单位的编号。

③年：该报表表页反映的年度。

④季：该报表表页反映的季度。

⑤月：该报表表页反映的月份。

⑥日：该报表表页反映的日期。

除了以上常见的关键字之外，系统通常还会提供一个自定义关键字功能，方便用户灵活定义并运用关键字。

4. 制作一个报表的流程

一般来讲，在下面讨论的制表流程步骤中，第一步、第二步、第四步、第七步是必需的，因为要完成报表处理，一定要有启动 UFO，建立报表；设计报表的格式；报表数据处理；退出等基本过程。

（1）启动 UFO，建立报表。在 UFO 报表系统新建报表时，系统会自动建立一张空表，默认表名为“report1”，并进入格式状态。这时可以开始在这张报表上设计报表格式，并在保存文件时按照文件命名的基本规定为这张报表命名。

（2）设计报表的格式。报表的格式设计在格式状态下进行，格式对整个报表都有效。格式设计包括以下操作：

①设置表尺寸，定义报表的大小，即设定报表的行数和列数。

②录入表内文字，包括表头、表体和表尾（关键字除外）。在格式状态下定义的单元内容自动默认为表样型，定义为表样型的单元在数据状态下不允许修改和删除。

③确定关键字在表页上的位置。

④定义行高和列宽。

⑤定义组合单元，即把几个单元作为一个单元使用。

⑥设置单元风格，设置单元的字型、字体、字号、颜色、图案、折行显示等。

⑦设置单元属性，把需要输入数字的单元定为数值单元，把需要输入字符的单元定为字符单元。

⑧画表格线。

⑨设置可变区，即确定可变区在表页上的位置和大小。

（3）定义各类公式。公式的定义在格式状态下进行。

计算公式定义了报表数据之间的运算关系，可以实现报表系统从其他子系统取数。在报表单元中键入“=”就可以直接定义计算公式，因此也称为单元公式。

审核公式用于审核报表内或报表之间的勾稽关系是否正确。

舍位平衡公式用于在报表数据进行进位或小数取整时调整数据，避免破坏原数据平衡。

（4）报表数据处理。报表格式和报表中的各类公式定义好之后，就可以录入数据并进行处理了。报表数据处理在数据状态下进行，包括以下操作：

①因为新建的报表只有一张表页，需要追加多个表页。

②如果报表中定义了关键字，则录入每张表页上关键字的值。例如，录入关键字“单位名称”的值，给第一页录入“甲单位”，给第二页录入“乙单位”，给第三页录入“丙单位”等。

③在数值单元或字符单元中录入数据。

④如果报表中有可变区，可变区初始只有一行或一列，需要追加可变行或可变列，并在可变行或可变列中录入数据。

随着数据的录入，当前表页的单元公式将自动运算并显示结果。如果报表有审核公式和舍位平衡公式，则执行审核和舍位。需要的话，做报表汇总和合并报表。

（5）报表图形处理。选取报表数据后可以制作各种图形，如直方图、圆饼图、折线图、面积图、立体图等。图形可以随意移动，图形的标题、数据组可以按照要求设置，图形可以打印输出。

（6）打印报表。打印报表可以控制打印方向，即可以横向或纵向打印；可以控制行列打印顺序；可以设置页眉和页脚，并设置财务报表的页首和页尾；可以缩放打印；可以利用打印预览观看打印效果。

（7）退出。所有操作进行完毕之后，用户要保存报表文件，保存后可以退出UFO 系统。如果忘记保存文件，在退出 UFO 系统前将有提示。

（二）报表格式设计

报表格式就是一张报表的框架。报表的格式在格式状态下设计，整个报表文件的所有表页格式都相同。报表格式设计主要包括报表尺寸定义、单元属性定义、组合单元定义和关键字设置等内容。报表格式设计工作虽然复杂，但属于一次性工作，一旦设计完成便可以重复使用，可谓“一劳永逸”。

进行报表格式设计之前，需要事先准备好手工表样。以利润表为例，如表 2-3 所示。

表 2-3　　利润表　　} 表题

会企 02 表

编制单位：　　年　月　　单位：　　} 表头

单位负责人：　　财务主管：

项目	行次	本月数	本年累计
一、主营业务收入	1	2 058 000. 00	2 058 000. 00
减：主营业务成本	2	1 138 025. 12	1 138 025. 12
税金及附加	4	17 035. 85	17 035. 85
二、主营业务利润	5	894 796. 13	894 796. 13
加：其他业务利润	6		
减：销售费用			
管理费用	7	69 568. 74	69 568. 74
财务费用	8	15 500. 27	15 500. 27
三、营业利润	9	809 727. 12	809 727. 12
加：投资收益	10		
补贴收入	11		
营业外收入	12		
减：营业外支出	13		
四、利润总额	15	809 727. 12	809 727. 12
减：所得税费用	16	267 209. 95	267 209. 95
五、净利润	17	542 517. 17	542 517. 17

} 表体

复核：　　制表：　　报送日期：　　} 表尾

1. 固定表格式设计

固定表是指行和列相对固定的报表。其格式设计如下：

（1）设置表尺寸。设置表尺寸就是定义报表的行数和列数。报表的行数包括标题、表头、表体和表尾几个部分。例如，上述利润表的表尺寸是22行4列。

（2）输入报表标题。标题用来描述报表的名称，一般标题会采用稍大一些的字号和与表中项目不同的字体，并且居中显示。这就需要通过设置单元风格、组合单元来实现。

（3）定义表头和关键字。表头一般用来描述报表的编制单位的名称、报表的编制日期等辅助信息和报表栏目的。如果报表的编制单位是固定的，可以作为表样型数据处理。报表的编制日期是从账务系统及其他系统采集数据的依据，一般需要定义为关键字。报表的栏目定义了报表的内容及结构。

（4）定义表体。表体是报表的核心内容，主要包括各种项目和数据。项目一般作为表样型数据输入；数据根据编报日期不断变化，一般是根据函数从账务系统或其他系统采集或汇总计算得到，属于数值型数据。因此，定义表体的关键内容是对表中项目的数据来源的定义。

表中项目数据的可能来源有以下几种：

①从账务系统或其他系统中取得，如利润表中的主营业务收入取自账务系统"主营业务收入"的本期贷方发生数。

②通过表中项目的计算得到，如利润表中主营业务利润等于主营业务收入减主营业务成本和税金及附加。

③从本表其他表页取数得到，如利润表中的"本年累计"一列等于本表的"本月数"加上上个月的"本年累计"。如果是用同一个报表文件存放全年12个月的利润表，那么就涉及本表他页取数问题。

④从其他报表中取数。

针对以上种种情况，UFO系统中提供了多种函数供定义数据公式使用。

（5）定义表尾。表尾指表体以下的辅助说明信息，如制表人、审核人等。

（6）保存报表。报表格式设计完成后，应及时保存，以备下次调用。

2. 可变表格式设计

一般来说，企业常用报表的格式比较固定，即使有变化，也可以通过修改固定表来实现。本部分要讲的可变表不是指固定表格式的变化，而是指那些行数或列数不固定，随实际需要变动的表。

例如，ABC公司2016年9月销售的产品有甲产品、乙产品、丙产品。为考核各种产品的获利能力，ABC公司设计了产品销售毛利明细表，如表2-4所示。在表2-4中，产品品种是可以变化的，假定在2017年度ABC公司预计最多可以销售10种产品（包括甲、乙、丙三种产品），这就用到了可变表制作。

表 2-4　　　　　　　　　　9 月份产品销售毛利明细表　　　　　　　　　　单位：元

产品品种	销售收入	销售成本	销售毛利
甲	70 000	40 000	
乙	50 000	30 000	
丙	30 000	10 000	
合计	150 000	80 000	

制作可变表的步骤与制作固定表的步骤基本相同，所不同的是增加了可变区的设计。

一个报表只能定义一个可变区。上例所涉及的表属于列固定、行可变。

3. 报表公式设置

由于各种报表之间存在着密切的数据间的逻辑关系，因此报表中各种数据的采集、运算和勾稽关系的检测就用到了不同的公式。主要有计算公式、审核公式和舍位平衡公式。

1. 计算公式

计算公式的作用是从其他子系统的账簿文件、本表其他表页或其他报表中采集数据，直接填入表中相应的单元或经过简单计算填入相应的单元。因此，报表系统通常会内置一整套从各种数据文件中调取数据的函数。不同的报表软件函数的具体表示方法不同，但这些函数所提供的功能和使用方法一般是相同的。通过计算公式来组织报表数据，既经济又省事，简化了大量重复、复杂的劳动。合理地设计计算公式能节约劳动时间，提高工作效率。

UFO 系统允许在报表中的每个数值型、字符型的单元内，写入代表一定运算关系的公式，用来建立表内各单元之间、报表与报表之间或报表系统与其他子系统之间的运算关系，描述这些运算关系的表达式，我们称之为单元公式。为了规范和简化单元公式的定义过程，一般报表系统会提供公式向导，逐步引导公式的建立。

2. 审核公式

财务报表中的数据往往存在一定的勾稽关系，如资产负债表中的资产合计应等于负债及所有者权益合计。在实际工作中，为了确保报表数据的准确性，可以利用这种报表之间或报表内的勾稽关系对报表进行编制的正确性检查，用于该种用途的公式称为审核公式。

3. 舍位平衡公式

如果对报表进行汇总，得到的汇总数据可能位数很多，这样需要把以“元”为单位的报表转换为以“千元”“万元”为单位的报表。在转换过程中，原报表的平衡关系可能被破坏，因此需要进行调整，使之符合指定的平衡公式。报表经舍位之后，用于重新调整平衡关系的公式称为舍位平衡公式。

4. 报表模板

会计报表包括对外报表和内部报表，资产负债表、利润表和现金流量表是主要的三种对外财务报表，而这些表的格式是由国家会计制度统一规定的。既然表样是规范的，报表子系统为了简化用户的报表格式设计工作，一般会预先设置一系列的报表模板以供用户选择。用户可以利用报表模板迅速建立一张符合本企业需要的财务报表。此外，对于一些本企业常用而报表模板中没有提供的报表，在设置了这些报表的格式和公式以后，可以将其定义为报表模板，以便今后直接调用。灵活运用报表模板无疑可以加快报表处理的效率。如果报表模板与本企业的实际需要存在差异，用户也可以充分利用报表格式和公式设置的功能，对原来的报表模板进行修改，生成新的报表模板。

（三）报表数据处理

在格式设计工作完成以后，就可以进行报表数据处理了。

1. 报表编制

报表编制的主要任务是根据预先设定的公式完成报表数据的采集和计算，得到完整的数据表。利用报表子系统编制报表一般包括如下步骤：

（1）打开报表文件。打开报表文件，即打开已定义好表样格式及公式的报表文件。一个报表文件可能包含多个表页，每个表页用来存放不同会计期间的数据。如果没有存放当期数据的表页，需要插入或追加表页。

（2）输入关键字。不同会计期间企业经营的数据有所不同，系统通过设置关键字来判定本表页数据取自哪个单位和哪个会计期。因此，生成报表数据前的重要步骤就是录入关键字的值。

（3）输入基本数据。某些报表单元的数据每月不同，并且无法从计算机内的账簿文件中获取，与其他数据之间也不存在关联关系，那么只能在报表编制时临时输入。

（4）生成报表。在完成基本数据输入和关键字输入后，系统将自动根据计算公式从账务子系统或其他子系统中采集数据，然后进行计算，生成报表。在生成报表的过程中，系统将对公式的格式进行检查，如有语法或句法错误，系统将给予提示。

（5）报表审核。报表数据生成后，如果设置了审核公式，系统将根据审核公式中设定的逻辑关系进行检查。如果报表数据不符合勾稽关系时，系统会给出预先设定的提示信息。用户应按照系统提示修改报表数据，并重新进行审核，直到审核通过。每次对报表数据进行修改后，都应该重新进行审核，以保证报表各项勾稽关系正确。

（6）舍位平衡处理。如果设置了舍位平衡公式，系统还可以进行舍位平衡处理，生成舍位表。

2. 图表处理

图表处理功能可以实现用图表的方式对数据进行直观分析。报表子系统提供的图表格式一般包括直方图、圆饼图、折线图、面积图等，不同格式图表的建立方法是相似的。

图表是利用报表文件中的数据生成的，因此图表与报表存在着密切的联系，当报表中的源数据发生变化时，图表也随之变化；当报表文件被删除后，由该报表生成的图表也同时删除。

图表以图表窗口的形式存在。图表并不是独立的文件，它依附于源数据所在的报表文件，只有打开报表文件后，才能打开相应的图表。

用户可以对图表进行命名、修改、保存或删除等操作，也可以进行打印输出。

3. 表页管理

表页管理包括插入、追加、删除表页，还可以对表页进行排序。

表页排序是指报表子系统可以按照表页关键字的值或按照报表中任何一个单元的值重新排列表页，以方便用户进行查询和管理。

4. 报表数据管理

报表数据管理主要包括对报表数据进行透视、汇总和报表合并。

1. 报表透视

在报表子系统中，大量的数据是以表页的形式分布的，正常情况下每次只能看到一张表页。要想对各个表页的数据进行比较，可以利用数据透视功能，把多张表页的多个区域的数据显示在一个平面上。数据透视的结果可以保存在报表中。

2. 数据汇总

报表的数据汇总是报表数据不同形式的叠加。通过数据汇总功能可以把结构相同、数据不同的两张报表经过简单叠加生成一张新的报表。在实际工作中，主要用于同一报表不同时期的汇总，以便得到某一期间的汇总数据，或者同一单位不同部门的同一张报表的汇总，以得到整个单位的合计数字。

第四节　供应链管理系统

供应链管理系统是用友 ERP-U8 管理软件的重要组成部分，它突破了会计核算软件单一财务管理的局限，实现了从财务管理到企业财务业务一体化全面管理的跨越，实现了物流、资金流管理的统一。

一、供应链管理系统概述及系统初始化

(一) 供应链管理系统概述

1. 供应链管理系统功能模块及应用方案

用友 ERP-U8 供应链管理系统是用友 ERP-U8 企业应用套件的重要组成部分，它以企业购销存业务环节中的各项活动为对象，记录各项业务的发生并有效跟踪其

发展过程，为财务核算、业务分析、管理决策提供依据，并实现了财务业务一体化全面管理和物流、资金流、信息流管理的统一。

（1）供应链管理系统功能模块。用友 ERP-U8 供应链管理系统主要包括合同管理、采购管理、委外管理、销售管理、库存管理、存货核算、售前分析、质量管理等模块。其主要功能在于增加预测的准确性，减少库存，提高发货供货能力；减少工作流程周期，提高生产效率，降低供应链成本；减少总体采购成本，缩短生产周期，加快市场响应速度。同时，这些模块提供了对采购、销售等业务环节的控制以及对库存资金占用的控制，并能完成对存货出入库成本的核算。供应链管理系统能使企业的管理模式更符合实际情况，并制订出最佳的企业运营方案，实现管理的高效率、实时性、安全性、科学性。

从上面的介绍可以看到，供应链管理系统由众多模块构成，功能强大，应用复杂。但为了便于学习，并且从实际应用的角度出发，本书重点介绍供应链的采购管理、销售管理、库存管理、存货核算四个模块。

①采购管理。采购管理帮助企业对采购业务的全部流程进行管理，提供请购、订货、到货、检验、入库、开票、采购结算的完整采购流程，支持普通采购、受托代销、直运等多种类型的采购业务，支持按询价比价方式选择供应商，支持以订单为核心的业务模式。企业还可以根据实际情况进行采购流程的定制，既可以选择按规范的标准流程操作，又可以按最简约的流程来处理实际业务，方便企业构建自己的采购业务管理平台。

②销售管理。销售管理帮助企业对销售业务的全部流程进行管理，提供报价、订货、发货、开票的完整销售流程，支持普通销售、委托代销、分期收款、直运、零售、销售调拨等多种类型的销售业务，支持以订单为核心的业务模式，并可以对销售价格和信用进行实时监控。企业可以根据实际情况进行销售流程的定制，构建自己的销售业务管理平台。

③库存管理。库存管理主要是从数量的角度管理存货的出入库业务，能够满足采购入库、销售出库、产成品入库、材料出库、其他出入库、盘点管理等业务需要，提供多计量单位使用、仓库货位管理、批次管理、保质期管理、出库跟踪、入库管理、可用量管理等全面的业务应用。库存管理通过对存货的收发存业务处理，及时动态地掌握各种库存存货信息，对库存安全性进行控制，提供各种储备分析，避免库存积压占用资金或材料短缺影响生产。

④存货核算。存货核算是从资金的角度管理存货的出入库业务，掌握存货耗用情况，及时准确地把各类存货成本归集到各成本项目和成本对象上。存货核算主要用于核算企业的入库成本、出库成本、结余成本，反映和监督存货的收发、领退和保管情况，反映和监督存货资金的占用情况，动态反映存货资金的增减变动并提供存货资金周转和占用分析，以降低库存，减少资金积压。

（2）供应链管理系统应用方案。供应链管理系统的每个模块既可以单独应用，也可与相关模块联合应用。

2. 供应链管理系统数据流程

在企业的日常工作中，采购供应部门、仓库、销售部门、财务部门等都涉及购销存业务及其核算的处理，各个部门的管理内容是不同的，在手工环境下工作间的延续性是通过单据在不同部门间的传递来完成的。而计算机环境下的业务处理流程与手工环境下的业务处理流程肯定存在差异，如果缺乏对供应链管理系统业务流程的了解，那么就无法实现部门间的协调配合，就会影响系统的效率。

供应链管理系统数据流程如图 2-15 所示。

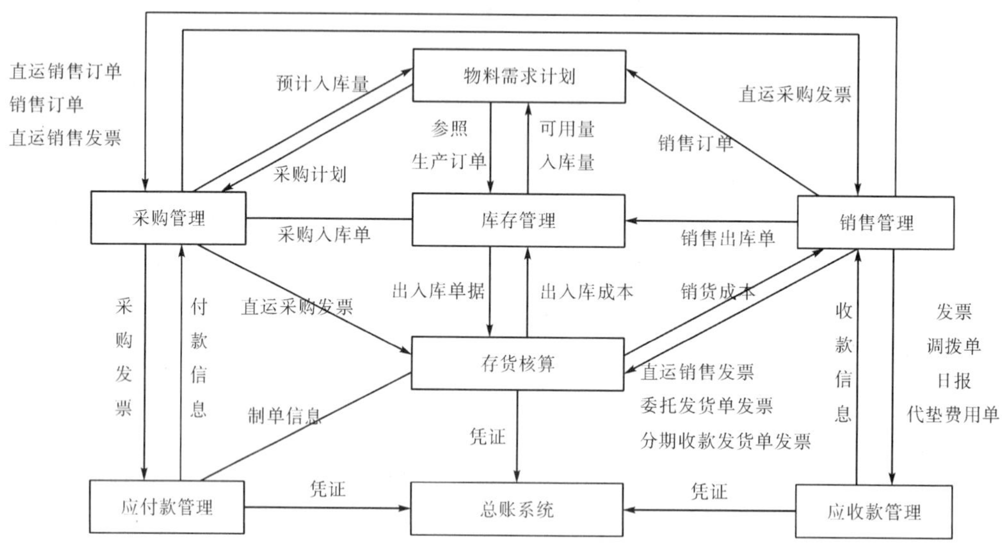

图 2-15　供应链管理系统数据流程

（二）供应链管理系统初始化

供应链管理系统初始化包括供应链管理系统建账、设置基础档案及期初数据录入几项工作。

1. 供应链管理系统建账

企业建账过程在系统管理部分已有介绍，在这里只需要启用相关子系统即可。与以前的软件版本相比，用友 ERP-U8 的供应链管理系统功能更完善、使用更方便、适用面更广、更具开放性，这意味着系统内蕴涵了丰富的参数开关、个性化设置细节等，为了能更清晰地了解各项参数与业务之间的关系，参数设置在业务处理时一并介绍。

2. 设置基础档案

前面的介绍中都有基础信息的设置，但基本限于与财务相关的信息，而供应链管理系统还需要增设与业务处理、查询统计、财务连接相关的基础信息。

（1）基础档案信息。使用供应链管理系统之前，用户应做好基础数据的准备工作，如对存货合理分类、准备存货的详细档案、进行库存数据的整理以及与账面数据的核对等。供应链管理系统需要增设的基础档案信息包括以下几项：

①存货分类。如果企业存货较多，需要按照一定的方式进行分类管理。存货分类是指按照存货固有的特征或属性将存货分为不同的类别，以便于分类核算与统计。例如，工业企业可以将存货分为原材料、产成品、应税劳务，商业企业可以将存货分为商品、应税劳务等。

在企业日常购销业务中，经常会发生一些劳务费用（如运输费、装卸费等），这些费用也是构成企业存货成本的一个组成部分，并且它们可以拥有不同于一般存货的税率。为了能够正确反映和核算这些劳务费用，一般在存货分类中单独设置一类，如应税劳务或劳务费用。

②计量单位。企业中存货种类繁多，不同的存货有不同的计量单位。有些存货的财务计量单位、库存计量单位、销售发货单位可能是一致的。例如，自行车的三种计量单位均为“辆”。而同一种存货用于不同的业务，其计量单位可能不同。例如，对某种药品来说，其核算单位可能是“板”，也就是说，财务上按板计价；其库存单位可能是“盒”，1 盒 = 20 板；而其对客户发货时单位可能是“箱”，1 箱 = 100 盒。因此，在开展企业日常业务之前，需要定义存货的计量单位。

③存货档案。在“存货档案”窗口中有四个选项卡，即“基本”“成本”“控制”和“其他”。

在“基本”选项卡中，有六个复选框，用于设置存货属性。设置存货属性的目的是在填制单据过程中参照存货时缩小参照范围。

“销售”：用于发货单、销售发票、销售出库单等与销售有关的单据参照使用，表示该存货可用于销售。

“外购”：用于购货所填制的采购入库单、采购发票等与采购有关的单据参照使用，在采购发票、运费发票上一起开具的采购费用，也应设置为外购属性。

“生产耗用”：存货可以在生产过程被领用、消耗，生产耗用包括生产产品时耗用的原材料、辅助材料等，在开具材料领料单时参照。

“自制”：由企业生产自制的存货，如产成品、半成品等，主要用在开具产成品入库单时参照。

“在制”：尚在制造加工中的存货。

“应税劳务”：在采购发票上开具的运输费、包装费等采购费用及开具在销售发票或发货单上的应税劳务、非应税劳务等。

在“控制”选项卡中，有三个复选框。

“是否批次管理”：对存货是否按批次出入库进行管理。该项必须在库存管理系统账套参数中选中“有批次管理”后，方可设定。

“是否保质期管理”：有保质期管理的存货必须按批次管理。该项必须在库存管理系统账套参数中选中“有批次管理”后，方可设定。

“是否呆滞积压”：存货是否呆滞积压，完全由用户自行决定。

④仓库档案。存货一般是存放在仓库中的，对存货进行核算管理，就必须建立仓库档案。

⑤收发类别。收发类别用来表示存货的出入库类型，便于对存货的出入库情况进行分类汇总统计。

⑥采购类型和销售类型。定义采购类型和销售类型，能够按采购、销售类型对采购、销售业务数据进行统计和分析。采购类型和销售类型均不分级次，根据实际需要设立。

⑦产品结构。产品结构用来定义产品的组成，包括组成成分和数量关系，以便用于配比出库、组装拆卸、消耗定额、产品材料成本、采购计划、成本核算等。产品结构中引用的物料必须首先在存货档案中定义。

⑧费用项目。销售过程中有很多不同的费用发生（如代垫费用、销售支出等），在系统中将其设为费用项目，以方便记录和统计。

（2）设置存货核算系统业务科目。存货核算系统是联系供应链管理系统与财务系统的桥梁，各种存货的购进、销售及其他出入库业务，均在存货核算系统中生成凭证，并传递到总账。为了快速、准确地完成制单操作，应事先设置凭证上的相关科目。

①设置存货科目。存货科目是设置生成凭证所需要的各种存货科目和差异科目。存货科目可以按仓库也可以按存货分类分别进行设置。

②设置对方科目。对方科目是设置生成凭证所需要的存货对方科目，可以按收发类别设置。

3. 供应链管理系统期初数据录入

在供应链管理系统中，期初数据录入是一个非常关键的环节，期初数据的录入内容及顺序如表 2-5 所示。

表 2-5　　购销存系统期初数据

系统名称	操作	内容	说明
采购管理	录入	期初暂估入库 期初在途存货	暂估入库是指货到票未到 在途存货是指票到货未到
	期初记账	采购期初数据	没有期初数据也要执行期初记账，否则不能开始日常业务
销售管理	录入并审核	期初发货单 期初委托代销发货单 期初分期收款发货单	已发货、出库，但未开票 已发货未结算的数量 已发货未结算的数量
库存	录入（取数） 审核	库存期初余额 不合格品期初	库存和存货共用期初数据 未处理的不合格品结存量
存货	录入（取数） 记账	存货期初余额 期初分期收款发出商品余额	

二、采购管理

（一）采购管理系统概述

1. 采购管理系统的主要功能

采购管理系统是用友 ERP-U8 供应链管理系统的一个子系统，它的主要功能包括以下几个方面：

（1）采购管理系统初始设置。采购管理系统初始设置包括设置采购管理系统业务处理所需要的采购参数、基础信息以及采购期初数据。

（2）采购业务处理。采购业务处理主要包括对请购、订货、到货、入库、采购发票、采购结算等采购业务全过程的管理，可以处理普通采购业务、受托代销业务、直运业务等业务类型。企业可以根据实际业务情况，对采购业务流程进行配置。

（3）采购账簿及采购分析。采购管理系统可以提供各种采购明细表、增值税抵扣明细表、各种统计表以及采购账簿供用户查询，同时提供采购成本分析、供应商价格对比分析、采购类型结构分析、采购资金比重分析、采购费用分析、采购货龄综合分析等功能。

2. 采购管理系统与其他系统的主要关系

采购管理系统既可以单独使用，也可以与用友 ERP-U8 管理系统的库存管理、存货核算、销售管理、应付款管理等系统集成使用。采购管理系统与其他系统的主要关系如图 2-16 所示。

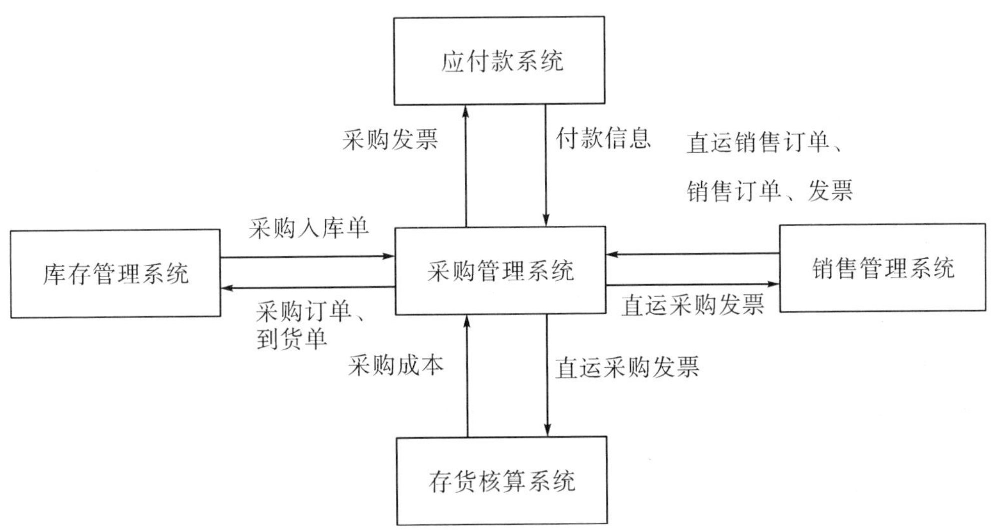

图 2-16　采购管理系统与其他系统的主要关系

采购管理系统可以参照销售管理系统的销售订单生成采购订单，在直运业务必有订单模式下，直运采购订单必须参照直运销售订单生成，直运采购发票必须参照直运采购订单生成；如果在直运业务非必有订单模式下，那么直运采购发票和直运销售发票可以相互参照。

库存管理系统可以参照采购管理系统的采购订单、采购到货单生成采购入库单，并将入库情况反馈到采购管理系统。

采购发票在采购管理系统录入后，在应付款管理中审核登记应付明细账，进行制单生成凭证。应付款系统进行付款并在核销相应应付单据后回写付款核销信息。

直运采购发票在存货核算系统进行记账、登记存货明细表并进行制单生成凭证。采购结算单在存货核算系统进行制单生成凭证，存货核算系统为采购管理系统提供采购成本。

（二）采购管理系统日常业务处理

1. 普通采购业务处理

普通采购业务处理适合于大多数企业的日常采购业务，提供对采购请购、订货、到货处理、入库处理、采购发票、采购结算全过程的管理。

（1）采购请购。采购请购是指企业内部各部门向采购部门提出采购申请，或采购部门汇总企业内部采购需求列出采购清单。请购是采购业务的起点，可以依据审核后的采购请购单生成采购订单。在采购业务流程中，请购环节是可以省略的。

（2）订货。订货是指企业与供应商签订采购合同或采购协议，确定要货需求。供应商根据采购订单组织货源，企业依据采购订单进行验收。在采购业务流程中，订货环节是可选的。

（3）到货处理。采购到货是采购订货和采购入库的中间环节，一般由采购业务员根据供方通知或送货单填写到货单，确定对方所送货物的数量、价格等信息，并传递到仓库作为保管员收货的依据。在采购业务流程中，到货处理是可选的。

（4）入库处理。采购入库是指对供应商提供的物料进行检验（也可以免检）并确定合格后，放入指定仓库的业务。当采购管理系统与库存管理系统集成使用时，入库业务在库存管理系统中进行处理。当采购管理系统不与库存管理系统集成使用时，入库业务在采购管理系统中进行处理。在采购业务流程中，入库处理是必需的。

采购入库单是仓库管理员根据采购到货签收的实收数量填制的入库单据。采购入库单既可以直接填制，也可以通过复制采购订单或采购到货单生成。

（5）采购发票。采购发票是供应商开出的销售货物的凭证，采购管理系统根据采购发票确定采购成本，并据以登记应付账款。采购发票按业务性质可分为蓝字发票和红字发票；按发票类型可分为增值税专用发票、增值税普通发票和运费发票。

采购发票既可以直接填制，也可以从“采购订单”“采购入库单”或其他的“采购发票”复制生成。

（6）采购结算。采购结算也称采购报账。在手工业务中，采购结算的过程是采购业务员拿着经主管领导审批过的采购发票和仓库确定的入库单到财务部门，由财务人员确定采购成本。在采购管理系统中，采购结算根据采购入库单和采购发票确定采购成本。采购结算的结果是生成采购结算单，它是记载采购入库单与采购发票对应关系的结算对照表。采购结算分为自动结算和手工结算两种方式。

自动结算是由计算机系统自动将相同供货单位的、存货相同且数量相等的采购入库单和采购发票进行结算。

手工结算可以进行正数入库单与负数入库单结算、正数发票与负数发票结算、正数入库单与正数发票结算以及费用发票单独结算。手工结算时可以先结算入库单中的部分货物，未结算的货物可以在今后取得发票后再结算，也可以同时对多张入库单和多张发票进行报账结算。手工结算还支持到下级单位采购、付款给其上级主管单位的结算，并支持“三角债”结算（即支持甲单位的发票可以结算乙单位的货物）。

在实际工作中，有时费用发票在货物发票已经结算后才收到，为了将该笔费用计入对应存货的采购成本，需要采用费用发票单独结算的方式。

2. 采购入库业务

按货物和发票到达的先后，可将采购入库业务分为单货同行、货到票未到（暂估入库）、票到货未到（在途存货）三种类型，不同的业务类型对应的处理方式也不同。

（1）单货同行业务。当采购管理、库存管理、存货核算、应付款管理、总账集成使用时，单货同行的采购业务处理流程（省略请购、订货、到货等可选环节）如图 2-17 所示。

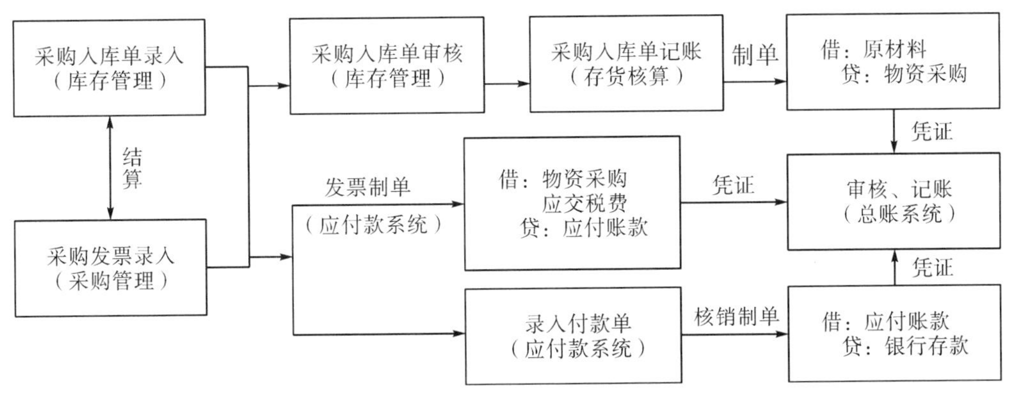

图 2-17　单货同行的业务处理流程

（2）货到票未到（暂估入库）业务。暂估入库是指本月存货已经入库，但采购发票尚未收到，不能确定存货的入库成本。月底时为了正确核算企业的库存成本，企业需要将这部分存货暂估入账，形成暂估凭证。对暂估入库业务，系统提供了以下三种不同的处理方法：

①月初回冲。进入下月后，存货核算系统自动生成与暂估入库单完全相同的“红字回冲单”，同时登录相应的存货明细账，冲回存货明细账中上月的暂估入库。

系统对“红字回冲单”制单，冲回上月的暂估凭证。

收到采购发票后，用户录入采购发票，系统对采购入库单和采购发票进行采购结算。结算完毕后，用户进入存货核算系统，执行“暂估处理”功能，进行暂估处理后，系统根据发票自动生成一张“蓝字回冲单”，其上的金额为发票上的报销金额；同时，登记存货明细账，使库存增加，对“蓝字回冲单”制单，生成采购入库凭证。

②单到回冲。月初不做处理，采购发票收到后，用户先在采购管理中录入并进行采购结算，再到存货核算中进行“暂估处理”，系统自动生成“红字回冲单”“蓝字回冲单”，同时据以登记存货明细账。“红字回冲单”的入库金额为上月暂估金额，“蓝字回冲单”的入库金额为发票上的报销金额。用户在“存货核算”或“生成凭证”中，选择“红字回冲单”“蓝字回冲单”制单，生成凭证，传递到总账。

③单到补差。月初不做处理，采购发票收到后，用户先在采购管理中录入并进行采购结算，再到存货核算中进行“暂估处理”。如果报销金额与暂估金额的差额不为零，则产生调整单，一张采购入库单生成一张调整单，用户确定后，自动记入存货明细账；如果差额为零，则不生成调整单。最后，用户对调整单制单，生成凭证，传递到总账。

以单到回冲为例，暂估处理的业务流程如图 2-18 所示。

当月货到票未到：

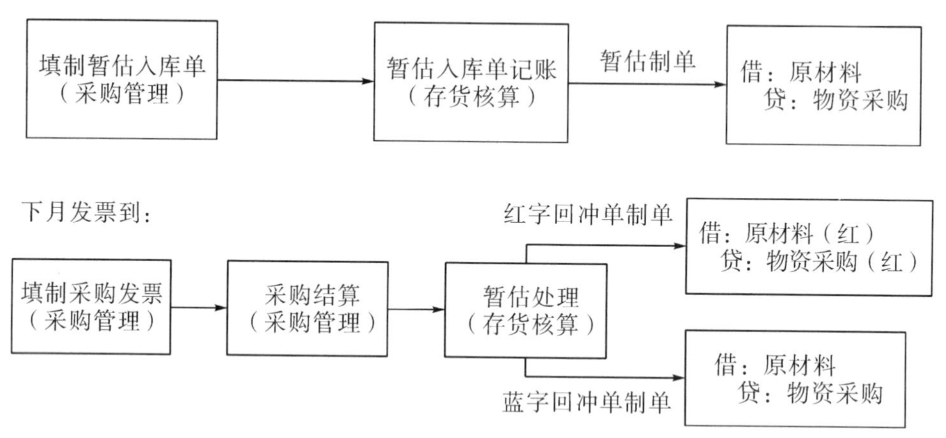

图 2-18　暂估业务处理流程

对于暂估业务要注意的是，在月末暂估入库单记账前，要对所有的没有结算的入库单填入暂估单价，然后才能记账。

（3）票到货未到（在途存货）业务。如果先收到了供货单位的发票，而没有收到供货单位的货物，可以对发票进行压单处理。待货物到达后，再一并输入计算机做报账结算处理。但如果需要实时统计在途货物的情况，就必须将发票输入计算机，待货物到达后，再填制入库单并做采购结算。

3. 直运采购业务

直运采购业务是指产品无需入库即可完成的购销业务，由供应商直接将商品发给企业的客户，没有实务的入库处理，财务结算由供销双方通过直运销售发票和直运采购发票分别与企业结算。直运业务适用于大型电器、汽车和设备等产品的购销。

直运采购业务类型有普通直运业务和必有订单直运业务两种。

4. 采购退货业务

由于材料质量不合格、企业转产等原因，企业可能发生退货业务。针对退货业务发生的不同时机，系统采用了不同的解决方法。

（1）货虽收到，但未做入库手续。如果尚未录入采购入库单，此时只要把货退还给供应商即可，系统不用做任何处理。

（2）从入库单角度来看，分为以下两种情况：

①入库单未记账，即已经录入“采购入库单”，但尚未记入存货明细账。此时又分三种情况：

第一，未录入“采购发票”。如果是全部退货，可以删除“采购入库单”；如果是部分退货，可以直接修改“采购入库单”。

第二，已录入“采购发票”但未结算。如果是全部退货，可以删除“采购入库单”和“采购发票”；如果是部分退货，可以直接修改“采购入库单”和“采购发票”。

第三，已经录入“采购发票”并执行了采购结算。若结算后的发票没有付款，此时可以取消采购结算，再删除或修改“采购入库单”和“采购发票”；若结算后的发票已付款，则必须录入退货单。

②入库单已记账。此时无论是否录入“采购发票”“采购发票”是否结算、结算后的“采购发票”是否付款，都需要录入退货单。

（3）从采购发票角度来看，分为以下两种情况：

①采购发票未付款。当入库单尚未记账时，可以直接删除“采购入库单”和“采购发票”，已结算的“采购发票”需先取消结算再删除。当入库单已经记账时，必须录入退货单。

②采购发票已付款。此时无论入库单是否记账，都必须录入退货单。

（4）退货处理。退货业务处理流程如图 2-19 所示。

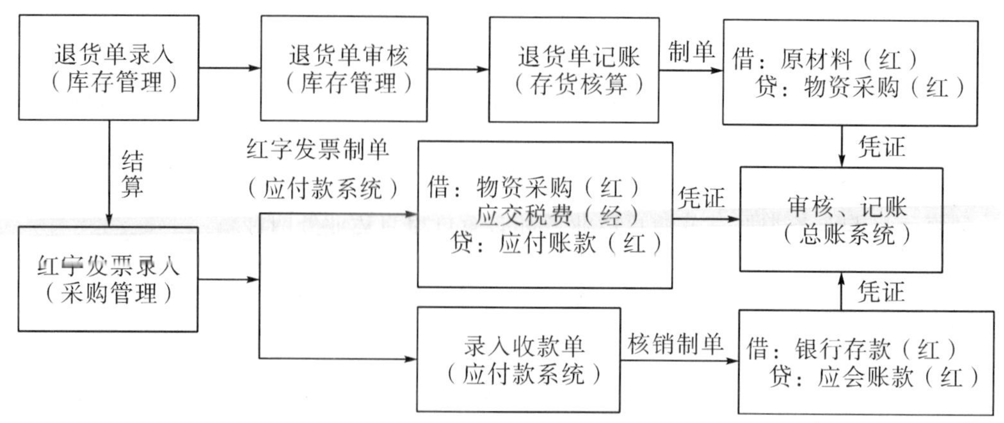

图 2-19　退货业务处理流程

5. 现付业务

所谓现付业务，是当采购业务发生时，立即付款，由供货单位开具发票。现付业务处理流程如图 2-20 所示。

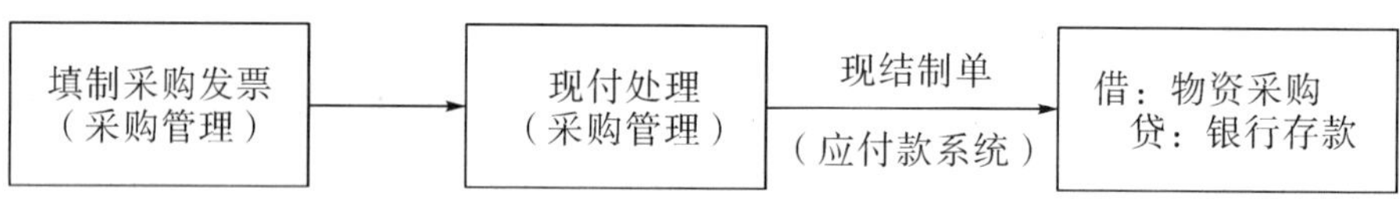

图 2-20　现付业务流程

6. 受托代销业务

受托代销业务是一种先销售后结算的采购模式，指商业企业接受其他企业的委托，为其代销商品，代销商品售出后，本企业与委托方进行结算，开具正式的销售发票，商品的所有权实现转移。这种业务的处理流程如下：

（1）受托方接收货物，填制受托代销入库单。

（2）受托方售出代销商品后，手工开具代销商品清单交委托方。

（3）委托方开具发票。

（4）受托方进行“委托代销结算”，计算机自动生成“受托代销发票”和“受托代销结算单”。

本系统中，只有在建账时选择企业类型为“商业”，才能处理受托代销业务。对于受托代销商品，必须在存货档案中选中“是否受托代销”复选框，并把存货属性设置为“外购”和“销售”。

7. 综合查询

灵活运用采购管理系统提供的各种查询功能，可以有效提高信息利用效率和采购管理水平。

（1）单据查询。用户通过“入库单明细列表”“发票明细列表”“结算单明细列表”“凭证列表查询”可以分别对入库单、发票、结算单、凭证进行查询。

（2）账表查询。用户通过对采购管理系统提供的采购明细表、采购统计表、余额表以及采购分析表的对比分析，可以掌握采购环节业务的情况，为事中控制、事后分析提供依据。

8. 月末结账

月末结账是将当月的单据数据封存，结账后不允许再对该会计期间的采购单据进行增加、修改、删除处理。

三、销售管理

（一）销售管理系统概述

1. 销售管理系统的主要功能

销售管理系统是用友 ERP-U8 供应链管理系统的一个子系统，它的主要功能包括以下几方面：

（1）销售管理系统初始设置。销售管理系统初始设置包括设置销售管理系统业务处理所需要的各种业务选项、基础档案信息以及销售期初数据。

（2）销售业务管理。销售业务管理主要处理销售报价、销售订货、销售发货、销售开票、销售调拨、销售退回、发货折扣、委托代销、零售等业务，并根据审核后的发票或发货单自动生成销售出库单，处理随同货物销售所发生的各种代垫费用以及在货物销售过程中发生的各种销售支出。

销售管理系统可以处理普通销售、委托代销、直运销售、分期收款销售、销售调拨以及零售业务等业务类型。

（3）销售账簿及销售分析。销售管理系统可以提供各种销售明细账、销售明细表以及各种统计表，还提供各种销售分析及综合查询统计分析。

2. 销售管理系统与其他系统的主要关系

销售管理系统与其他系统的主要关系如图 2-21 所示。

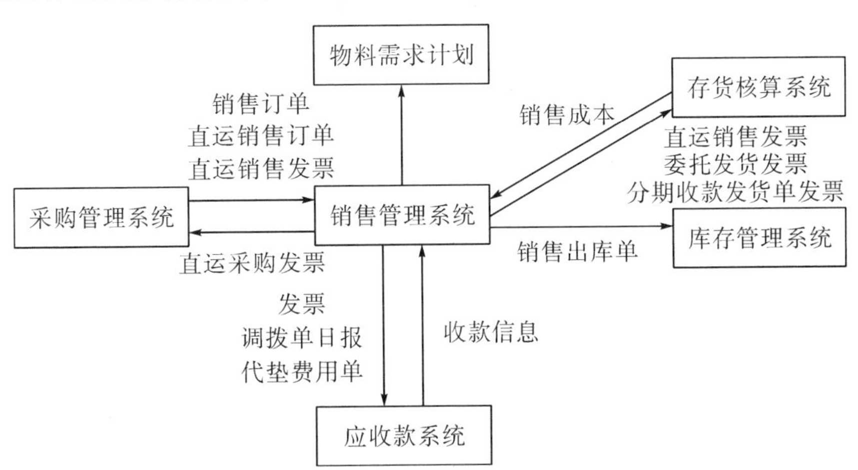

图 2-21　销售管理系统与其他系统的主要关系

采购管理系统可以参照销售管理系统的销售订单生成采购订单。在直运业务必有订单模式下，直运采购订单必须参照直运销售订单生成。在直运业务非必有订单模式下，那么直运采购发票和直运销售发票可以相互参照。

根据选项设置，销售出库单既可以在销售管理系统生成并传递到库存管理系统审核，也可以由库存管理系统参照销售管理系统的单据生成；库存管理系统为销售管理系统提供可以用于销售的存货的可用量。

销售发票、销售调拨单、零售日报、代垫费用单在应收款系统中审核登记应收明细账，进行制单生成凭证；应收款系统进行收款并在核销相应应收单据后回写收款核销信息。

直运销售发票、委托代销发货单发票、分期收款发货单发票在存货核算系统登记存货明细账，并制单生成凭证；存货核算系统为销售管理系统提供销售成本。

（二）销售管理系统日常业务处理

1. 普通销售业务处理

（1）业务类型说明。普通销售业务模式适用于大多数企业的日常销售业务，它与其他系统一起，提供对销售报价、销售订货、销售发货、销售开票、销售出库、出库成本确定、应收账款确定及收款处理全过程的处理。用户可以根据企业的实际业务应用，结合本系统对销售流程进行灵活配置。

①销售报价。销售报价，即企业向客户提供货品、规格、价格、结算方式等信息，双方达成协议后，销售报价单可以转为有效力的销售合同或销售订单。企业可以针对不同客户、不同存货、不同批量提出不同的报价、折扣率。在销售业务流程中，销售报价环节是可以省略的。

②销售订货。销售订货处理是指企业与客户签订销售合同，在销售管理系统中体现为销售订单。若客户经常采购某产品或客户是本企业的经销商，则销售部门无须经过报价环节即可输入销售订单。如果前面已有对客户的报价，也可以参照报价单生成销售订单。在销售业务流程中，订货环节也是可选的。

已审核未关闭的销售订单可以参照生成销售发货单或销售发票。

③销售发货。当客户订单交期来临时，相关人员应根据订单进行发货。销售发货是企业执行与客户签订的销售合同或销售订单，将货物发往客户的行为，是销售业务的执行阶段。除了根据销售订单发货外，销售管理系统也有直接发货的功能，即无须事先录入销售订单随时可以将产品发给客户。在销售业务流程中，销售发货处理是必需的。

在先发货后开票模式中，发货单由销售部门根据销售订单填制或手工输入，客户通过发货单取得货物所有权。发货单审核后，系统可以生成销售发票和销售出库单。在开票直接发货模式中，发货单由销售发票自动生成，发货单只能浏览，不能进行修改、删除、弃审等操作，但可以关闭、打开；销售出库单根据自动生成的发货单生成。

参照订单发货时，一张订单可以多次发货，多张订单也可以一次发货。如果不设置“超订量发货控制”，可以超销售订单数量发货。

④销售开票。销售开票是在销售过程中企业给客户开具销售发票及其所附清单的过程，它是销售收入确定、销售成本计算、应交销售税费确定和应收账款确定的依据，是销售业务的必要环节。

销售发票既可以直接填制，也可以参照销售订单或销售发货单生成。参照发货单开票时，多张发货单可以汇总开票，一张发货单也可以拆单生成多张销售发票。

⑤销售出库。销售出库是销售业务处理的必要环节。在库存管理系统中，销售出库用于存货出库数量核算，在存货核算系统中用于存货出库成本核算（如果存货核算系统中销售成本的核算选择依据销售出库单）。

根据参数设置的不同，销售出库单可在销售管理系统生成，也可以在库存管理系统生成。如果由销售管理系统生成出库单，只能一次销售全部出库；而由库存管理系统生成销售出库单，可以实现一次销售分次出库。

⑥出库成本确定。销售出库（开票）之后，企业要进行出库成本的确定。对于用先进先出、后进先出、移动平均、个别计价这四种计价方式计价的存货，在存货核算系统进行单据记账时进行出库成本核算；而用全月平均价、计划价或售价法计价的存货在期末处理时进行出库成本核算。

⑦应收账款确定及收款处理。及时进行应收账款确定及收款处理是财务核算工作的基本要求，由应收款系统完成。应收款系统主要完成对由经营业务转入的应收款项的处理，提供各项应收款项的相关信息，以明确应收账款款项来源，有效掌握收款核销情况，提供适时的催款依据，提高资金周转率。

（2）业务流程。普通销售业务支持两种业务模式：先发货后开票业务模式和开票直接发货业务模式。以先发货后开票为例，其业务流程如图 2-22 所示。

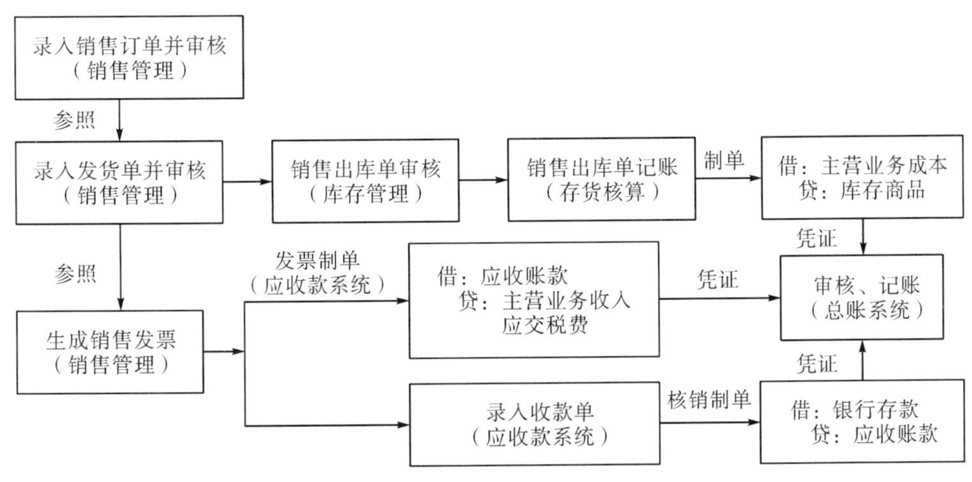

图 2-22 先发货后开票业务模式的业务流程

2. 以订单为中心的销售业务

（1）业务类型说明。销售订单是反映由购销双方确定的客户购货需求的单据，它可以是企业销售合同中关于货物的明细内容，也可以是一种订货的口头协议。以订单为中心的销售业务是标准、规范的销售管理模式，订单是整个销售业务的核心。整个业务流程的执行都回写到销售订单中，通过销售订单可以跟踪销售的整个业务流程。

（2）相关设置。如果企业选择使用以订单为中心的销售业务模式，则需要在销售管理系统中设置"必有订单"业务模式的相关参数，可以选择的模式有普通销售必有订单、委托代销必有订单、分期收款必有订单、直运销售必有订单。

（3）业务流程。如果设置了"普通业务必有订单"，则其业务流程如图 2-23 所示。

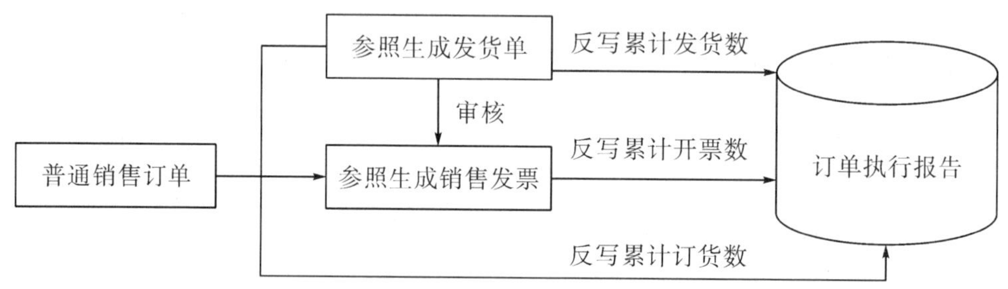

图 2-23 "普通业务必有订单"销售业务的业务流程

3. 委托代销业务

（1）业务类型说明。委托代销业务指企业将商品委托他人进行销售但商品所有权仍归本企业的销售方式。委托代销商品销售后，受托方与企业进行结算，并开具正式的销售发票，形成销售收入，商品所有权转移。

（2）相关设置。如果企业存在委托代销业务，需要分别在销售管理系统和库存管理系统中进行参数设置。只有设置了委托代销业务参数后，才能处理委托代销业务，账表查询中才会增加相应的委托代销账表。为了便于系统根据委托代销业务类型自动生成凭证，需要在存货核算系统中进行委托代销相关科目的设置。

（3）业务流程。委托代销业务流程和单据流程如图 2-24 所示。

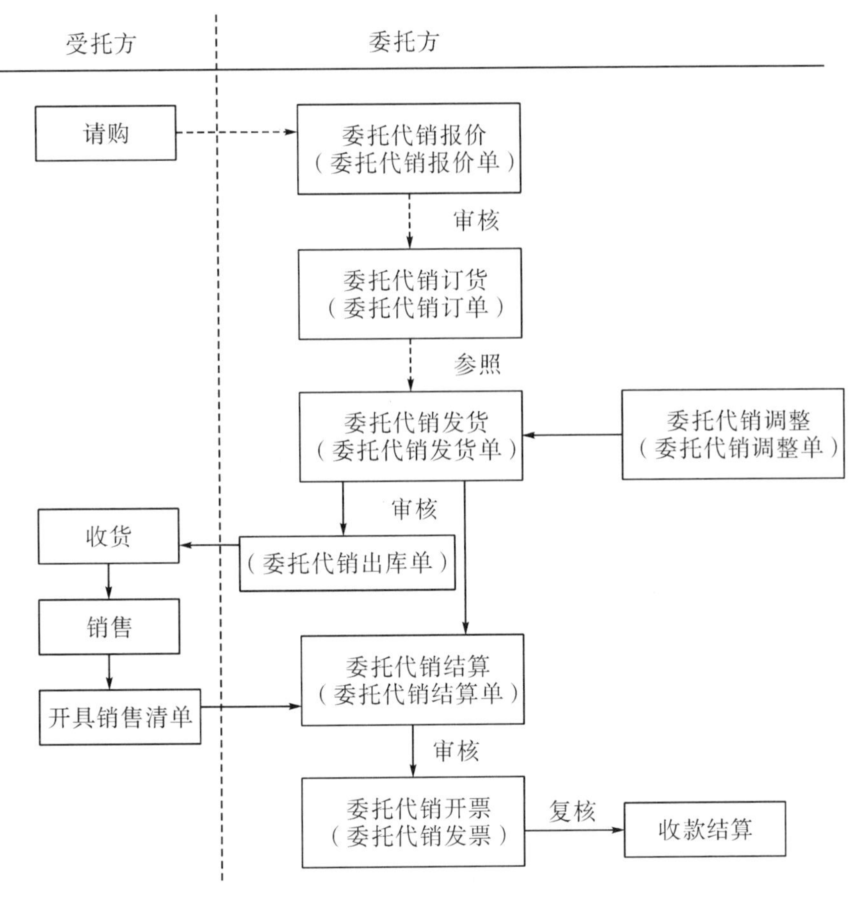

图 2-24 委托代销业务流程及单据流程

4. 直运销售业务

（1）业务类型说明。直运业务是指产品不需要入库即可完成的购销业务，由供应商直接将商品发给企业的客户；结算时，由购销双方分别与企业结算，企业赚取购销间差价。直运业务流程如图 2-25 所示。

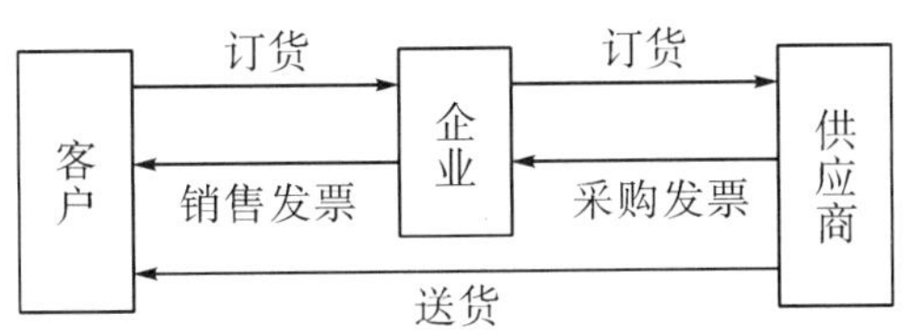

图 2-25 直运销售业务流程

直运业务包括直运销售业务和直运采购业务。直运业务没有实物的出入库，货物流向是直接从供应商到客户，财务结算通过直运销售发票、直运采购发票解决。直运业务适用于大型电器、汽车、设备等产品的销售。

（2）选项设置。直运销售业务分为两种模式：一种是只开发票，不开订单；另一种是先有订单，再开发票。它们分别称为普通直运销售业务（非必有订单）和必有订单直运销售业务。无论采用哪种模式，直运业务选项均在销售管理系统设置。

（3）业务流程。必有订单的直运业务的数据流程如图 2-26 所示。

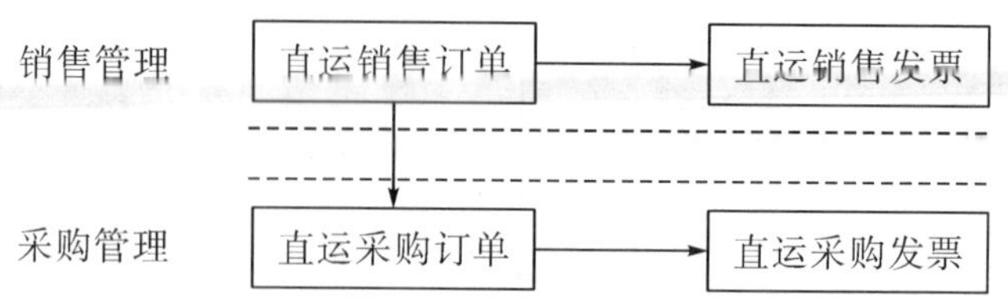

图 2-26　必有订单直运业务的数据流程

如果是非必有订单直运业务，直运采购发票和直运销售发票可以相互参照。

5. 分期收款销售业务

（1）业务类型说明。分期收款销售业务类似于委托代销业务，货物提前发给客户，分期收回货款，收入与成本按照收款情况分期确定。分期收款销售的特点是一次发货，当时不确定收入，分次确定收入，在确定收入的同时配比性地转成成本。

（2）相关设置在销售管理系统中进行分期收款销售业务的选项设置，在存货核算系统中进行分期收款销售业务的科目设置。

（3）业务流程。分期收款销售业务处理流程及单据流程如图 2-27 所示。

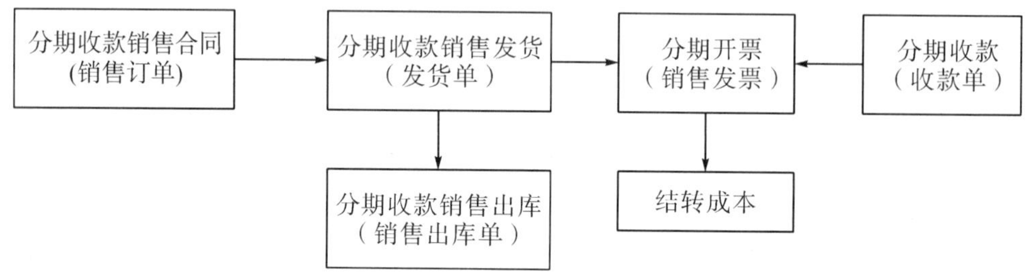

图 2-27　分期收款销售业务处理流程及单据流程

6. 销售调拨业务

（1）业务类型说明。销售调拨一般是处理集团企业内部有销售结算关系的销售部门或分公司之间的销售业务。销售调拨单是给有销售结算关系的客户（客户实际上是销售部门或分公司）开具的原始销售票据，客户通过销售调拨单取得货物的实物所有权。与销售开票相比，销售调拨业务只记销售收入并不涉及销售税费。调拨业务必须在当地税务机关许可的前提下方可进行，否则处理内部销售调拨业务必须开具发票。

（2）业务流程。销售调拨业务的业务流程如图 2-28 所示。

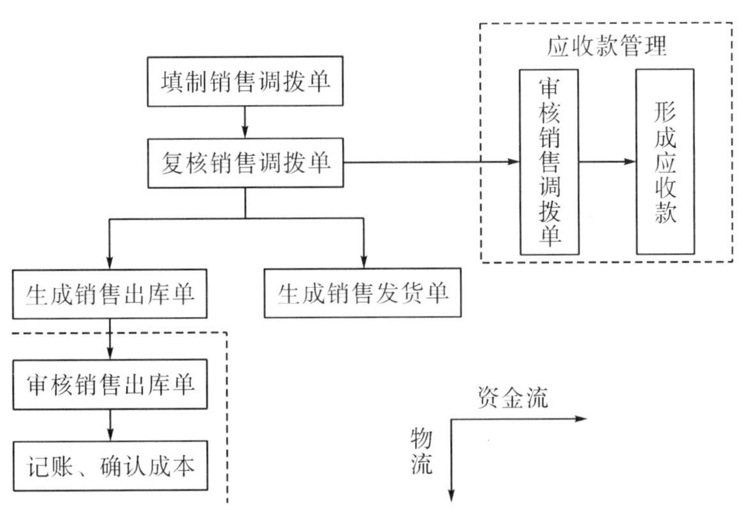

图 2-28 销售调拨业务的业务流程

7. 零售业务

（1）业务类型说明。零售业务是处理商业企业将商品销售给零售客户的销售业务，如果用户有零售业务，相应的销售票据应按日汇总数据，然后通过零售日报进行处理。这种业务常见于商场、超市以及企业的各零售店。

（2）业务流程。零售业务的业务处理流程如图 2-29 所示。

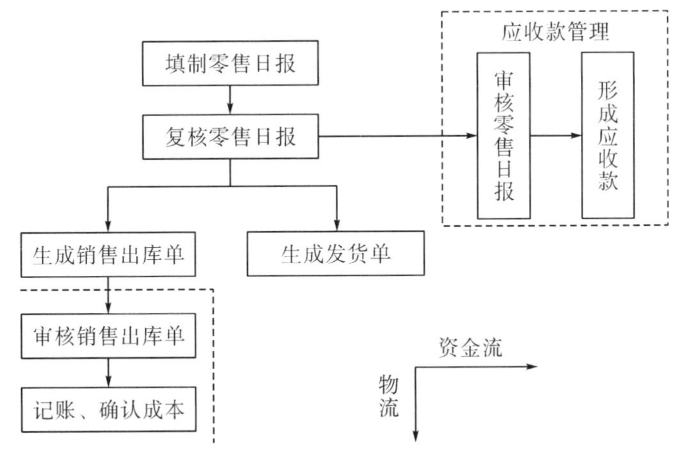

图 2-29 零售业务处理流程

8. 代垫费用

（1）业务类型说明。代垫费用是指在销售业务中，随货物销售所发生的（如运杂费、保险费等）暂时代垫、将来需要向对方单位收取的费用项目。代垫费用实际上形成了用户对客户的应收款，代垫费用的收款核销由应收款系统来处理，系统仅对代垫费用的发生情况进行登记。

（2）业务流程。代垫费用处理的业务流程如图 2-30 所示。

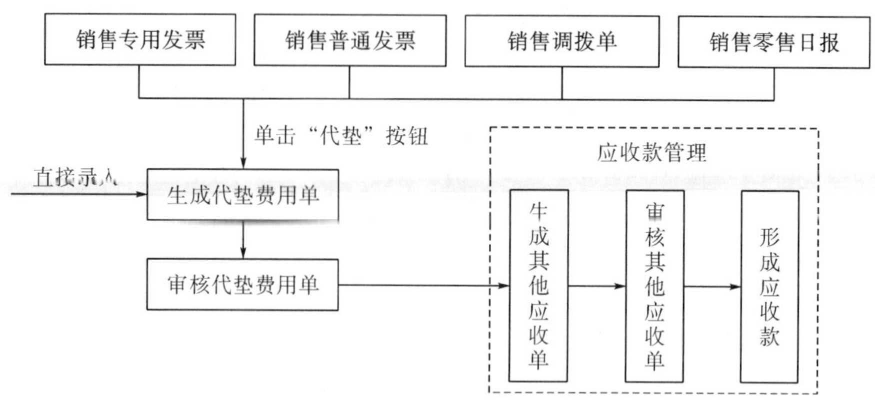

图 2-30　代垫费用业务处理流程

9. 销售退货业务

（1）业务类型说明。销售退货是指客户因质量、品种、数量不符合规定要求而将已购货物退回。

（2）业务流程。先发货后开票销售业务模式下的退货处理流程如图 2-31 所示。

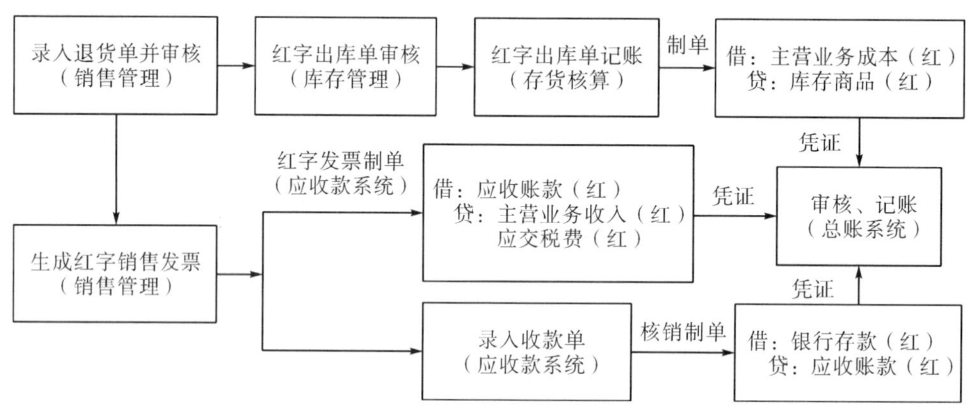

图 2-31　先发货后开票销售业务模式下的退货处理流程

开票直接发货销售业务模式下的退货处理流程为填制并审核红字销售发票，审核后的红字销售发票自动生成相应的退货单、红字销售出库单以及红字应收账款，并传递到库存管理系统和应收款系统。

10. 现收业务

现收业务是指在销售货物的同时向客户收取货币资金的行为。在销售发票、销售调拨单和零售日报等销售结算单据中可以直接处理现收业务并结算。其业务流程如图 2-32 所示。

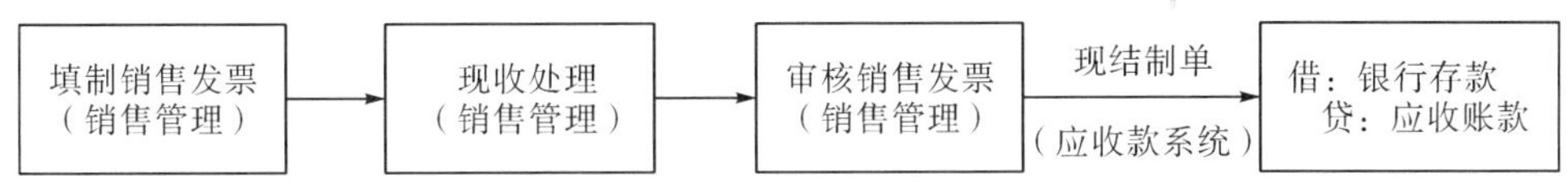

图 2-32　现收业务的业务流程

11. 综合查询

灵活运用销售管理系统提供的各种查询功能，可以有效提高信息利用效率和销售管理水平。

（1）单据查询。用户通过“销售订单列表”“发货单列表”“委托代销发货单列表”“发票列表”“销售调拨单列表”“零售日报列表”可以分别对销售订单、发货单、委托代销发货单、销售发票、销售调拨单、零售日报进行查询。

（2）账表查询。用户通过查询销售管理系统提供的销售明细表、销售统计表、余额表以及销售分析表，实现对销售业务的事中控制、事后分析的管理。

12. 月末处理

月末结账是将当月的单据数据封存，结账后不允许再对该会计期间的销售单据进行增加、修改和删除处理。

四、库存管理

（一）库存管理系统概述

1. 库存管理系统的主要功能

库存管理系统是用友 ERP-U8 供应链管理系统的一个子系统，它的主要功能包括以下几个方面：

（1）日常收发存业务处理。库存管理系统的主要功能是对采购管理系统、销售管理系统以及库存管理系统填制的各种出入库单据进行审核，并对存货的出入库数量进行管理。

除管理采购业务、销售业务形成的入库和出库业务外，库存管理系统还可以处理仓库间的调拨业务、盘点业务、组装拆卸业务、形态转换业务等。

（2）库存控制。库存管理系统支持批次跟踪、保质期管理、委托代销商品管理、不合格品管理、现存量（可用量）管理、安全库存管理，对超储、短缺、呆滞积压、超额领料等情况进行报警。

（3）库存账簿及统计分析。库存管理系统可以提供出入库流水账、库存台账、受托代销商品备查簿、委托代销商品备查簿、呆滞积压存货备查簿供用户查询，同时提供各种统计汇总表。

2. 库存管理系统与其他系统的主要关系

库存管理系统既可以和采购管理、销售管理、存货核算集成使用，也可以单独使用。在集成应用模式下，库存管理系统与其他系统的主要关系如图 2-33 所示。

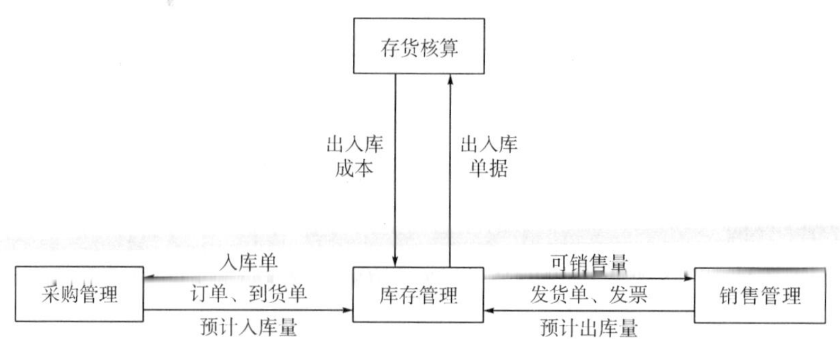

图 2-33　库存管理系统与其他系统的主要关系

库存管理系统可以参照采购管理系统的采购订单、采购到货单生成采购入库单，库存管理系统将入库情况反馈到采购管理系统。采购管理系统向库存管理系统提供预计入库量。

根据选项设置，销售出库单可以在库存管理系统填制、生成，也可以先在销售管理系统生成后传递到库存管理系统，再由库存管理系统进行审核。如果在库存管理系统生成，则需要参照销售管理系统的发货单、销售发票。销售管理系统为库存管理系统提供预计出库量。库存管理系统为销售管理系统提供可用于销售的存货可用量。

库存管理系统为存货核算系统提供各种出入库单据。所有出入库单据均由库存管理系统填制，存货核算系统只能填写出入库单的单价、金额，并可以对出入库单进行记账操作，核算出入库的成本。

（二）库存管理日常业务处理

1. 入库业务处理

库存管理系统主要是对各种入库业务进行单据的填制和审核。

（1）入库单据。库存管理系统管理的入库业务单据主要包括以下内容：

①采购入库单。采购业务员将采购回来的存货交到仓库时，仓库保管员对其所购存货进行验收确定，填制采购入库单。采购入库单生成的方式有四种：参照采购订单、参照采购到货单、检验入库（与 GSP 集成使用时）、直接填制。采购入库单的审核相当于仓库保管员对采购的实际到货情况进行质量、数量的检验和签收。

②产成品入库单。产成品入库单是管理工业企业的产成品入库、退回业务的单据。

工业企业对原材料及半成品进行一系列的加工后，形成可销售的商品，然后验收入库。只有工业企业才有产成品入库单，商业企业没有此单据。

一般在入库时是无法确定产成品的总成本和单位成本的，因此在填制产成品入库单时，一般只有数量，没有单价和金额。

产成品入库的业务流程如图 2-34 所示。

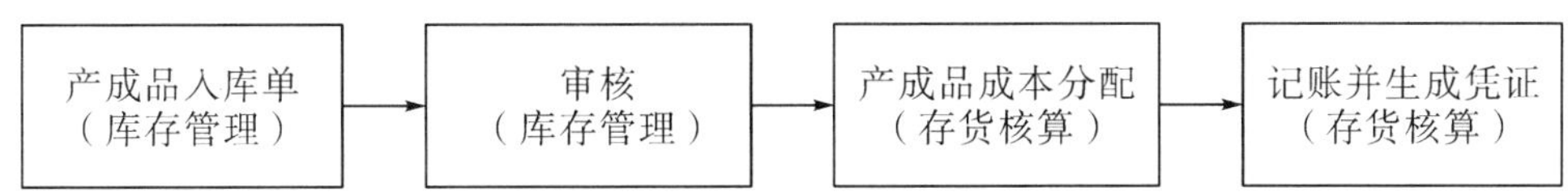

图 2-34 产成品入库的业务流程

③其他入库单。其他入库单指除了采购入库、产成品入库之外的其他入库单，如调拨入库、盘盈入库、组装拆卸入库、形态转换入库等业务形成的入库单。

需要注意的是，调拨入库、盘盈入库、组装拆卸入库、形态转换入库等业务可以自动形成相应的入库单，除此之外的其他入库单由用户填制。

（2）审核入库单据。库存管理系统中的审核具有多层含义，既可表示通常意义上的审核，也可用单据是否审核代表实物的出入库行为，即在入库单上的所有存货均办理了入库手续后，对入库单进行审核。

2. 出库业务处理

（1）销售出库。如果没有启用销售管理系统，销售出库单需要手工增加。

如果启用了销售管理系统，则在销售管理系统中填制的销售发票、发货单、销售调拨单、零售日报，经复核后均可以参照生成销售出库单。根据选项设置，销售出库单可以在库存管理系统填制、生成，也可以在销售管理系统生成后传递到库存管理系统，再由库存管理系统进行审核。

（2）材料出库。材料出库单是工业企业领用材料时所填制的出库单据，材料出库单也是进行日常业务处理和记账的主要原始单据之一。只有工业企业才有材料出库单，商业企业没有此单据。

（3）其他出库。其他出库指除销售出库、材料出库之外的其他出库业务，如维修、办公耗用、调拨出库、盘亏出库、盘盈出库、组装拆卸出库、形态转换出库等。

需要注意的是，调拨出库、盘盈出库、组装拆卸出库、形态转换出库等业务可以自动形成相应的出库单，除此之外的其他出库单由用户填制。

3. 其他业务

（1）库存调拨。库存管理系统提供了调拨单用于处理仓库之间存货的转库业务或部门之间的存货调拨业务。如果调拨单上的转出部门和转入部门不同，就表示是部门之间的调拨业务；如果转出部门和转入部门相同，但转出仓库和转入仓库不同，就表示是仓库之间的转库业务。

（2）盘点。库存管理系统提供了盘点单用来定期对仓库中的存货进行盘点。存货盘点报告表是证明企业存货盘盈、盘亏和毁损并据以调整存货实存数的书面凭证，经企业领导批准后，即可作为原始凭证入账。

盘点功能提供两种盘点方法，即按仓库盘点和按批次盘点，还可对各仓库或批次中的全部或部分存货进行盘点，盘盈、盘亏的结果可以自动生成出入库单。

需要注意以下几个方面：

第一，上次盘点的仓库的存货所在的盘点表未记账之前，不应再对此仓库此存货进行盘点，否则账面数不准确，即同一时刻不能有两张相同仓库相同存货的盘点表未记账。

第二，盘点前应将所有已办理实物出入库但未录入台式机的出入库单或销售发货单、销售发票都录入计算机中。

第三，盘点前应将所有委托代管或受托代管的存货进行清查，并将这些存货与已记录在账簿上需要盘点的存货区分出来。盘点表中的盘点数量不应包括委托代管或受托代管的数量。

第四，盘点开始后至盘点结束前不应再办理出入库业务，即新增盘点表后，不应再录入出入库单、发货单以及销售发票等单据，也不应办理实物出入库业务。

第五，盘点表中的账面数为增加盘点表中的存货的那一时刻该仓库该存货的现存量，它是库存管理系统中该仓库该存货的账面结存数减去销售管理系统中已开据发货单或发票但未生成出库单的数量的差。

（3）组装与拆卸。有些企业中的某些存货既可以单独出售，又可以与其他存货组装在一起销售。例如，计算机销售公司既可以将显示器、主机、键盘等单独出售，又可以按客户的要求将显示器、主机、键盘等组装成计算机销售，这时就需要对计算机进行组装。如果企业库存中只存有组装好的计算机，但客户只需要买显示器，此时又需将计算机进行拆卸，然后将显示器卖给客户。

组装指将多个散件组装成一个配套件的过程。组装单相当于两张单据，一个是散件出库单，一个是配套件入库单。配套件和散件之间是一对多的关系。配套件和散件之间的关系在产品结构中设置。用户在组装之前应先进行产品结构定义，否则无法进行组装。

拆卸是指将一个配套件拆卸成多个散件的过程。拆卸单相当于两张单据，一个是配套件出库单，一个是散件入库单。配套件和散件之间是一对多的关系。配套件和散件之间的关系在产品结构中设置。用户在组装拆卸之前应先进行产品结构定义，否则无法进行拆卸。

（4）形态转换。由于自然条件或其他因素的影响，某些存货会由一种形态转换成另一种形态（如煤块由于风吹、雨淋变成了煤渣，活鱼由于缺氧变成了死鱼等），从而引起存货规格和成本的变化。因此，库管员需要根据存货的实际状况填制形态转换单，或称为规格调整单，报请主管部门批准后进行调账处理。

五、存货核算

（一）存货核算系统概述

1. 存货核算系统的主要功能

存货核算是用友 ERP-U8 供应链管理系统的一个子系统，存货核算系统主要针对企业存货的收、发、存业务进行核算，掌握存货的耗用情况，及时准确地把各类存货成本归集到各成本项目和成本对象上，为企业的成本核算提供基础数据。

存货核算系统的主要功能包括存货出入库成本的核算、暂估入库业务处理、出入库成本的调整、存货跌价准备的处理等。

2. 存货核算系统与其他系统的主要关系

存货核算系统与其他系统的主要关系如图 2-35 所示。

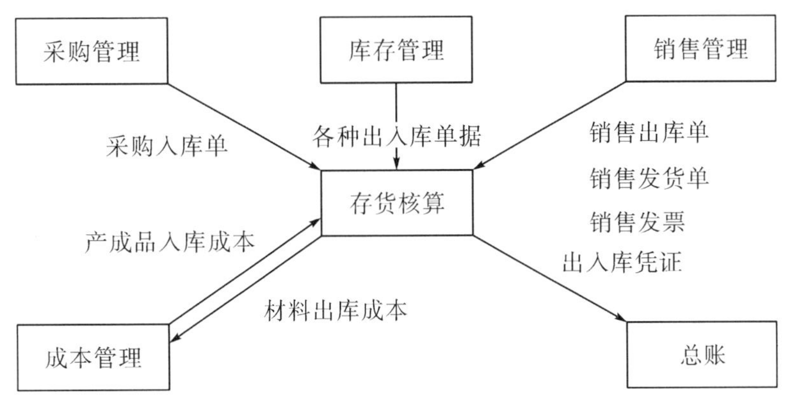

图 2-35　采购管理系统与其他系统的主要关系

存货核算系统可以对采购管理系统生成的采购入库单进行记账，对采购暂估入库单进行暂估报销处理。存货核算系统可以对库存管理系统生成的各种出入库单据进行记账核算。企业发生的正常销售业务的销售成本可以在存货核算系统根据所选的计价方法自动计算。企业发生分期收款业务和委托代销业务时，存货核算系统可以对销售管理系统生成的发货单和发票进行记账并确认成本。在存货核算系统，进行了出入库成本记账的单据可以生成一系列的物流凭证传入总账系统，实现财务和业务的一体化。成本管理系统可以将存货核算系统中材料出库单的出库成本自动读取出来，作为成本核算时的材料成本；成本管理系统完成成本计算后，存货核算系统可以从成本管理系统读取其计算的产成品成本并且分配到未记账的产成品入库单中，作为产成品入库单的入库成本。

3. 存货核算系统应用模式

存货核算系统既可以和采购管理、销售管理、库存管理集成使用，也可以只与库存管理联合使用，还可以单独使用。

（1）集成应用模式。当存货核算系统与采购管理、销售管理、库存管理集成使用时，在库存管理系统中录入采购入库单，在销售管理系统中录入发货单，审核后自动生成销售出库单或在库存管理系统中参照销售订单或发货单生成销售出库单，传递到存货核算系统。在存货核算系统中，对各种出入库单据进行记账，并生成出入库凭证。

（2）与库存管理联合使用。当存货核算系统与库存管理系统联合使用时，在库存管理系统中录入各种出入库单据，并进行审核，在存货核算系统中对各种出入库单据记账，生成凭证。

（3）独立应用模式。如果存货核算系统单独使用，那么所有的出入库单据均由存货核算系统填制。

（二）存货核算系统日常业务处理

1. 入库业务处理

入库业务包括采购入库、产成品入库和其他入库。

采购入库单在库存管理系统中录入，在存货核算系统中可以修改采购入库单上的入库金额，采购入库单上“数量”的修改只能在该单据填制的系统进行。

产成品入库单在填制时一般只填写数量，单价与金额既可以通过修改产成品入库单直接填入，也可以由存货核算系统的产成品成本分配功能自动计算填入。

大部分其他入库单都是由相关业务直接生成的，如果与库存管理系统集成使用，可以通过修改其他入库单的操作对盘盈入库业务生成的其他入库单的单价进行输入或修改。

2. 出库业务处理

出库单据包括销售出库、材料出库和其他出库。在存货核算系统修改出库单据上的单价或金额。

3. 单据记账

单据记账是将所输入的各种出入库单据记入存货明细账、差异明细账、受托代销商品明细账等。单据记账应注意以下几点：

（1）无单价的入库单据不能记账，因此记账前应对暂估入库的成本、产成品入库单的成本进行确认或修改。

（2）各个仓库的单据应该按照实践顺序记账。

（3）已记账单据不能修改和删除。如果发现已记账单据有错误，在本月未结账状态下可以取消记账。如果已记账单据已生成凭证，就不能取消记账，除非先删除相关凭证。

4. 调整业务

出入库单据记账后，用户如果发现单据金额录入错误，通常采用修改方式进行调整。但如果遇到由于暂估入库后发生零出库业务等原因所造成的出库成本不准确或库存数量为零而仍有库存金额的情况，就需要利用调整单据进行调整。

调整单据包括入库调整单和出库调整单。两者都只针对当月存货的出入库成本进行调整，并且只调整存货的金额，不调整存货的数量。

出入库调整单保存即记账，因此已保存的单据不可修改、删除。

5. 暂估处理

存货核算系统对采购暂估入库业务提供了月初回冲、单到回冲、单到补差三种处理方式，暂估处理方式一旦选择不可修改。无论采用哪种方式，都要遵循以下步骤，即待采购发票到达后，在采购管理系统填制发票并进行采购结算，然后在存货核算系统中完成暂估入库业务成本处理。

6. 生成凭证

存货核算系统可以将各种出入库单据中涉及存货增减和价值变动的单据生成凭证传递到总账。

对比较规范的业务，用户在存货核算系统的初始设置中可以事先设置好凭证上的存货科目和对方科目，系统将自动采用这些科目生成相应的出入库凭证，并传送到总账。

生成凭证操作一般由在总账中有填制凭证权限的操作员来完成。

7. 综合查询

存货核算系统中提供了存货明细账、总账、出入库流水账、入库汇总表、出库汇总表、差异（差价）分摊表、收发存汇总表、存货周转率分析表、入库成本分析表、暂估材料余额分析表等多种分析统计账表。

在查询过程中，用户应注意查询条件输入的准确性和灵活性。

8. 月末处理

存货核算系统的月末处理工作包括期末处理、月末结账和与总账系统对账。

（1）期末处理。当存货核算系统日常业务全部完成后，用户应进行期末处理。系统自动计算全月平均单价及本会计月出库成本，自动计算差异率（差价率）及本会计月的分摊差异及差价，并对已完成日常业务的仓库及部门做处理标志。

（2）月末结账。存货核算系统期末处理完成后，用户就可以进行月末结账。如果是集成应用模式，必须在采购管理、销售管理、库存管理全部结账后，存货核算系统才能结账。

（3）与总账系统对账。为保证业务与财务数据的一致性，用户需要进行对账，即将存货核算系统记录的存货明细账数据与总账系统存货科目和差异科目的结存金额与数量进行核对。

第五节　财务业务一体化管理

财务业务一体化的基本思想是在包括网络、数据库、管理软件平台等要素的信息技术环境下，将企业经营中的三大主要流程，即业务流程、财务会计流程、管理流程有机融合，将计算机的“事件驱动”概念引入流程设计，建立基于业务事件驱动的财务一体化信息处理流程，使财务数据和业务融为一体。在这一指导思想下，企业的经营信息按使用动机不同划分为若干业务事件。当业务事件发生时，利用事件驱动来记录业务；业务事件处理器按业务和信息处理规则，将企业的财务、业务和管理信息集中于一个数据库。当需要信息时，具有数据使用权的各类“授权”人员通过报告工具自动输出所需信息。这种方式能最大限度地实现数据共享，实时控制经济业务，并能够真正将会计控制职能发挥出来。

财务业务一体化的应用是指在 ERP-U8 系统中同时启用财务管理主要模块和供应链（业务）主要模块，用户将使用总账、UFO 报表、应收款管理、应付款管理、工资管理、固定资产等财务软件以及采购管理、委外管理、销售管理、库存管理、存货核算等业务软件，并且业务系统可以自动产生财务系统对应的单据及凭证的应用模式。

财务业务一体化应用的关键是业务单据在业务流程经过的各系统之间自动生成，同时业务单据可以自动生成对应财务凭证。各财务模块和供应链（业务）模块的主要功能在前面章节已经详细介绍，此处不再赘述。下面以销售业务和采购业务为例，介绍财务业务一体化下的业务处理流程。如图 2-36 和图 2-37 所示。

一、销售业务

销售业务流程如图 2-36 所示。

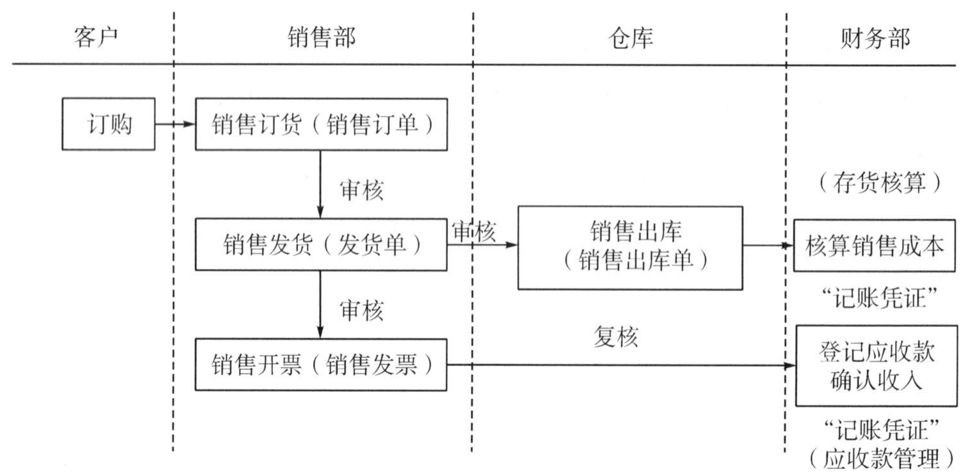

图 2-36　销售业务流程

客户向企业订购商品，企业销售业务员编制并录入销售订单，系统中销售主管审核销售订单后，系统自动生成销售发货单（需经审核）并传递到库存管理系统。仓库主管可以查看发货单，并根据已经审核的销售发货单生成库存管理系统的销售出库单（也可设置系统自动生成）。审核后的销售出库单自动传递到存货核算系统，财务人员执行单据记账，系统自动汇总生成存货收发明细账，再根据销售出库单生成销售出库业务的总账凭证，该凭证会自动传递到总账系统。开票人员根据审核后的销售订单（或销售发货单）生成销售发票，销售发票需要复核，复核后的销售发票自动传递到应收款系统。应收会计可以在应收系统中查看到自动传递过来的销售发票，审核后根据销售发票制单，生成确认收入的总账凭证，同时系统自动将收入计入应收明细账。

例如，企业销售 2 个产品 P1，售价为 32 元，成本为 20 元。该业务在系统中处理流程如下：

（1）根据销售订单生成销售普通发票、销售发货单、销售出库单。

销售管理——销售开票/销售普通发票（复核）

——销售发货/发货单（审核）

库存管理——出库业务/销售出库单（审核）

（2）销售出库单审核、记账和生成出库凭证。

存货管理——业务核算/正常单据（记账）

——财务核算/生成凭证（制单）

借：主营业务成本　20
贷：库存商品——P1　20

（3）销售普通发票审核、生成凭证。

应收款管理——应收单据审核

——制单处理

借：应收账款　32
贷：主营业务收入　32

二、采购业务

采购业务流程如图 2-37 所示。

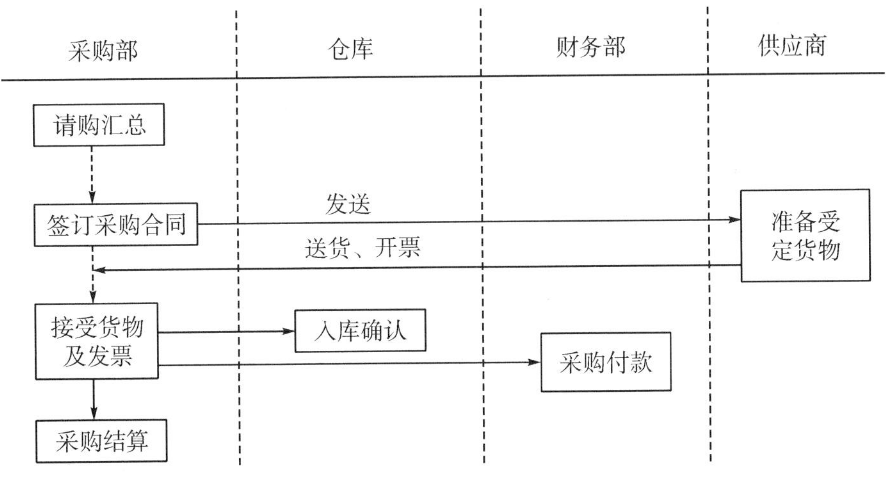

图 2-37　采购业务流程

请购部门填制采购请购单；采购部门根据采购请购单进行比价；采购部门填制采购订单；采购部门将采购订单发送给供应商，供应商进行送货；货物到达企业后，企业对收到的货物进行清点，参照采购订单填制采购到货单；经过仓库的质检和验收，参照采购订单或采购到货单填制采购入库单；取得供应商的发票后，采购部门填制采购发票；采购部门进行采购结算，将采购入库单报财务部门的成本会计进行存货核算，将采购发票等票据报应付账款会计进行应付账款核算。

例如，企业采购 2 个产品 R1（价值为 20 元）原材料入库，并现结支付。该业务在系统中处理流程如下：

（1）参照采购订单生成采购入库单（库存管理/入库业务/采购入库单“生单”）。

（2）对生成的采购入库单进行审核“审核”。

（3）采购入库单记账（存货管理/业务核算/正常单据记账“记账”）。

（4）已记账采购入库单，生成凭证（存货管理/财务核算/生成总账凭证）。

【记 01】借：原材料　　20

　　贷：材料采购　　20

（5）根据采购入库单生成采购发票。

采购管理/采购入库/入库单（生成）——自动生成普通采购发票

采购管理/采购发票/普通采购发票（现付）“结算”

应付款管理/应付单据审核（包含已现结发票）——（审核）

应付款管理/制单处理（现结制单）——（生成总账凭证）

【记 02】借：材料采购　　20

　　贷：库存现金　　20

第三章
会计信息系统实验操作

第一节 系统管理及企业应用平台

功能概述

系统管理的主要功能是对用友 ERP-U8 管理系统的各个产品进行统一的操作管理和数据维护，包括以下几方面内容。

◇账套管理：账套指的是一组相互关联的数据，每一个企业（或每一个独立核算部门）的数据在系统内部都体现为一个账套。账套管理包括账套的建立、修改、引入和输出等。

◇年度账管理：在用友 ERP-U8 管理系统中，每个账套里都存放有企业不同年度的数据，称为年度账。年度账管理包括年度账的建立、引入、输出和结账上年数据，清空年度数据等。

◇用户及权限的集中管理：为了保证系统数据的安全与保密，系统管理提供了用户及其功能权限的集中管理功能。通过对系统操作分工和权限的管理，企业一方面可以避免与业务无关的人员进入系统；另一方面可以按照企业需求对各个用户进行管理授权，以保证各负其责。用户及权限的集中管理主要包括定义角色，设定系统用户及设置用户功能权限。

◇系统运行安全的统一管理：系统管理员要对系统运行安全负责，在系统管理中，可以对整个系统的运行过程进行监控，清楚系统运行过程中的异常任务，设置系统自动备份计划等。企业应用平台是用友 ERP-U8 管理软件的集成应用平台，可以实现系统基础数据的集中维护、各种信息的及时沟通、数据资源的有效利用。企业应用平台中包含的内容极为丰富，与系统应用相关的主要项目包括设置、业务、工具等内容。

◇设置：包括基本设置、基础档案、数据权限和单据设置。在基本信息中，用户可以设置系统启用、修改建账时设置的分类编码方案和数据精度。在基础档案中用户可以设置用友 ERP-U8 管理软件各个子系统公用的基础档案信息。在数据权限中，用户可以针对数据的操作权限进行进一步细分。

◇业务：分为财务会计、供应链、集团应用等功能群，每个功能群包括若干功能模块。

◇工具：提供了常用的系统配置工具。

实验目的与要求

◇在系统管理中设置用户，建立企业账套和设置用户权限的方法，熟悉账套输出和引入的方法。

◇掌握在企业应用平台中设置系统启用、建立各项基础档案、进行数据权限设置及单据设置的方法。

◇理解各项基础档案在系统中所起的作用及各项目的含义。

教学建议

◇建议“实验一　系统管理”讲授2课时，上机实验2课时。

◇建议“实验二　企业应用平台基础设置”讲授2课时，上机实验4课时。

实验一　系统管理

实验准备

已安装用友ERP-U8管理软件，将系统日期修改为“2017年1月1日”。

实验内容

◇增加用户。

◇建立账套。

◇设置用户权限。

◇输出账套（或账套备份）。

实验资料

1. 账套资料

（1）账套信息如下：

账套号：999。

账套名称：999广州鑫正电器有限公司。

启用会计期间：2017年1月。

（2）公司信息如下：

公司名称：广州鑫正电器有限公司（简称：鑫正电器）。

公司地址：广州市天河区禺东西路198号。

税号：440102180667788。

法定代表人：李东。

邮政编码：510000。

联系电话：020-34347878。

增值税税率：17%。

（3）核算类型如下：
企业类型：工业。
记账本位币：人民币（RMB）。
行业性质：2007 年新会计制度科目。
账套主管：周平。
（4）基础资料：对存货、客户进行分类，有外币核算业务。
（5）数据精度定义。
数据精度：存货数量小数位精度是 4，其余是 2。
（6）分类编码方案如下：
会计科目编码级次：4222。
存货分类编码级次：12。
供应商权限组级次：12。
部门编码级次：12。
客户分类编码级次：112。
收发类别编码级次：12。
结算方式编码级次：12。

2. 用户及其权限

用户及其权限如表 3-1 所示。

表 3-1　用户及其权限

编号	姓名	性别	所属部门	口令	认证方式	角色	权限
101	周平	男	财务部	444	用户+口令（传统）	账套主管	账套主管的全部权限
102	王静	女	财务部	444	用户+口令（传统）	出纳	①【财务会计】-【总账】-【凭证】下的出纳签字、查询凭证；②【财务会计】-【总账】下出纳的所有权限
103	罗艳	女	财务部	444	用户+口令（传统）	会计	①【基本信息】下的【公用目录设置】；②总账所有权限（除“恢复记账前状态”选项外）
104	何军	男	财务部	444	用户+口令（传统）	会计	①【基本信息】下的【公用目录设置】；②人力资源；③固定资产；④【财务会计】-【总账】-【凭证】下的“凭证处理”的所有权限

表3-1(续)

编号	姓名	性别	所属部门	口令	认证方式	角色	权限
105	刘彤	男	财务部	444	用户+口令（传统）	会计	①【基本信息】下的【公用目录设置】；②应收款管理；③应付款管理；④【供应链】下的存货核算；⑤【财务会计】-【总账】-【凭证】下的“凭证处理”的所有权限

实验指导

本书所提供实验指导步骤乃实验方法总结参考，非唯一操作流程，仅供参考交流。

1. 以系统管理员身份登录系统管理

（1）执行“开始”→“所有程序”→“用友 U8 V10.1”→“系统服务”→“系统管理”命令，进入“用友 U8 系统管理”窗口。

（2）执行“系统”→“注册”命令，打开系统管理“登录”对话框。

（3）系统中已预设一个系统管理员 admin，用 admin 系统管理员登录，密码为空，如图 3-1 所示。

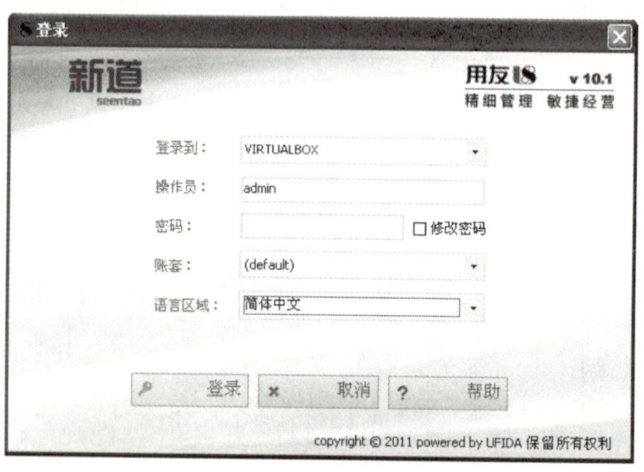

图 3-1　用 admin 系统管理员身份登录系统管理

（4）单击“登录”按钮，以系统管理员身份登录“用友 U8 系统管理”窗口。

2. 增加角色

（1）用系统管理员 admin 的身份登录系统管理，执行“权限”→“角色”命令，打开“角色管理”对话框。

（2）单击“增加”按钮，打开“角色详细情况”对话框，录入表 3-1 中出纳角色的相关信息（角色编码：chuna 角色名称：出纳）。

（3）单击“增加”，角色增加成功。

（4）参考以上步骤，录入会计的角色信息

3. 增加用户

（1）用系统管理员 admin 的身份登录系统管理，执行“权限”→“用户”命令，打开“用户管理”对话框。

（2）单击“增加”按钮，打开“增加用户”对话框，录入相关信息。

➢录入编号：101。

➢姓名：周平。

➢用户类型：普通用户。

➢认证方式：用户+口令（传统）。

➢口令及确认口令：444。

➢所属部门：财务部。

➢所属角色：账套主管。

具体如图 3-2 所示。

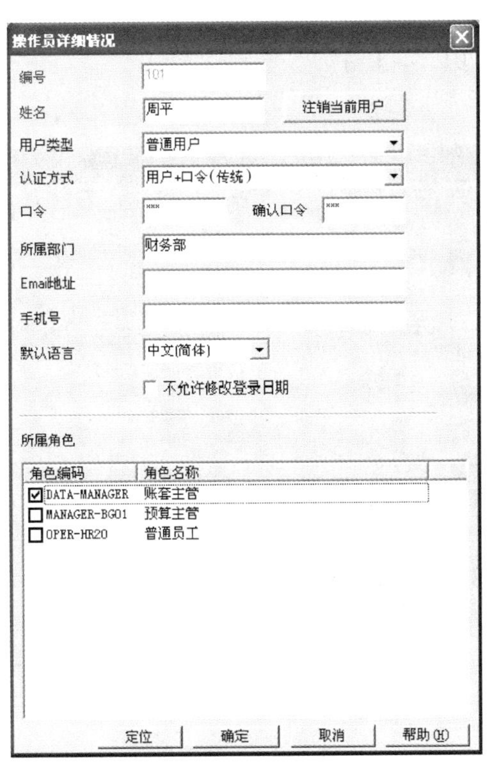

图 3-2　增加用户

（3）单击“增加”按钮，依次设置其他用户。设置完毕后退出对话框。

注意：

➢只有系统管理员 admin 才能进行增加用户的操作。

➢如果在增加用户时指定了相应的角色，则其就自动拥有了该角色的所有权限。例如，把周平设置为“账套主管”，则周平拥有“账套主管”的所有权限。如果该用户和该角色的权限不完全相同，可以在“权限”→“权限”功能中进行修改。

➢用户启用后将不允许删除，如果用户在系统中使用过又被调离本单位，可以在“权限”→“用户”功能下单击“修改”按钮，在“修改用户信息”对话框中单击“注销当前用户”按钮，然后再单击“修改”按钮返回系统管理。此后该用户无权限再进入系统。

4. 建立账套

（1）以系统管理员 admin 的身份注册进入系统管理，执行“账套”→“建立”命令，进入“创建账套”对话框。

（2）选择“新建空白账套”，单击“下一步”按钮，录入相关账套信息。

➢账套号：999。

➢账套名称：999 广州鑫正电器有限公司。

➢账套路径：默认。

➢启用会计期间：2017 年 1 月。

具体如图 3-3 所示。

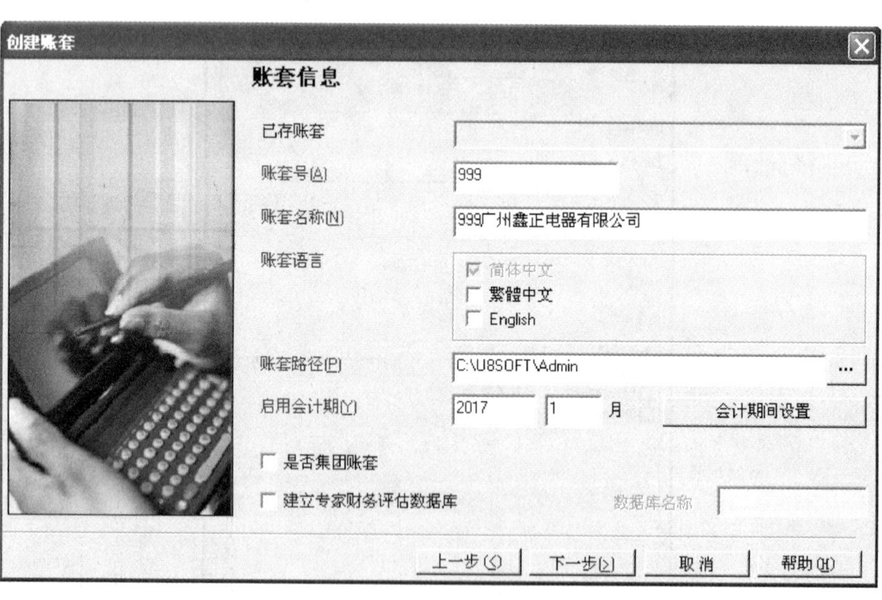

图 3-3　账套信息

注意：

➢只有系统管理员可以建立企业账套。

➢账套号可以自行设置为 3 位数字，但不允许和已存在账套号重复，账套号设置保存后不允许修改。

➢账套号是账套的唯一标识。

（3）单击“下一步”按钮，打开“单位信息”对话框，录入相关单位信息。

➢公司名称：广州鑫正电器有限公司（简称鑫正电器）

➢公司地址：广州市天河区禺东西路 198 号。

➢税号：440102180667788。

➢法定代表人：李东。

➢邮政编码：510000。

➢联系电话：020-34347878。

具体如图 3-4 所示。

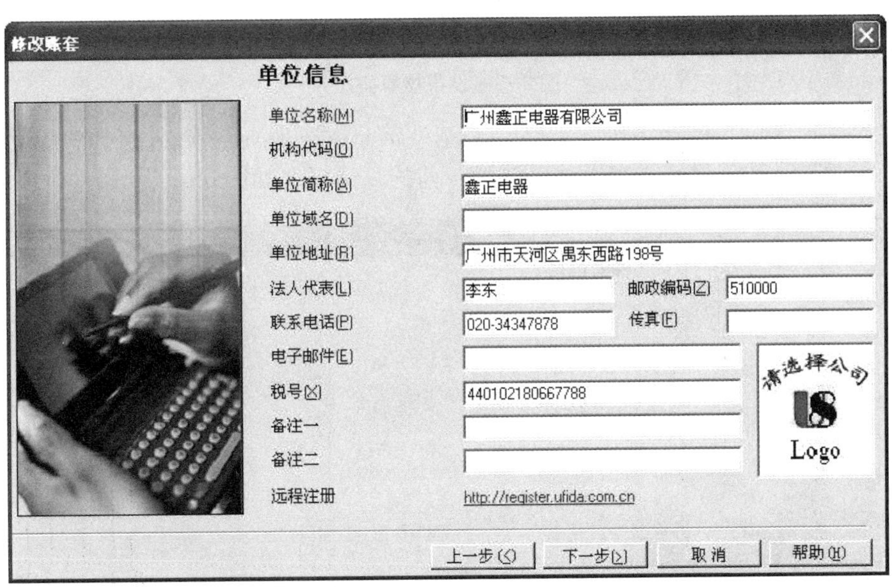

图 3-4　单位信息

注意：

➢对话框中蓝色字体为必须录入的信息。

（4）单击“下一步”按钮，打开“核算类型”对话框，录入相关信息，如图 3-5所示。

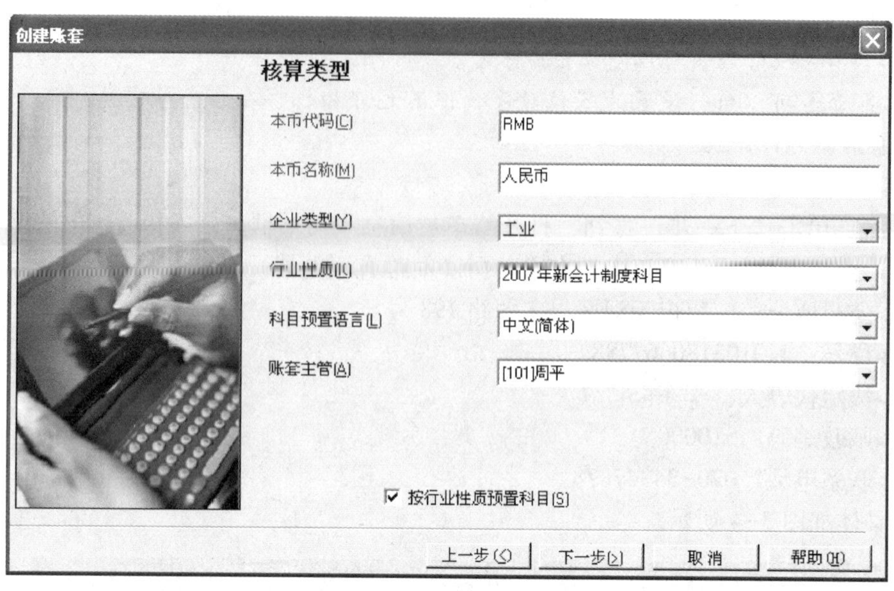

图 3-5　设置核算类型

（5）单击“下一步”按钮，打开“基础信息”对话框，分别选中“存货是否分类”“客户是否分类”“有无外币核算”前的复选框，如图 3-6 所示。

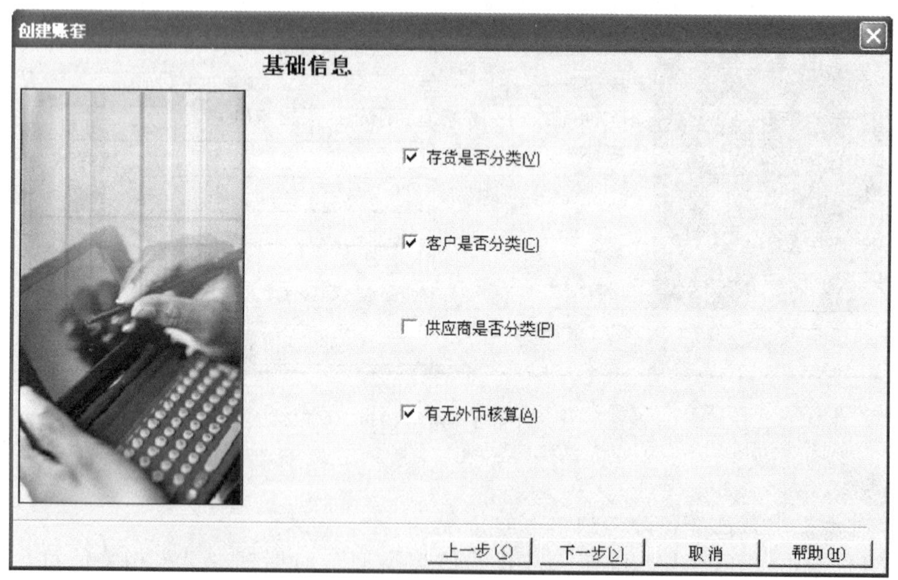

图 3-6　设置基础信息

（6）单击“下一步”→“完成”按钮，提示“可以创建账套了吗”，单击“是”按钮，系统将自动进行账套创建工作。

（7）创建完毕后，打开“编码方案”对话框，按照所提供资料修改分类编码方案，如图 3-7 所示。

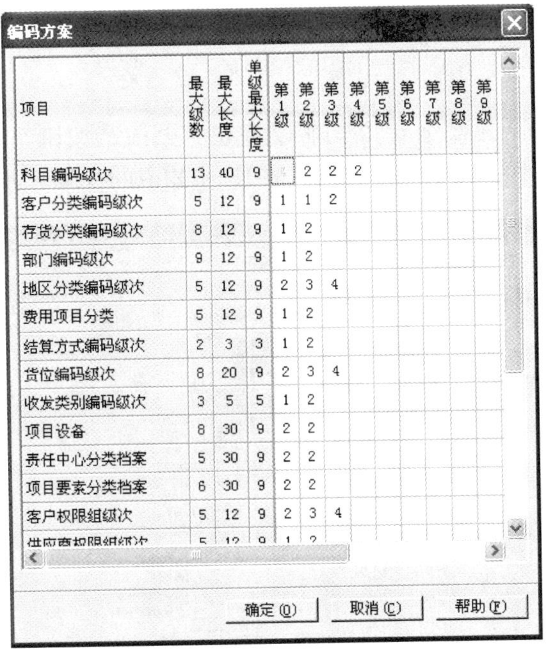

图 3-7 修改编码方案

注意：

➢编码方案的设置将会对后面相应内容的编码级次及每级编码的位长产生直接的影响。

（8）单击“确定”按钮，然后单击“取消”按钮，打开数据精度对话框，对数据精度进行默认处理，将“存货数量小数位”改为“4”，如图 3-8 所示，最后单击“确定”按钮。

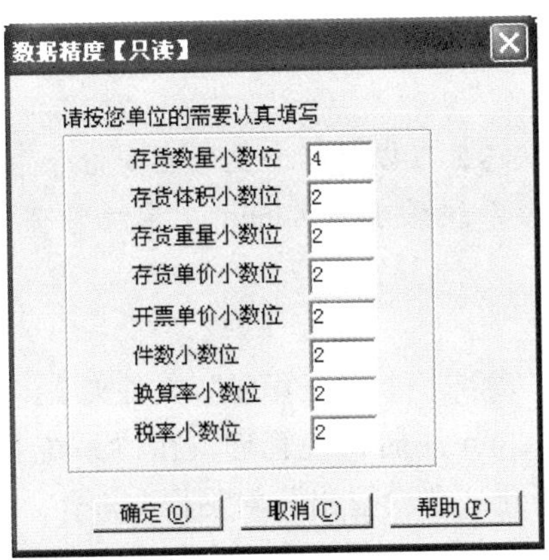

图 3-8 数据精度

（9）出现是否进行系统启用设置的提示框，单击“否”按钮，完成建账过程。

5. 设置用户权限

（1）在系统管理中，执行“权限”→“权限”命令，打开“操作员权限”对话框。

（2）选中“102”号操作员“王静”，单击“修改”按钮。

（3）按照所提供的资料，在右侧窗口中选中相应的权限，如图3-9所示。

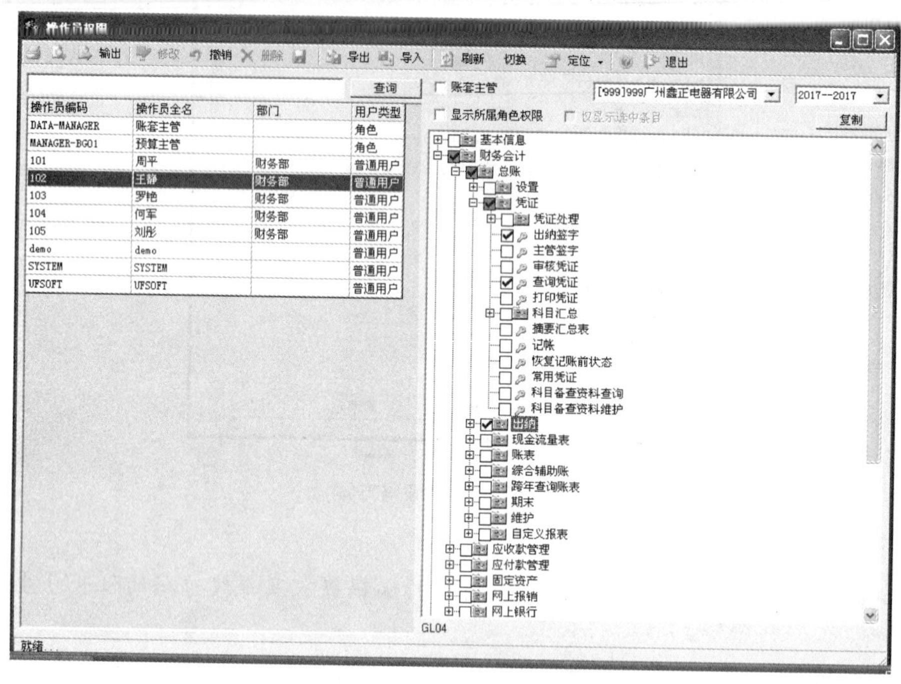

图3-9 选择用户权限

（4）最后单击“保存”按钮。

（5）用同样的方法为其他用户赋予相应的权限。

注意：

➢如果需要修改账套信息，可以用账套主管的身份登录系统管理进行修改。

➢账套备份的工作应由系统管理员admin在系统管理中的“账套”→“输出”功能中完成。

6. 输出账套

（1）在D盘中新建“999-1-1系统管理”文件夹。

（2）由系统管理员admin注册系统管理，在“系统管理”窗口中，执行“账套”→“输出”命令，打开“账套输出”对话框。

（3）在“账套号”文本框中选择“999广州鑫正电器有限公司”，将账套输出至“D:\999-1-1系统管理”文件夹中。

（4）单击“确定”按钮，完成账套备份。

实验二　企业应用平台基础设置

实验准备

引入“D:\ 999-1-1 系统管理”的备份数据，将系统日期修改为“2017 年 1 月 1 日”，以账套主管的身份注册登录企业应用平台。

实验内容

◇启用总账系统、应收款管理系统、应付款管理系统、固定资产系统、薪资管理系统（启用日期均为 2017 年 1 月 1 日）。

◇设置部门档案。

◇设置人员类别和人员档案。

◇设置客户分类和客户档案。

◇设置供应商档案。

◇设置数据权限。

实验资料

1. 部门档案

部门档案如表 3-2 所示。

表 3-2　　部门档案

部门编码	部门名称
1	行政管理部
2	财务部
3	采购部
4	销售部
401	销售一组
402	销售二组
5	生产部
6	退休办

2. 人员类别

人员类别如表 3-3 所示。

表 3-3　　人员类别

人员类别编码	人员类别名称
10101	管理人员

表3-3(续)

人员类别编码	人员类别名称
10102	车间管理人员
10103	业务人员
10104	生产工人
10105	退休人员

3. 人员档案

人员档案如表 3-4 所示。

表 3-4　　人员档案

人员编码	人员姓名	性别	是否业务员	雇佣状态	人员类别	隶属部门	是否负责人
101	李东	男	否	在职	管理人员	行政管理部	是
102	周平	男	否	在职	管理人员	财务部	是
103	王静	女	否	在职	管理人员	财务部	否
104	罗艳	女	否	在职	管理人员	财务部	否
105	何军	男	否	在职	管理人员	财务部	否
106	刘彤	男	否	在职	管理人员	财务部	否
107	陈英	女	否	在职	车间管理人员	生产部	是
108	尹力	男	否	在职	生产工人	生产部	否
109	张山	女	是	在职	业务人员	采购部	是
110	韩红	女	是	在职	业务人员	销售一组	是
111	赵海	男	是	在职	业务人员	销售二组	是
901	陈斯	男	否	离退	退休人员	退休办	否
902	沈明月	女	否	离退	退休人员	退休办	否
903	丘文	男	否	离退	退休人员	退休办	否

4. 客户分类

客户分类如表 3-5 所示。

表 3-5　　客户分类

分类编码	分类名称
1	华北区

表3-5(续)

分类编码	分类名称
2	华东区
3	华中区
4	华南区

5. 客户档案

客户档案如表 3-6 所示。

表 3-6　　客户档案

客户编码	客户名称	客户简称	分管部门	所属分类	专管业务员	税号
1	北京飞扬公司	飞扬公司	销售一组	华北区	韩红	110210111201333
2	天津宏光公司	宏光公司	销售一组	华北区	韩红	120430676767888
3	江苏天际公司	天际公司	销售一组	华东区	韩红	320140343456777
4	山东铭泰公司	铭泰公司	销售一组	华东区	韩红	372930111444565
5	湖南泰山公司	泰山公司	销售二组	华中区	赵海	430101929292555
6	湖北邦民公司	邦民公司	销售二组	华中区	赵海	420801262627432
7	广东明尧公司	明尧公司	销售二组	华南区	赵海	440306777888999
8	海南地丰公司	地丰公司	销售二组	华南区	赵海	560105111777832

6. 供应商档案

供应商档案如表 3-7 所示。

表 3-7　　供应商档案

供应商编码	供应商名称	供应商简称	分管部门	分管业务员	税号
1	上海辽大公司	辽大公司	采购部	张山	310105676767959
2	河南广目公司	广目公司	采购部	张山	410210252546353
3	山西启星公司	启星公司	采购部	张山	140106787997656

实验指导

1. 启用总账系统

（1）执行“开始”→“所有程序”→“用友 U8 V10.1”→“企业应用平台”命令，打开“登录”企业应用平台的对话框。

（2）输入操作员“101”，密码“444”，选择账套“［999］（default）999 广州鑫正电器有限公司”，如图 3-10 所示。

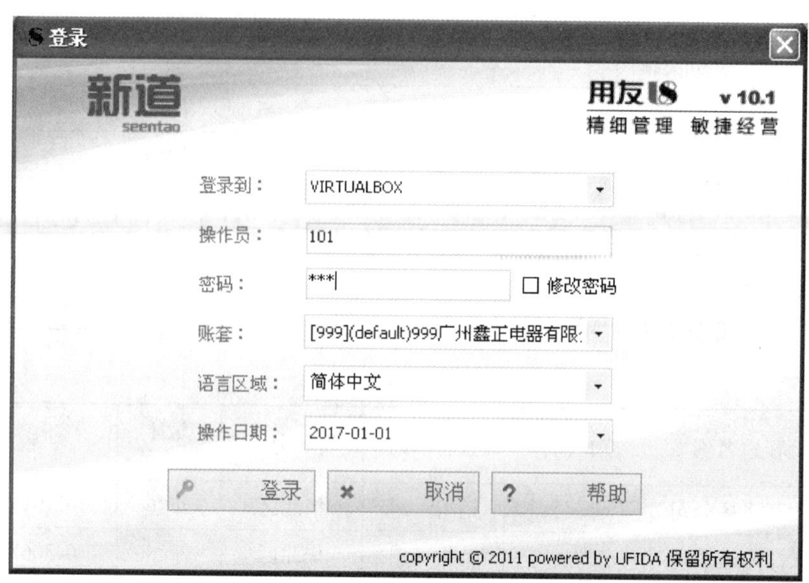

图 3-10　登录企业应用平台

（3）执行“基础设置”→“基本信息”→“系统启用”命令，打开“系统启用”对话框。

（4）选中“总账”前的复选框，在弹出的“日历”对话框中，选择时间“2017 年 1 月 1 日”，如图 3-11 所示。

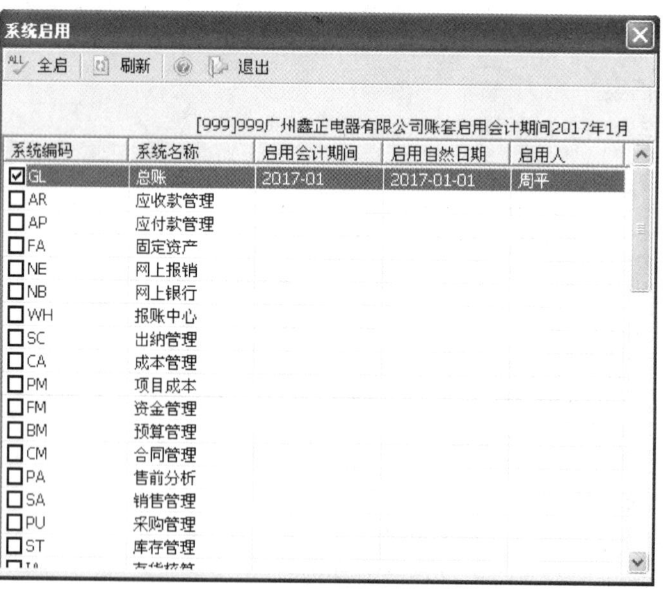

图 3-11　系统启用

(5) 单击“确定”按钮，系统弹出“确实要启用当前系统吗”，选择“是”，完成总账系统的启用。

(6) 参考以上步骤，分别启用“应收款管理”“应付款管理”“固定资产”“薪资管理”系统。

注意：

➤系统启用的时间必须大于或者等于账套的启用时间。

➤只有账套主管才有权限启用系统。

2. 设置部门档案

(1) 执行“基础设置”→“基础档案”→“机构人员”→“部门档案”命令，进入“部门档案”窗口。

(2) 单击“增加”按钮，录入部门档案相关信息。

➤部门编码：1。

➤部门名称：行政管理部。

➤负责人：101-李东。

➤成立日期：2017-01-01。

具体如图 3-12 所示。

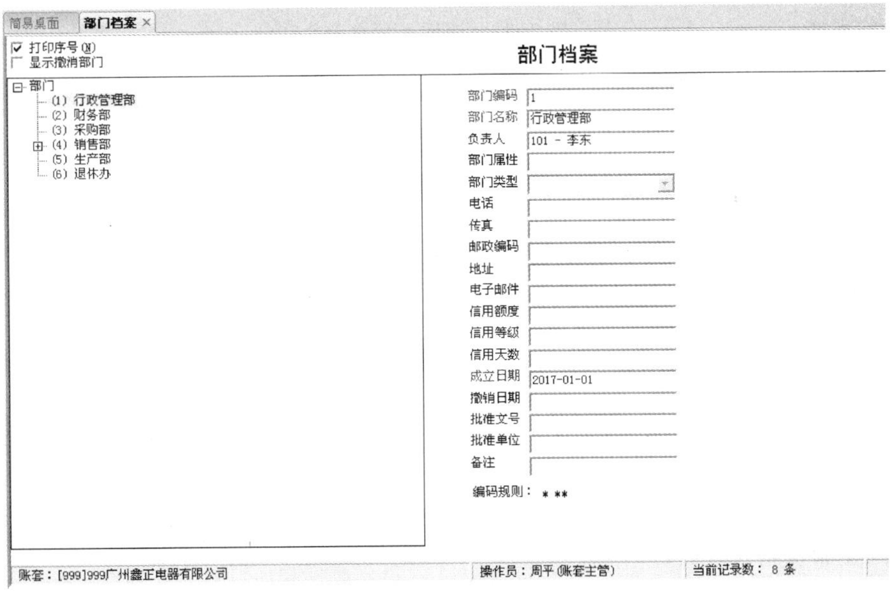

图 3-12　部门档案

注意：

➤“负责人”信息一栏，必须在设置“人员档案”之后，才可以进行设置。

(3) 单击“保存”按钮，完成部门档案设置。

(4) 以此类推，依次设置其他的部门档案。

3. 设置人员类别

（1）执行“基础设置”→“基础档案”→“机构人员”→“人员类别”，进入“人员类别”窗口。

（2）先选中左栏中“正式工”，再单击“增加”按钮，打开“增加档案项”对话框，根据所提供的实验资料，录入相关信息。

➢档案编码：10101。

➢档案名称：管理人员。

➢档案简称：管理人员。

具体如图 3-13 所示。

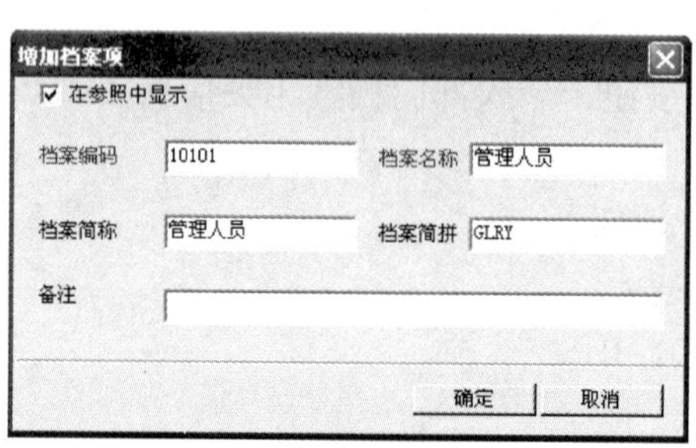

图 3-13　设置人员类别

（3）单击“确定”按钮，完成设置。

（4）参考以上步骤，在“正式工”下设置其他人员类别。

注意：

➢人员类别与工资费用的分配、分摊有关，工资费用的分配、分摊是薪资管理系统的一项重要功能。人员类别设置的目的是为工资分摊生成与凭证设置相应的入账科目做准备，可以按不同的入账科目需要设置不同的人员类别。

➢人员类别是人员档案的必选项目，需要在人员档案建立之前设置。

4. 设置人员档案

（1）执行“基础设置”→“基础档案”→“机构人员”→“人员档案”命令，进入“人员列表”窗口。

（2）选中左侧“部门分类”下的“行政管理部”，单击“增加”按钮，根据所提供的实验资料录入人员信息。

➢人员编码：101。

➢人员姓名：李东。

➢性别：男。

➢行政部门：行政管理部。

➢雇用状态：在职。

➢人员类别：管理人员。

具体如图 3-14 所示。

图 3-14　设置人员档案

（3）单击“保存”按钮，完成人员档案设置。

（4）以此类推，根据实验资料录入其他人员档案。

注意：

➢如果该人员是“业务员”，应该勾选“是否业务员”前的复选框，然后选择“业务或费用部门”。

➢人员编码必须唯一，行政管理部门只能是末级部门。

5. 设置客户分类

（1）执行“基础设置”→“基础档案”→“客商信息”→“客户分类”命令，进入“客户分类”窗口。

（2）单击“增加”按钮，录入客户分类信息，然后单击“保存”按钮。

➢分类编码：1。

➢分类名称：华北区。

具体如图 3-15 所示。

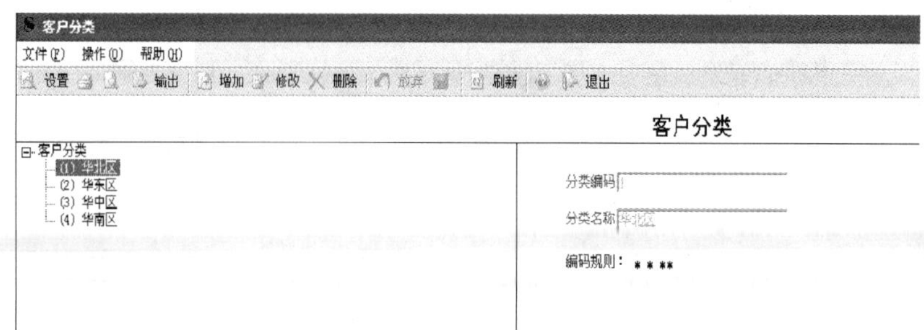

图 3-15　设置客户分类

（3）以此类推，依次录入其他的客户分类。

6. 设置客户档案

（1）执行“基础设置”→“基础档案”→“客商信息”→“客户档案”命令，进入“客户档案”窗口。

（2）选中左边已设置好的客户分类“华北区”，单击“增加”按钮，进入“增加客户档案”窗口。窗口中共包括 4 个选项卡，分别是“基本”“联系”“信用”“其他”，用于对客户的不同属性分类记录。

（3）按实验资料录入相关信息，然后单击“保存”按钮。

- 客户编码：1。
- 客户名称：北京飞扬公司。
- 客户简称：飞扬公司。
- 所属分类码：1-华北区。
- 币种：人民币。
- 税号：110210111201333。
- 分管部门：401-销售一组。
- 专管业务员：110-韩红。

具体如图 3-16 和图 3-17 所示。

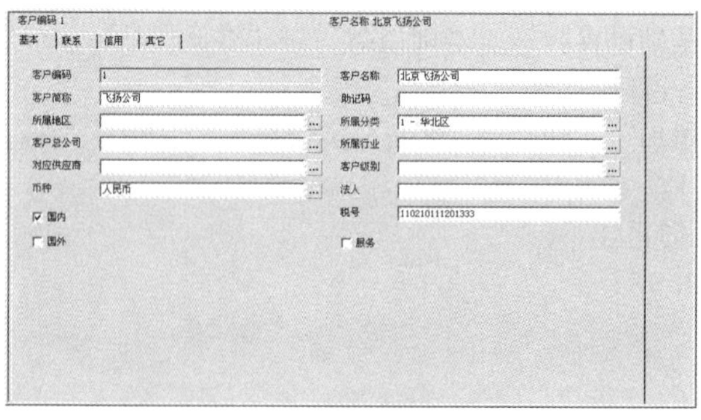

图 3-16　客户档案（基本）

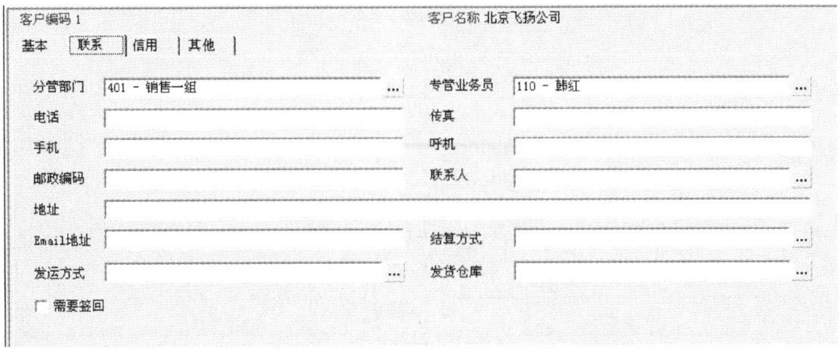

图 3-17　客户档案（联系）

（4）以此类推，依次录入其他的客户档案。

注意：

➢之所以设置“分管部门”“分管业务员”，是为了在应收应付款管理系统填制发票等原始单据时能自动根据相应客户显示其部门及业务员信息。

7. 设置供应商档案

（1）执行“基础设置”→“基础档案”→“客商信息”→“供应商档案”命令，打开“供应商档案”窗口。

（2）单击“增加”按钮，进入“增加供应商档案”窗口，窗口中共包括 4 个选项卡，分别是“基本”“联系”“信用”“其他”，用于对供应商的不同属性分类记录。

（3）根据实验资料录入供应商档案信息，最后单击“保存”按钮。

➢供应商编码：01。

➢供应商名称：上海辽大公司。

➢供应商简称：辽大公司。

➢所属分类：00-无分类。

➢税号：310105676767959。

➢币种：人民币。

➢分管部门：3-采购部。

➢专管业务员：109-张山。

具体如图 3-18 和图 3-19 所示。

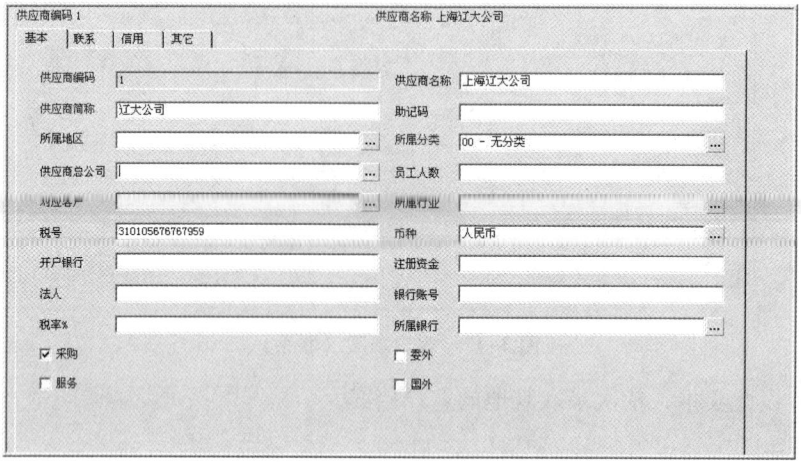

图 3-18　供应商档案（基本）

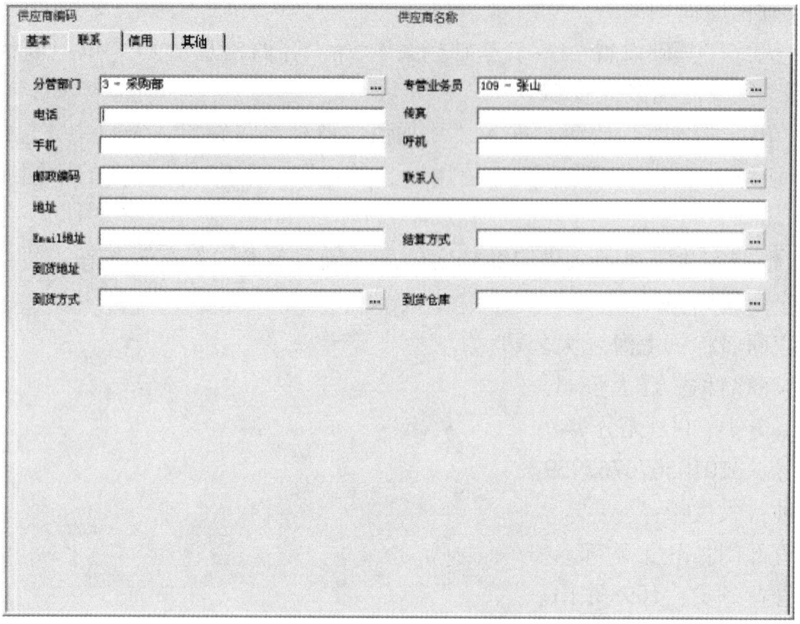

图 3-19　供应商档案（联系）

（4）以此类推，依次录入其他的供应商档案。

8. 设置数据权限

（1）执行“系统服务”→“权限”→“数据权限控制设置”命令，进入“数据权限控制设置”窗口。

（2）不勾选“工资权限”和“用户”复选框，如图 3-20 所示。

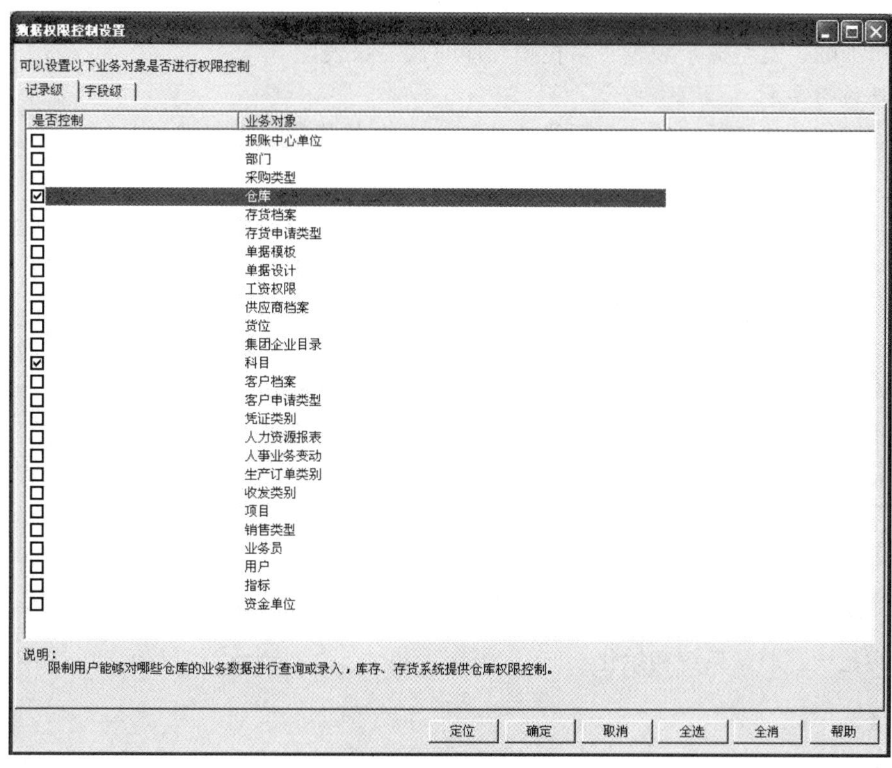

图 3-20　数据权限控制设置

（3）单击“确定”按钮，完成设置。

9. 输出账套

（1）在 D 盘中新建“999-1-2 企业应用平台”文件夹。

（2）由系统管理员 admin 注册系统管理，在“系统管理”窗口中，执行“账套”→“输出”命令，打开“账套输出”对话框。

（3）在“账套号”文本框中选择“999 广州鑫正电器有限公司”，将账套输出至“D:\ 999-1-2 企业应用平台”文件夹中。

（4）单击“确定”按钮，完成账套备份。

第二节　总账系统

功能概述

总账子系统是会计信息系统的核心子系统，也是企业分步骤实施会计信息化过程中首选的子系统，适用于所有行业及企业的财务核算工作和管理工作。在总账系统中，用户可以建立会计科目体系，输入和处理记账凭证，完成记账、结账以及对账的工作任务。除了可以查询到所有凭证的数据，用户还可以查询打印日记账、总账、明细账、发生额余额表、多栏账、序时账等账表。

实验目的与要求

◇了解总账子系统的主要功能及其与ERP其他子系统之间的关系。

◇熟悉总账子系统的操作流程。

◇掌握总账子系统初始化、日常业务处理的主要工作内容和处理方法。

◇掌握出纳管理的主要工作内容和处理方法。

◇掌握总账子系统期末处理的主要工作内容和处理方法。

注意：期末处理也属于总账系统操作的一部分，为培养学生建立财务业务一体化的思维模式，更贴近实务，此部分将在后续实验中完成。

教学建议

总账子系统是ERP财务管理系统中的基础内容，在实际工作中应用最为广泛，具有综合性强的特点，学习要灵活结合其他模块，结合会计工作的实际，为实际工作提供服务。

建议本节讲授6课时，上机实验10课时。

实验一　总账系统初始化

实验准备

引入已完成的“999-1-2 企业应用平台”的账套备份数据，将系统日期修改为“2017年1月1日”，以账套主管的身份注册登录企业应用平台。

实验内容

◇设置系统参数。

◇外币设置。

◇指定会计科目。

◇增加会计科目。

◇修改会计科目。

◇设置凭证类别。

◇设置项目目录。

◇录入期初余额。

◇设置结算方式。

◇设置本单位开户银行。

◇账套备份。

实验资料

1. 总账选项（即系统参数）

总账选项如表3-8所示。

表 3-8 总账选项

选项卡	参数设置（其他无特别要求采用系统默认）
凭证	制单序时控制 支票控制 赤字控制：资金及往来科目 赤字控制方式：提示 可以使用应收、应付、存货受控科目 凭证编号方式采用系统编号
账簿	账簿打印位数按软件的标准设定 明细账打印按年排页
凭证打印	打印凭证的制单、出纳、审核、记账等人员姓名
预算控制	超出预算允许保存
权限	出纳凭证必须经由出纳签字 不允许修改、作废他人填制的凭证 可以查询他人凭证
会计日历	会计日历为 1 月 1 日至 12 月 31 日 数量小数位和单价小数位设为 2 位
其他	外币核算采用固定汇率 部门、个人、项目按编码方式排序

2. 外币设置

本企业采用固定汇率核算外币，外币只涉及美元一种，美元币符为 USD，汇率精确到小数位 4，2017 年 1 月初汇率为 6.880 2。

3. 会计科目

（1）指定“1001 库存现金”为现金科目、“1002 银行存款”为银行科目。

（2）增加、修改会计科目（见表 3-9）。

表 3-9 会计科目及余额表

科目名称	科目编码	辅助核算	方向	币别/计量	期初余额（元）	备注
库存现金	1001	日记账	借		3 356. 10	
银行存款	1002	日记账、银行账	借		201 274. 50	
工行存款	100201	日记账、银行账	借		201 274. 50	增加
人民币户	10020101	日记账、银行账	借		201 274. 50	增加
美元户	10020102	日记账、银行账	借	美元	0	增加
应收票据	1121	客户往来	借		40 000. 00	修改
应收账款	1122	客户往来	借		136 544. 00	修改
预付账款	1123	供应商往来	借		44 000. 00	修改

表3-9(续)

科目名称	科目编码	辅助核算	方向	币别/计量	期初余额（元）	备注
其他应收款	1221	个人往来	借		3 000.00	修改
坏账准备	1231		贷		975.00	
原材料	1403		借		234 000.00	
原料及主要材料	140301		借		234 000.00	增加
电热管	14030101	数量核算（根）	借		140 000.00 1 400 根	增加
压缩机	14030102	数量核算（台）	借		94 000.00 1 000 台	增加
库存商品	1405		借		210 000.00	
电暖器	140501	数量核算（台）	借		121 800.00 203 台	增加
除湿机	140502	数量核算（台）	借		88 200.00 882 台	增加
固定资产	1601		借		12 201 000.00	
累计折旧	1602		贷		2 234 500.00	
短期借款	2001		贷		36 000.00	
应付票据	2201	供应商往来	贷		55 000.00	修改
应付账款	2202	供应商往来	贷		40 000.00	修改
预收账款	2203	客户往来	贷		60 100.00	修改
应付职工薪酬	2211		贷		235 000.00	
应付工资	221101		贷		235 000.00	增加
职工福利	221102		贷		0	增加
工会经费	221103		贷		0	增加
职工教育经费	221104		贷		0	增加
应交税费	2221		贷		96 599.60	
应交增值税	222101		贷		96 599.60	增加
进项税额	22210101		借		90 005.20	增加
销项税额	22210102		贷		186 604.80	增加
未交增值税	222102		贷		0	增加

表3-9(续)

科目名称	科目编码	辅助核算	方向	币别/计量	期初余额（元）	备注
长期借款	2501		贷		7 890 000.00	
实收资本	4001		贷		2 000 000.00	
本年利润	4103		贷		590 000.00	
利润分配	4104		贷		25 000.00	
未分配利润	410405		贷		25 000.00	增加
生产成本	5001		借		190 000.00	
直接材料	500101	项目核算	借		69 000.00	增加
直接人工	500102		借		99 000.00	增加
制造费用	500103		借		22 000.00	增加
主营业务收入	6001	项目核算	贷		0	修改
主营业务成本	6401	项目核算	借		0	修改
销售费用	6601		借		0	
薪资	660101		借		0	复制
福利费	660102		借		0	复制
办公费	660103		借		0	复制
折旧费	660104		借		0	复制
差旅费	660105		借		0	复制
招待费	660106		借			复制
其他	660107		借		0	复制
管理费用	6602		借		0	
薪资	660201	部门核算	借		0	增加
福利费	660202	部门核算	借		0	增加
办公费	660203	部门核算	借		0	增加
折旧费	660204	部门核算	借		0	增加
差旅费	660205	部门核算	借		0	增加
招待费	660206	部门核算	借		0	增加
其他	660207	部门核算	借		0	增加
财务费用	6603		借		0	

4. 凭证类别

凭证类别如表 3-10 所示。

表 3-10 凭证类别

凭证类别	限制类型	限制科目
收款凭证	借方必有	1001，1002
付款凭证	贷方必有	1001，1002
转账凭证	凭证必无	1001，1002

5. 项目目录

（1）项目大类：产品。

（2）核算科目：500101 直接材料；6001 主营业务收入；6401 主营业务成本。

（3）项目分类定义如表 3-11 所示。

表 3-11 项目分类

分类编码	分类名称
1	自制

（4）定义项目目录如表 3-12 所示。

表 3-12 项目目录

项目编号	项目名称	是否结算	所分类码
101	电暖器	否	1
201	除湿机	否	1

6. 期初余额

（1）启动总账并录入科目期初余额，总账科目期初余额见“会计科目及余额表”。

（2）辅助账期初余额。

①应收票据余额如表 3-13 所示。

表 3-13 应收票据余额

会计科目：1121 应收票据　　余额：40 000 元

日期	凭证号	客户	摘要	方向	金额（元）	业务员	票号	票据日期
2016. 12. 01	转-90	飞扬公司	销售商品	借	20 000	韩红	ST110	2016. 12. 01
2016. 12. 22	转-95	飞扬公司	销售商品	借	20 000	韩红	ST222	2016. 12. 22

②应收账款余额如表 3-14 所示。

表 3-14　　**应收账款余额**

会计科目：1122 应收账款　　余额：136 544 元

日期	凭证号	客户	摘要	方向	金额（元）	业务员	票号	票据日期
2016. 11. 11	转-63	宏光公司	销售商品	借	41 590	韩红	GZ11	2016. 11. 11
2016. 11. 21	转-77	地丰公司	销售商品	借	70 000	赵海	GZ87	2016. 11. 21
2016. 11. 25	转-85	泰山公司	销售商品	借	24 954	赵海	BJ22	2016. 11. 25

③预付账款余额如表 3-15 所示。

表 3-15　　**预付账款余额**

会计科目：1123 预付账款　　余额：44 000 元

日期	凭证号	供应商	摘要	方向	金额（元）	业务员	票号	票据日期
2016. 9. 22	付-55	广目公司	购买材料	借	44 000	张山	KO55	2016. 9. 22

④其他应收款余额如表 3-16 所示。

表 3-16　　**其他应收款余额**

会计科目：1221 其他应收款　　余额：3 000 元

日期	凭证号数	部门名称	个人名称	摘要	方向	余额（元）
2016. 11. 25	付-78	销售一组	韩红	出差借款	借	3 000

⑤应付票据余额如表 3-17 所示。

表 3-17　　**应付票据余额**

会计科目：2201 应付票据　　余额：55 000 元

日期	凭证号	供应商	摘要	方向	金额（元）	业务员	票号	票据日期
2016. 7. 21	转-45	辽大公司	购买材料	贷	55 000	张山	PL220	2016. 7. 21

⑥应付账款余额如表 3-18 所示。

表 3-18　　**应付账款余额**

会计科目：2202 应付账款　　余额：40 000 元

日期	凭证号	供应商	摘要	方向	金额（元）	业务员	票号	票据日期
2016. 8. 24	转-50	辽大公司	购买材料	贷	24 000	张山	GZ108	2016. 8. 24
2016. 12. 26	转-99	广目公司	购买材料	贷	16 000	张山	BJ235	2016. 12. 26

⑦预收账款余额如表3-19所示。

表3-19 **预收账款余额**

会计科目：2203 预收账款 余额：60 100元

日期	凭证号	客户	摘要	方向	金额（元）	业务员	票号	票据日期
2016.6.23	收-45	宏光公司	销售商品	贷	40 100	韩红	K077	2016.6.23
2016.11.18	收-77	飞扬公司	销售商品	贷	20 000	韩红	K088	2016.11.18

⑧直接材料如表3-20所示。

表3-20 **直接材料**

会计科目：500101 直接材料 余额：69 000元

科目名称	电暖器（元）	除湿机（元）	合计（元）
直接材料（500101）	39 000	30 000	69 000

7. 结算方式

结算方式如表3-21所示。

表3-21 **结算方式**

结算方式编码	结算方式名称	是否票据管理
1	现金结算	否
2	支票结算	否
201	现金支票	是
202	转账支票	是
3	商业汇票	否
301	商业承兑汇票	否
302	银行承兑汇票	否
4	电汇	否

8. 本单位开户银行

编码：01。

银行账号：667865356666。

币种：人民币。

开户银行：工行广州珠江支行。

实验指导

1. 设置系统参数

在企业应用平台界面，选择“业务工作”→“财务会计”→“总账”→“设置”→“选项”→“编辑”→按实验资料要求设置→“确定”。

“凭证”选项卡和“预算控制”选项卡如图 3-21 和图 3-22 所示。

选项
会计日历 | 其他 | 自定义项核算
凭证 | 账簿 | 凭证打印 | 预算控制 | 权限
制单控制
制单序时控制
支票控制
赤字控制
资金及往来科目
全部科目
赤字控制方式
提示
严格
可以使用应收受控科目
可以使用应付受控科目
可以使用存货受控科目
凭证控制
现金流量科目必录现金流量项目
同步删除业务系统凭证
自动填补凭证断号
批量审核凭证进行合法性校验
银行科目结算方式必录
往来科目票据号必录
主管签字以后不可以取消审核和出纳签字
凭证编号方式
系统编号
手工编号
现金流量参照科目
现金流量科目
对方科目
自动显示
帮助
编辑
确定
取消

图 3-21　“凭证”选项卡

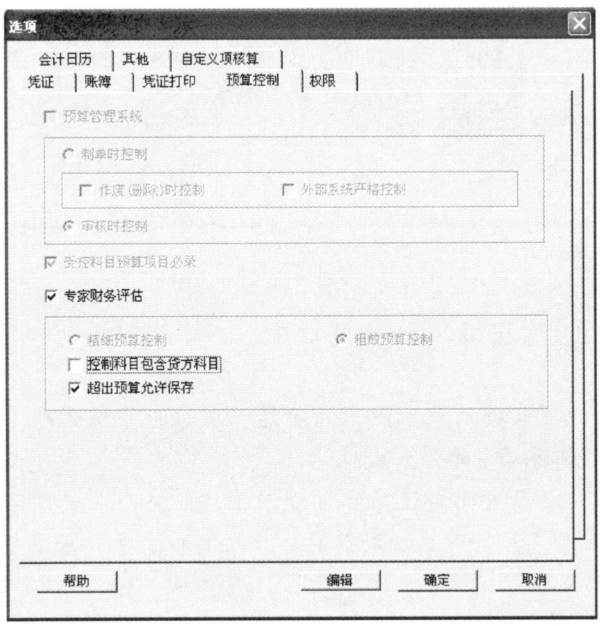

图 3-22　“预算控制”选项卡

注意：

➢设置可以使用应收受控科目时，系统会弹出“受控科目被其他系统使用时，会造成应收系统与总账对账不平”提示框，单击“确定”按钮返回即可。设置可以使用应付、存货受控科目时，同理。

➢总账的选项设置，即总账系统参数设置，其将决定总账子系统的输入控制、处理方式、数据流向、输出格式等，系统在建立新账套后由于具体情况需要，或业务变更，发生一些账套信息与核算内容不符，可以通过此功能进行调整和查看。

➢系统参数设置后一般不得随意修改。

2. 外币设置

（1）在企业应用平台界面，选择“基础设置”→“基础档案”→“财务”→“外币设置”，进入“外币设置”窗口。

（2）输入币符“USD”，币名“美元”，汇率小数位“4”，其他项目采用默认值→单击“确认”按钮。

（3）输入2017年1月的记账汇率6.880 2，按回车键，如图3-23所示。

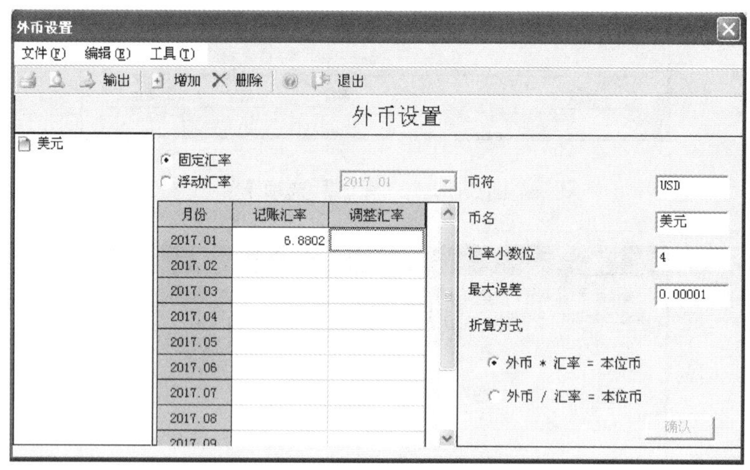

图3-23

（4）单击“退出”按钮，完成外币设置。

注意：

➢此处的外币设置只提供录入汇率的功能，在总账系统选项中可以定义制单时是使用固定汇率还是浮动汇率。

➢外币设置中可以设置固定汇率和浮动汇率，如果企业使用固定汇率，则每月月初应录入记账汇率，月末计算汇兑损益时录入调整汇率；如果使用浮动汇率，则每天应在此录入当日汇率。

3. 指定会计科目

（1）在企业应用平台界面，单击“基础设置”→“基础档案”→“财务”→

“会计科目”按钮，进入“会计科目”窗口。

（2）单击“编辑”→“指定科目”按钮，打开“指定科目”对话框。

（3）选择“现金科目”选项→在“待选科目”栏中选中“1001 库存现金”→单击“>”按钮，将“1001 库存现金”选入“已选科目”栏中。

（4）选择“银行科目”选项→在“待选科目”栏中选中“1002 银行存款”→单击“>”按钮，将“1002 银行存款”选入“已选科目”栏中，如图 3-24 所示。

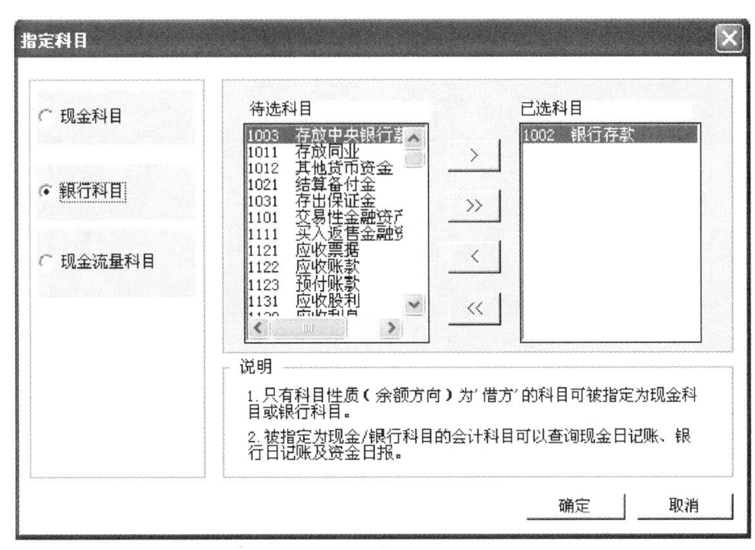

图 3-24　指定科目

（5）单击“确定”按钮。

注意：

➢被指定的现金科目和银行科目，必须是一级会计科目。

➢只有被指定为现金科目或银行科目，该科目才可以在查询现金日记账或银行日记账及资金日报中使用。

➢只有指定了现金科目或银行科目，才能进行出纳签字。

4. 增加会计科目

（1）在企业应用平台界面，单击“基础设置”→“基础档案”→“财务”→“会计科目”按钮，单击“增加”按钮，进入“新增会计科目”窗口。

（2）录入科目编码“100201”、科目名称“中行存款”，如图 3-25 所示。

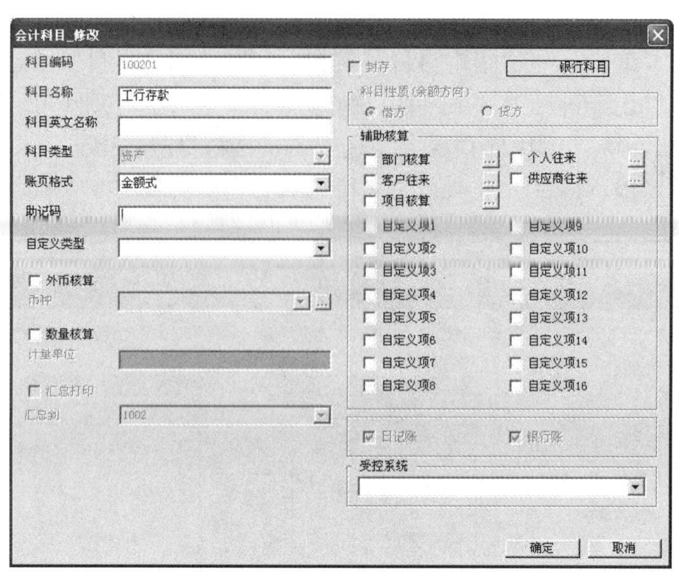

图 3-25　新增会计科目

（3）单击“确定”按钮。

（4）同理，按实验资料要求依次增加其他会计科目。

以下介绍利用“成批复制”功能增加会计科目。当完成管理费用下明细科目的增加后，由于销售费用下的二级科目和管理费用下的科目相同，用户可以利用“成批复制”功能增加销售费用下的明细科目。其步骤如下：

（1）在会计科目窗口，执行“编辑”→“成批复制”命令，打开“成批复制”对话框。

（2）输入复制源科目编码“6602”和目标科目编码“6601”，不选择“辅助核算”，如图 3-26 所示。

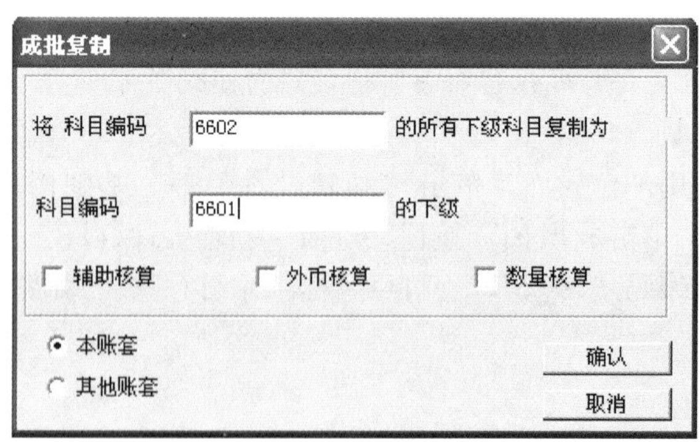

图 3-26　成批复制

（3）单击“确认”按钮。

5. 修改会计科目个

(1) 在会计科目窗口，双击“应收票据”→单击“修改”按钮→在相应的辅助项“客户往来”前打“√”→单击“确定”按钮，如图 3-27 所示。

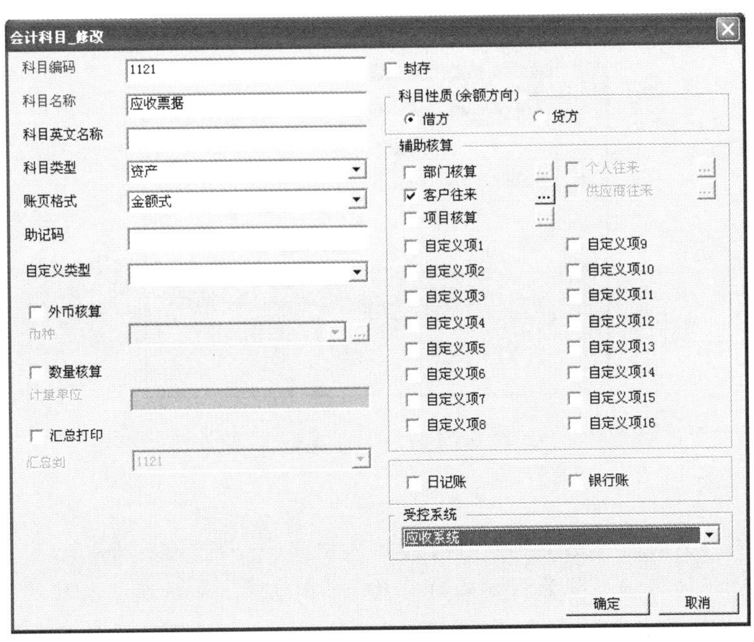

图 3-27　修改会计科目

(2) 同理，按实验资料要求修改其他科目。

6. 设置凭证类别

(1) 在企业应用平台界面，单击“基础设置”→“基础档案”→“财务”按钮，双击“凭证类别”按钮→单击选定为“收款凭证　付款凭证　转账凭证”分类方式，如图 3-28 所示，单击“确定”按钮，进入“凭证类别”窗口。

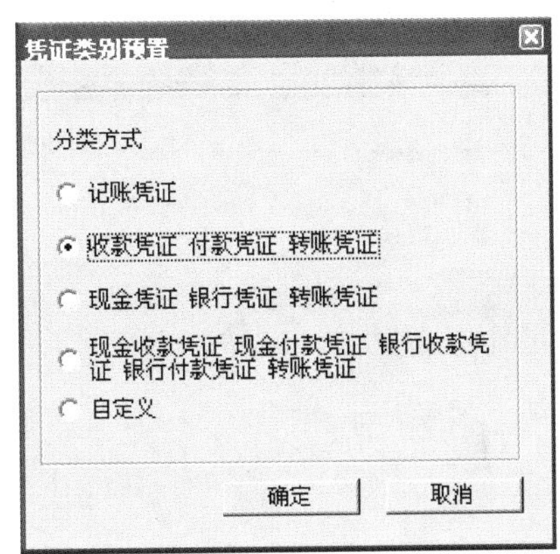

图 3-28　设置凭证类别

（2）单击“修改”按钮→双击“收款凭证”行的“限制类型”，出现下三角按钮→选择“借方必有”→选择或输入限制科目“1001，1002”。

（3）同理，完成对“付款凭证”和“转账凭证”的限制类型与限制科目的设置，如图3-29所示。

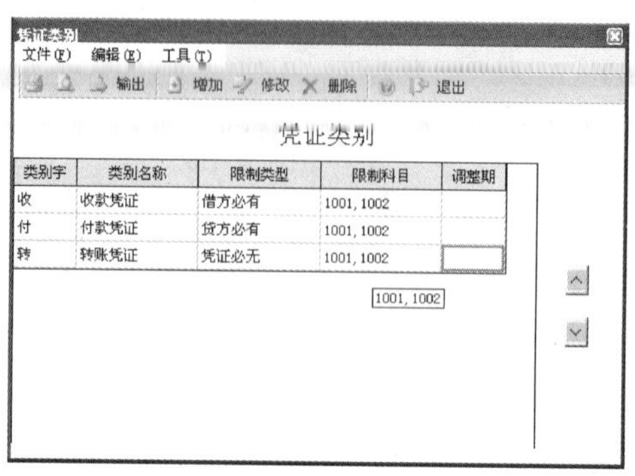

图3-29 凭证类别

注意：

➢填限制科目时，注意限制科目之间的符号“,”必须为英文状态下的符号。

➢收款凭证的限制类型为借方必有“1001，1002”，表示在填制收款凭证时，借方一级科目必须至少有一个是“1001”或“1002”，否则不满足借方必有的限制条件，不允许保存凭证。付款凭证和转账凭证同理，填制时也应满足对应限制条件要求。

7. 设置项目目录

（1）在企业应用平台界面，单击“基础设置”→“基础档案”→“财务”按钮，双击“项目目录”，打开“项目档案”对话框。

（2）单击“增加”按钮→弹出“项目大类定义_增加”向导→输入项目大类名称为“产品”，选择“普通项目”属性，如图3-30所示，单击“下一步”按钮直至完成。

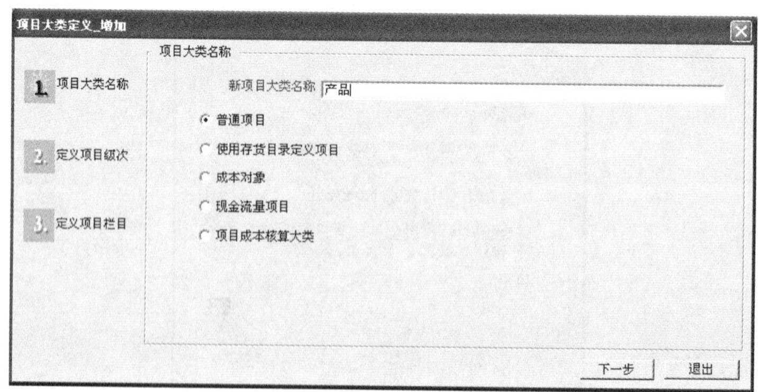

图3-30 项目大类定义_增加

（3）在项目档案界面，找到“项目大类”处的下拉列表，选择“产品”→单击“核算科目”选项卡→单击“>>”按钮将“待选科目”中需要设置项目核算的会计科目全部选取为“已选科目”，如图 3-31 所示，单击“确定”按钮。

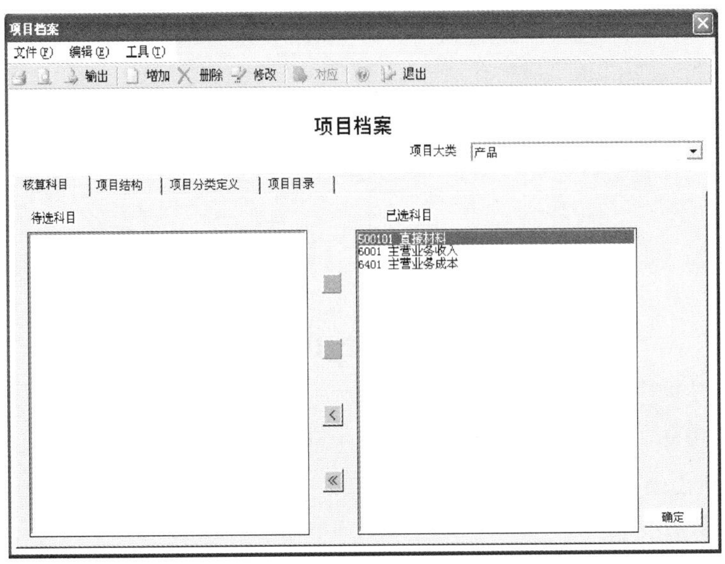

图 3-31　项目档案

（4）选择“项目分类定义”选项卡→输入分类编码“1”和名称为“自制”，单击“确定”按钮，如图 3-32 所示。

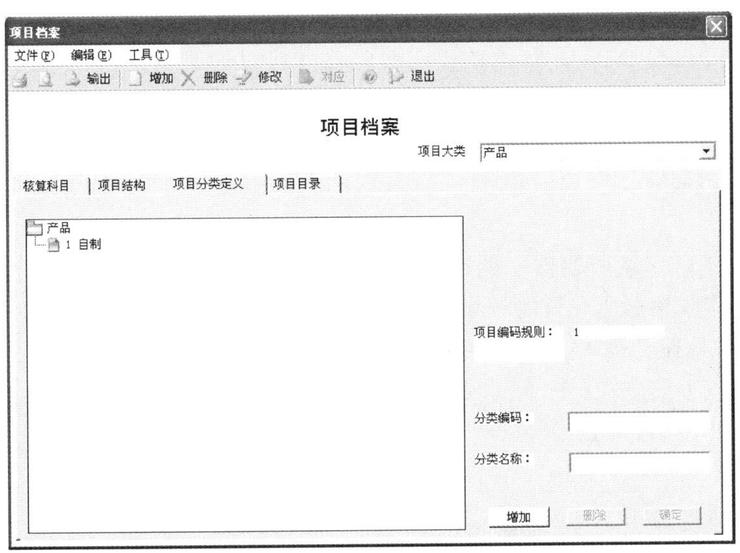

图 3-32　项目档案

（5）选择“项目目录”标签，单击“维护”→“增加”按钮，输入相关信息

→单击“确定”按钮，如图 3-33 所示。

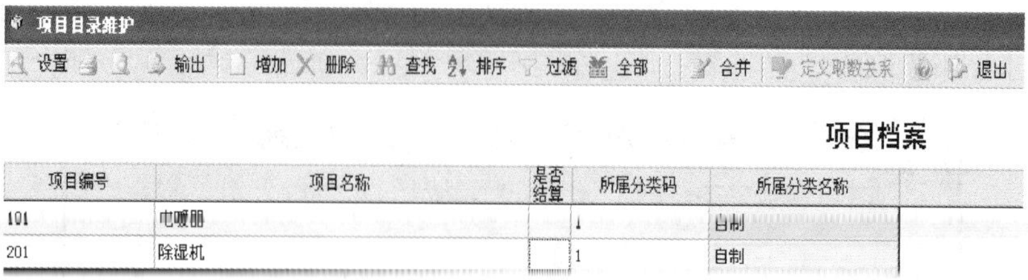

项目目录维护

设置 输出 增加 删除 查找 排序 过滤 全部 合并 定义取数关系 退出

项目档案

项目编号	项目名称	是否结算	所属分类码	所属分类名称
101	电暖器		1	自制
201	除湿机		1	自制

图 3-33 项目目录维护

注意：

➤项目档案中，设置项目大类的核算科目时（如图 3-31 所示），必须是会计科目中其辅助项已设置为项目核算的会计科目，才会出现在待选科目一栏中。

8. 录入期初余额

（1）在“业务工作”界面，选择“财务会计”→“总账”→“设置”→“期初余额”，进入“期初余额录入”界面。此处单元格的底色有三种颜色：白色、灰/蓝色和黄/粉色。

（2）如单元格底色为白色，说明此会计科目为末级科目，直接录入期初余额即可。

（3）如单元格底色为灰/蓝色，说明此会计科目为非末级科目，则只录入其下一级科目余额，灰色单元格的会计科目的余额无需录入，通过自动汇总计算取得。

（4）如单元格底色为黄/粉色，说明此会计科目有辅助账，则双击辅助项，进入“辅助期初余额”窗口。单击“往来明细”按钮进入“期初往来明细”窗口，录入相关信息。

以录入“1121 应收票据”的期初余额为例。

①双击应收票据所在行的“期初余额”栏，进入“辅助期初余额”窗口→单击“往来明细”按钮，进入“期初往来明细”窗口→单击“增行”按钮，如图 3-34 所示。录入以下信息：

日期：2016-12-01。

凭证号：转-90。

客户：飞扬公司。

摘要：销售商品。

方向：借。

余额：20 000.00。

业务员：韩红。
票号：ST110。
票据日期：2016-12-01。

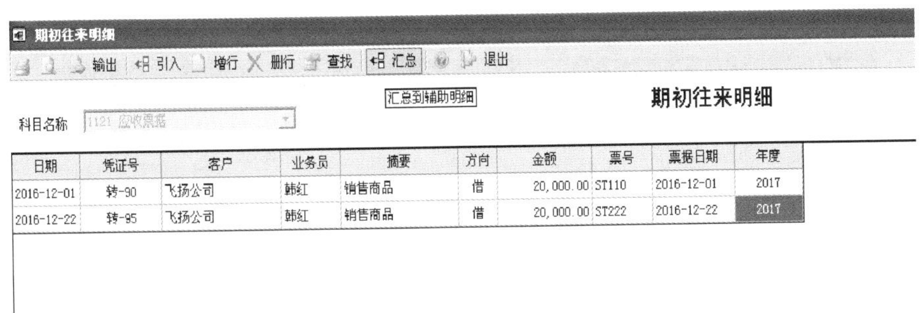

日期	凭证号	客户	业务员	摘要	方向	金额	票号	票据日期	年度
2016-12-01	转-90	飞扬公司	韩红	销售商品	借	20,000.00	ST110	2016-12-01	2017
2016-12-22	转-95	飞扬公司	韩红	销售商品	借	20,000.00	ST222	2016-12-22	2017

图 3-34　期初往来明细

②同理，再录入实验资料科目 1121 余额第二行的辅助账资料。

③单击“汇总”按钮，提示“完成了往来明细到辅助期初表的汇总”→单击“确定”按钮→单击“退出”按钮。

④同理，录入其他带辅助核算的科目余额。

（5）录完余额后单击“试算”按钮查看是否平衡，试算结果如图 3-35 所示。

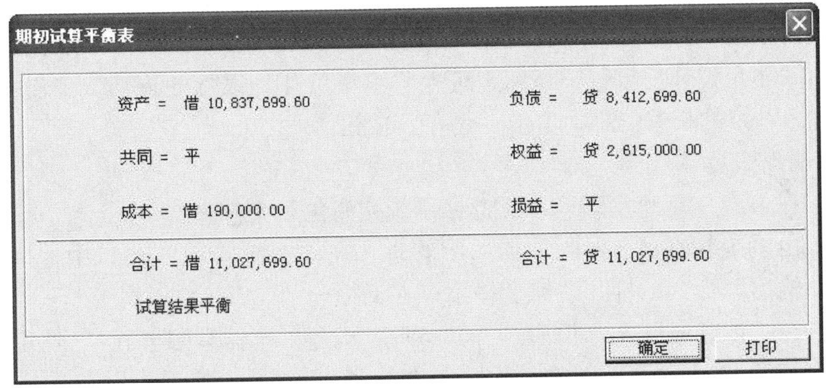

图 3-35　期初试算平衡表

注意：

➢总账科目与其下级科目的方向必须一致，如果录入的下级科目余额的方向与总账科目的相反，则用“—”表示。

➢有数量或外币核算要求的科目，录入余额时还应录入该余额的数量或外币。

➢如果期初余额试算不平衡，为了不影响日常业务的正常进行，系统可以填制凭证，但不允许记账。

➢凭证一经记账，期初数据便不能再修改。

9. 设置结算方式

在企业应用平台界面，单击“基础设置”→“基础档案”→“收付结算”按钮，双击“结算方式”按钮，进入“结算方式”窗口，单击“增加”按钮，输入结算方式编码和结算方式名称等信息，单击“保存”按钮，如图 3-36 所示。

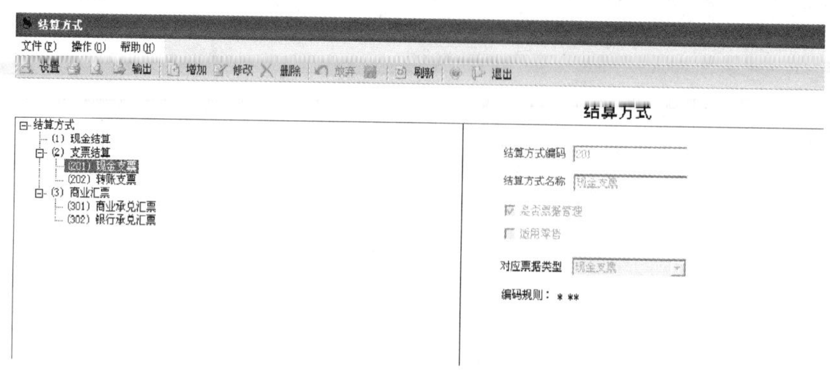

图 3-36　设置结算方式

注意：

➢结算方式一旦被引用，便不能修改和删除。

10. 设置开户银行

在企业应用平台界面，单击“基础设置”→“基础档案”→“收付结算”按钮，双击“本单位开户银行”按钮，进入“本单位开户银行”窗口，单击“增加”按钮，输入开户的相关信息，单击“保存”按钮。

11. 输出账套

（1）在 D 盘中新建“999-2-1 总账系统初始化”文件夹。

（2）由系统管理员 admin 注册系统管理，在“系统管理”窗口中，执行“账套”→“输出”命令，打开“账套输出”对话框。

（3）在“账套号”文本框中选择“999 广州鑫正电器有限公司”，将账套输出至“D：\ 999-2-1 总账系统初始化”文件夹中。

（4）单击“确定”按钮，完成账套备份。

实验二　总账系统日常业务处理

实验准备

引入已完成“999-2-1 总账系统初始化”的账套备份数据，将系统日期修改为“2017 年 1 月 31 日”，按实验要求的身份注册登录企业应用平台。

实验内容

◇以 103 罗艳的身份填制第 1~8 笔业务的记账凭证。

◇出纳签字。

◇审核凭证。
◇修改凭证。
◇删除凭证并整理断号。
◇凭证记账。
◇查询已记账的转字 001 凭证。
◇冲销已记账的转字 001 收账凭证。
◇账簿查询。
◇往来账查询。
◇项目账查询。
◇账套备份。

实验资料

1. 2017 年 1 月企业发生的经济业务

（1）1 月 1 日，车间报销办公用品费 500 元，以现金付讫（附单据一张）。

借：制造费用（5101）　500
　贷：库存现金（1001）　500

（2）1 月 1 日，企业收到兴环集团投资资金 10 000 美元，汇率为 1：6. 880 2，转账支票号为 ZZ001。

借：银行存款——工行存款——美元户（10020102）　68 802
　贷：实收资本（4001）　68 802

（3）1 月 2 日，出纳王静从银行存款提现金 6 000 元备用（现金支票票号为 XJ001）。

借：库存现金（1001）　6 000
　贷：银行存款——工行存款——人民币户（10020101）　6 000

（4）1 月 3 日，企业从广目公司购入一批电热管共 168 根已验收入库，发票账单仍未收到。估计该批存货的价款为 16 800 元。

借：原材料（14030101）　16 800
　贷：应付账款（2202）　16 800

（5）1 月 4 日，企业向飞扬公司销售电暖器 1 000 台，单价 500 元，增值税税率为 17%，价税合计 585 000 元，款项尚未收到。

借：应收账款（1122）　585 000
　贷：主营业务收入（6001）　500 000
　　　应交税费——应交增值税（销项税额）（22210102）　85 000

（6）1 月 7 日，职工韩红出差借款 3 800 元，以现金付讫。

借：其他应收款（1221）　3 800
　贷：库存现金（1001）　3 800

（7）1 月 11 日，生产车间为制造电暖器领用电热管 6 000 元，行政管理部一般耗用电热管2 000元，共耗用电热管80根，单价100元。

借：生产成本——直接材料（500101）　　6 000

　　管理费用（660207）　　2 000

　贷：原材料——电热管（14030101）　　8 000

（8）1月24日，销售一组韩红报销差旅费2 700元，余款退回现金。

借：管理费用（660205）　　2 700

　　库存现金（1001）　　1 000

　贷：其他应收款（1221）　　3 700

2. 出纳签字

出纳王静对所有涉及现金科目和银行科目的凭证签字。

3. 审核凭证

101周平对所有凭证进行审核。

4. 修改凭证

经查，2017年1月7日，职工韩红出差借款为3 700元，误录为3 800元。

5. 删除凭证

经查，2017年1月1日，车间报销办公用品费500元不符合报销要求，现金已追缴，财务上不再反映。

6. 记账

101周平对凭证进行记账。

7. 查询凭证

企业查询1月3日从广目公司购入168根电热管业务的记账凭证。

8. 冲销凭证

企业冲销1月3日从广目公司购入168根电热管业务的记账凭证。

9. 账簿查询

（1）查询“6602 管理费用”总账。

（2）查询2017年1月余额表。

（3）查询“6602 管理费用”明细账。

（4）查询“6602 管理费用”多栏账。

10. 往来账查询

（1）查询供应商“广目公司”明细账。

（2）查询客户往来账龄分析。

实验指导

1. 填制第1笔业务的记账凭证（无辅助核算的一般业务）

（1）以103罗艳的身份登录企业应用平台，在“业务工作”列表框中，选择“财务会计”→“总账”→“凭证”→“填制凭证”，打开“填制凭证”窗口。

（2）单击“增加”按钮或F5键。

（3）单击凭证左上角的凭证类别参照按钮，选择“付款凭证”。

（4）修改制单日期为“2017 年 1 月 1 日”。

（5）输入附单据数“1”。

（6）在摘要栏输入摘要“报销办公用品费”。

（7）按回车键或单击“科目名称”栏，单击“科目名称”栏的参照按钮（或按 F2 键），选择“5101 制造费用”或直接在“科目名称”栏输入“5101”，输入借方金额“500”。

（8）按回车键，单击“科目名称”栏，单击“科目名称”栏的参照按钮（或按 F2 键），选择“1001 库存现金”或直接在科目名称栏输入“1001”。

（9）按回车键→录入贷方金额“500”或按“=”键。

（10）单击“保存”按钮保存凭证，如图 3-37 所示。

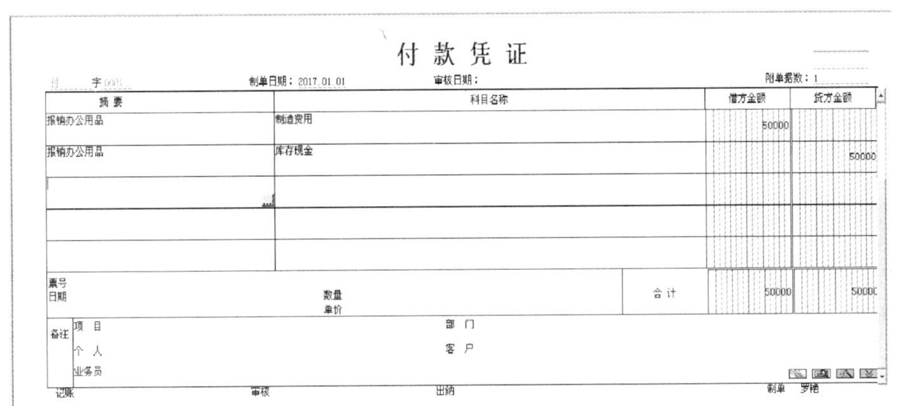
付款凭证

制单日期：2017.01.01　审核日期：　附单据数：1

摘要	科目名称	借方金额	贷方金额
报销办公用品	制造费用	50000	
报销办公用品	库存现金		50000
票号 日期	数量 单价 合计	50000	50000

备注　项目　部门　个人　客户　业务员

记账　审核　出纳　制单　罗艳

图 3-37　付款凭证

注意：

➢当凭证采用制单序时控制（见总账系统参数设置），制单日期应大于等于总账启用日期，并且不能超过业务日期。

➢凭证一旦保存，凭证类别、凭证编号不能修改（可发现为灰色字体）。

➢凭证填制完成后，如果还未进行凭证审核的操作（即操作指导 10），可以直接修改凭证。

2. 填制第 2 笔业务的记账凭证［辅助核算——外币核算（10020102）、银行科目（10020102）］

（1）在“填制凭证”窗口。

（2）单击“增加”按钮或 F5 键。

（3）单击凭证左上角的凭证类别参照按钮，选择“收款凭证”。

（4）修改制单日期为“2017 年 1 月 1 日”。

（5）在摘要栏输入摘要“收到投资款”。

（6）按回车键或单击“科目名称”栏，单击科目名称栏的参照按钮（或按 F2 键），选择“10020102 银行存款——中行存款——美元户”，或者直接在科目名称栏输入“10020102”，系统会自动显示外币汇率 6. 880 2。

（7）按回车键，弹出“辅助项”对话框，单击结算方式参照按钮，选择“转账支票”，或者直接输入结算方式编码“202”，输入支票号“ZZ001”，如图 3-38 所示，单击“确定”按钮。

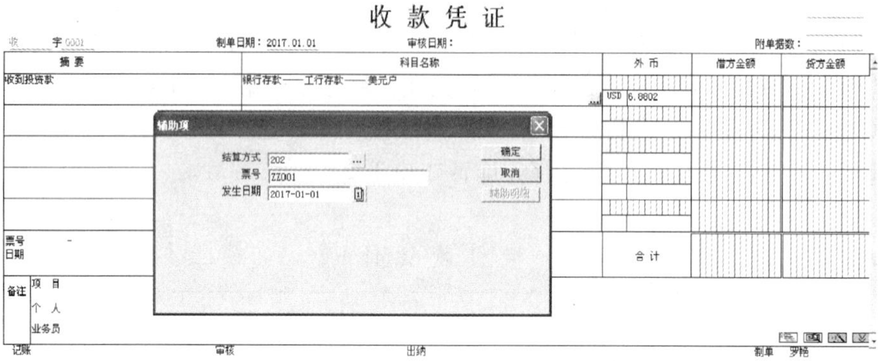

收 款 凭 证
收 字 0001 制单日期：2017.01.01 审核日期： 附单据数：
摘要 科目名称 外币 借方金额 贷方金额
收到投资款 银行存款——工行存款——美元户 USD 6.8802
辅助项
结算方式 202
票号 ZZ001
发生日期 2017-01-01
确定
取消
辅助明细
票号
日期
合计
备注 项目
个人
业务员
记账 审核 出纳 制单 罗艳

图 3-38 收款凭证

（8）输入外币金额“10 000”，按回车键，系统自动计算并显示本币金额“68 802”，如图 3-39 所示。

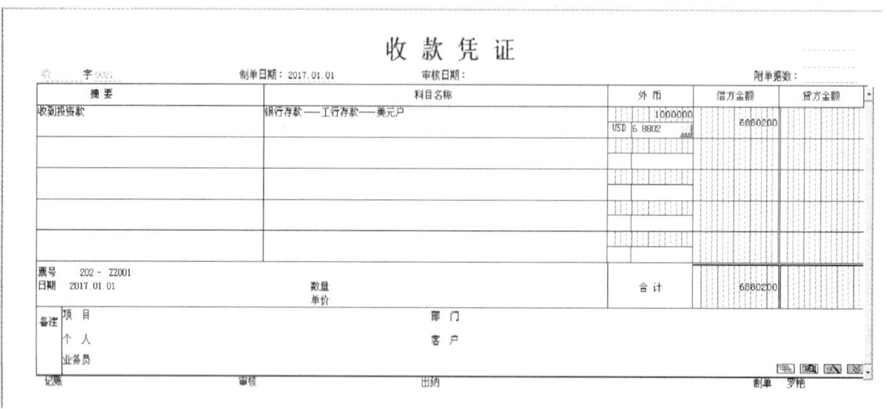

图 3-39 收款凭证

（9）按回车键，用鼠标单击“科目名称”栏，单击“科目名称”栏的参照按钮（或按 F2 键），选择“4001 实收资本”，或者直接在科目名称栏输入“4001”。

（10）按回车键，录入贷方金额“68 802”，或者在贷方金额栏按“=”键，如图 3-40 所示。

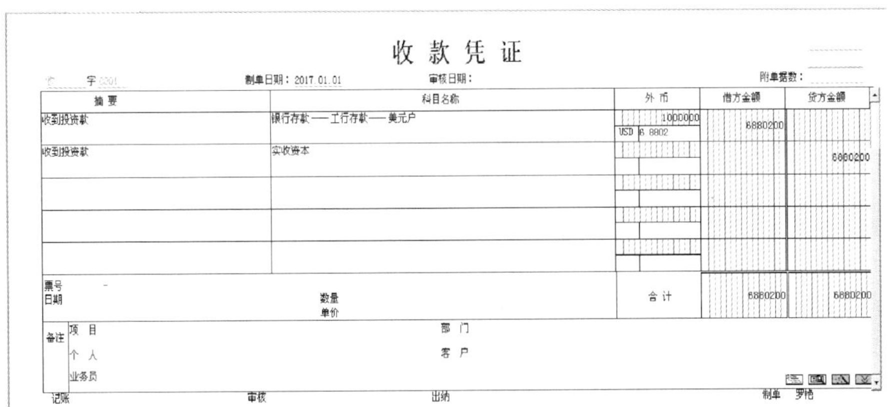

收款凭证

字 0001　制单日期：2017.01.01　审核日期：　附单据数：

摘要	科目名称	外币	借方金额	贷方金额
收到投资款	银行存款——工行存款——美元户	1000000 USD 6.8802	6880200	
收到投资款	实收资本			6880200
票号 日期	数量 单价	合计	6880200	6880200

备注　项目　部门　个人　客户　业务员

记账　审核　出纳　制单　罗艳

图 3-40　收款凭证

（11）单击“保存”按钮，保存凭证。

注意：

➢使用固定汇率，凭证界面汇率栏的内容不能修改。如果设置为浮动汇率，则可以直接在汇率栏中修改。

3. 填制第 3 笔业务的记账凭证［辅助核算——银行科目（10020101）］

操作步骤略，结果如图 3-41～图 3-43 所示。

付款凭证

字　制单日期：2017.01.02　审核日期：　附单据数：

摘要	科目名称	借方金额	贷方金额
提取备用金	库存现金	600000	
提取备用金	银行存款——工行存款——人民币户		600000
票号 201 - XJ001 日期 2017.01.02	数量 单价　合计	600000	600000

备注　项目　部门　个人　客户　业务员

记账　审核　出纳　制单　罗艳

图 3-41　付款凭证

注意：

➢当凭证的借方和贷方同时出现“1001”“1002”的时候，该凭证应为付款凭证。

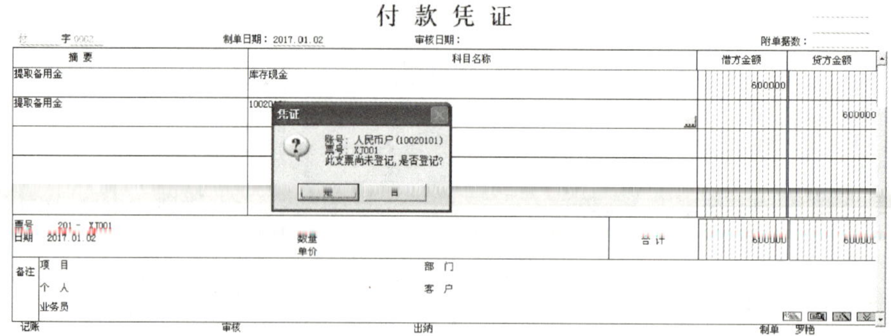

图 3-42　付款凭证

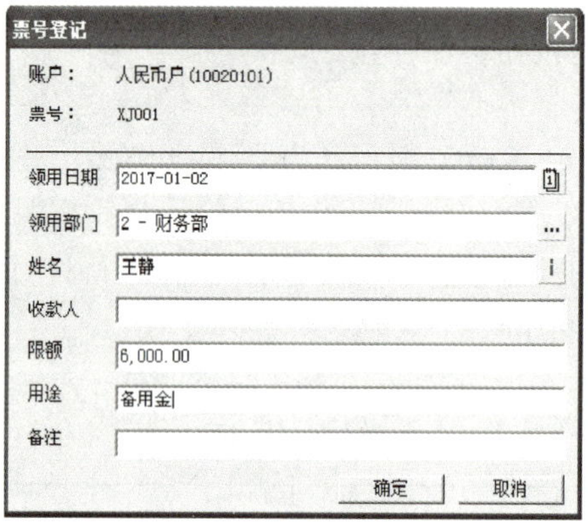

图 3-43　票号登记

注意：

➢选择支票控制（见总账系统参数设置）时，并且结算方式设置为票据管理（见结算方式设置）时，银行账辅助信息不能为空，并且该方式的票号应在支票登记簿中有记录。

4. 填制第 4 笔业务的记账凭证［辅助核算——数量核算（14030101）、供应商往来（2201）］

（1）在填制凭证过程中，输入数量科目“14030101”，打开“辅助项”对话框。

（2）输入数量“168”，单价“100”，如图 3-44 所示，单击“确定”按钮。

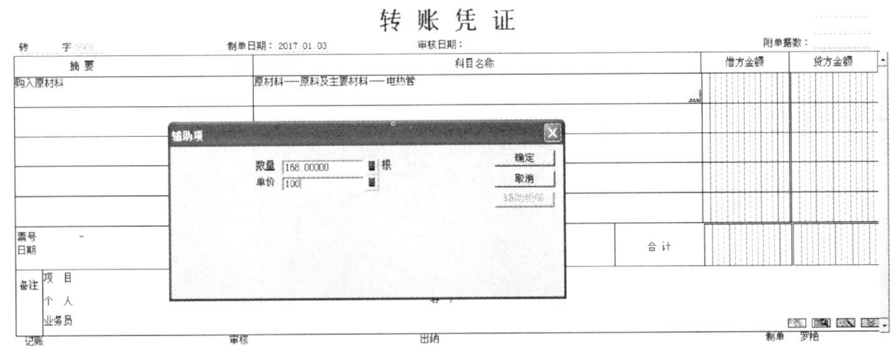

图 3-44　转账凭证

（3）按回车键，输入“2201”，打开“辅助项”对话框→输入供应商“广目公司”，业务员“张山”，发生日期“2017-01-03”，如图 3-45 所示；

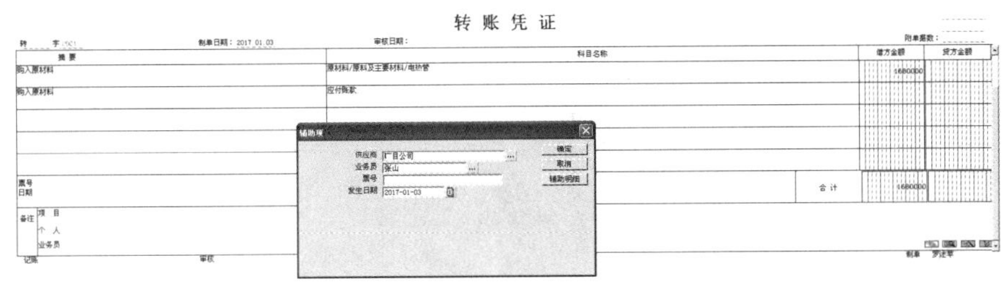

图 3-45　转账凭证

（4）单击“确定”按钮，并录入其他内容后保存凭证。

5. 填制第 5 笔业务的记账凭证［辅助核算——客户往来（1122）、项目核算（6001）］

（1）在填制凭证过程中，输入客户往来科目“1122”，打开“辅助项”对话框，如图 3-46 所示，录入以下信息：

客户：飞扬公司。

业务员：韩红。

发生日期：2017-01-04。

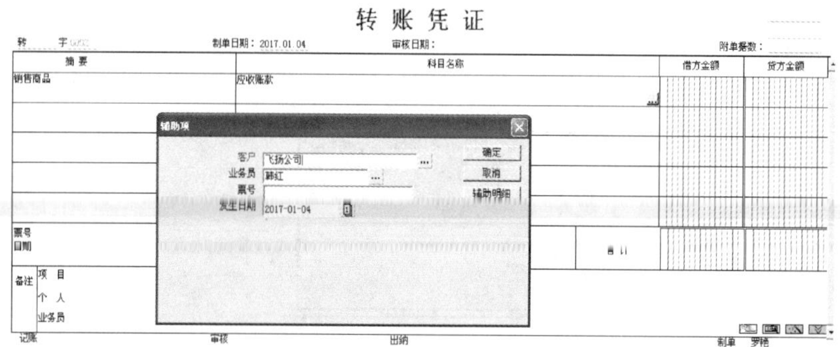

图 3-46 转账凭证

（2）单击“确定”按钮→录入借方金额“585 000”。

（3）按回车键，输入项目核算科目“6001”，打开“辅助项”对话框。

（4）输入项目名称“电暖器”，如图 3-47 所示，单击“确定”按钮。

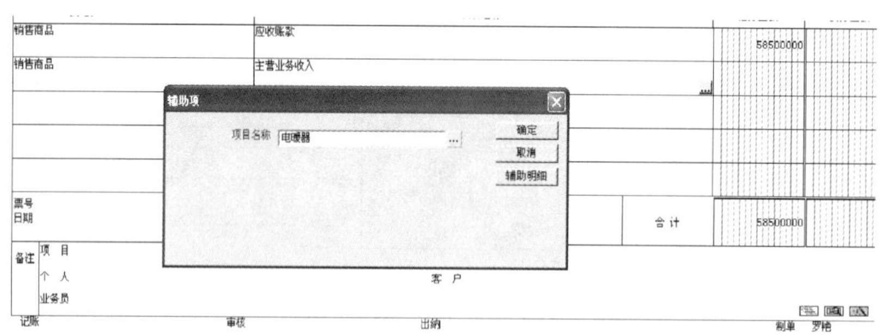

图 3-47 转账凭证

（5）录入贷方金额“500 000”。

（6）输入第三行科目“22210102”，贷方金额为“85 000”。

（7）完整填制凭证后并保存，如图 3-48 所示。

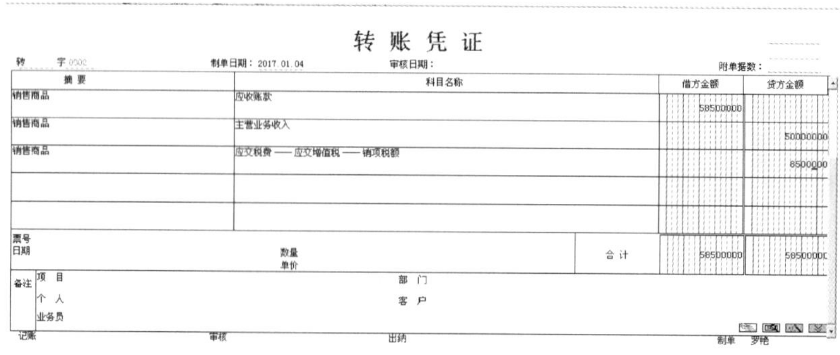

图 3-48 转账凭证

6. 填制第 6 笔业务的记账凭证［辅助核算——个人往来（1221）］

（1）在填制凭证过程中，输入个人往来科目“1221”，打开“辅助项”对话框。

（2）输入部门“销售一组”，个人“韩红”，发生日期“2017-01-07”，如图 3-49所示。

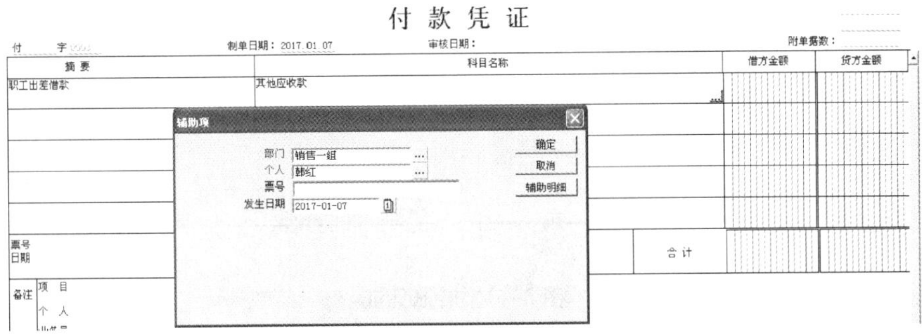

图 3-49　付款凭证

（3）单击“确定”按钮。

7. 填制第 7 笔业务的记账凭证：

项目核算（500101）操作步骤参照第 5 笔业务，数量核算（14030101）操作步骤参照第 4 笔业务［辅助核算——部门核算（660207）］。

（1）在填制凭证过程中，输入部门核算科目“660207”，打开“辅助项”对话框。

（2）输入部门“行政管理部”，如图 3-50 所示。

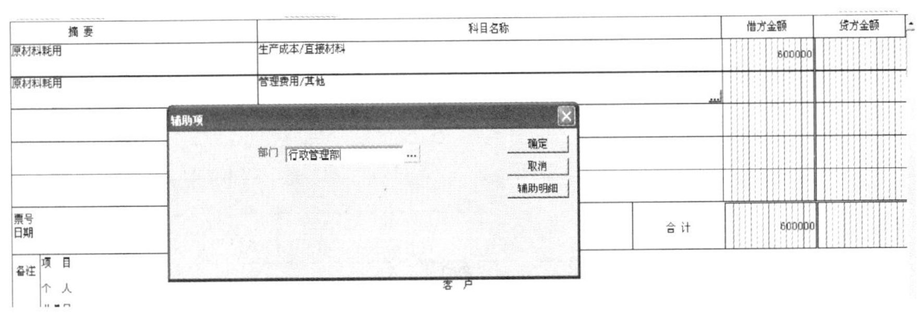

图 3-50　转账凭证

（3）单击“确定”按钮。

（4）完整填制凭证后保存，如图 3-51 所示。

转 账 凭 证

转 字 0003　　制单日期：2017.01.11　　审核日期：　　附单据数：

摘要	科目名称	借方金额	贷方金额
原材料耗用	生产成本——直接材料	600000	
原材料耗用	管理费用——其他	200000	
原材料耗用	原材料——原料及主要材料——电热管		800000
票号 日期	数量 单价	合计 800000	800000

备注　项　目　　部　门
　　　个　人　　客　户
　　　业务员

记账　　审核　　出纳　　制单　罗艳

图 3-51　转账凭证

注意：

➢数量辅助核算时，系统根据“数量×单价”自动计算出金额，并显示在借方金额处，如果方向不符，可以将光标移动到贷方，按空格键调整金额方向。

8. 填制第 8 笔业务的记账凭证

部门核算（660205）操作步骤参照第 7 笔业务、个人往来（1221）操作步骤参照第 6 笔业务。

操作步骤略，实验结果如图 3-52 所示。

收 款 凭 证

收 字 [illegible]　　制单日期：2017.01.24　　审核日期：　　附单据数：

摘要	科目名称	借方金额	贷方金额
报销差旅费	管理费用——差旅费	270000	
报销差旅费	库存现金	100000	
报销差旅费	其他应收款		370000
票号 日期 2017.01.24	数量 单价	合计 370000	370000

备注　项　目　　部　门　销售一组
　　　个　人　赫红　　客　户
　　　业务员

记账　　审核　　出纳　　制单　罗艳

图 3-52　收款凭证

9. 出纳签字

（1）重新注册，更换操作员为出纳 102 王静。

（2）执行“凭证”→“出纳签字”命令，打开“出纳签字”对话框。

（3）单击“确定”按钮，进入“出纳签字列表”。

（4）双击打开待签字的第 1 号“收款凭证”→单击“签字”按钮→单击“下

张凭证”按钮→单击“签字”按钮，直到将已填制的所有收付凭证进行出纳签字，或者找到“批处理”按钮，下拉选择“成批出纳签字”。

（5）退出该操作界面。

注意：

➢凭证中涉及指定为现金科目或银行科目时，才需要出纳签字。

➢要进行出纳签字的操作需满足三个条件：一是总账参数已设置了“出纳凭证必须经由出纳签字”，二是已指定了现金和银行科目，三是凭证中使用了设置为“日记账”辅助核算的会计科目。

➢凭证一经签字，就不能修改或删除，只有出纳自己取消签字后，才能修改或删除。

➢出纳签字不是必经环节，可以在设置总账参数时，依照企业具体情况选择“出纳凭证必须经由出纳签字”或不做选择。

10. 审核凭证

（1）重新注册，更换操作员为 101 周平。

（2）执行“凭证”→“审核凭证”命令，打开“凭证审核”对话框。

（3）单击“确定”按钮，进入“凭证审核列表”。

（4）双击打开待审核的第 1 号“收款凭证”→单击“审核”按钮（审核完成后，系统自动翻页到第 2 张待审核凭证）→单击“审核”按钮，直到将已填制的所有凭证审核签字，或者找到“批处理”按钮，下拉选择“成批审核凭证”。

（5）关闭该窗口退出。

注意：

➢制单人和审核人不能是同一人。本账套制单人为 103 罗艳，因此需要更换操作员进行审核。

➢未经审核的凭证不能记账，因此审核凭证为必经环节。

➢作废的凭证则不需要审核，可以直接记账。

11. 修改凭证

（1）由 101 周平执行“凭证”→“审核凭证”命令，打开“凭证审核”对话框→单击“确定”按钮，进入“凭证审核列表”。

（2）单击选择已审核的第 3 号“付款凭证”→单击“取消审核”按钮，取消审核签字→关闭该窗口。

（3）重新注册，更换操作员为出纳 102 王静。

（4）执行“凭证”→“出纳签字”命令，打开“出纳签字”对话框。

（5）单击“凭证类别”栏的下三角按钮，选择“付款凭证”。

（6）单击“月份”选项，在“凭证号”栏输入“3”，如图 3-53 所示。

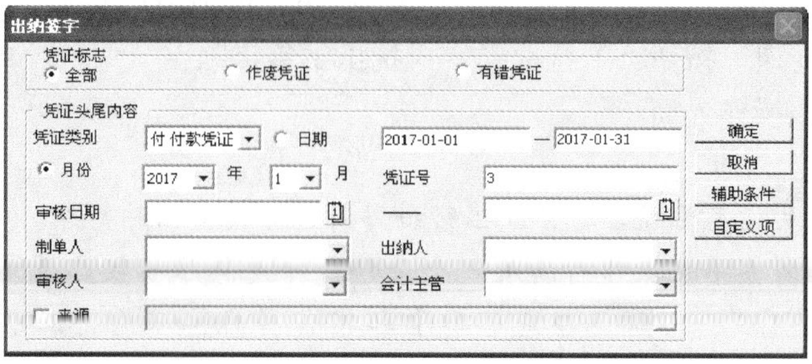

图 3-53　出纳签字

（7）单击“确定”按钮，进入“出纳签字列表”→双击进入付字 003 凭证。

（8）单击“取消”按钮，取消出纳签字→关闭该窗口退出。

（9）以 103 罗艳的身份登录企业应用平台，在“业务工作”列表框中，选择“财务会计”→“总账”→“凭证”→“填制凭证”→找到付字 003 凭证。

（10）在第 3 号付款凭证中，将借方和贷方金额均修改为“3700”→单击“保存”按钮。

（11）再更换操作员，由 102 王静对付字 003 凭证进行出纳签字，由“101 周平”对付字 003 凭证进行审核签字。

注意：

➢未经审核的凭证可以直接修改，但凭证类别和编号不能修改。

➢已审核和出纳签字的凭证，如果发现有错误，需要先取消审核和出纳签字（由原审核人和签字人分别登录取消审核和签字，取消的顺序不分先后），再修改凭证。

➢如果在总账的参数设置没有选中“允许修改、作废他人填制的凭证”，那么只能由原制单人修改凭证；如果选中了该选项，可以由非原制单人修改或作废他人填制的凭证，被修改凭证的制单人姓名保存后将变为现在修改凭证的人。

12. 删除凭证

（1）由“101 周平”取消对资料所述的“付字 0001”号凭证的审核签字。

（2）由“102 王静”取消对该凭证的出纳签字。

（3）由“103 罗艳”选择“财务会计”→“总账”→“凭证”→“填制凭证”→找到付字 001 凭证并打开。

（4）执行“作废/恢复”命令，凭证左上角显示“作废”，表示该凭证已作废。

（5）在“填制凭证”窗口，执行“整理凭证”命令，打开“凭证期间选择”对话框。

（6）选择凭证期间“2017.01”→单击“确定”按钮，打开“作废凭证表”对话框。

（7）双击要删除的凭证记录一行，选择要删除的作废凭证，如图 3-54 所示。

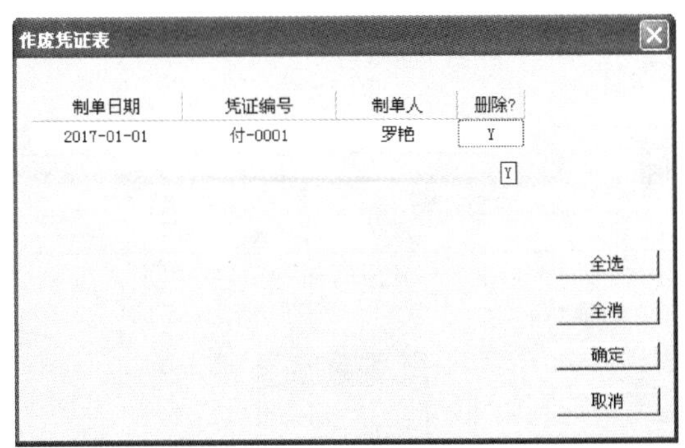

图 3-54　作废凭证表

（8）单击“确定”，系统提示“是否还需整理凭证断号”→选择“按凭证号重排”→单击“是”按钮，完成对剩下凭证的重新排号。

注意：

➢删除凭证前也应先取消审核签字和出纳签字。

➢删除凭证具体分两步：第一步必须先作废凭证，第二步整理凭证。

➢作废凭证不能被修改、审核，但应参与记账。

➢只能对未记账的凭证进行凭证整理。

➢查询账簿时，查不到作废凭证的数据。

13. 记账

（1）以 101 周平的身份登录企业应用平台，执行“凭证”→“记账”命令→选择“2017.01 月份凭证”，“记账范围”为“全选”，如图 3-55 所示→单击“记账”按钮，进入“期初试算平衡”窗口。

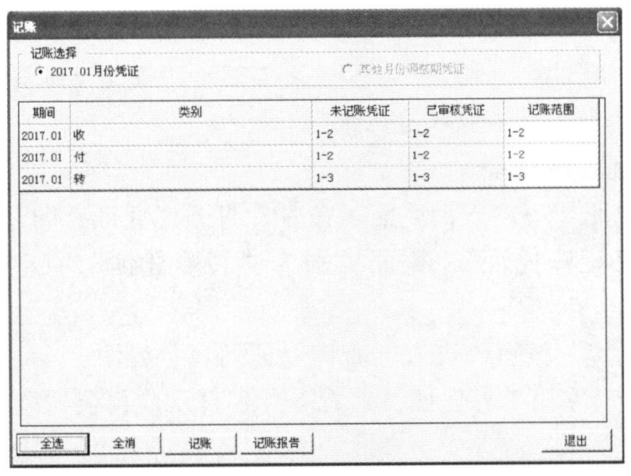

图 3-55　记账

（2）单击“确定”按钮，系统自动对有关的总账、明细账、辅助账进行登记，完成后弹出“记账完毕”提示框，如图 3-56 所示，→单击“确定”按钮，记账完毕→退出。

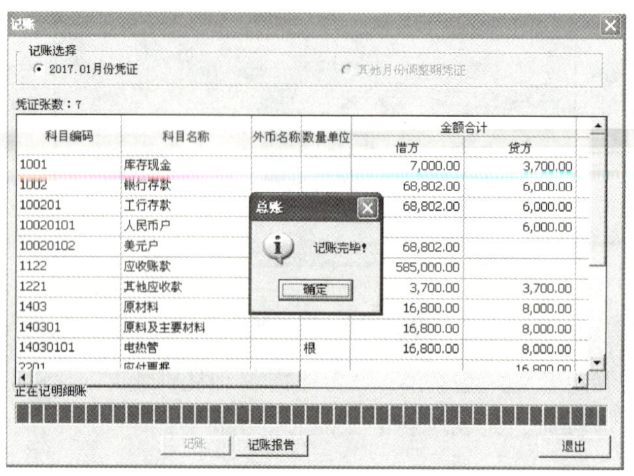

图 3-56　记账完毕

注意：

➢如果期初余额试算不平衡，不允许记账。

➢如果有未审核的凭证，不允许记账。

➢上月未结账，本月不能记账。

➢记账过程中如果发生断电，或者因其他原因造成记账中断，系统自动调用“恢复记账前状态”功能恢复数据，再重新选择记账。

➢如果记账后发现有数据需要修改，不得已需要取消记账，可人工调用“恢复记账前状态”功能恢复数据，修改数据后再重新选择记账。调用方法：在总账系统，执行“期末-对账”命令，在“对账”窗口按“Ctrl+H”键，提示“恢复记账前状态功能已被激活”后，找到“凭证”菜单下的“恢复记账前状态”功能即可。

➢已结账月份的数据，不能取消记账。

14. 查询已经记账的凭证

（1）执行“凭证”→“查询凭证”命令，打开“凭证查询”对话框。

（2）选择“已记账凭证”，凭证类别为“转账凭证”，在“凭证号”栏录入“1”。

（3）单击“确定”按钮，进入“查询凭证列表”界面。

（4）双击打开转字第 1 号凭证，查看 1 月 3 日从广目公司购入 168 根电热管业务的记账凭证。

（5）退出。

15. 冲销凭证

（1）以 103 罗艳登录系统，选择“财务会计”→“总账”→“凭证”→“填制凭证”→“冲销凭证”，打开“冲销凭证”对话框。

（2）单击“凭证类别”的下拉按钮，选择“转 转账凭证”→在“凭证号”栏录入“1”，如图 3-57 所示。

图 3-57　冲销凭证

（3）单击“确定”按钮，弹出如图 3-58 所示的转账凭证。

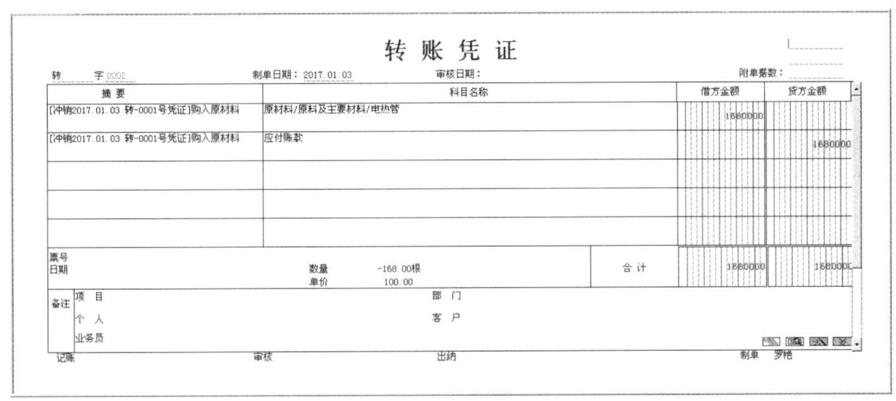

图 3-58　转账凭证

（4）退出。

注意：

➢对于已记账凭证，如果发现错误需要删除，可以通过生成一张红字冲销凭证达到删除目的。

➢已冲销的凭证仍需审核、签字、记账。

16. 账簿查询

（1）查询“6602 管理费用”总账（实现总账、明细账、凭证的联查）。

①以 101 周平登录系统，选择“财务会计”→“总账”→“账表”→“科目账”→“总账”，打开“总账查询条件”对话框。

②选择科目编码“6602”或直接录入“6602”→单击“确定”按钮，进入“管理费用总账”，如图 3-59 所示。

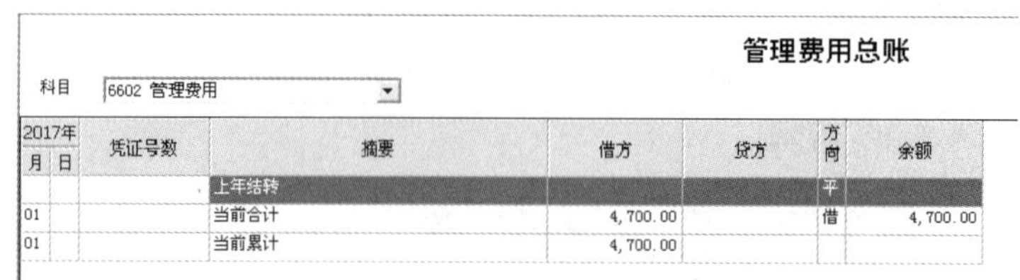

管理费用总账

科目 6602 管理费用

2017年 月	日	凭证号数	摘要	借方	贷方	方向	余额
			上年结转			平	
01			当前合计	4,700.00		借	4,700.00
01			当前累计	4,700.00			

图 3-59　管理费用总账

③单击选择“当前合计”栏→单击“明细”按钮，进入“管理费用明细账”，如图 3-60 所示。

管理费用明细账

科目 6602 管理费用　　月份：2017.01-2017.01

2017年 月	日	凭证号数	摘要	借方	贷方	方向	余额
01	11	转-0003	原材料耗用_行政管理部	2,000.00		借	2,000.00
01	24	收-0002	报销差旅费_销售一组	2,700.00		借	4,700.00
01			当前合计	4,700.00		借	4,700.00
01			当前累计	4,700.00		借	4,700.00

图 3-60　管理费用明细账

④单击“转-0003”所在行→单击“凭证”按钮，打开第 3 号转账凭证。

⑤退出该操作界面。

（2）查询“2017.01 余额表”。

①选择“财务会计”→“总账”→“账表”→“科目账”→“余额表”，打开“发生额及余额查询条件”对话框。

②单击“确定”按钮，进入“发生额及余额表”窗口，如图 3-61、图 3-62 所示。

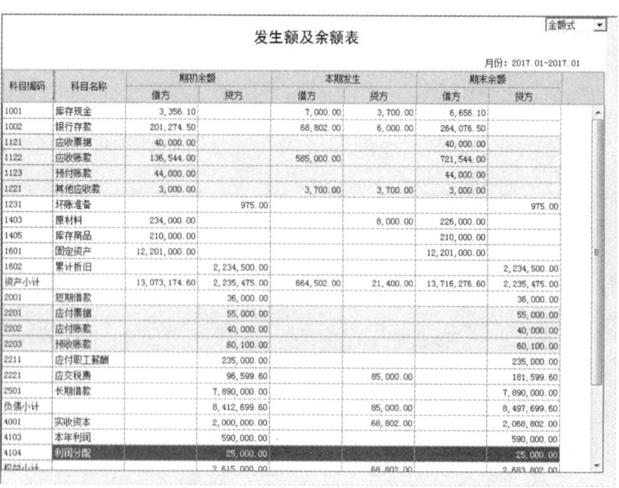

发生额及余额表

金额式　　月份：2017.01-2017.01

科目编码	科目名称	期初余额 借方	期初余额 贷方	本期发生 借方	本期发生 贷方	期末余额 借方	期末余额 贷方
1001	库存现金	3,356.10		7,000.00	3,700.00	6,656.10	
1002	银行存款	201,274.50		68,802.00	6,000.00	264,076.50	
1121	应收票据	40,000.00				40,000.00	
1122	应收账款	136,544.00		585,000.00		721,544.00	
1123	预付账款	44,000.00				44,000.00	
1221	其他应收款	3,000.00		3,700.00	3,700.00	3,000.00	
1231	坏账准备		975.00				975.00
1403	原材料	234,000.00			8,000.00	226,000.00	
1405	库存商品	210,000.00				210,000.00	
1601	固定资产	12,201,000.00				12,201,000.00	
1602	累计折旧		2,234,500.00				2,234,500.00
资产小计		13,073,174.60	2,235,475.00	664,502.00	21,400.00	13,716,276.60	2,235,475.00
2001	短期借款		36,000.00				36,000.00
2201	应付票据		55,000.00				55,000.00
2202	应付账款		40,000.00				40,000.00
2203	预收账款		60,100.00				60,100.00
2211	应付职工薪酬		235,000.00				235,000.00
2221	应交税费		96,599.60		85,000.00		181,599.60
2501	长期借款		7,890,000.00				7,890,000.00
负债小计			8,412,699.60		85,000.00		8,497,699.60
4001	实收资本		2,000,000.00		68,802.00		2,068,802.00
4103	本年利润		590,000.00				590,000.00
4104	利润分配		25,000.00				25,000.00
权益小计			2,615,000.00		68,802.00		2,683,802.00

图 3-61　发生额及余额表

金额式

发生额及余额表

月份：2017.01-2017.01

科目编码	科目名称	期初余额		本期发生		期末余额	
		借方	贷方	借方	贷方	借方	贷方
1403	原材料	234,000.00			8,000.00	226,000.00	
1405	库存商品	210,000.00				210,000.00	
1601	固定资产	12,201,000.00				12,201,000.00	
1602	累计折旧		2,234,500.00				2,234,500.00
资产小计		13,073,174.60	2,235,475.00	664,502.00	21,400.00	13,716,276.60	2,235,475.00
2001	短期借款		36,000.00				36,000.00
2201	应付票据		55,000.00				55,000.00
2202	应付账款		40,000.00				40,000.00
2203	预收账款		60,100.00				60,100.00
2211	应付职工薪酬		235,000.00				235,000.00
2221	应交税费		96,599.60		85,000.00		181,599.60
2501	长期借款		7,890,000.00				7,890,000.00
负债小计			8,412,699.60		85,000.00		8,497,699.60
4001	实收资本		2,000,000.00		68,802.00		2,068,802.00
4103	本年利润		590,000.00				590,000.00
4104	利润分配		25,000.00				25,000.00
权益小计			2,615,000.00		68,802.00		2,683,802.00
5001	生产成本	190,000.00		6,000.00		196,000.00	
成本小计		190,000.00		6,000.00		196,000.00	
6001	主营业务收入				500,000.00		500,000.00
6602	管理费用			4,700.00		4,700.00	
损益小计				4,700.00	500,000.00	4,700.00	500,000.00
合计		13,263,174.60	13,263,174.60	675,202.00	675,202.00	13,916,976.60	13,916,976.60

图 3-62　发生额及余额表

③找到“2202 应付账款”一行→单击“专项”按钮，打开余额表中的专项资料，如图 3-63 所示。

金额式

科目余额表

科目 2202 应付账款

月份：2017.01-2017.01

科目		供应商		方向	期初余额	借方	贷方	方向	期末余额
编码	名称	编号	名称		本币	本币	本币		本币
2202	应付账款	01	辽大公司	贷	24,000.00			贷	24,000.00
2202	应付账款	02	广目公司	贷	16,000.00			贷	16,000.00
合计：				贷	40,000.00			贷	40,000.00

图 3-63　科目余额表

④退出该操作界面。

（3）查询“6602 管理费用”明细账。

①选择“财务会计”→“总账”→“账表”→“科目账”→“明细账”，打开“明细账查询条件”对话框。

②选择科目编码“6602”或直接录入“6602”→单击“确定”按钮，进入“管理费用明细账”，如图 3-64 所示。

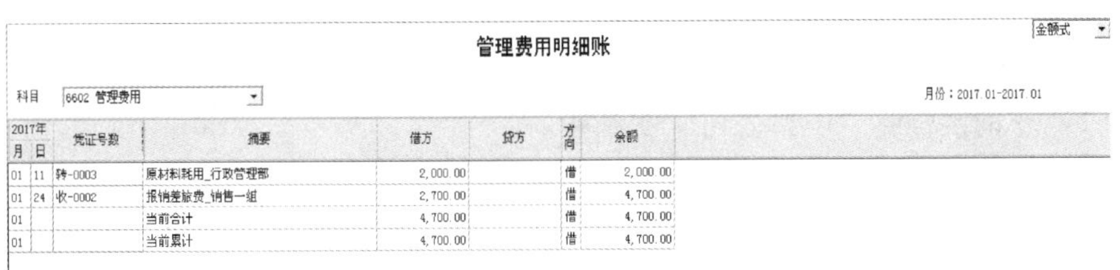

金额式

管理费用明细账

科目 6602 管理费用

月份：2017.01-2017.01

2017年		凭证号数	摘要	借方	贷方	方向	余额
月	日						
01	11	转-0003	原材料耗用_行政管理部	2,000.00		借	2,000.00
01	24	收-0002	报销差旅费_销售一组	2,700.00		借	4,700.00
01			当前合计	4,700.00		借	4,700.00
01			当前累计	4,700.00		借	4,700.00

图 3-64　管理费用明细账

③退出该操作界面。

（4）定义并查询“6602 管理费用”多栏账。

①选择“财务会计”→“总账”→“账表”→“科目账”→“多栏账”，进入“多栏账”窗口。

②单击“增加”按钮，进入“多栏账定义”。

③单击“核算科目”栏的下拉按钮，选择“6602 管理费用”，单击“自动编制”按钮，“栏目定义框”出现相关内容，如图 3-65 所示。

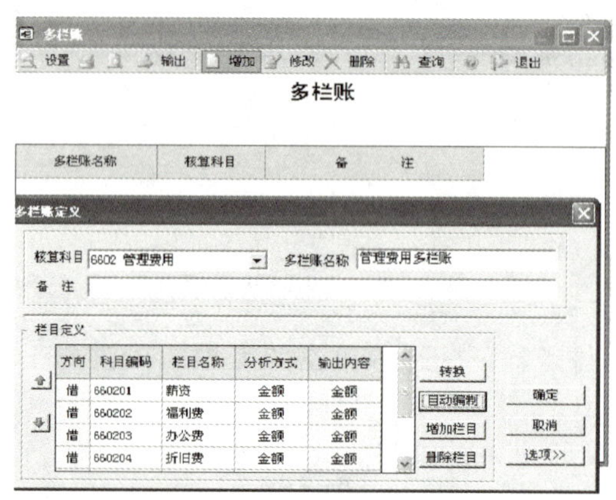

图 3-65　多栏账定义

④单击“确定”按钮，完成管理费用多栏账的设置；

⑤单击“查询”按钮，打开“多栏账查询”→单击“确定”按钮，显示管理费用多栏账，如图 3-66 所示。

多栏账

多栏 管理费用多栏账　　　　月份：2017.01-2017.01

2017年		凭证号数	摘要	借方	贷方	方向	余额	借方						
月	日							薪资	福利费	办公费	折旧费	差旅费	招待费	其他
01	11	转-0003	原材料耗用	2,000.00		借	2,000.00							2,000.00
01	24	收-0002	报销差旅费	2,700.00		借	4,700.00					2,700.00		
01			当前合计	4,700.00		借	4,700.00					2,700.00		2,000.00
01			当前累计	4,700.00		借	4,700.00					2,700.00		2,000.00

图 3-66　管理费用多栏账

17. 往来账查询

（1）查询供应商“广目公司”明细账。

①选择“财务会计”→“总账”→“账表”→“供应商往来辅助账”→“供应商往来明细账”→“供应商明细账”，进入“供应商明细账”查询条件对话框。

②选择供应商“广目公司”，单击“确定”按钮，查看广目公司明细账，如图 3-67 所示。

供应商明细账

月份：2017.01　-　2017.01

年	月	日	凭证号	供应商		科目		摘要	借方	贷方	方向	余额
				编码	名称	编码	名称		本币	本币		本币
				2	广目公司	1123	预付账款	期初余额			借	44,000.00
				2	广目公司	2202	应付账款	期初余额			贷	16,000.00
2017	1	3	转-0001	2	广目公司	2202	应付账款	购入原材料_2017.01.03_张山		16,800.00	贷	32,800.00
2017	1	11	转-0004	2	广目公司	2202	应付账款	[冲销2017.01.03　转-0001号凭证]…		-16,800.00	贷	16,000.00
				2	广目公司	2202	应付账款	小计			贷	16,000.00
								合计：			借	28,000.00

图 3-67　供应商明细账

（2）查询客户往来账龄分析。

选择“财务会计”→“总账”→“账表”→“客户往来辅助账”→“客户往来账龄分析”，进入“客户往来账龄”界面→选择科目“1122 应收账款”，单击“确定”按钮，查看客户往来账龄分析情况，如图 3-68 所示。

往来账龄分析

金额式

科目　1122 应收账款

客户　全部

币种：人民币

截止日期：2017-01-31

客户		方向	余额	1-30天		31-	61-90天		365 天以上		信用额度
编号	名称			金额	%		金额	%	金额	%	
1	飞扬公司	借	585,000.00	585,000.00	100.00						
2	宏光公司	借	41,590.00				41,590.00	100.00			
5	泰山公司	借	24,954.00				24,954.00	100.00			
8	地丰公司	借	70,000.00				70,000.00	100.00			
数量总计：	—		4	1			3				
金额总计：	—	借	721,544.00	585,000.00	81.08		136,544.00	18.92			

图 3-68　往来账龄分析

18. 输出账套

（1）在 D 盘中新建“999-2-2 总账系统日常业务处理”文件夹。

（2）由系统管理员 admin 注册系统管理，在“系统管理”窗口中，执行“账套”→“输出”命令，打开“账套输出”对话框。

（3）在“账套号”文本框中选择“999 广州鑫正电器有限公司”，将账套输出至“D：\ 999-2-2 总账系统日常业务处理”文件夹中。

（4）单击“确定”按钮，完成账套备份。

实验三　出纳管理

实验准备

引入已完成的“999-2-2 总账系统日常业务处理”的账套备份数据，将系统日期修改为“2017 年 1 月 31 日”，以出纳 102 王静的身份注册登录企业应用平台。

实验内容

◇查询日记账。

◇查询资金日报表。

◇登记支票登记簿。

◇银行对账。

◇账套备份。

实验资料

1. 转账支票

1月3日，采购部张山借转账支票一张，票号PL103，预计金额16 800元。

2. 银行对账期初数据

本企业日记账余额为201 274.50元，银行对账单期初余额为200 274.50元，其中企业已收而银行未收的未达账（2016年12月31日）1 000元。

3. 2017年1月银行对账单

2017年1月银行对账单如表3-22所示。

表3-22　　**2017年1月银行对账单**　　单位：元

日期	结算方式	票号	借方金额	贷方金额	余额
2017.01.02	201	XJ001		6 000	194 274.50
2017.01.03	202	PL103		16 800	177 474.50

实验指导

1. 查询日记账

（1）查询现金日记账。

执行“出纳”→“现金日记账”→输入查询条件，即科目“1001 库存现金”，默认年份“2017.01”→“确定”，进入“现金日记账”窗口，如图3-69所示。光标置于某行，单击“凭证”→“总账”按钮，可以实现相应的凭证、总账联查。

现金日记账　　金额式

科目 1001 库存现金　　月份：2017.01-2017.01

2017年 月	日	凭证号数	摘要	对方科目	借方	贷方	方向	余额
			上年结转				借	3,356.10
01	02	付-0001	提取备用金	10020101	6,000.00		借	9,356.10
01	02		本日合计		6,000.00		借	9,356.10
01	07	付-0002	职工出差借款	1221		3,700.00	借	5,656.10
01	07		本日合计			3,700.00	借	5,656.10
01	24	收-0002	报销差旅费	1221	1,000.00		借	6,656.10
01	24		本日合计		1,000.00		借	6,656.10
01			当前合计		7,000.00	3,700.00	借	6,656.10
01			当前累计		7,000.00	3,700.00	借	6,656.10
			结转下年				借	6,656.10

图3-69　现金日记账

（2）查询银行存款日记账，操作步骤略。

注意：

➢只有指定了现金科目和银行科目（本章实验一指定会计科目内容），才能查询现金日记账和银行存款日记账。

➢查询日记账时可以查询包含未记账凭证的日记账。

2. 查询资金日报表

执行“出纳”→“资金日报”→输入查询日期“2017-01-31”，选中“有余额无发生也显示”→“确定”→进入“资金日报表”窗口，如图3-70所示。

资金日报表

日期:2017.01.31

科目编码	科目名称	币种	今日共借	今日共贷	方向	今日余额	借方笔数	贷方笔数
1001	库存现金				借	6,656.10		
1002	银行存款				借	264,076.50		
合计					借	270,732.60		
		美元			借	10,000.00		

图3-70　查询资金日报表

注意：

➢该功能可以查询现金科目、银行存款科目某日的发生额及余额的情况。

➢查询资金日报表时可以查询包含未记账凭证的资金日报表。

3. 登记支票登记簿

(1) 执行“出纳”→“支票登记簿”，打开“银行科目选择”对话框→选择银行科目“10020101”→“确定”，进入“支票登记簿”窗口。

(2) 单击“增加”按钮→输入以下内容：

领用日期“2017.01.03”；

领用部门“采购部”；

领用人“张山”；

支票号“PL103”；

预计金额“16 800”；

用途“采购电热管”。

(3) 单击“保存”按钮，如图3-71所示。

支票登记簿

科目：人民币户(10020101)　　支票张数：2(其中：已报1 未报1)

领用日期	领用部门	领用人	支票号	预计金额	用途	报销日期	实际金额	领用部门编码
2017.01.02	财务部	王静	XJ001	6,000.00	备用金	2017.01.02	6,000.00	2
2017.01.03	采购部	张山	PL103	16,800.00	采购电热管			

预计未报金额 16,800.00　科目截止余额 借 195274.50　□已报销 □未报销

图3-71　登记支票登记簿

（4）完成后退出。

注意：

➢使用支票登记簿的条件有三个：一是总账系统参数中已设置了“支票控制”，二是结算方式已设置了“票据结算”，三是已指定了银行账的会计科目。

➢不同的银行账户要分别登记支票登记簿。

➢当支票登记簿中某一支票的报销日期为空时，表示该支票未报销；有报销日期则为已报销。

➢当支票支出后，在填制凭证时辅助核算界面输入该支票的结算方式和结算号，则系统会自动在支票登记簿中记录该号支票的报销日期，报销该支票。

4. 录入银行对账期初数据

（1）执行“出纳”→“银行对账”→“银行对账期初录入”，打开“银行科目选择”对话框。

（2）选择银行科目“10020101 人民币户”→单击“确定”按钮，进入“银行对账期初”窗口。

（3）录入以下信息：

单位日记账的调整前余额 201 274. 50 元。

银行对账单的调整前余额 200 274. 50 元。

（4）单击银行对账单“日记账期初未达账项”按钮，进入“企业方期初”窗口。

（5）单击“增加”按钮，如图 3-72 所示，录入以下信息：

凭证日期：2016-12-31。

借方金额：1 000 元。

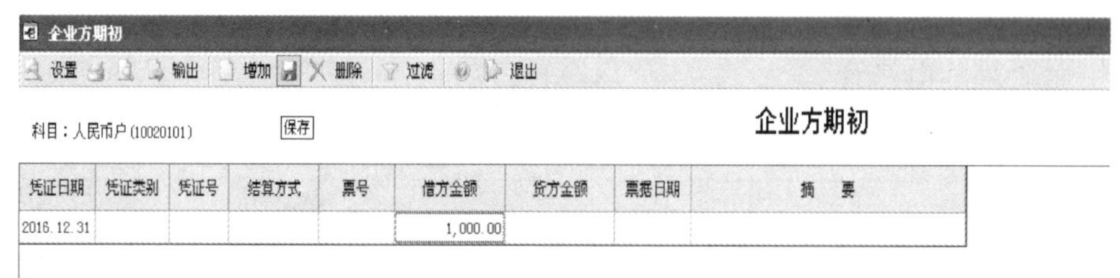

图 3-72　企业方期初

（6）单击“保存”→“退出”按钮，返回“银行对账期初”窗口，检查单位日记账和银行对账单的调整后余额相等，如图 3-73 所示→“退出”。

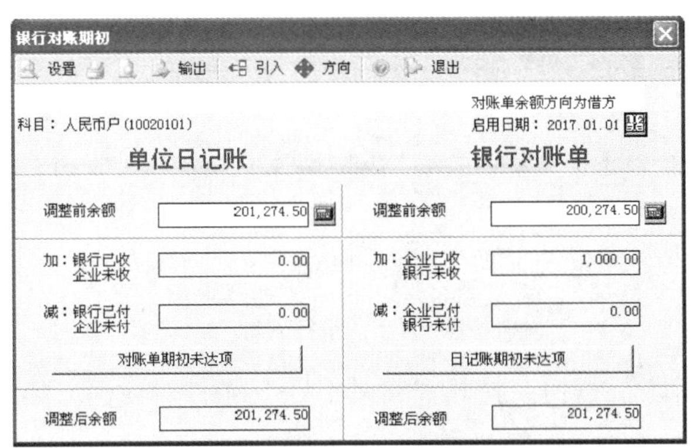

图 3-73　银行对账期初

5. 录入银行对账单

（1）执行“出纳”→“银行对账”→“银行对账单”，打开“银行科目选择”对话框→单击“确定”按钮，进入“银行对账单”窗口。

（2）单击“增加”按钮→如图 3-74 所示，选择或录入以下信息：

日期：2017-01-02。

结算方式：201。

票号：XJ001。

贷方金额：6 000。

日期：2017-01-03。

结算方式：202。

票号：PL103。

贷方金额：16 800 元。

银行对账单

科目：人民币户(10020101)　　对账单账面余额:177,474.50

日期	结算方式	票号	借方金额	贷方金额	余额
2017.01.02	201	XJ001		6,000.00	194,274.50
2017.01.03	202	PL103		16,800.00	177,474.50

177,474.50　□ 已勾对　□ 未勾对

图 3-74　银行对账单

（3）“保存”→退出。

6. 银行对账

（1）执行“出纳”→“银行对账”→“银行对账”，打开“银行科目选择”对话框。

（2）单击“确定”按钮，进入“银行对账”窗口，如图 3-75 所示。

科目：10020101（人民币户）

单位日记账

凭证日期	票据日期	结算方式	票号	方向	金额	两清	凭证号数	摘　要
2017.01.02	2017.01.02	201	XJ001	贷	6,000.00		付-0001	提取备用金
2016.12.31				借	1,000.00		-0000	

银行对账单

日期	结算方式	票号	方向	金额	两清	对账序号
2017.01.02	201	XJ001	贷	6,000.00		
2017.01.03	202	PL103	贷	16,800.00		

图 3-75　银行对账

（3）单击“对账”按钮，打开“自动对账”条件对话框，如图 3-76 所示。

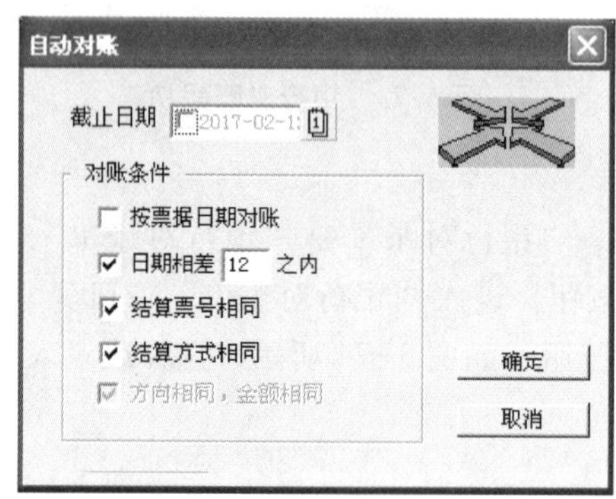

图 3-76　“自动对账”条件对话框

（4）在“自动对账”条件选择窗口中，单击“确定”按钮。
（5）单击“对账”按钮，出现对账结果，如图 3-77 所示。

科目：10020101（人民币户）

单位日记账

凭证日期	票据日期	结算方式	票号	方向	金额	两清	凭证号数	摘　要
2017.01.02	2017.01.02	201	XJ001	贷	6,000.00	Y	付-0001	提取备用金
2016.12.31				借	1,000.00		-0000	

银行对账单

日期	结算方式	票号	方向	金额	两清	对账序号
2017.01.02	201	XJ001	贷	6,000.00	Y	2018040800001
2017.01.03	202	PL103	贷	16,800.00		

图 3-77　自动对账

（6）单击“保存”按钮后退出该操作界面。

注意：

➢银行对账包括自动对账和手工对账两种方式。

➢自动对账是系统根据对账依据自动进行核对、勾销，对于已核对上的银行业务，系统将自动在银行存款日记账和银行对账单双方写上两清标志“○”、对账序号，并视为已达账项；对于在两清栏未写上两清符号的记录，则视其为未达账项。

➢手工对账是对自动对账的补充。在自动对账后，可能还有一些特殊的已达账没有对出来，而被视为未达账项，为了保证对账更彻底正确，可以用手工对账来进行调整。符号“√”表示两清。

7. 查看银行存款余额调节表

（1）执行“出纳”→“银行对账”→“余额调节表查询”命令，打开“银行科目选择”对话框。

（2）选择银行科目→单击“查看”按钮，进入“银行存款余额调节表”窗口。

（3）单击“详细”按钮，进入“余额调节表（详细）”窗口，如图3-78所示。

银行存款余额调节表

银行科目（账户）	对账截止日期	单位账账面余额	对账单账面余额	调整后存款余额
人民币户(10020101)		195,274.50	177,474.50	178,474.50
美元户(10020102)		10,000.00	0.00	10,000.00

图3-78 余额调节表

（4）查看后退出该操作界面。

注意：

➢银行存款余额调节表应显示账面余额平衡，如果不平衡应分别查看银行对账期初、银行对账单和银行对账是否正确。

➢在银行对账之后可以查询对账勾对情况，如果确认银行对账结果正确，可以使用“核销银行账”功能核销已达账项。

8. 输出账套

（1）在D盘中新建“999-2-3出纳管理”文件夹。

（2）由系统管理员admin注册系统管理，在“系统管理”窗口中，执行“账套”→“输出”命令，打开“账套输出”对话框。

（3）在“账套号”文本框中选择“999广州鑫正电器有限公司”，将账套输出至“D：\999-2-3出纳管理”文件夹中。

（4）单击“确定”按钮，完成账套备份。

第三节 薪资管理系统

功能概述

人力资源的核算和管理是企业管理的重要组成部分，其中对于企业员工的业绩考评和薪酬确定的正确与否更是关系到企业每一名职工的切身利益，对调动每一名职工的工作积极性、正确处理企业与职工之间的经济关系具有重要意义。薪资管理系统的任务是以职工个人的薪资原始数据为基础，计算应发工资、扣款小计和实发工资等，编制工资结算单；按部门和人员类别进行汇总，进行个人所得税计算；提供多种查询方式，打印薪资发放表、各种汇总表以及个人工资条；进行工资费用分配与计提，并实现自动转账处理。薪资管理系统的主要功能包括以下几个方面：

◇工资类别管理。薪资管理系统提供处理多个工资类别的功能。如果单位按周或月多次发放工资，或者单位中有多种不同类别（部门）的人员，工资发放项目和计算公式不同，但需要进行统一工资核算管理，应选择建立多个工资类别。如果单位中所有人员的工资统一管理，而且人员的工资项目、工资计算公式全部相同，只需要建立单个工资类别，以提高系统的运行效率。

◇人员档案管理。薪资管理系统可以设置人员的基础信息并对人员变动进行调整，另外系统也提供了设置人员附加信息的功能。

◇薪资数据管理。薪资管理系统根据不同企业的需要设计工资项目和计算公式；管理所有人员的工资数据，并对平时发生的工资变动进行调整；自动计算个人所得税，结合工资发放形式进行扣零处理或向代发的银行传输工资数据；自动计算、汇总工资数据；自动完成工资分摊、计提、转账业务。

◇账簿管理。薪资管理系统提供按多种条件查询总账、日记账以及明细账等，具有总账、明细账和凭证联查功能。

◇薪资报表管理。薪资管理系统提供多层次、多角度的工资数据查询。

实验目的与要求

系统地学习薪资系统初始化、日常业务处理的主要内容和操作方法。要求掌握建立工资账套、建立工资类别、建立人员类别、设置工资项目和计算公式的方法。了解工资账套与企业账套的区别；掌握工资数据计算、个人所得税的方法；掌握工资分摊和生成转账凭证的方法。熟悉查询有关账表资料并进行统计分析的方法。

教学建议

了解薪资管理系统在人力资源管理系统中的地位，并且要理解薪资管理系统与总账的数据关系。

建议本章讲授4课时，上机练习4课时。

实验一　薪资管理系统初始化

实验准备

引入已完成的上个实验的账套备份数据，将系统日期修改为“2017年1月1日”，以“104何军”的身份注册登录企业应用平台。

实验内容

◇建立工资账套。

◇基础设置。

◇工资类别管理。

◇设置在岗人员工资账套的工资项目。

◇设置人员档案。

◇设置计算公式。

◇账套备份。

实验资料

1. 工资账套系统参数

（1）工资类别个数：多个。

（2）工资核算本位币：人民币。

（3）不核算计件工资。

（4）自动代扣个人所得税，不进行扣零处理。

2. 人员附加信息

人员附加信息为“性别”和“学历”。

3. 工资项目

工资项目如表 3-23 所示。

表 3-23　　工资项目情况

工资项目名称	类型	数据长度	小数位	增减项
基本工资	数字	12	2	增项
奖金	数字	12	2	增项
交补	数字	12	2	增项
应发合计	数字	12	2	增项
个人养老保险	数字	12	2	减项
个人医疗保险	数字	12	2	减项
住房公积金	数字	12	2	减项
缺勤扣款	数字	12	2	减项
代扣税	数字	12	2	减项
扣款合计	数字	12	2	减项
实发合计	数字	12	2	增项
缺勤天数	数字	12	2	其他

4. 工资类别和工资项目

（1）工资类别分为在职人员、退休人员，并且在岗人员分布在各个部门，退休人员只属于退休办。

（2）启用日期：2017-01-01。

（3）在职人员工资类别：包括所有工资项目。

（4）退休人员工资类别：只有基本工资和住房公积金两个项目。

5. 人员档案

人员档案如表 3-24 所示。

表 3-24 人员档案

人员编码	人员姓名	性别	学历	雇佣状态	人员类别	隶属部门	银行名称	银行账号
101	李东	男	硕士	在职	管理人员	行政管理部	工行广州珠江支行	88022045301
102	周平	男	硕士	在职	管理人员	财务部	工行广州珠江支行	88022045302
103	王静	女	本科	在职	管理人员	财务部	工行广州珠江支行	88022045303
104	罗艳	女	本科	在职	管理人员	财务部	工行广州珠江支行	88022045304
105	何军	男	本科	在职	管理人员	财务部	工行广州珠江支行	88022045305
106	刘彤	男	本科	在职	管理人员	财务部	工行广州珠江支行	88022045306
107	陈英	女	大专	在职	车间管理人员	生产部	工行广州珠江支行	88022045307
108	尹力	男	高中	在职	生产工人	生产部	工行广州珠江支行	88022045308
109	张山	女	本科	在职	业务人员	采购部	工行广州珠江支行	88022045309
110	韩红	女	大专	在职	业务人员	销售一组	工行广州珠江支行	88022045310
111	赵海	男	本科	在职	业务人员	销售二组	工行广州珠江支行	88022045311
901	陈斯	男	高中	离退	退休人员	退休办	工行广州珠江支行	99022045312
902	沈明月	女	大专	离退	退休人员	退休办	工行广州珠江支行	99022045313
903	丘文	男	高中	离退	退休人员	退休办	工行广州珠江支行	99022045314

6. 银行名称

（1）银行编号：05。

（2）银行名称：工行广州珠江支行。

（3）账号长度：11。

（4）自动带出账号长度：9。

7. 计算公式

（1）“在职人员”工资项目计算公式如下：

①应发合计=基本工资+奖金+交补

②扣款合计=代扣税+个人养老保险+个人医疗保险+住房公积金+缺勤扣款

③管理人员和业务人员的交补为 500 元，其他人员的交补为 200 元。

④个人养老保险=(基本工资+奖金+交补)×0.08

⑤个人医疗保险=(基本工资+奖金+交补)×0.02

⑥住房公积金=(基本工资+奖金+交补)×0.08

⑦缺勤扣款=基本工资/22×缺勤天数

（2）“退休人员”工资项目计算公式如下：

住房公积金=基本工资×0.08

实验指导

1. 建立工资套

（1）用“104 何军”登录企业应用平台，执行“人力资源”→“薪资管理”命令，打开“建立工资套—参数设置”对话框。

（2）选择本账套所需处理的工资类别个数为多个，如图 3-79 所示。

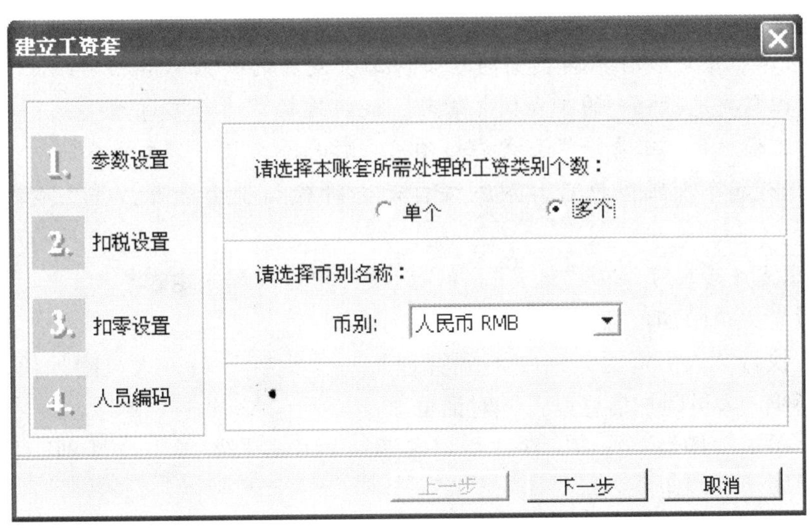

图 3-79　建立工资套—参数设置

（3）单击“下一步”按钮，打开“建立工资套—扣税设置”对话框，勾选“是否从工资中代扣个人所得税”选项，如图 3-80 所示。

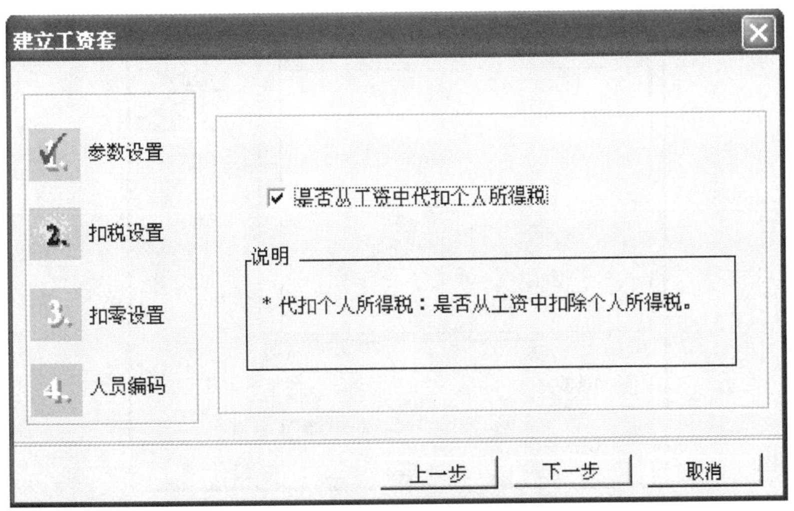

图 3-80　建立工资套—扣税设置

（4）单击“下一步”按钮，打开“建立工资套—扣零设置”对话框，不勾选

"扣零"复选框，直接单击"下一步"按钮，然后单击"完成"按钮，完成建立工资套的过程。

注意：

➢工资账套与企业核算账套全然不同，企业核算账套是针对整个 ERP 系统而言的，而工资账套就只针对 ERP 系统中的薪资管理系统。可以说工资账套是企业核算账套的一个组成部分。

➢如果单位中有多种不同类别的人员，工资发放的项目不尽相同，计算公式也不相同，但需要进行统一的工资核算管理，就应选择"多个"工资类别；反之，如果人员的工资项目、工资计算公式全部相同，则选择"单个"工资类别。

➢选择代扣个人所得税后，系统将自动进行代扣税金计算，并生成工资项目"代扣税"。

➢建账完成后，可以在"设置"→"选项"中修改部分建账参数。

2. 设置人员附加信息

（1）执行"人力资源"→"薪酬管理"→"设置"→"人员附加信息设置"命令，打开"人员附加信息设置"对话框。

（2）单击"增加"按钮，在"栏目参照"栏中选择并单击"性别"按钮，然后单击"增加"按钮。

（3）在"栏目参照"栏中选择并单击"学历"，然后单击"增加"按钮，如图 3-81 所示。

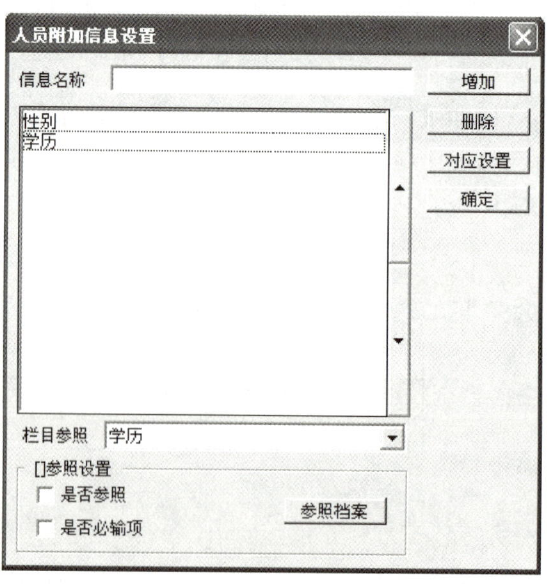

图 3-81　人员附加信息设置

（4）最后单击"确定"按钮，完成设置。

注意：

➢已使用过的人员附加信息不能删除，但可以修改。

3. 设置工资项目

（1）执行“人力资源”→“薪酬管理”→“设置”→“工资项目设置”命令，打开“工资项目设置”对话框。

（2）单击“增加”按钮，从右侧“名称参照”下拉列表处选择“基本工资”，修改“基本工资”的如下项目内容：

①类型：数字。

②长度：12。

③小数：2。

④增减项：增项。

具体如图3-82所示。

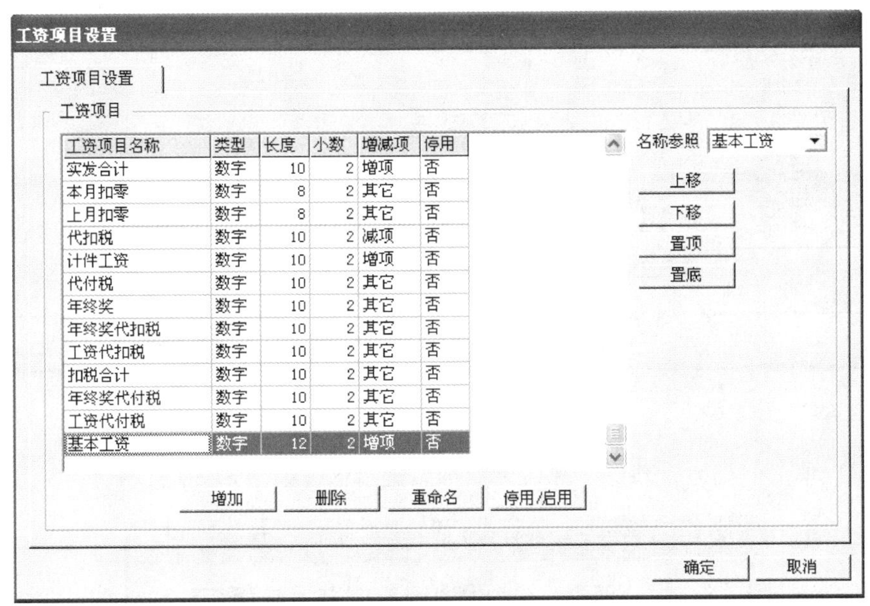

图3-82　工资项目设置

（3）以此类推，新增“奖金”“交补”“缺勤扣款”“缺勤天数”这些工资项目名称及其项目内容。

（4）对已存在的工资项目“应发合计”“代扣税”“实发合计”“扣款合计”，根据实验资料修改其项目内容。

（5）对于原工资项目和名称参照中没有设定的“工资项目”，单击“新增”按钮，在左侧对话框中直接录入如下相关信息：

①工资项目名称：个人养老保险。

②类型：数字。

③数据长度：12。

④小数位：2。

⑤增减项：减项。

（6）依此类推，直接新增录入工资项目“个人医疗保险”“住房公积金”，并修改其项目内容。

具体如图 3-83 所示。

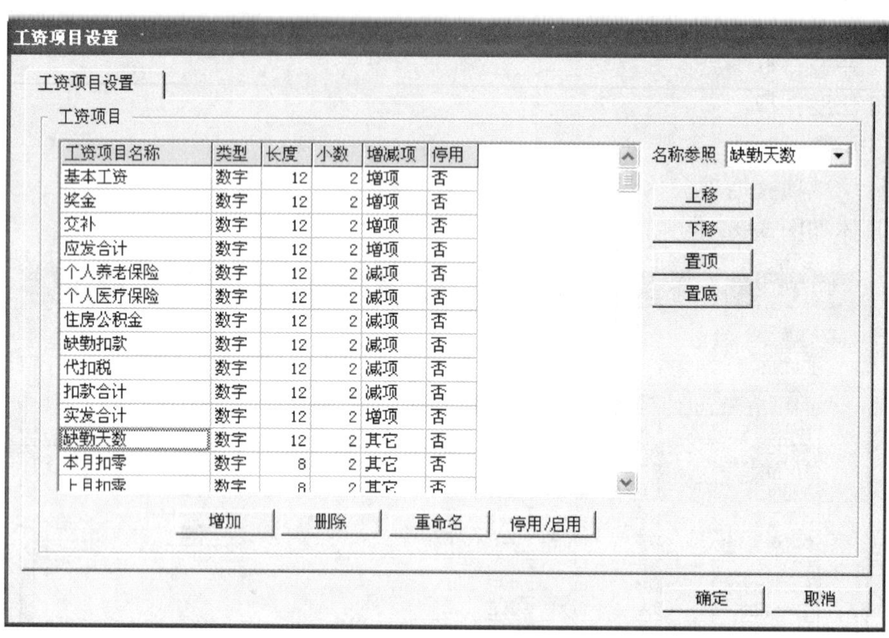

图 3-83　工资项目设置

（7）单击“确定”按钮，系统弹出信息提示框，如图 3-84 所示。

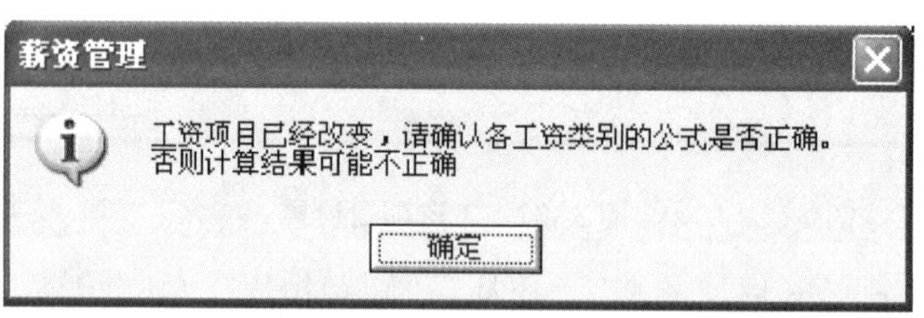

图 3-84　信息提示框

（8）单击“确定”按钮，结束工资项目设定。

注意：

➢系统提供的固定工资项目不能修改和删除。

➢此处设置的工资项目是针对所有工资类别所需要使用的全部工资项目。

4. 建立工资类别

（1）执行“人力资源”→“薪酬管理”→“工资类别”→“新建工资类别”命令，打开“新建工资类别”对话框。

（2）输入工资类别名称为“在职人员”，如图 3-85 所示。

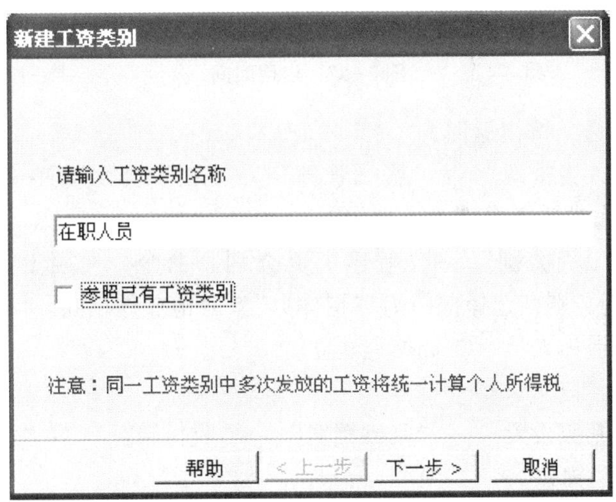

图 3-85　新建工资类别

（3）单击“下一步”按钮，在“请选择部门”对话框中选择“行政管理部”“财务部”“采购部”“销售一组”“销售二组”“生产部”，如图 3-86 所示。

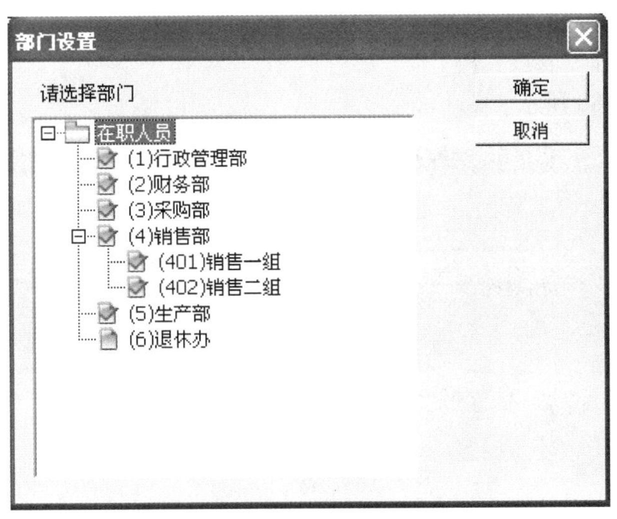

图 3-86　选择部门

（4）单击“完成”按钮，以“2017-01-01”为当前工资类别的启用时间，如图 3-87 所示。

图 3-87　启用时间

（5）单击“是”按钮返回。

（6）执行“人力资源”→“薪酬管理”→“工资类别”→“关闭工资类别”命令，关闭在职人员工资类别。

（7）执行“工资类别”→“新建工资类别”命令，参照上述实验步骤建立“退休人员”工资类别，选择部门为“退休办”，其他操作相同。

（8）完成“退休人员”工资类别建立。

5. 设置银行名称

（1）执行“基础设置”→“基础档案”→“收付结算”→“银行档案”命令，打开“银行档案”窗口。

（2）单击“增加”按钮，打开“增加银行档案”对话框，根据实验资料录入以下相关信息：

①银行编号：05。

②银行名称：工行广州珠江支行。

③账号长度：11。

④自动带出账号长度：9。

具体如图 3-88 所示。

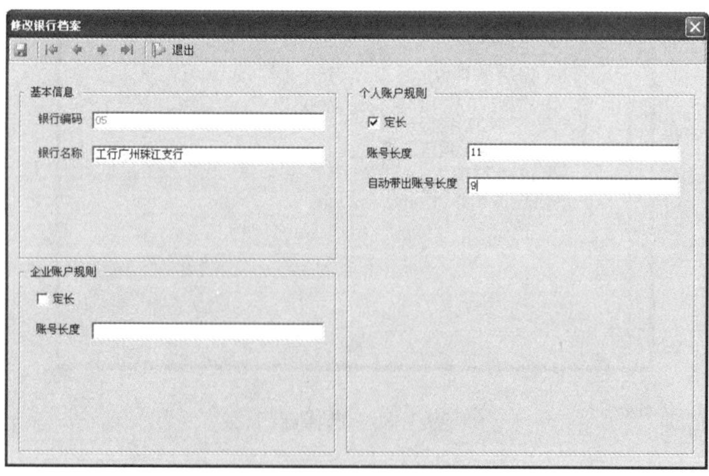

图 3-88　增加银行档案

(3) 单击“确定”按钮，再单击“退出”按钮，完成银行名称设置。

6. 设置工资套人员档案

(1) 设置在职人员工资套人员档案。

①执行“人力资源”→“薪酬管理”→“工资类别”→“打开工资类别”命令，进入“打开工资类别”对话框，选择“在职人员”工资类别，单击“确定”按钮，如图 3-89 所示。

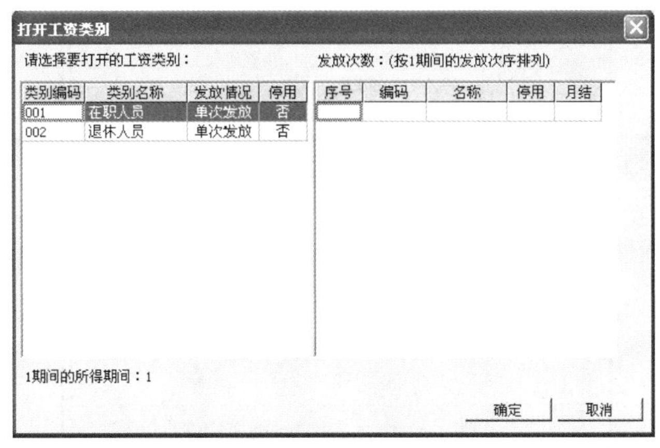

图 3-89　选择“在职人员”工资类别

②执行“人力资源”→“薪酬管理”→“设置”→“人员档案”命令，进入“人员档案”窗口。

③单击“批增”按钮，打开“人员批量增加”对话框。

④在左侧窗口中选中在职人员所在部门，单击右侧窗口中的“查询”按钮，出现人员列表，如图 3-90 所示。

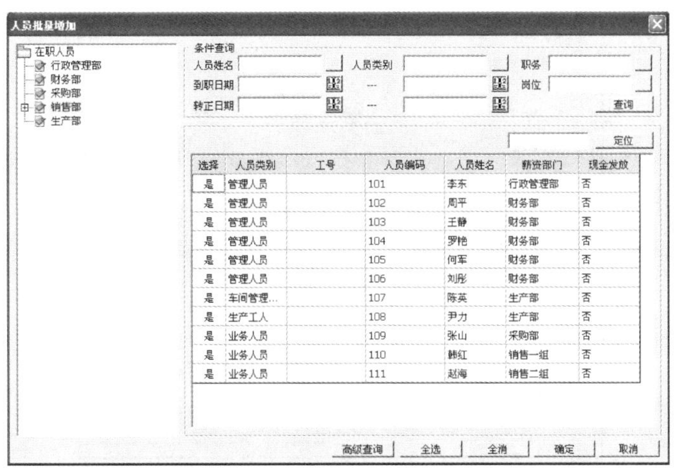

图 3-90　批量增加人员

⑤单击“确定”按钮，返回“人员档案”窗口，双击“101 李东”人员档案记录条，打开“人员档案明细”对话框，在“基本信息”选项卡中，补充以下相关信息：

银行名称：工行广州珠江支行。

银行账号：88022045301。

具体如图 3-91 所示。

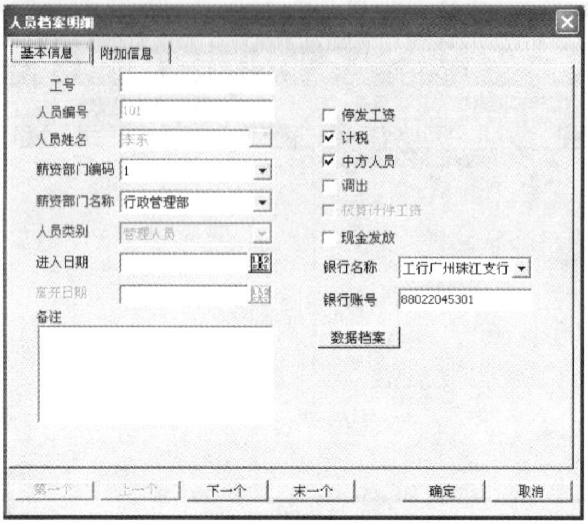

图 3-91 人员档案明细——基本信息

⑥单击“附加信息”选项卡，录入以下相关信息：

性别：男。

学历：硕士。

具体如图 3-92 所示。

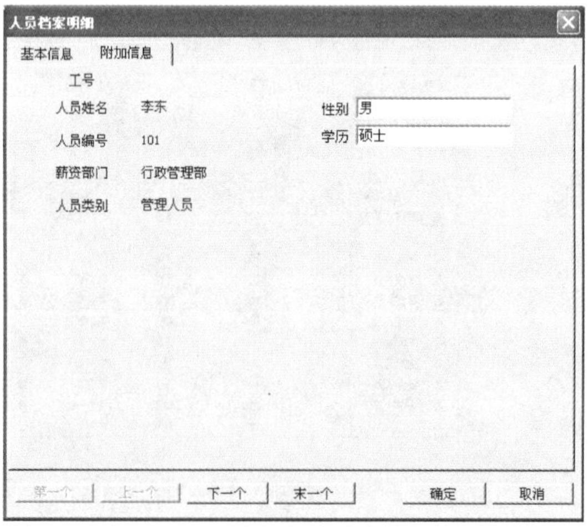

图 3-92 人员档案明细——附加信息

⑦单击“确定”按钮，系统提示“写入该人员档案信息”，单击“确定”按钮，返回。

⑧以此类推，根据实验数据，继续补录其他人员档案信息。

⑨单击“退出”按钮，完成录入。

注意：

➢如果在银行档案中设置了“银行账号定长”，则在输入一个人员档案的银行账号后，再输入第二个银行账号时，系统将自动带出银行账号定长的账号。

➢账号长度必须符合银行档案中设置的银行账号定长。

（2）设置退休人员工资账套人员档案。

①执行“人力资源”→“薪酬管理”→“工资类别”→“关闭工资类别”命令。

②执行“人力资源”→“薪酬管理”→“工资类别”→“打开工资类别”命令，进入“打开工资类别”对话框，选择“退休人员”工资类别，单击“确定”按钮，如图 3-93 所示。

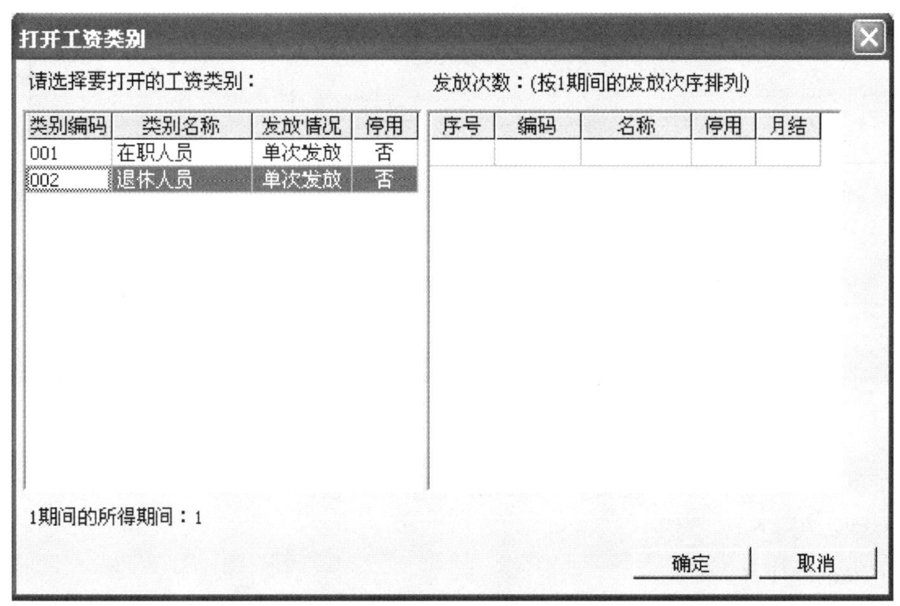

图 3-93　选择“退休人员”工资类别

③执行“人力资源”→“薪酬管理”→“设置”→“人员档案”命令，进入“人员档案”窗口。

④单击“批增”按钮，打开“人员批量增加”对话框。

⑤在左侧窗口中选中“退休办”，单击右侧窗口中的“查询”按钮，出现人员列表。

⑥单击“确定”按钮，返回“人员档案”窗口，双击人员档案记录条，打开

“人员档案明细”对话框。在“基本信息”选项卡中，补充以下相关信息：

银行名称：工行广州珠江支行。

银行账号：99022045312。

具体如图 3-94 所示。

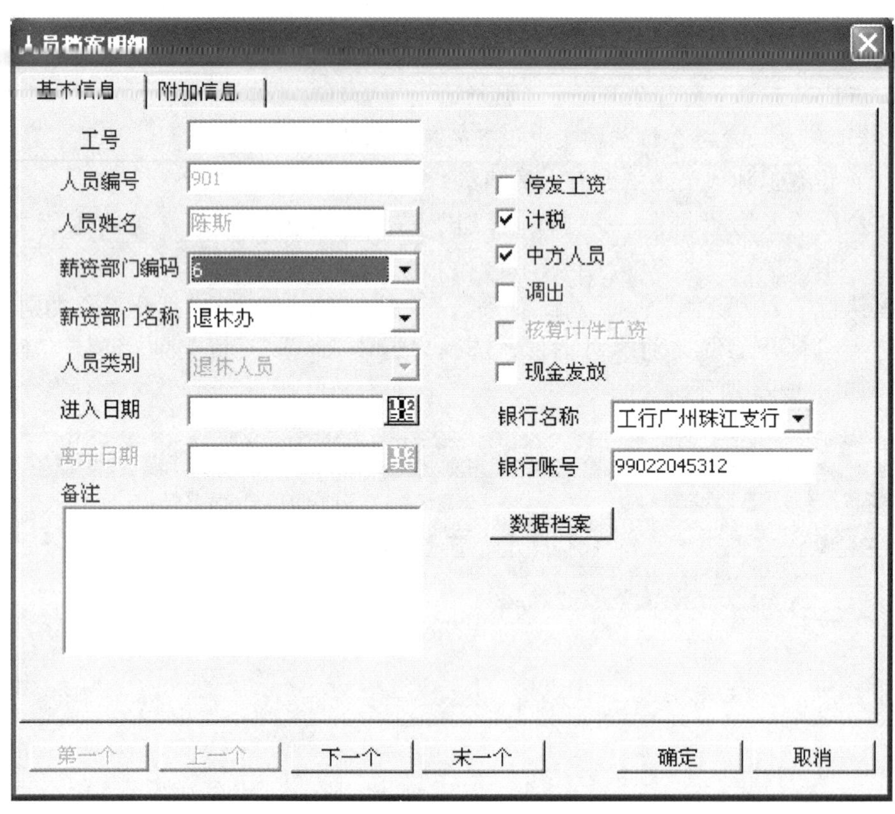

图 3-94　人员档案明细——基本信息

⑦单击“附加信息”选项卡，录入以下相关信息：

性别：男。

学历：高中。

具体如图 3-95 所示。

⑧单击“确定”按钮，系统提示“写入该人员档案信息”，单击“确定”按钮，返回。

⑨以此类推，根据实验数据，继续补录其他退休人员档案信息。

⑩单击“退出”按钮，完成录入。

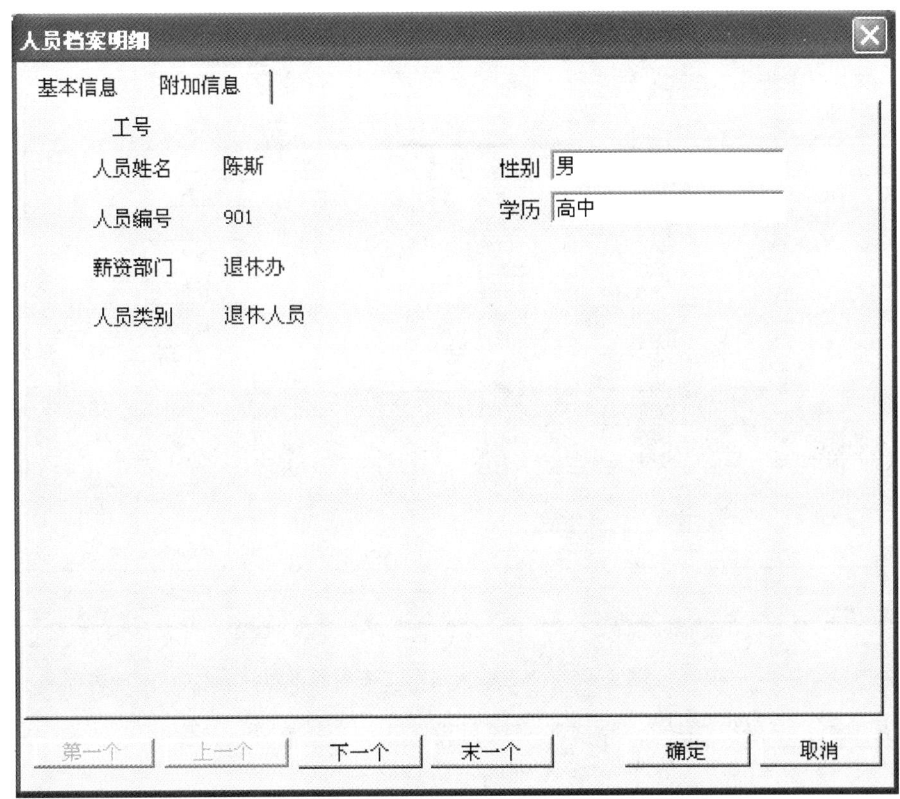

图 3-95 人员档案明细——附加信息

7. 设置工资类别的工资项目

（1）设置“在职人员”工资类别的工资项目。

①执行“人力资源”→“薪酬管理”→“工资类别”→“关闭工资类别”命令。

②执行“人力资源”→“薪酬管理”→“工资类别”→“打开工资类别”命令，进入“打开工资类别”对话框，选择“在职人员”工资类别，单击“确定”按钮。

③执行“人力资源”→“薪酬管理”→“设置”→“工资项目设置”命令，打开“工资项目设置”对话框。

④单击“增加”按钮，再选择“名称参照”中的“基本工资”，“基本工资”项目将自动移到左侧项目栏中。

⑤以此类推，根据实验资料，继续移动其他工资项目至项目栏中，包括“奖金”“交补”“个人养老保险”“个人医疗保险”“住房公积金”“缺勤扣款”“缺勤天数”，如图 3-96 所示。

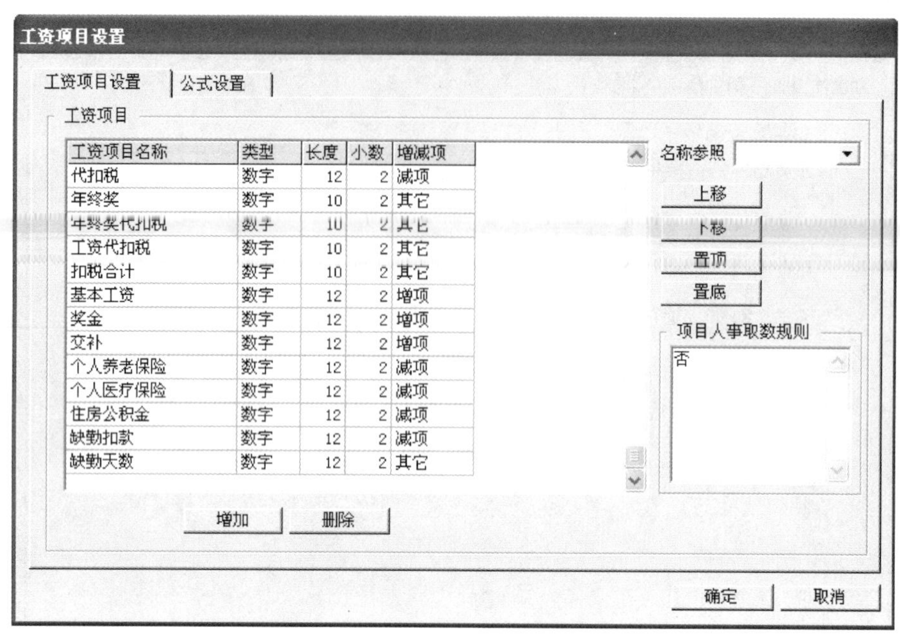

图 3-96 “在职人员”工资项目设置

⑥单击“确定”按钮，完成工资项目设置。

（2）设置“退休人员”工资类别的工资项目。

①执行“人力资源”→“薪酬管理”→“工资类别”→“关闭工资类别”命令。

②执行“人力资源”→“薪酬管理”→“工资类别”→“打开工资类别”命令，进入“打开工资类别”对话框，选择“退休人员”工资类别，单击“确定”按钮。

③执行“人力资源”→“薪酬管理”→“设置”→“工资项目设置”命令，打开“工资项目设置”对话框。

④单击“增加”按钮，再选择“名称参照”中的“基本工资”，“基本工资”项目将自动移到左侧项目栏中。

⑤以此类推，根据实验资料，继续移动“住房公积金”至项目栏中，如图 3-97 所示。

⑥单击“确定”按钮，完成工资项目设置。

注意：

➢在未打开任何工资账套之前，可以设置所有的工资项目；当打开某一工资账套后，仅可以根据本工资账套需要对已经设置的工资项目进行选择。

➢已选择的工资项目可以进行公式定义。

➢已输入数据的工资项目和已设置计算公式的工资项目不能删除。

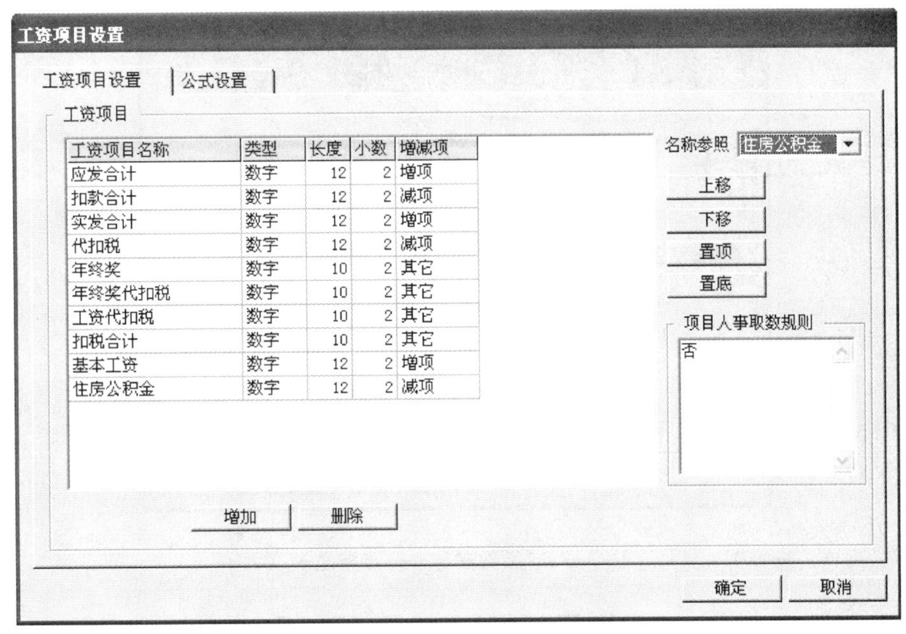

图 3-97 “退休人员”工资项目设置

8. 设置计算公式

(1) 设置“在职人员”工资项目计算公式。

①执行“人力资源”→“薪酬管理”→“工资类别”→“关闭工资类别”命令。

②执行“人力资源”→“薪酬管理”→“工资类别”→“打开工资类别”命令，进入“打开工资类别”对话框，选择“在职人员”工资类别，单击“确定”按钮。

③执行“薪酬管理”→“设置”→“工资项目设置”命令，打开“工资项目设置”对话框，选择“公式设置”选项卡。

④单击左侧“增加”按钮，选择“交补”工资项目。

⑤单击“函数公式向导输入”按钮，打开“函数向导——步骤之 1”对话框。

⑥单击选中“函数名”列表中的“iff”，如图 3-98 所示。

⑦单击“下一步”按钮，打开“函数向导——步骤之 2”对话框，单击“逻辑表达式”栏的参照按钮，打开“参照”对话框，选择“人员类别”，再单击选中“管理人员”，如图 3-99 所示。

⑧单击“确定”按钮，返回“函数向导——步骤之 2”对话框，在已生成的逻辑表达式后输入“or”，注意前后必须空格，继续单击右侧参照按钮，选择人员类别为“业务人员”。在“算术表达式 1”中输入“500”，在“算术表达式 2”中输入“200”，如图 3-100 所示，单击“完成”按钮，返回设置界面，再单击“公式确

认”按钮。

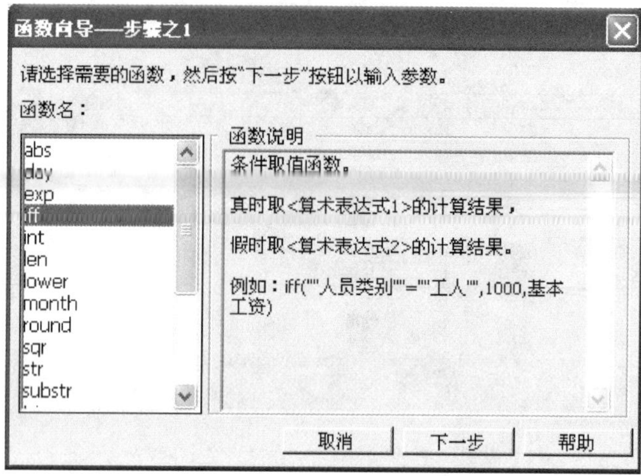

图 3-98　函数向导——步骤之一

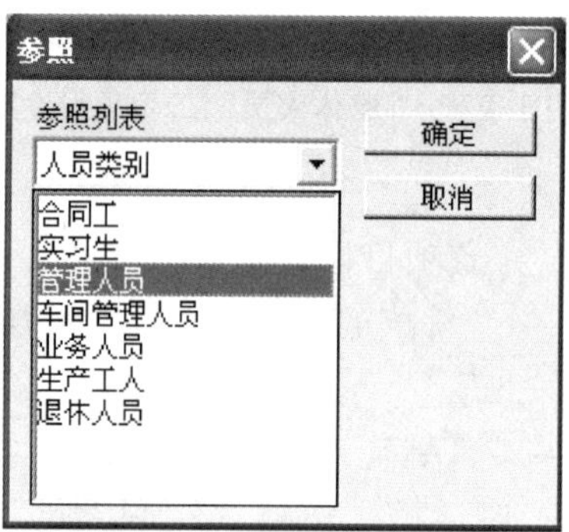

图 3-99　选择人员类别

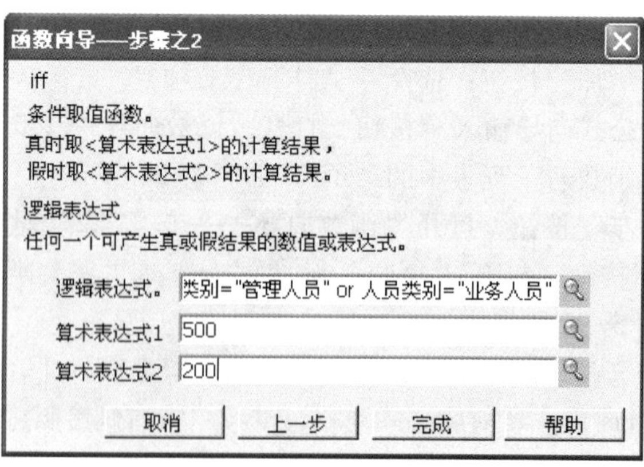

图 3-100　函数向导——步骤之二

⑨在左侧工资项目处单击“增加”按钮，选择“缺勤扣款”工资项目。

⑩单击“缺勤扣款公式定义”区域，在下方的“工资项目”列表中选择“基本工资”，再单击左下方运算符号“/”，在公式中继续输入“22”，再单击运算符号“*”，再单击选中下方“工资项目”列表中的“缺勤天数”，如图 3-101 所示。

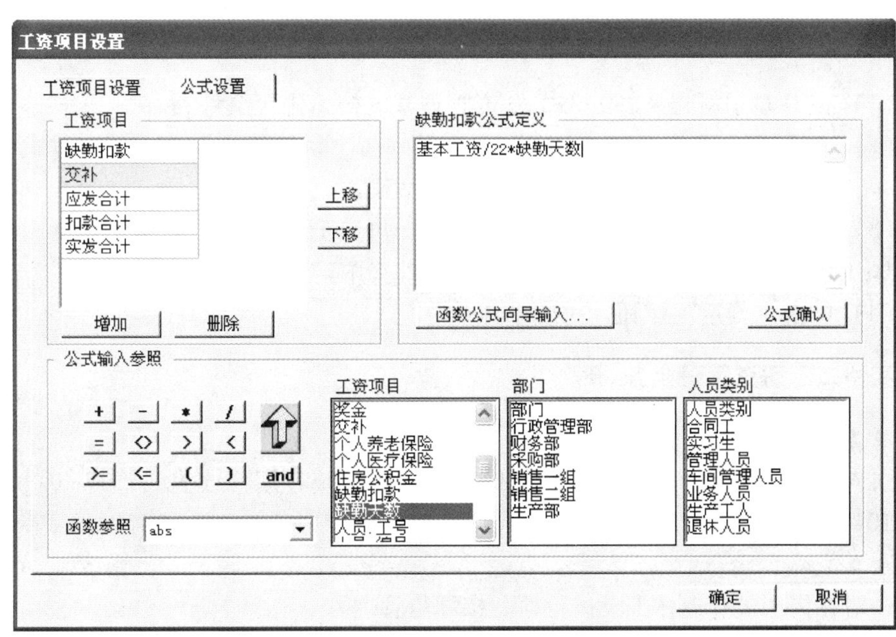

图 3-101　缺勤扣款公式定义

⑪单击“公式确认”按钮进行保存。

⑫参考上述步骤，根据实验资料，设置其他计算公式。

（2）设置“退休人员”工资项目计算公式。

①执行“人力资源”→“薪酬管理”→“工资类别”→“关闭工资类别”命令。

②执行“人力资源”→“薪酬管理”→“工资类别”→“打开工资类别”命令，进入“打开工资类别”对话框，选择“退休人员”工资类别，单击“确定”按钮。

③执行“薪酬管理”→“设置”→“工资项目设置”命令，打开“工资项目设置”对话框，选择“公式设置”选项卡。

④单击“增加”按钮，选择“住房公积金”工资项目，单击右侧“缺勤扣款公式定义”区域，用同样的公式设置方法，根据实验资料，进行住房公积金公式设置。

⑤单击“公式确认”按钮，再单击“确定”按钮，完成“退休人员”工资项目计算公式。

注意：

➢公式中可以引用已经设置公式的项目，相同的工资项目可以重复定义公式、多次计算，以最后的运行结果为准。

➢在定义公式时，可以使用函数公式向导输入、函数参照输入、工资项目参照、部门参照和人员类别参照编辑输入该工资项目的计算公式。

9. 输出账套

（1）在 D 盘中新建“999-3-1 薪资管理系统初始化”文件夹。

（2）由系统管理员 admin 注册系统管理，在“系统管理”窗口中，执行“账套”→“输出”命令，打开“账套输出”对话框。

（3）在“账套号”文本框中选择“999 广州鑫正电器有限公司”，将账套输出至“D:\ 999-3-1 薪资管理系统初始化”文件夹中。

（4）单击“确定”按钮，完成账套备份。

实验二　薪资管理业务处理

实验准备

引入已完成的上个实验的账套备份数据，将系统日期修改为“2017-01-31”，以“104 何军”的身份注册登录企业应用平台。

实验内容

◇对在岗人员和退休人员进行薪资核算与管理。

◇录入并计算 1 月份的薪资数据。

◇扣缴所得税。

◇工资分摊并生成转账凭证。

◇银行代发工资。

◇查看部门工资汇总表。

实验资料

1. 代扣个人所得税

个人所得税纳税基数 3 500 元，附加费用 1 300 元。个人所得税税率表如表 3-25 所示。

表 3-25　　个人所得税税率表

级数	应纳税所得额（含税）	税率（%）	速算扣除数
1	不超过 1 500 元的	3	0
2	超过 1 500 元至 4 500 元的部分	10	105
3	超过 4 500 元至 9 000 元的部分	20	555
4	超过 9 000 元至 35 000 元的部分	25	1 005

表3-25(续)

级数	应纳税所得额（含税）	税率（%）	速算扣除数
5	超过 35 000 元至 55 000 元的部分	30	2 755
6	超过 55 000 元至 80 000 元的部分	35	5 505
7	超过 80 000 元的部分	45	13 505

2. 2017 年 1 月的工资数据

2017 年 1 月的工资数据如表 3-26 所示。

表 3-26　　2017 年 1 月的工资数据

人员编码	人员姓名	基本工资（元）	奖金（元）	缺勤天数（元）
101	李东	8 000	2 000	
102	周平	7 500	2 000	2
103	王静	5 000	800	
104	罗艳	6 000	1 000	
105	何军	6 000	1 000	
106	刘彤	6 000	1 000	4
107	陈英	6 500	1 500	
108	尹力	4 000	800	
109	张山	4 500	1 000	
110	韩红	5 000	1 000	1
111	赵海	5 000	1 000	
901	陈斯	3 000	0	
902	沈明月	3 000	0	
903	丘文	3 000	0	

3. 工资分摊

（1）应付工资总额等于工资项目“应发合计”。

（2）应付福利费、工会经费、职工教育经费以应付工资总额为计提基数。

（3）应付福利费按应付工资总额的 14%计提，工会经费按应付工资总额的 2%计提。

4. 分摊构成设置

分摊构成设置如表 3-27 所示。

表 3-27　　　　**分摊构成设置**

部门及人员类别 \ 工资分摊		应付工资		应付福利费（14%）		工会经费（2%）	
		借方科目	贷方科目	借方科目	贷方科目	借方科目	贷方科目
行政管理部、财务部	管理人员	660201	221101	660202	221102	660207	221103
采购部、销售一组、销售二组	业务人员	660101	221101	660102	221102	660207	221103
生产部	车间管理人员	5101	221101	5101	221102	660207	221103
	生产工人	500102		500102			
退休办	退休人员	2241	221101	2241	221102	2241	221103

实验指导

1. 设置所得税纳税基数

（1）执行“开始”→“所有程序”→“用友 U8 V10.1”→“企业应用平台”命令，打开“登录”企业应用平台的对话框。

（2）执行“工资类别”→“打开工资类别”命令，进入“打开工资类别”对话框，选择“在职人员”工资类别，单击“确定”按钮。

（3）执行“薪酬管理”→“设置”→“选项”命令，单击“编辑”按钮，再单击“扣税设置”选项卡，再单击“税率设置”按钮，打开“个人所得税申报表——税率表”对话框，如图 3-102 所示。

图 3-102　税率表

（4）查看系统预置的所得税纳税基数是否与实验资料提供的一致，若不一致，需要按照国家规定修订。

（5）单击两次“确定”按钮，完成设置。

注意：

➢如果目前个人所得税的计提基数与系统中预置的不同，则应先核对个人所得税计提基数后再进行工资变动处理；否则工资数据将不正确。

➢系统默认以“实发合计”作为扣税基数。如果想以其他工资项目作为扣税标准，则需要在定义工资项目时单独为应税所得设置一个工资项目。

2. 录入并计算1月份的工资数据

（1）录入“在职人员”1月份工资数据。

①执行“薪酬管理”→“业务处理”→“工资变动”命令，打开“工资变动”窗口。

②分别录入“基本工资”“奖金”“缺勤天数”等工资项目内容，如图3-103所示。

过滤器 所有项目 定位器

选择	人员编号	姓名	部门	基本工资	奖金	缺勤天数
	101	李东	行政管理部	8,000.00	2,000.00	
	102	周平	财务部	7,500.00	2,000.00	2.00
	103	王静	财务部	5,000.00	800.00	
	104	罗艳	财务部	6,000.00	1,000.00	
	105	何军	财务部	6,000.00	1,000.00	
	106	刘彤	财务部	6,000.00	1,000.00	4.00
	109	张山	采购部	4,500.00	1,000.00	
	110	韩红	销售一组	5,000.00	1,000.00	1.00
	111	赵海	销售二组	5,000.00	1,000.00	
	107	陈英	生产部	6,500.00	1,500.00	
	108	尹力	生产部	4,000.00	800.00	
合计				63,500.00	13,100.00	7.00

图3-103 工资录入

③单击“计算”按钮，再单击“汇总”按钮，计算全部工资项目内容，如图3-104所示。

所有项目 定位器

人员编号	姓名	部门	应发合计	扣款合计	实发合计	代扣税	基本工资	奖金	交补	个人养老保险	个人医疗保险	住房公积金	缺勤扣款	缺勤天数
101	李东	行政管理部	10,500.00	2,357.00	8,143.00	467.00	8,000.00	2,000.00	500.00	840.00	210.00	840.00		
102	周平	财务部	10,000.00	2,778.64	7,221.36	296.82	7,500.00	2,000.00	500.00	800.00	200.00	800.00	681.82	2.00
103	王静	财务部	6,300.00	1,195.60	5,104.40	61.60	5,000.00	800.00	500.00	504.00	126.00	504.00		
104	罗艳	财务部	7,500.00	1,510.00	5,990.00	160.00	6,000.00	1,000.00	500.00	600.00	150.00	600.00		
105	何军	财务部	7,500.00	1,510.00	5,990.00	160.00	6,000.00	1,000.00	500.00	600.00	150.00	600.00		
106	刘彤	财务部	7,500.00	2,491.82	5,008.18	50.91	6,000.00	1,000.00	500.00	600.00	150.00	600.00	1,090.91	4.00
109	张山	采购部	6,000.00	1,122.60	4,877.40	42.60	4,500.00	1,000.00	500.00	480.00	120.00	480.00		
110	韩红	销售一组	6,500.00	1,452.54	5,047.46	55.27	5,000.00	1,000.00	500.00	520.00	130.00	520.00	227.27	1.00
111	赵海	销售二组	6,500.00	1,248.00	5,252.00	78.00	5,000.00	1,000.00	500.00	520.00	130.00	520.00		
107	陈英	生产部	8,200.00	1,693.40	6,506.60	217.40	6,500.00	1,500.00	200.00	656.00	164.00	656.00		
108	尹力	生产部	5,000.00	918.00	4,082.00	18.00	4,000.00	800.00	200.00	400.00	100.00	400.00		
			81,500.00	18,277.60	63,222.40	1,607.60	63,500.00	13,100.00	4,900.00	6,520.00	1,630.00	6,520.00	2,000.00	7.00

图3-104 计算“在职人员”汇总工资数据

④确认数据无误后退出。

（2）录入“退休人员”1月份工资数据。

①执行“人力资源”→“薪酬管理”→“工资类别”→“关闭工资类别”命令。

②执行“工资类别”→“打开工资类别”命令，进入“打开工资类别”对话框，选择“退休人员”工资类别，单击“确定”按钮。

③执行“薪酬管理”→“业务处理”→“工资变动”命令，打开“工资变动”窗口。

④根据实验资料，分别录入“基本工资”工资项目内容。

⑤单击“计算”按钮，再单击“汇总”按钮，计算全部工资项目内容，如图3-105所示。

过滤器 所有项目 定位器

选择	人员编号	姓名	部门	人员类别	应发合计	扣款合计	实发合计	基本工资	住房公积金
	901	陈斯	退休办	退休人员	3,000.00	240.00	2,760.00	3,000.00	240.00
	902	沈明月	退休办	退休人员	3,000.00	240.00	2,760.00	3,000.00	240.00
	903	丘文	退休办	退休人员	3,000.00	240.00	2,760.00	3,000.00	240.00
合计					9,000.00	720.00	8,280.00	9,000.00	720.00

图3-105 计算“在职人员”汇总工资数据

⑥确认数据无误后退出。

注意：

➢第一次使用工资系统必须将所有人员的工资基数录入系统。工资数据可以在录入人员档案时直接录入，需要计算的内容再在此功能中进行计算；也可以在工资变动功能中录入，当工资数据发生变动时应在此录入。

➢如果工资数据的变化具有规律性，可以使用“替换”功能进行成批数据录入。

➢如果重新设置了公式或者进行了数据替换，必须重新“计算”和“汇总”。

3. 扣缴所得税

（1）执行“人力资源”→“薪酬管理”→“工资类别”→“关闭工资类别”命令。

（2）执行“工资类别”→“打开工资类别”命令，进入“打开工资类别”对话框，选择“在职人员”工资类别，单击“确定”按钮。

（3）执行“薪酬管理”→“业务处理”→“扣缴所得税”命令，打开“个人所得税申报模板”对话框。

（4）双击“个人所得税年度申报表”，打开“所得税申报”对话框，单击“确定”按钮，进入“系统扣缴个人所得税年度申报表”窗口，如图3-106所示。

所得税申报

输出 税率 栏目 内容 邮件 过滤 定位 退出

系统扣缴个人所得税年度申报表

2017年1月 -- 2017年1月

总人数：11

姓名	所得项目	所属期间…	所属期间…	应纳税所…	税率	速算扣除数	应纳税额	已扣缴税款
李东	工资	20170101	20171231	5110.00	20	555.00	467.00	467.00
周平	工资	20170101	20171231	4018.18	10	105.00	296.82	296.82
王静	工资	20170101	20171231	1666.00	10	105.00	61.60	61.60
罗艳	工资	20170101	20171231	2650.00	10	105.00	160.00	160.00
何军	工资	20170101	20171231	2650.00	10	105.00	160.00	160.00
刘彤	工资	20170101	20171231	1559.09	10	105.00	50.91	50.91
陈英	工资	20170101	20171231	3224.00	10	105.00	217.40	217.40
尹力	工资	20170101	20171231	600.00	3	0.00	18.00	18.00
张山	工资	20170101	20171231	1420.00	3	0.00	42.60	42.60
韩红	工资	20170101	20171231	1602.73	10	105.00	55.27	55.27
赵海	工资	20170101	20171231	1830.00	10	105.00	78.00	78.00
合计				26330.00		1395.00	1607.60	1607.60

图 3-106 个人所得税年度申报表

（5）单击“退出”按钮，返回。

4. 工资分摊设置并生成转账凭证

（1）“在职人员”工资分摊设置并生成转账凭证。

①执行“薪酬管理”→“业务处理”→“工资分摊”命令，打开“工资分摊”对话框，如图 3-107 所示。

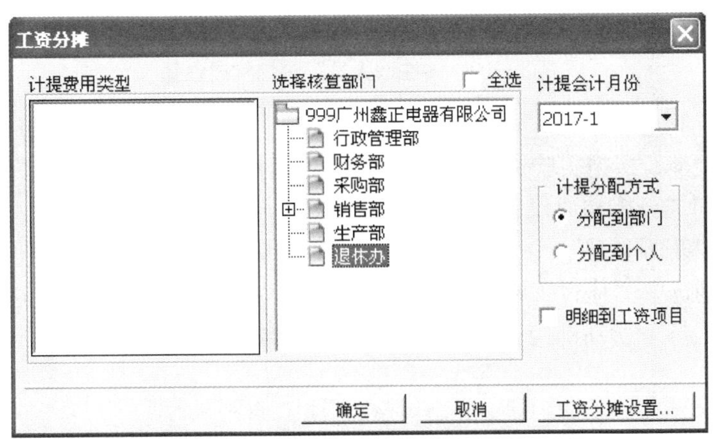

图 3-107 工资分摊

②单击“工资分摊设置”按钮，打开“分摊类型设置”对话框，单击“增加”

按钮，打开“分摊计提比例设置”对话框。

③在“计提类型名称”栏录入“应付工资”，分摊计提比例为“100%”，如图3-108所示。

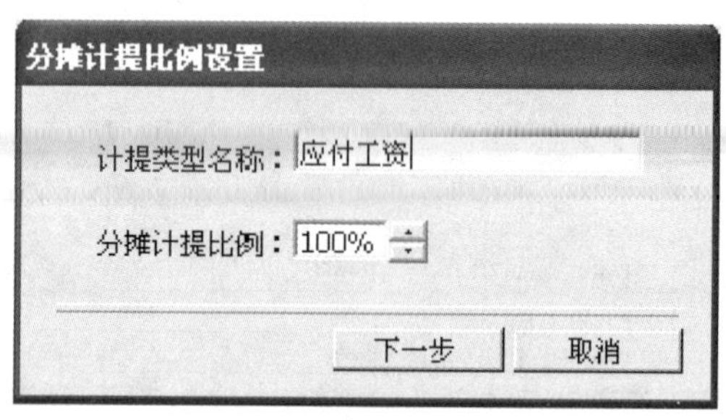

图 3-108　应付工资计提比例

④单击“下一步”按钮，打开“分摊构成设置”对话框，在对话框内，根据实验资料分别录入各个项目内容，如图3-109所示。

分摊构成设置

部门名称	人员类别	工资项目	借方科目	贷方科目	贷方项目大类	贷方项目
行政管理部,财…	管理人员	应发合计	660201	221101		
生产部	车间管理人员	应发合计	5101	221101		
采购部,销售一…	业务人员	应发合计	660101	221101		
生产部	生产工人	应发合计	500102	221101		

上一步　完成　取消

图 3-109　“在职人员”分摊构成设置

⑤单击“完成”按钮，返回“分摊类型设置”对话框。

⑥依此类推，根据实验资料，分别设置“应付福利费”“工会经费”的“分摊计提比例”和“分摊构成设置”。

⑦执行“薪酬管理”→“业务处理”→“工资分摊”命令，打开“工资分摊”对话框；分别选中“应付工资”“应付福利费”“工会经费”前的复选框，并单击选中“在职人员”所在部门，勾选“明细到工资项目”，如图3-110所示。

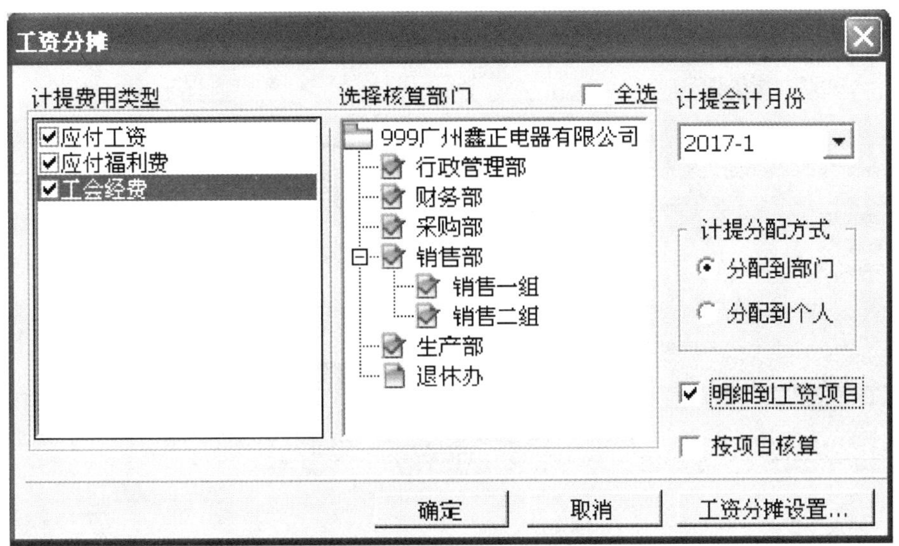

图 3-110 工资分摊

⑧单击“确定”按钮，进入“一览表”窗口，如图 3-111～图 3-113 所示。

应付工资一览表

☑ 合并科目相同、辅助项相同的分录

类型 应付工资　　　　计提会计月份 1月

部门名称	人员类别	应发合计		
		分配金额	借方科目	贷方科目
行政管理部	管理人员	10 500.00	660201	221101
财务部		38 800.00	660201	221101
采购部	业务人员	6 000.00	660101	221101
销售一组		6 500.00	660101	221101
销售二组		6 500.00	660101	221101
生产部	车间管理人员	8 200.00	5101	221101
	生产工人	5 000.00	500102	221101

记录数： 7　　　　已经制单

图 3-111 应付工资一览表

☑ 合并科目相同、辅助项相同的分录

应付福利费一览表

类型 应付福利费

计提会计月份 1月

部门名称	人员类别	应发合计				
		计提基数	计提比例	计提金额	借方科目	贷方科目
行政管理部	管理人员	10 500.00	14.00%	1 470.00	660202	221102
财务部		38 800.00	14.00%	5 432.00	660202	221102
采购部	业务人员	6 000.00	14.00%	840.00	660102	221102
销售一组		6 500.00	14.00%	910.00	660102	221102
销售二组		6 500.00	14.00%	910.00	660102	221102
生产部	车间管理人员	8 200.00	14.00%	1 148.00	5101	221102
	生产工人	5 000.00	14.00%	700.00	500102	221102

记录数： 7

已经制单

图 3-112 应付福利费一览表

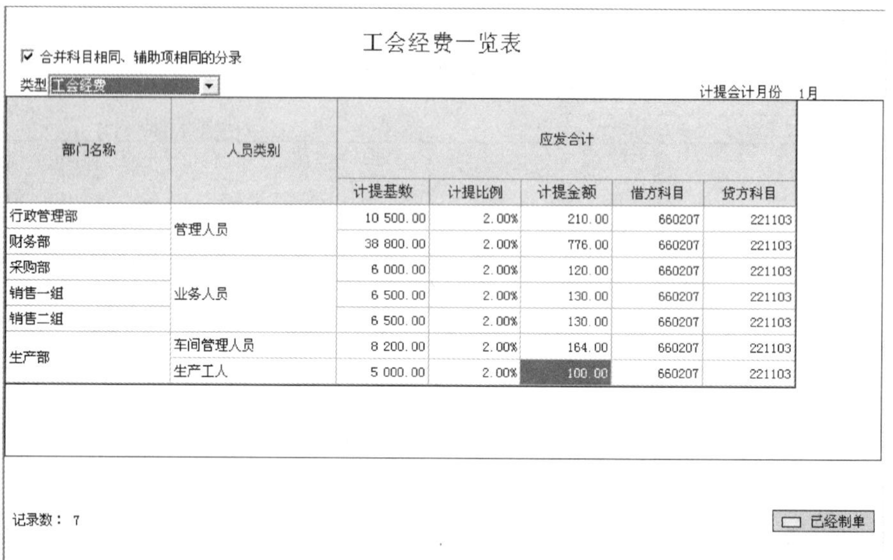

☑ 合并科目相同、辅助项相同的分录

工会经费一览表

类型 工会经费

计提会计月份 1月

部门名称	人员类别	应发合计				
		计提基数	计提比例	计提金额	借方科目	贷方科目
行政管理部	管理人员	10 500.00	2.00%	210.00	660207	221103
财务部		38 800.00	2.00%	776.00	660207	221103
采购部	业务人员	6 000.00	2.00%	120.00	660207	221103
销售一组		6 500.00	2.00%	130.00	660207	221103
销售二组		6 500.00	2.00%	130.00	660207	221103
生产部	车间管理人员	8 200.00	2.00%	164.00	660207	221103
	生产工人	5 000.00	2.00%	100.00	660207	221103

记录数： 7

已经制单

图 3-113 工会经费一览表

⑨分别对三个“一览表”的“合并科目相同、辅助项相同的分录”选项进行勾选，分别单击“制单”按钮，选择凭证类别为“转账凭证”，单击“保存”按钮，如图 3-114～图 3-116 所示。

转 账 凭 证

转　字 0006 － 0001/0002　　制单日期：2017.01.31　　审核日期：20附单据数：0

摘要	科目名称	借方金额	贷方金额
应付工资	生产成本/直接人工	500000	
应付工资	制造费用	820000	
应付工资	销售费用/薪资	1900000	
应付工资	管理费用/薪资	1050000	
应付工资	管理费用/薪资	3880000	
票号 日期　数量 单价	合计	8150000	8150000

备注　项　目　　部　门
个　人　　客　户
业务员

图 3-114　应付工资转账凭证

转 账 凭 证

转　字 0007 － 0001/0002　　制单日期：2017.01.31　　审附单据数：0

摘要	科目名称	借方金额	贷方金额
应付福利费	生产成本/直接人工	70000	
应付福利费	制造费用	114800	
应付福利费	销售费用/福利费	266000	
应付福利费	管理费用/福利费	147000	
应付福利费	管理费用/福利费	543200	
票号 日期　数量 单价	合计	1141000	1141000

备注　项　目　　部　门
个　人　　客　户

图 3-115　应付福利费计提转账凭证

转 账 凭 证

转 字 0005 - 0001/0002 制单日期：2017.01.31 审核日期：20附单据数：0

摘要	科目名称	借方金额	贷方金额
工会经费	管理费用/其他	21000	
工会经费	管理费用/其他	77600	
工会经费	管理费用/其他	12000	
工会经费	管理费用/其他	13000	
工会经费	管理费用/其他	13000	
票号 日期	数量 单价	合计 163000	163000

备注 项 目 部 门 行政管理部
个 人 客 户
业务员

图 3-116 工会经费计提转账凭证

⑩单击“退出”按钮，完成制单。

（2）“退休人员”工资分摊设置并生成转账凭证。

①执行“人力资源”→“薪酬管理”→“工资类别”→“关闭工资类别”命令。

②执行“工资类别”→“打开工资类别”命令，进入“打开工资类别”对话框，选择“退休人员”工资类别，单击“确定”按钮。

③执行“薪酬管理”→“业务处理”→“工资分摊”命令，打开“工资分摊”对话框。

④单击“工资分摊设置”按钮，打开“分摊类型设置”对话框，单击“增加”按钮，打开“分摊计提比例设置”对话框。

⑤在“计提类型名称”栏录入“应付工资”，分摊计提比例为“100%”。

⑥单击“下一步”按钮，打开“分摊构成设置”对话框，在对话框内，根据实验资料分别录入各个项目内容，如图 3-117 所示。

⑦单击“完成”按钮，返回“分摊类型设置”对话框。

⑧依此类推，根据实验资料，分别设置“应付福利费”“工会经费”的“分摊计提比例”和“分摊构成设置”。

⑨执行“薪酬管理”→“业务处理”→“工资分摊”命令，打开“工资分摊”对话框；分别选中“应付工资”“应付福利费”“工会经费”前的复选框，并单击选中“退休办”，勾选“明细到工资项目”，如图 3-118 所示。

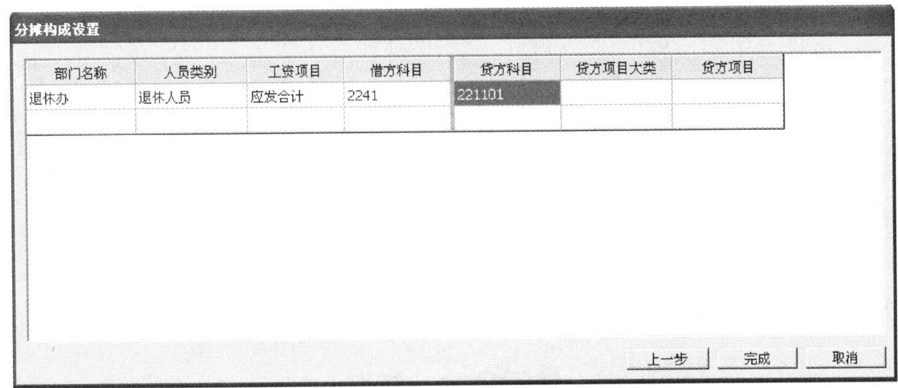

图 3-117　“退休人员”分摊构成设置

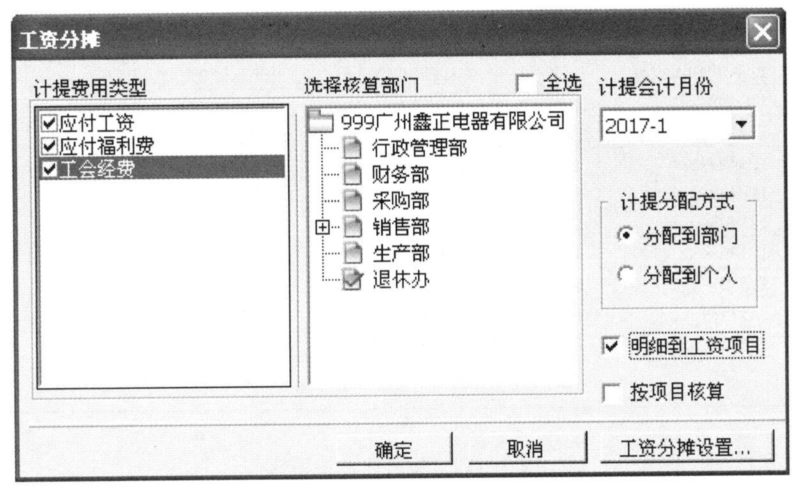

图 3-118　工资分摊

⑩单击“确定”按钮，进入“一览表”窗口。

⑪分别对三个“一览表”的“合并科目相同、辅助项相同的分录”选项进行勾选，单击“制单”按钮，选择凭证类别为“转账凭证”，单击“保存”按钮。

⑫单击“退出”按钮，完成制单。

注意：

➤所有与工资相关的费用都需要建立相应的分摊类型及分类比例。

➤在进行工资分摊时，如果不选择“合并相同、辅助项相同的分录”，则在生成凭证时将每一条分录都对应一个贷方科目。

➤如果单击“批制”，可以一次将所有参与本次分摊的“分摊类型”所对应的凭证全部生成。

5. 查看银行代发一览表

（1）执行“工资类别”→“打开工资类别”命令，进入“打开工资类别”对话框，选择“在职人员”工资类别，单击“确定”按钮。

（2）执行“薪酬管理”→“业务处理”→“银行代发”命令，打开“请选择部门范围”对话框，选择所有部门，单击“确定”按钮，打开“银行文件格式设置”对话框，选择“工行广州珠江支行”，单击“确定”按钮。

（3）系统提示“确认设置的银行文件格式”，选择“是”按钮，进入“银行代发一览表”窗口，如图 3-119 所示。

银行代发一览表

名称：工行广州珠江支行　　　　人数：11

单位编号	人员编号	账号	金额	录入日期
1234934325	101	88022045301	8143.00	20170131
1234934325	102	88022045302	7221.36	20170131
1234934325	103	88022045303	5104.40	20170131
1234934325	104	88022045304	5990.00	20170131
1234934325	105	88022045305	5990.00	20170131
1234934325	106	88022045306	5008.18	20170131
1234934325	107	88022045307	6506.60	20170131
1234934325	108	88022045308	4082.00	20170131
1234934325	109	88022045309	4877.40	20170131
1234934325	110	88022045310	5047.46	20170131
1234934325	111	88022045311	5252.00	20170131
合计			63,222.40	

图 3-119　银行代发一览表

（4）单击“退出”按钮，返回。

6. 查看部门工资汇总表

（1）执行“薪酬管理”→“统计分析”→“账表”→“工资表”命令，打开“工资表”对话框，选中“部门工资汇总表”，如图 3-120 所示。

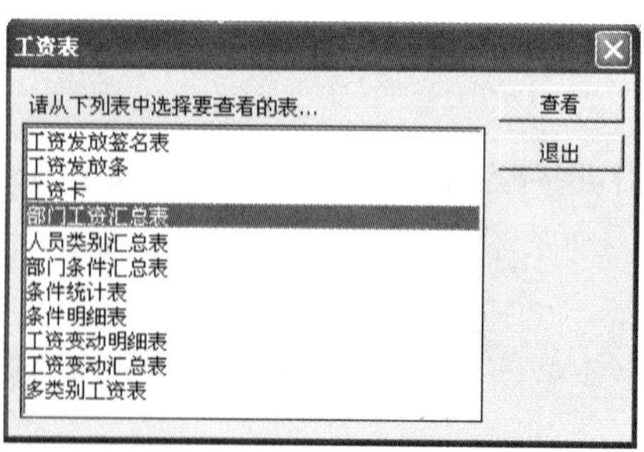

图 3-120　工资表

（2）单击“查看”按钮，在“部门工资汇总表——选择部门范围”对话框中，全选，并勾选“选定下级部门”选项，再单击“确定”按钮，进入“部门工资汇总表”窗口，如图 3-121 所示。

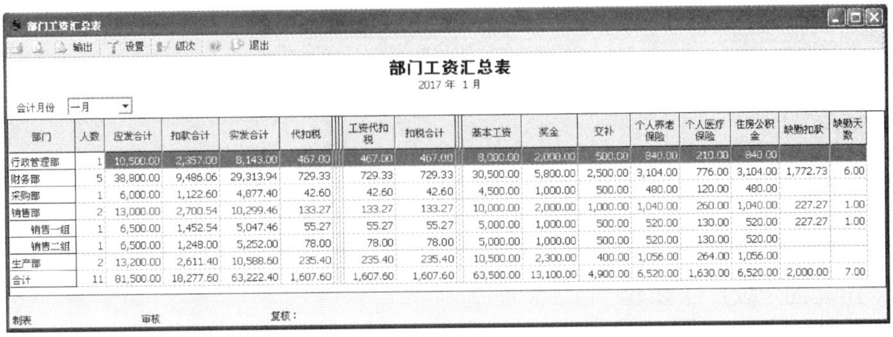

部门工资汇总表

输出　设置　级次　退出

部门工资汇总表

2017 年 1 月

会计月份 一月

部门	人数	应发合计	扣款合计	实发合计	代扣税	工资代扣税	扣税合计	基本工资	奖金	交补	个人养老保险	个人医疗保险	住房公积金	缺勤扣款	缺勤天数
行政管理部	1	10,500.00	2,357.00	8,143.00	467.00	467.00	467.00	8,000.00	2,000.00	500.00	840.00	210.00	840.00		
财务部	5	38,800.00	9,486.06	29,313.94	729.33	729.33	729.33	30,500.00	5,800.00	2,500.00	3,104.00	776.00	3,104.00	1,772.73	6.00
采购部	1	6,000.00	1,122.60	4,877.40	42.60	42.60	42.60	4,500.00	1,000.00	500.00	480.00	120.00	480.00		
销售部	2	13,000.00	2,700.54	10,299.46	133.27	133.27	133.27	10,000.00	2,000.00	1,000.00	1,040.00	260.00	1,040.00	227.27	1.00
销售一組	1	6,500.00	1,452.54	5,047.46	55.27	55.27	55.27	5,000.00	1,000.00	500.00	520.00	130.00	520.00	227.27	1.00
销售二組	1	6,500.00	1,248.00	5,252.00	78.00	78.00	78.00	5,000.00	1,000.00	500.00	520.00	130.00	520.00		
生产部	2	13,200.00	2,611.40	10,588.60	235.40	235.40	235.40	10,500.00	2,300.00	400.00	1,056.00	264.00	1,056.00		
合计	11	81,500.00	18,277.60	63,222.40	1,607.60	1,607.60	1,607.60	63,500.00	13,100.00	4,900.00	6,520.00	1,630.00	6,520.00	2,000.00	7.00

制表　　审核　　复核：

图 3-121　部门工资汇总表

7. 输出账套

（1）在 D 盘中新建“999-3-2 薪资管理业务处理”文件夹。

（2）由系统管理员 admin 注册系统管理，在“系统管理”窗口中，执行“账套”→“输出”命令，打开“账套输出”对话框。

（3）在“账套号”文本框中选择“999 广州鑫正电器有限公司”，将账套输出至“D:\ 999-3-2 薪资管理业务处理”文件夹中。

（4）单击“确定”按钮，完成账套备份。

第四节　固定资产系统

功能概述

固定资产系统是反映企业资产情况的重要子系统之一，如果管理完善、核算正确，能保证企业资产的安全性和成本费用、利润等计算的正确性。该系统主要提供资产管理、计提折旧、统计分析等功能。该系统具体包括初始设置、卡片管理、折旧管理、月末对账结账以及账表查询等功能。

实验目的与要求

◇了解固定资产系统的主要功能及其与 ERP 其他子系统之间的关系。

◇熟悉固定资产系统的操作流程。

◇掌握固定资产系统初始化、日常业务处理、期末处理的主要工作内容和处理方法。

◇掌握固定资产系统中账表查询的方法以及时掌握资产的统计、汇总和其他各方面的信息。

教学建议

固定资产系统的部分功能与总账系统联系密切，建议学习时多与总账系统的功能结合进行思考，培养更为全面、系统的思维方式。

建议本章讲授 4 课时，上机练习 6 课时。

实验一　固定资产系统初始化

实验准备

引入已完成的“999-3-2 薪资管理业务处理”的账套备份数据，将系统日期修改为“2017 年 1 月 1 日”，以 101 周平或 104 何军的身份注册登录企业应用平台。

实验内容

◇建立固定资产子账套。

◇设置控制参数。

◇设置部门及对应折旧科目。

◇设置固定资产类别。

◇设置固定资产增减方式。

◇录入原始卡片。

◇账套备份。

实验资料

1. 控制参数

控制参数如表 3-28 所示。

表 3-28　　控制参数

控制参数	参数设置（其他无特别要求采用系统默认）
约定与说明	我同意
启用月份	2017. 01
折旧信息	本账套计提折旧 折旧方法：平均年限法（二） 折旧汇总分配周期：1 个月 当（月初已计提月份=可使用月份-1）时，将剩余折旧全部提足
编码方式	资产类别编码方式：2112 固定资产编码方式：按“类别编号+部门编号+序号”自动编码 卡片序号长度：3
财务接口	与账务系统进行对账 固定资产对账科目：固定资产（1601） 累计折旧对账科目：累计折旧（1602） 在对账不平情况下允许固定资产月末结账

表3-28(续)

控制参数	参数设置（其他无特别要求采用系统默认）
补充参数	业务发生后立即制单 月末结账前一定要完成制单登账业务 固定资产缺省入账科目：1601 累计折旧缺省入账科目：1602 减值准备缺省入账科目：1603 增值税进项税额缺省入账科目：22210101 固定资产清理缺省入账科目：1606

2. 部门及对应折旧科目

部门及对应折旧科目如表 3-29 所示。

表 3-29　　部门及对应折旧科目

部门	对应折旧科目
行政管理部、财务部、采购部、退休办	管理费用/折旧费（660204）
销售部（销售一组、销售二组）	销售费用/折旧费（660104）
生产部	制造费用（5101）

3. 固定资产类别

固定资产类别如表 3-30 所示。

表 3-30　　固定资产类别

编码	类别名称	净残值率	计量单位	计提属性	卡片样式	折旧方法
01	建筑物及交通运输设备	5%		正常计提	通用样式（二）	平均年限法（二）
011	生产经营用	5%		正常计提	通用样式（二）	平均年限法（二）
012	非生产经营用	5%		正常计提	通用样式（二）	平均年限法（二）
02	电子设备及其他通讯设备	5%		正常计提	通用样式（二）	平均年限法（二）
021	生产经营用	5%	台	正常计提	通用样式（二）	平均年限法（二）
022	非生产经营用	5%	台	正常计提	通用样式（二）	平均年限法（二）
03	生产设备	5%	台	正常计提	通用样式（二）	平均年限法（二）

4. 固定资产增减方式及对应入账科目

增加方式——直接购入：银行存款——工行存款——人民币户（10020101）。

减少方式——毁损：固定资产清理（1606）。

5. 原始卡片

原始卡片如表 3-31 所示。

表 3-31　　原始卡片

固定资产名称	类别编号	使用部门	增加方式	可使用年限（月）	开始使用日期	原值（元）	累计折旧（元）	对应折旧科目名称
卡车 A	011	生产部	直接购入	60	2014-02-01	255 500	141 590	制造费用
卡车 B	011	生产部	直接购入	60	2014-02-01	255 500	141 590	制造费用
台式机 A	022	行政管理部	直接购入	120	2014-02-01	4 220	2 138	管理费用/折旧费
台式机 B	022	财务部	直接购入	120	2014-02-01	5 780	2 562	管理费用/折旧费
厂房	011	生产部	直接购入	60	2016-01-01	2 000 000	445 954	制造费用
职工宿舍楼	012	行政管理部	直接购入	60	2016-02-01	2 000 000	396 666	管理费用/折旧费
流水线 A	03	生产部	直接购入	240	2014-01-01	3 840 000	552 000	制造费用
流水线 B	03	生产部	直接购入	240	2014-03-01	3 840 000	552 000	制造费用
合计						12 201 000	2 234 500	

注：净残值率均为 5%，使用状况均为“在用”，折旧方法均采用平均年限法（二）

实验指导

1. 建立固定资产子账套

初次使用固定资产管理系统的参数设置操作如下：

（1）在企业应用平台界面，选择“业务工作”→“财务会计”→“固定资产”→弹出提示框：“这是第一次打开此账套，还未进行过初始化，是否进行初始化”→“是”→打开“初始化账套向导——约定及说明”，如图 3-122 所示。

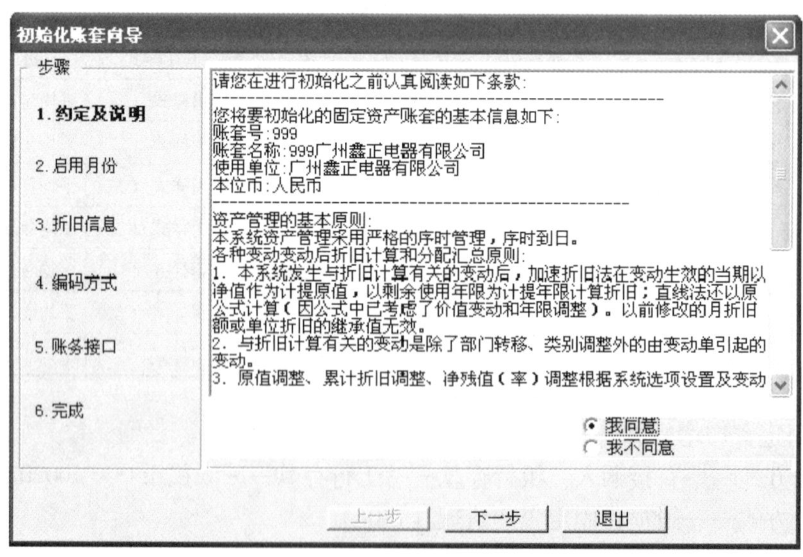

图 3-122　初始化账套向导——约定及说明

注意：

➢这里的“建账”是指建立固定资产系统的账套，要与实验“999-1-1 系统管理”在系统管理建立的账套区别开来。

（2）在“初始化账套向导——约定及说明”对话框中，仔细阅读相关条款后，选择“我同意”，单击“下一步”按钮→打开“初始化账套向导——启用月份”，如图 3-123 所示。

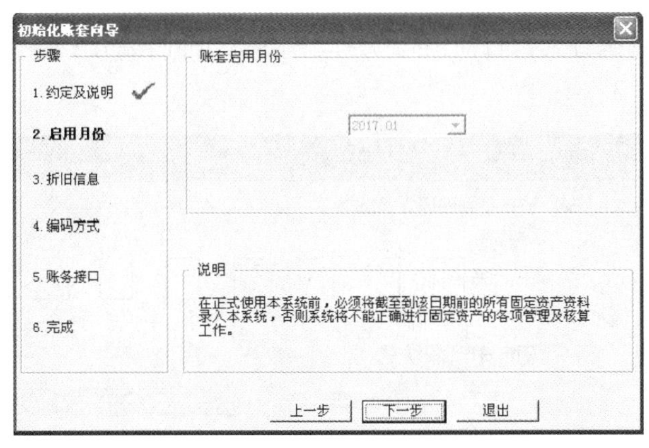

图 3-123　初始化账套向导——启用月份

（3）在“初始化账套向导——启用月份”对话框中，仔细阅读说明后，单击“下一步”按钮→打开“初始化账套向导——折旧信息”；

（4）在“初始化账套向导——折旧信息”对话框中，如图 3-124 所示，设置如下信息：

①主要折旧方法：平均年限法（二）。

②折旧分配周期：1 个月。

③当（月初已计提月份=可使用月份-1）时将剩余折旧全部提足（工作量法除外）。

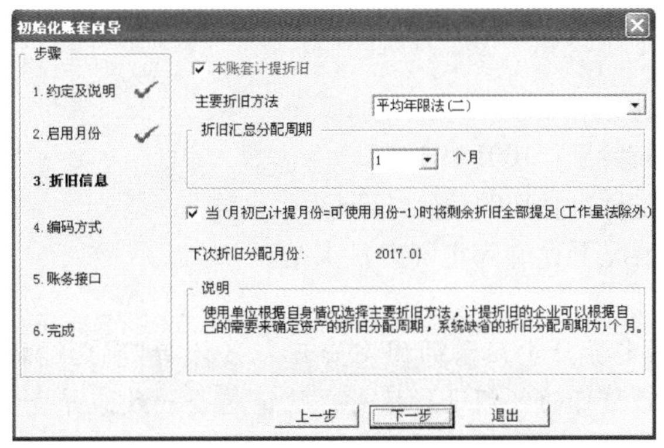

图 3-124　初始化账套向导——折旧信息

注意：

➢当使用账套的企业为行政事业单位时，不选中“本账套计提折旧”，则账套内所有与折旧有关的功能都会被屏蔽。

➢该选项在初始设置完成后不能修改。

(5) 单击“下一步”按钮→打开“初始化账套向导——编码方式”，如图 3-125 所示，设置如下信息：

①资产类别编码长度：2112。

②固定资产编码方式：自动编码——类别编号+部门编号+序号。

③序号长度：3。

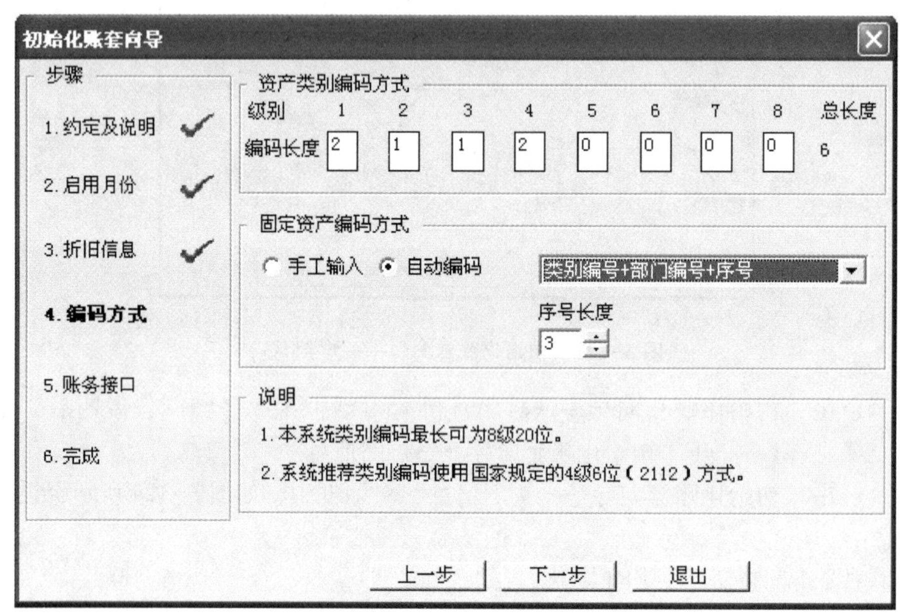

图 3-125 初始化账套向导——编码方式

(6) 单击“下一步”按钮→打开“初始化账套向导——财务接口”，设置如下信息：

①与财务系统进行对账。

②固定资产对账科目：1601 固定资产。

③累计折旧对账科目：1602 累计折旧。

④在对账不平情况下允许固定资产月末结账。

注意：

➢对账，即将固定资产中记录的固定资产、累计折旧的数额，分别与总账中的固定资产、累计折旧科目的数额进行核对，验证是否一致，并查找差异原因。

➢任何时候都可以进行对账功能的操作。在执行固定资产系统的月末结账时，系统会自动进行对账，并给出对账结果。

➢企业可以根据需要选择是否“在对账不平情况下允许固定资产月末结账”。

(7) 单击“下一步”按钮→打开“初始化账套向导——完成”按钮，如图3-126所示→单击“完成”按钮，完成本账套的初始化，系统弹出“是否确定所设置的信息完全正确并保存对新账套的所有设置”的提示→单击“是”按钮。

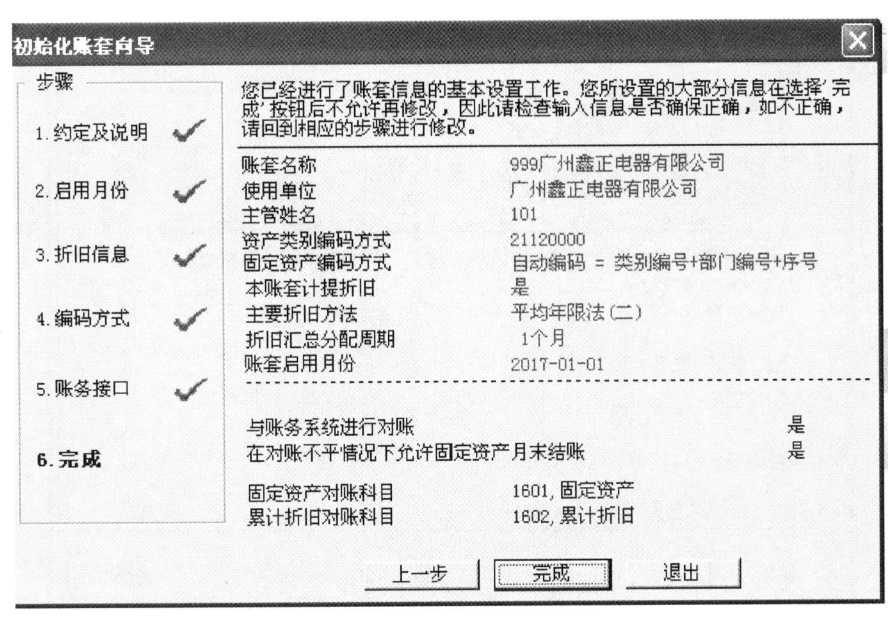

图 3-126　初始化账套向导——完成

(8) 系统提示“已成功初始化本固定资产账套”→单击“确定”按钮。

注意：

➢初始化设置完成后，有些参数无法修改，因此设置时要慎重。

➢如果参数设置有误，需要修改已设置后无法修改的参数，则需要在固定资产系统执行“维护”→“重新初始化账套”命令，此时将清空之前对该子账套所做的一切设置。

补充参数设置：完成固定资产的初始化设置后，还需要补充参数设置。其操作步骤如下：

选择“业务工作”→“财务会计”→“固定资产”→“设置”→“选项”，出现“选项”窗口→选择“与财务系统接口”选项卡→“编辑”→按实验资料要求设置，如图 3-127 所示→“确定”。

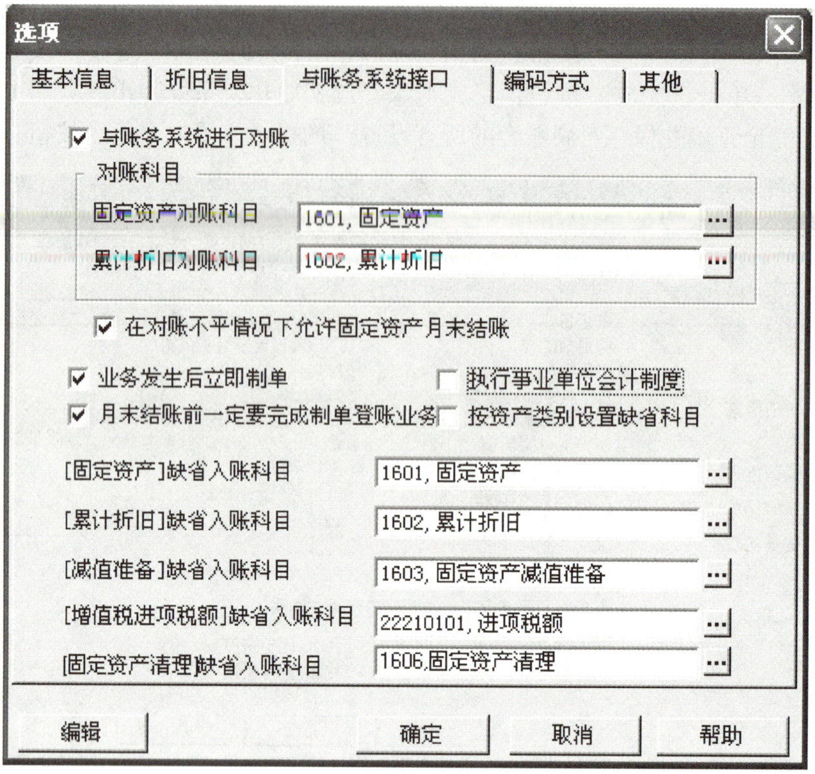

图 3-127　选项

注意：

➢如果设置了缺省入账科目，那么在固定资产系统进行相应功能的操作时，会自动带出在此选项中设置的科目。

➢按资产类别设置缺省科目，若选中，则“固定资产对账科目”和“累计折旧对账科目”可以多选，但最多能选 10 个；同时，可以在“资产类别”中录入“缺省入账科目”。

➢若在资产类别中设置了缺省入账科目，则在生成凭证时根据卡片所属末级资产类别带出相应的科目；若在资产类别中没有设置缺省入账科目，则在生成凭证时带出选项中设置的缺省入账科目。

2. 设置部门及对应折旧科目

（1）选择“业务工作”→“财务会计”→“固定资产”→“设置”→“部门对应折旧科目”，出现“部门对应折旧科目”窗口。

（2）选择部门“行政管理部”→“修改”，选择折旧科目“管理费用/折旧费”，如图 3-128 所示→“保存”。

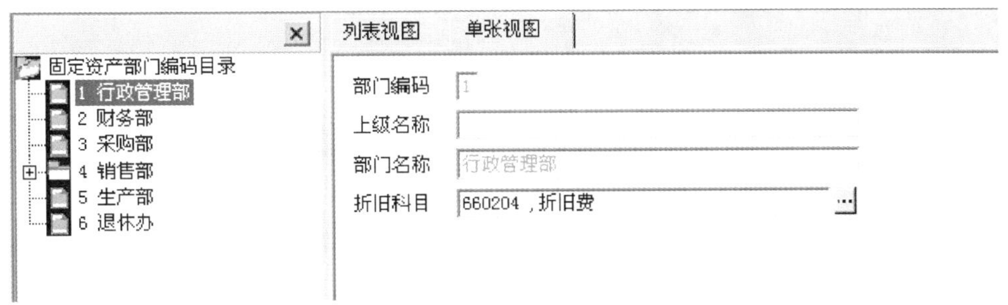

图 3-128　设置折旧科目

(3) 按实验资料要求设置其他部门的折旧科目，如图 3-129 所示。

列表视图　单张视图

固定资产部门编码目录
1 行政管理部
2 财务部
3 采购部
4 销售部
5 生产部
6 退休办

部门编码	部门名称	折旧科目
	固定资产部门	
1	行政管理部	660204, 折旧费
2	财务部	660204, 折旧费
3	采购部	660204, 折旧费
4	销售部	660104, 折旧费
5	生产部	5101, 制造费用
6	退休办	660204, 折旧费

图 3-129　设置折旧科目

3. 固定资产类别

(1) 选择“业务工作”→“财务会计”→“固定资产”→“设置”→“资产类别”，出现“资产类别”窗口。

(2) 单击“增加”按钮，如图 3-130 所示，输入以下内容：

①编码：01。

②类别名称：建筑物及交通运输设备。

③净残值率：5%。

④计提属性：正常计提。

⑤折旧方法：平均年限法（二）。

⑥卡片样式：通用样式（二）。

注意：

➢折旧方法主要有平均年限法、工作量法、年数总和法、双倍余额递减法。

➢此处平均年限法（一）和平均年限法（二）的月折旧额计算方法有不同。

➢平均年限法（一）：月折旧率＝［1-（净残值率）］/使用年限；月折旧额＝［（月初原值）-（月初累计减值准备金额）+（月初累计转回减值准备金额）］×月折旧率。

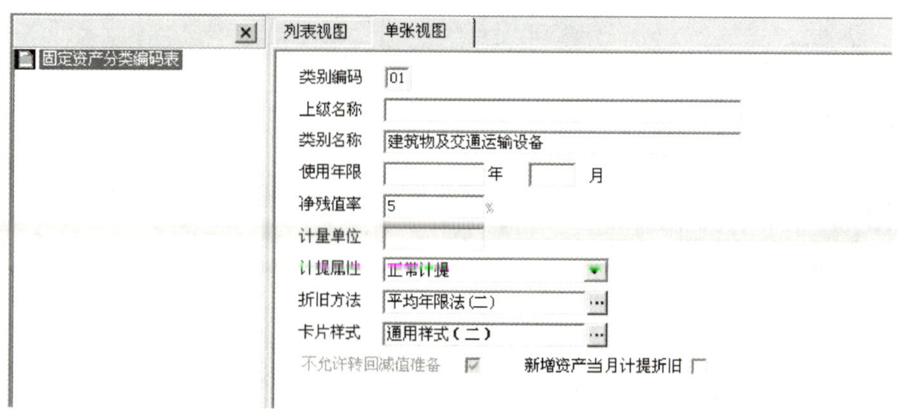

图 3-130　固定资产分类编码表

➢平均年限法（二）：月折旧率＝［1-（净残值率）］/使用年限；月折旧额＝［（月初原值）-（月初累计减值准备金额）+（月初累计转回减值准备金额）-（月初累计折旧）-（月初净残值）］/［（使用年限）-（已计提月份）］。

设置或使用时，可查看“固定资产——设置——折旧方法”中各类折旧方法的公式，也可根据需要修改公式。

（3）单击“保存”按钮→确定，如图 3-131 所示。以此方法继续设置其他固定资产分类，完毕后退出。

固定资产分类编码表
01 建筑物及交通运输设备
02 电子设备及其他通讯设备
03 生产设备

列表视图　单张视图

类别编码	类别名称	使用年限（月）	净残值率（%）	计量单位	计提属性	折旧方法	卡片样式	不允许转回减值准备	新增资产当月计提折旧
	固定资产分								
01	建筑物及	0	5.00		正常计提	平均年限法	通用样式（	是	否
02	电子设备	0	5.00		正常计提	平均年限法	通用样式（	是	否
03	生产设备	0	5.00	台	正常计提	平均年限法	通用样式（	是	否

图 3-131　固定资产类别

4. 设置固定资产增减方式及对应入账科目

（1）选择“业务工作”→“财务会计”→“固定资产”→“设置”→“增减方式”，出现“增减方式”窗口。

（2）左侧选择具体增减方式，如“增加方式”→“直接购入”→单击“修改”按钮，在对应入账科目一栏填“10020101”，如图 3-132 所示→按“Enter”键即可保存并退出。

（3）以此方法，按实验资料要求设置固定资产减少方式。

5. 录入固定资产原始卡片

（1）选择“业务工作”→“财务会计”→“固定资产”→“卡片”→“录入原始卡片”，出现“固定资产类别档案”窗口。

（2）选择“011 生产经营用”→按下回车键后进入“固定资产卡片”窗口。

（3）在“固定资产名称”栏录入“卡车 A”。单击“使用部门”栏→单击“部门名称”按钮→打开“固定资产——本资产部门使用方式”对话框，如图 3-133 所示。

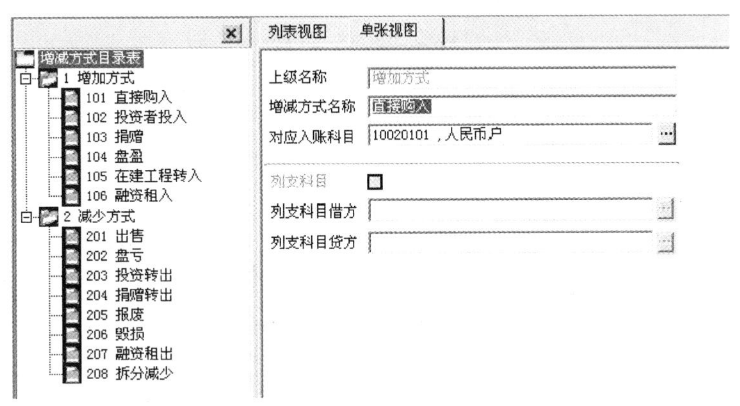

图 3-132　设置固定资产增减方式及对应入账科目

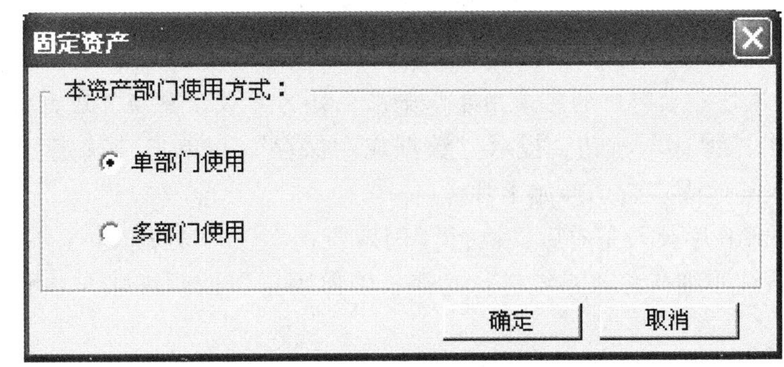

图 3-133　“固定资产——本资产部门使用方式”对话框

（4）选择“单部门使用”，单击“确定”按钮，打开“部门参照”窗口。

（5）选择“生产部门”，双击确认。

（6）单击“增加方式”栏→单击“增加方式”按钮，打开“固定资产增加方式”对话框，选择“直接购入”。

（7）单击“使用状况”栏→单击“使用状况”按钮，打开“使用状况参照”对话框→选择“在用”→“确定”。

（8）如图 3-134 所示，再录入以下信息：

①开始使用日期：2014-02-01。

②原值：255 500. 00。

③累计折旧：141 590. 00。

④可使用年限（月）：60。

资产转移记录 | 停启用记录 | 原值变动 | 拆分/减少信息

固定资产卡片

卡片编号	00001			日期	2017-01-01
固定资产编号	0115001	固定资产名称			卡车A
类别编号	011	类别名称	生产经营用	资产组名称	
规格型号		使用部门			生产部
增加方式	直接购入	存放地点			
使用状况	在用	使用年限(月)	60	折旧方法	平均年限法(二)
开始使用日期	2014-02-01	已计提月份	34	币种	人民币
原值	255500.00	净残值率	5%	净残值	12775.00
累计折旧	141590.00	月折旧率	0.0158	本月计提折旧额	3889.81
净值	113910.00	对应折旧科目	5101,制造费用	项目	
录入人	周平			录入日期	2017-01-01

图 3-134　固定资产卡片

注意：

➤录入卡片时，资料中的可使用年限如果已知为年数，要换算成月份数。

（9）单击“保存”按钮，提示“数据成功保存”→单击“确定”按钮→以此方法继续录入其他固定资产原始卡片。

（10）全部卡片录入完成后，执行“固定资产”→“处理”→“对账”命令，将固定资产系统明细与总账系统进行对账，确保固定资产明细账与总账相符，如图 3-135 所示。

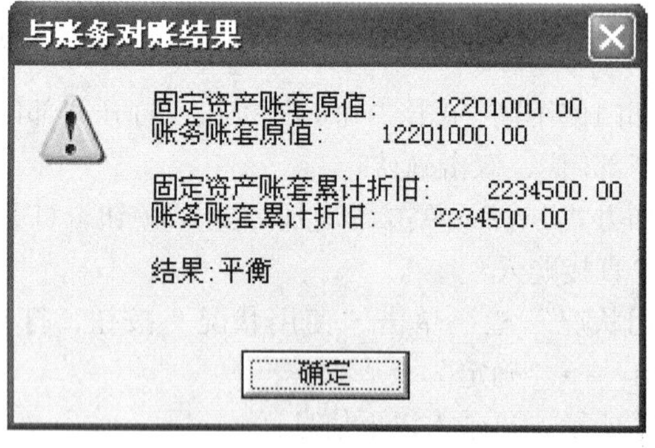

图 3-135　与账务对账结果

6. 输出账套

（1）在 D 盘中新建“999-4-1 固定资产系统初始化”文件夹。

（2）由系统管理员 admin 注册系统管理，在“系统管理”窗口中，执行“账套”→“输出”命令，打开“账套输出”对话框。

（3）在“账套号”文本框中选择“999 广州鑫正电器有限公司”，将账套输出至“D:\ 999-4-1 固定资产系统初始化”文件夹中。

（4）单击“确定”按钮，完成账套备份。

实验二　固定资产系统日常业务处理

实验准备

引入已完成的“999-4-1 固定资产系统初始化”的账套备份数据，系统日期根据资料需要修改，以 104 何军的身份注册登录企业应用平台。

实验内容

◇新增固定资产。

◇修改固定资产卡片。

◇计提折旧。

◇减少固定资产。

◇固定资产变动。

◇计提固定资产减值准备。

◇批量制单。

◇进行固定资产账表查询。

◇账套备份。

实验资料

1. 新增固定资产

2017 年 1 月 20 日，财务部购买扫描仪一台，价值 1 800 元，净残值率为 5%，预计使用年限为 5 年。

2. 修改固定资产卡片

2017 年 1 月 20 日至 3 月 1 日，流水线 A 需进行大修理，企业停用该固定资产，修改卡片编号“00007”的固定资产（流水线 A）的使用状态。

3. 计提折旧

2017 年 1 月 31 日，企业计提本月固定资产折旧。

4. 减少固定资产

2017 年 1 月 31 日，卡片编号 00004 的台式机 B 发生毁损，企业做固定资产减少处理。

5. 固定资产变动

2017 年 1 月 31 日，因业务需要，卡片编号 00003 的台式机 A 由行政管理部转移到财务部，企业做固定资产变动处理。

6. 计提减值准备

2017 年 1 月 31 日，经核查，企业对卡片编号 00002 的卡车 B 计提减值准备 1 000元。

7. 批量制单

2017 年 1 月 31 日，企业使用批量制单功能将固定资产系统中所有未制单的凭证补充完整。

实验指导

1. 新增固定资产

（1）将系统日期修改为“2017 年 1 月 20 日”，以 104 何军的身份注册登录企业应用平台。

（2）选择“业务工作”→“财务会计”→“固定资产”→“卡片”→“资产增加”，根据实验资料，参照原始卡片录入方法录入相关数据，如图 3-136 所示。

产转移记录 | 停启用记录 | 原值变动 | 拆分/减少信息 |

固定资产卡片

卡片编号	00009			日期	2017-01-20
固定资产编号	0222002	固定资产名称			扫描仪
类别编号	022	类别名称	非生产经营用	资产组名称	
规格型号		使用部门			财务部
增加方式	直接购入	存放地点			
使用状况	在用	使用年限（月）	60	折旧方法	平均年限法（二）
开始使用日期	2017-01-20	已计提月份	0	币种	人民币
原值	1800.00	净残值率	5%	净残值	90.00
累计折旧	0.00	月折旧率	0	本月计提折旧额	0.00
净值	1800.00	对应折旧科目	660204，折旧费	项目	
录入人	何军			录入日期	2017-01-20

图 3-136　固定资产卡片

注意：

➢登录时一定要注意登录系统的时间，如果用了“2017-01-31”进行操作，则无法再用此日期之前的时间进行固定资产系统的业务操作。

➢本企业新增固定资产当月不计提折旧。

（3）单击“保存”按钮→自动进入“填制凭证”窗口，如图 3-137 所示，修改凭证相关内容→单击“保存”按钮，设置完毕后退出。

2. 修改固定资产卡片

（1）在固定资产系统中，选择“卡片”→“卡片管理”，打开“查询条件选择-卡片管理”条件查询框。

（2）在条件查询框中录入如下信息：

①开始使用日期：（此处不填日期）到 2017-01-20（表示 2017-01-20 及其之前开始使用的固定资产，也可选择不输入起止日期，表示全选）；

②卡片编号处录入 00007 到 00007，如图 3-138 所示，点击确定。

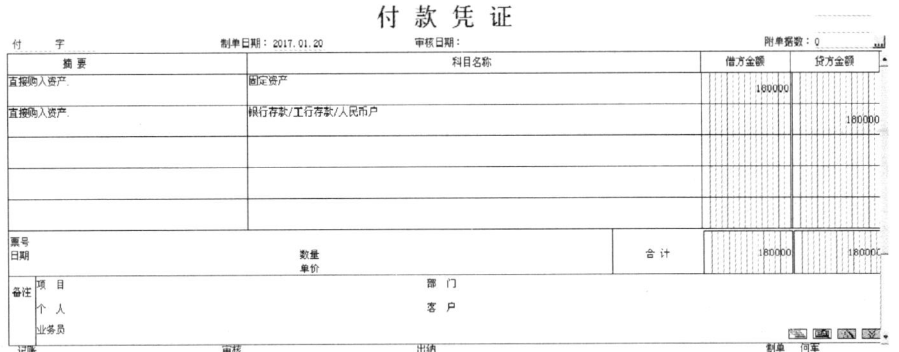

图 3-137　付款凭证

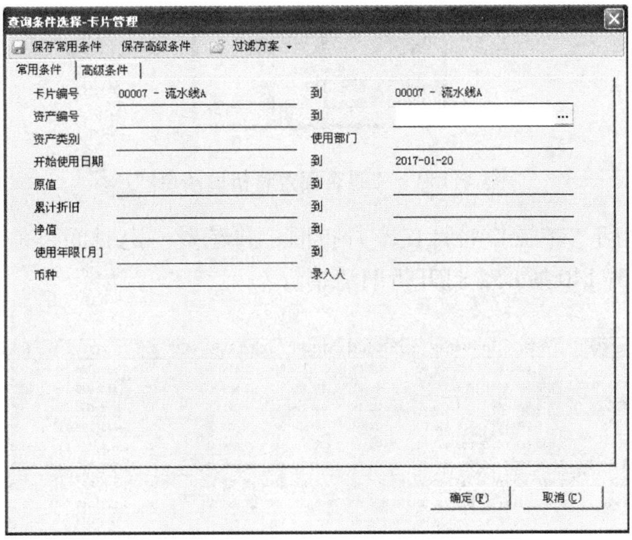

查询条件选择-卡片管理
保存常用条件　保存高级条件　过滤方案
常用条件　高级条件
卡片编号　00007 - 流水线A　到　00007 - 流水线A
资产编号　到
资产类别　使用部门
开始使用日期　到　2017-01-20
原值　到
累计折旧　到
净值　到
使用年限［月］　到
币种　录入人
确定(E)　取消(C)

图 3-138　查询条件选择-卡片管理

(3) 选中“00007”所在行→单击“修改”按钮，进入“固定资产卡片”窗口。

(4) 单击“使用状况”栏→再单击“使用状况”按钮，打开“使用状况参照”对话框。

(5) 选择“1004 大修理停用”→保存卡片后退出。

注意：

➢使用该卡片修改功能修改固定资产卡片的数据，称为无痕迹修改。

➢原始卡片的原值、使用部门、工作总量、使用状况、累计折旧、净残值（率）、折旧方法、使用年限、资产类别在没有做变动单或评估单情况下，录入当月可修改；如果做过变动单，只有删除变动单才能修改。

➤通过“资产增加”录入系统的卡片如果没有制作凭证和变动单、评估单情况下，录入当月可修改；如果做过变动单，只有删除变动单才能修改。如果已制作凭证，要修改原值或累计折旧必须删除凭证后，才能修改。

➤原值、使用部门、使用状况、累计折旧、净残值（率）、折旧方法、使用年限、资产类别各项目在做过一次月末结账后，只能通过变动单或评估单调整，不能通过卡片修改功能改变。

3. 计提折旧

（1）更换系统注册时间为“2017-01-31”。

（2）选择“固定资产”→“处理”→“计提本月折旧”→系统询问“是否要查看折旧清单”，选择“是”，如图 3-139 所示。

图 3-139 “是否要查看折旧清单?”

（3）系统询问“本操作将计提本月折旧，并花费一定时间，是否要继续”，选择“是”，如图 3-140 所示，打开折旧清单。

卡片编号	资产编号	资产名称	原值	计提原值	月计提折旧	累计折旧	本年计提折旧	减值准备	净值	净残值	折旧率	单位折旧
00001	0115001	卡车A	255,500.00	255,500.00	3,889.81	145,479.81	3,889.81	0.00	110,020.19	12,775.00	0.0158	
00002	0115002	卡车B	255,500.00	255,500.00	3,889.81	145,479.81	3,889.81	0.00	110,020.19	12,775.00	0.0158	
00003	0221001	台式机A	4,220.00	4,220.00	21.76	2,159.76	21.76	0.00	2,060.24	211.00	0.0079	
00004	0222001	台式机B	5,780.00	5,780.00	34.06	2,596.06	34.06	0.00	3,183.94	289.00	0.0079	
00005	0115003	厂房	2,000,000.00	2,000,000.00	29,674.41	475,628.41	29,674.41	0.00	1,524,371.59	100,000.00	0.0158	
00006	0121001	职工宿舍楼	2,000,000.00	2,000,000.00	30,066.68	426,732.68	30,066.68	0.00	1,573,267.32	100,000.00	0.0158	
00007	035001	流水线A	3,840,000.00	3,840,000.00	15,102.44	567,102.44	15,102.44	0.00	3,272,897.56	192,000.00	0.0040	
00008	035002	流水线B	3,840,000.00	3,840,000.00	14,956.52	566,956.52	14,956.52	0.00	3,273,043.48	192,000.00	0.0040	
合计			12,201,000.00	12,201,000.00	97,635.49	2,332,135.49	97,635.49	0.00	9,868,864.51	610,050.00		

图 3-140 折旧清单

（4）单击“退出”→“确定”按钮→打开折旧分配表，如图 3-141 所示。

部门编号	部门名称	项目编号	项目名称	科目编号	科目名称	折旧额
1	行政管理部			660204	折旧费	30,088.44
2	财务部			660204	折旧费	34.06
5	生产部			5101	制造费用	67,512.99
合计						97,635.49

图 3-141 折旧分配表

（5）单击“凭证”按钮，进入“填制凭证”窗口，修改凭证相关内容，如图3-142所示→保存后退出。

转 账 凭 证

转　　制单日期：2017.01.31　　审核日期：　　附单据数：0

摘 要	科目名称	借方金额	贷方金额
计提第[1]期间折旧	管理费用/折旧费	3006844	
计提第[1]期间折旧	管理费用/折旧费	3406	
计提第[1]期间折旧	制造费用	6751299	
计提第[1]期间折旧	累计折旧		9763549
票号 日期	数量 单价 合 计	9763549	9763549

备注　项 目　　部 门　行政管理部

图 3-142　转账凭证

注意：

➢在一个期间内，该计提折旧功能可使用多次，每次计提后系统会将计提的折旧累加到月初的累计折旧上，不会重复累计。

➢如果上次计提折旧已制单（填制凭证）把数据传递到账务系统，则必须删除该凭证才能重新计提折旧。

➢计提折旧后又对本子账套进行了影响折旧计算或分配的操作，必须重新计提折旧，否则系统不允许结账。

➢如果自定义的折旧方法中的月折旧率或月折旧额出现负数，自动中止计提。

➢折旧分配表是编制记账凭证，把计提折旧额分配到成本和费用的依据。

4. 减少固定资产

（1）选择“卡片”→“资产减少”，打开“资产减少”窗口。

（2）如图 3-143 所示，单击“卡片编号”后的参照按钮 ⋯ →选择“00004”→单击右侧“增加”按钮。

图 3-143　“卡片编号”

（3）如图 3-144 所示，在表格中“减少方式”一栏，填入“毁损”。

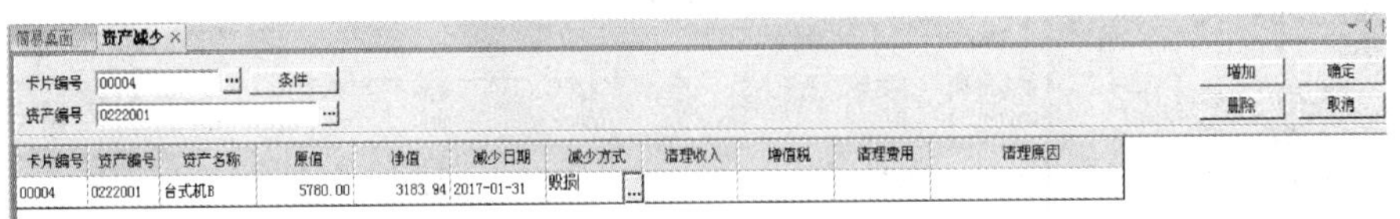

图 3-144　“减少方式”

（4）单击“确定”按钮→提示“所选卡片已经减少成功”，进入“填制凭证”窗口→单击“确定”按钮。

（5）如图 3-145 所示，修改凭证相关内容。

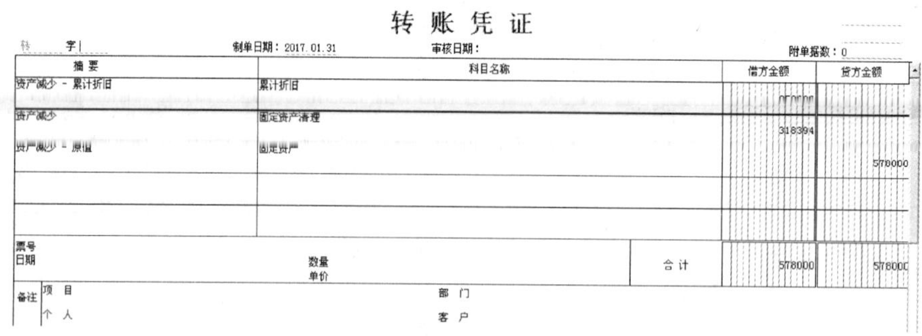

图 3-145　转账凭证

（6）保存后退出。

5. 固定资产变动

（1）选择“卡片”→“变动单”→“部门转移”，打开“固定资产变动单”。

（2）输入卡片编号“00003”，自动列出资产的名称、开始使用日期、规格型号、变动前部门、存放地点。

（3）参照选择或输入变动后的使用部门“财务部”，输入变动原因“业务需要”。

（4）单击“保存”按钮，弹出如图 3-146 所示提示框。

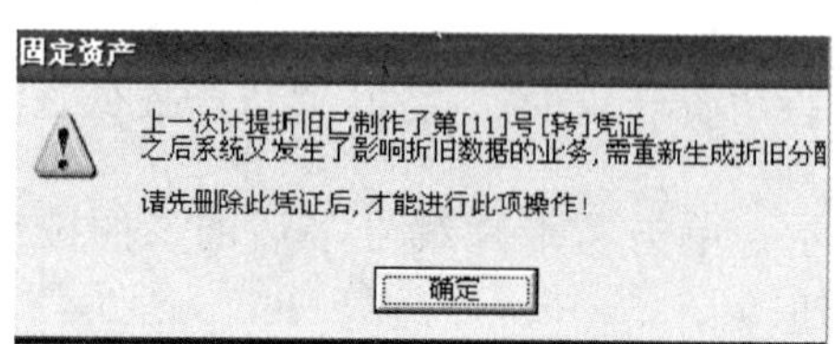

图 3-146　提示框

（5）根据提示框要求，需要在系统找到第 5 号转账凭证删除，选择“固定资产”→“处理”→“凭证查询”，如图 3-147 所示，打开已填制的凭证列表。

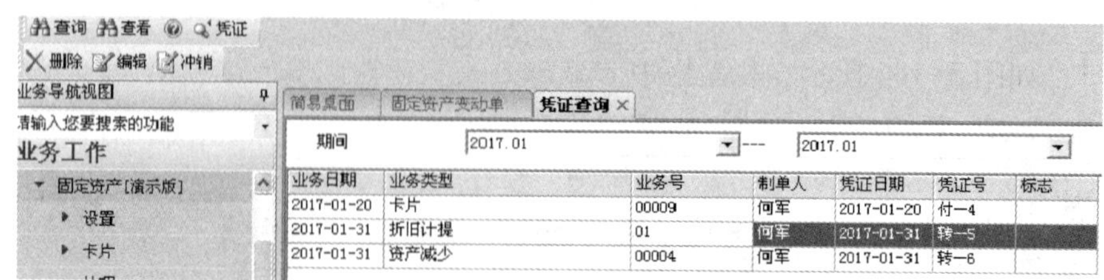

业务日期	业务类型	业务号	制单人	凭证日期	凭证号	标志
2017-01-20	卡片	00009	何军	2017-01-20	付—4	
2017-01-31	折旧计提	01	何军	2017-01-31	转—5	
2017-01-31	资产减少	00004	何军	2017-01-31	转—6	

图 3-147　打开已填制的凭证列表

（6）点击凭证号为“转--5”这一行→ 点击“删除”→“是”→删除成功，关掉此界面，回到“固定资产变动单”界面，确定录入好相关变动信息后，如图 3-148 所示→点击“保存”按钮；

部门转移

固定资产变动单

— 部门转移 —

变动单编号	00001			变动日期	2017-01-31
卡片编号	00003	资产编号	0221001	开始使用日期	2014-02-01
资产名称			台式机A	规格型号	
变动前部门	行政管理部	变动后部门	财务部		
存放地点		新存放地点			
变动原因					业务需要

图 3-148　固定资产变动单

（7）保存变动单成功后，弹出如图 3-149 所示提示框，单击“确定”按钮。

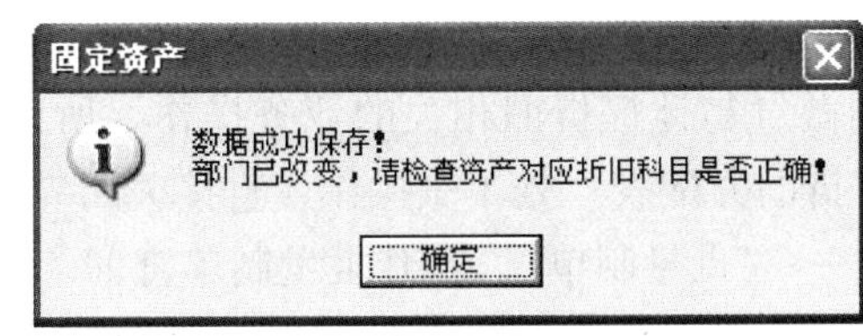

图 3-149　提示框

（8）检查资产对应折旧科目（因折旧科目不变，无需修改）。

注意：

➢当月新增的资产不允许做固定资产变动业务。

➢当月录入的新增卡片不能执行本功能。

➢进行部门转移变动的资产在变动当月就按变动后的部门计提折旧。

➢该操作中卡片编号 00003 的固定资产因为生成过凭证，所以要先删除对应凭证，才可以进行变动单的填制。

➢固定资产发生变动或数据修改后，必须重新计提折旧，确保折旧数据正确。

6. 计提减值准备

（1）选择“卡片”→“变动单”→“计提减值准备”，打开“固定资产变动单”。

（2）输入卡片编号“00002”，自动列出资产的名称、开始使用日期、规格型号、变动前部门、存放地点。

（3）如图 3-150 所示，输入减值准备金额“1 000”、输入变动原因“减值”。

固定资产变动单

—计提减值准备—

变动单编号	00002			变动日期	2017-01-31
卡片编号	00002	资产编号	0115002	开始使用日期	2014-02-01
资产名称			卡车B	规格型号	
减值准备金额	1 000.00	币种	人民币	汇率	1
原值	255 500.00	累计折旧			141 590.00
累计减值准备金额	1 000.00	累计转回准备金额			0.00
可回收市值	112 910.00				
变动原因	减值				
				经手人	何军

图 3-150　固定资产变动单

（4）单击“保存”按钮→弹出“数据保存成功”提示框，并弹出“填制凭证”界面，修改凭证内容（其中，计提减值准备分录，借记“资产减值损失”科目；贷记“固定资产减值准备”科目），并保存。

7. 批量制单

（1）因为前面可能做过与计提折旧相关的业务操作，所以必须重新计提折旧，计提折旧完毕后，在“折旧分配表”处不做操作，直接关闭界面。

（2）选择“处理”→“批量制单”，打开批量制单查询条件。

（3）如图 3-151 所示，“业务类型”不做选择，空白表示全选，单击“确定”按钮。

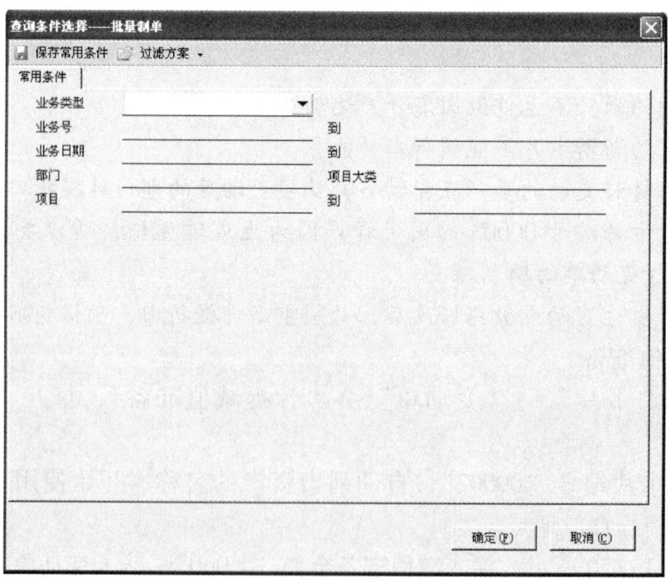

图 3-151　查询条件选择——批量制单

（4）如图 3-152 所示，在选择栏打上“Y”。

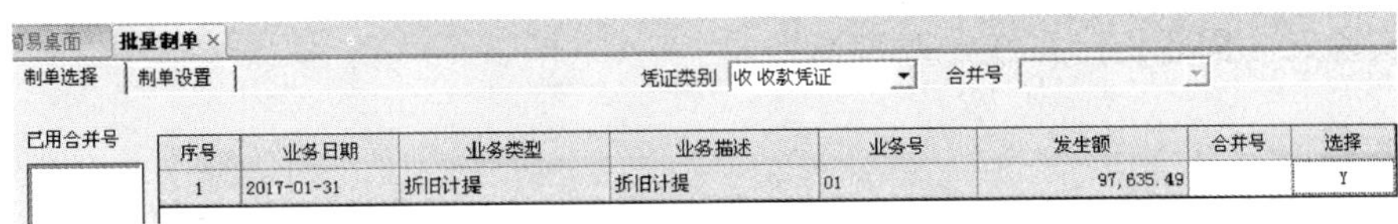

图 3-152　制单设置

注意：

➢如果在固定资产设置选项中选择了“月末结账前一定要完成制单登账业务”，则只要其中有记录，该月不能结账。

（5）如图 3-153 所示，打开“制单设置”选项卡，修改凭证类别→单击“凭证”按钮。

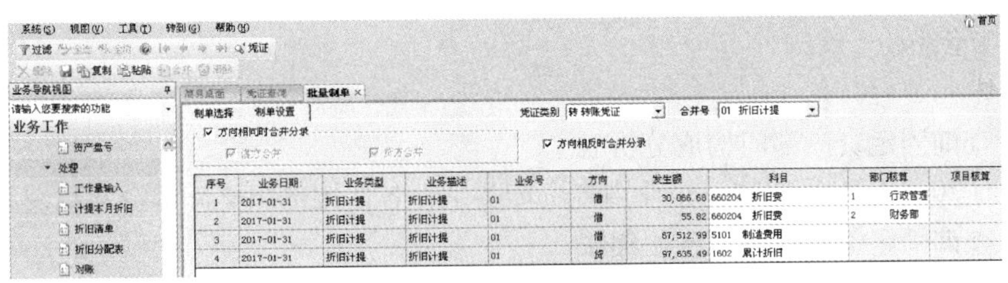

图 3-153　制单设置

（6）如图 3-154 所示，凭证内容检查无误→保存完毕后退出。

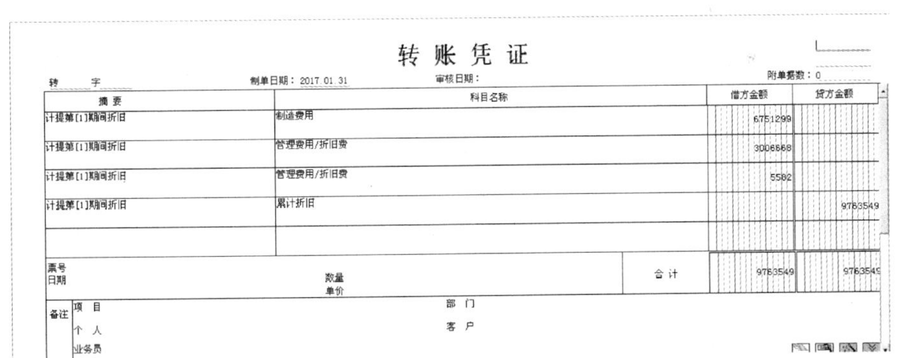

图 3-154　转账凭证

8. 输出账套

（1）在 D 盘中新建“999-4-2 固定资产系统日常业务处理”文件夹。

（2）由系统管理员 admin 注册系统管理，在“系统管理”窗口中，执行“账套”→“输出”命令，打开“账套输出”对话框。

（3）在“账套号”文本框中选择“999 广州鑫正电器有限公司”，将账套输出至“D:\ 999-4-2 固定资产系统日常业务处理”文件夹中。

（4）单击“确定”按钮，完成账套备份。

实验三　固定资产系统账表查询

实验准备

引入已完成的“999-4-2 固定资产系统日常业务处理”的账套备份数据，将系统日期修改为“2017 年 1 月 31 日”，以 104 何军的身份注册登录企业应用平台。

实验内容

◇查询固定资产部门构成分析表。

◇查询固定资产减值准备明细账。

◇查询固定资产变动情况表。

◇查询固定资产总账。

◇查询固定资产（部门）折旧计提汇总表。

◇账套备份。

实验资料

1. 查询固定资产部门构成分析表

查询 2017 年 1 月期间，企业内各资产类别在各使用部门之间的分布情况。

2. 查询固定资产减值准备明细账

查询 2017 年 1 月期间，“022 非生产经营用”的资产减值准备情况。

3. 查询固定资产变动情况表

2017 年 1 月 31 日，按资产类别，查询本月固定资产变动情况。

4. 查询固定资产总账

2017 年 1 月 31 日，查看本月固定资产中各资产类别的原值、累计折旧、减值准备、净值情况，通过固定资产子系统的固定资产总账进行查询。

5. 查询固定资产（部门）折旧计提汇总表

2017 年 1 月 31 日，通过固定资产子系统的账簿查询功能，查看固定资产（部门）折旧计提汇总表，并查看与行政管理部的固定资产折旧相关的明细账和凭证，进行账证联查。

操作指导

1. 查询固定资产部门构成分析表

（1）在固定资产系统，选择“账表”→“我的账表”，打开固定资产“报表”窗口。

（2）在左侧窗口，选择“账簿”→“分析表”→“部门构成表”，打开“条件-部门构成分析表”。

（3）在“条件-部门构成分析表”中，选择“按类别的明细级汇总”，期间“2017.01”，如图 3-155 所示，单击“确定”按钮。

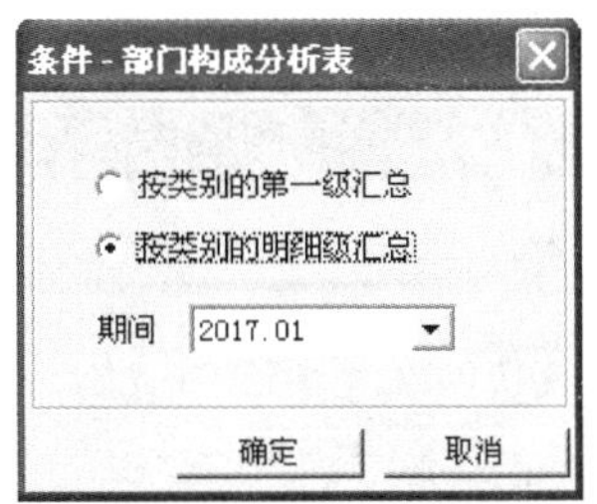

图 3-155 条件-部门构成分析

（4）如图 3-156 所示，打开部门构成分析表，查看企业内各资产类别在各使用部门之间的分布情况。

恢复缺省格式 保存格式 锁定格式 格式锁定状态:未锁定

部门构成分析表

使用单位:广州鑫正电器有限公司　　期间: 2017.01

类别级次明细级

使用部门	资产类别	数量	计量单位	期末原值	占部门百分比%	占总值百分比%
行政管理部 (1)		1.00		2,000,000.00	100.000	16.40
	非生产经营用 (012)	1.00		2,000,000.00	100.000	16.40
财务部 (2)		2.00		6,020.00	100.000	0.05
	非生产经营用 (022)	2.00	台	6,020.00	100.000	0.05
生产部 (5)		5.00		10,191,000.00	100.000	83.55
	生产经营用 (011)	3.00		2,511,000.00	24.639	20.59
	生产设备 (03)	2.00	台	7,680,000.00	75.361	62.97
合计		8.00		12,197,020.00	100.000	100.00

图 3-156 部门构成分析表

（5）查看后退出该界面。

注意：

➢固定资产子系统根据用户对系统的日常操作，自动提供这些信息，以报表的形式提供给财务人员和资产管理人员。

➢固定资产子系统提供的报表分为五类：账簿、折旧表、汇总表、分析表、减值准备表。另外，如果所提供的报表不能满足要求，系统提供自定义报表功能，可以根据需要定义要求的报表。

➢固定资产部门构成分析表是企业内资产在各使用部门之间的分布情况的分析统计。

2. 查询固定资产减值准备明细账

（1）在固定资产系统，选择“账表”→“我的账表”，打开固定资产“报表”窗口。

（2）在左侧窗口选择“账簿”→“减值准备表”→“减值准备明细账”，打开“条件-减值准备明细账”。

（3）在“条件-减值准备明细账”中，类别名称不做选择（表示全选），期间

"2017. 01-2017. 01"，如图 3-157 所示，单击"确定"按钮。

图 3-157　条件-减值准备明细账

（4）如图 3-158 所示，打开减值准备明细账，查看企业有计提减值准备的资产的情况。

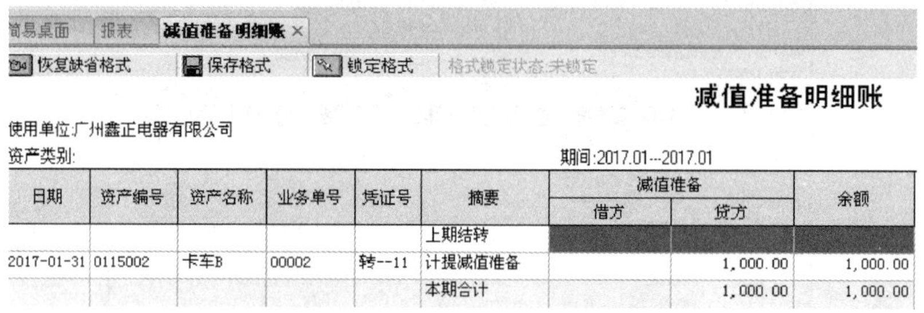

简易桌面 | 报表 | 减值准备明细账

恢复缺省格式　保存格式　锁定格式　格式锁定状态:未锁定

减值准备明细账

使用单位:广州鑫正电器有限公司

资产类别:　　期间:2017.01---2017.01

日期	资产编号	资产名称	业务单号	凭证号	摘要	减值准备		余额
						借方	贷方	
					上期结转			
2017-01-31	0115002	卡车B	00002	转--11	计提减值准备		1,000.00	1,000.00
					本期合计		1,000.00	1,000.00

图 3-158　减值准备明细账

（5）查看后退出该界面。

3. 查询固定资产变动情况表

（1）在固定资产系统，选择"账表"→"我的账表"，打开固定资产"报表"窗口。

（2）在左侧窗口选择"账簿"→"统计表"→"固定资产变动情况表"，打开"条件-固定资产变动情况表"。

（3）在"条件-固定资产变动情况表"中，统计方式为"按资产类别"，期间为"2017. 01-2017. 01"，如图 3-159 所示，单击"确定"按钮。

图 3-159　条件-固定资产变动情况表

（4）如图 3-160 所示，打开固定资产变动情况表，查看企业固定资产变动情况。

简易桌面　报表　固定资产变动情况表 ×

恢复缺省格式　保存格式　锁定格式　格式锁定状态:未锁定

固定资产变动情况表

统计方式:资产类别　　期间:2017.01---2017.01

资产类别:　　使用部门:　　类别级次:1---1

项目	原值				累计折旧				减值准备				净值	
	期初余额	本年增加	本年减少	期末余额	期初余额	本年增加	本年减少	期末余额	期初余额	本年增加	本年减少	期末余额	期初余额	期末余额
建筑物及交通运输设备	4,511,000.00			4,511,000.00	1,125,800.00	67,520.71		1,193,320.71		1,000.00		1,000.00	3,385,200.00	3,316,679.29
电子设备及其他通讯设	10,000.00	1,800.00	5,780.00	6,020.00	4,700.00	55.82	2,596.06	2,159.76					5,300.00	3,860.24
生产设备(03)	7,680,000.00			7,680,000.00	1,104,000.00	30,058.96		1,134,058.96					6,576,000.00	6,545,941.04
合计	12,201,000.00	1,800.00	5,780.00	12,197,020.00	2,234,500.00	97,635.49	2,596.06	2,329,539.43		1,000.00		1,000.00	9,966,500.00	9,866,480.57

图 3-160　固定资产变动情况表

（5）查看后退出该界面。

4. 查询固定资产总账

（1）在固定资产系统，选择“账表”→“我的账表”，打开固定资产“报表”窗口。

（2）在左侧窗口选择“账簿”→“固定资产总账”，打开“条件-固定资产总账”。

（3）在“条件-固定资产总账”中，“按类别统计”，类别级次为“1-2”，如图 3-161 所示→单击“确定”按钮。

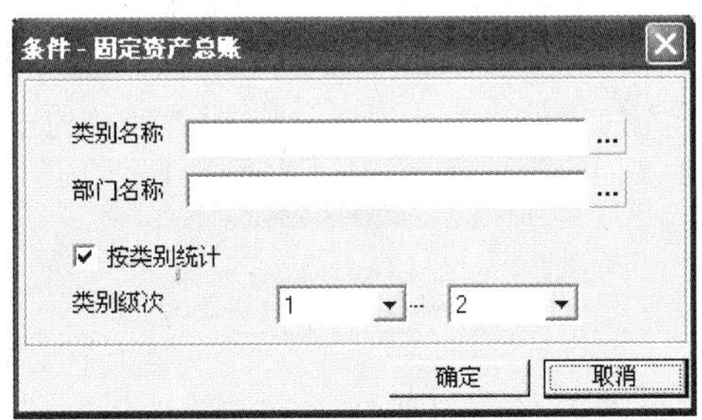

图 3-161　条件-固定资产总账

（4）如图 3-162 所示，打开固定资产总账，查看企业固定资产总账。

简易桌面　报表　固定资产总账 ×

恢复缺省格式　保存格式　锁定格式　图形分析　格式锁定状态:未锁定

固定资产总账

使用单位:广州鑫正电器有限公司

资产类别:　　使用部门:　　类别级次:1---2

期间	资产类别	原值			累计折旧			减值准备			净值
		借方	贷方	余额	借方	贷方	余额	借方	贷方	余额	
2017.01		12,202,800.00	5,780.00	12,197,020.00	2,596.06	2,332,135.49	2,329,539.43		1,000.00	1,000.00	9,866,480.57
	建筑物及交通运输设备(01)	4,511,000.00		4,511,000.00		1,193,320.71	1,193,320.71		1,000.00	1,000.00	3,316,679.29
	生产经营用(011)	2,511,000.00		2,511,000.00		766,588.03	766,588.03		1,000.00	1,000.00	1,743,411.97
	非生产经营用(012)	2,000,000.00		2,000,000.00		426,732.68	426,732.68				1,573,267.32
	电子设备及其他通讯设备(02)	11,800.00	5,780.00	6,020.00	2,596.06	4,755.82	2,159.76				3,860.24
	非生产经营用(022)	11,800.00	5,780.00	6,020.00	2,596.06	4,755.82	2,159.76				3,860.24
	生产设备(03)	7,680,000.00		7,680,000.00		1,134,058.96	1,134,058.96				6,545,941.04
合计		12,202,800.00	5,780.00	12,197,020.00	2,596.06	2,332,135.49	2,329,539.43		1,000.00	1,000.00	9,866,480.57

图 3-162　固定资产总账

（5）查看后退出该界面。

5. 查询固定资产（部门）折旧计提汇总表

（1）在固定资产系统，选择“账表”→“我的账表”，打开固定资产“报表”窗口。

（2）在左侧窗口选择“账簿”→“折旧表”→“（部门）折旧计提汇总表”，打开“（部门）折旧计提汇总表”。

（3）在“条件-（部门）折旧计提汇总表”中，期间为“2017.01-2017.01”，部门级次为“1-1”，如图3-163所示→单击“确定”按钮。

图3-163 条件-（部门）折旧计提汇总表

（4）如图3-164所示，打开（部门）折旧计提汇总表，查看企业各部门固定资产折旧计提情况。

简易桌面 | 报表 | (部门)折旧计提汇总表

恢复缺省格式 保存格式 锁定格式 格式锁定状态:未锁定

(部门)折旧计提汇总表

使用单位:广州鑫正电器有限公司　　期间:2017.01---2017.01

部门级次1---1

部门名称	计提原值	折旧额
行政管理部(1)	2,000,000.00	30,066.68
财务部(2)	10,000.00	55.82
生产部(5)	10,191,000.00	67,512.99
合计	12,201,000.00	97,635.49

图3-164 （部门）折旧计提汇总表

（5）将鼠标光标移到第一行“行政管理部（1）”处，双击可以打开行政管理部的（部门、类别）明细账，联查该部门固定资产明细账，查看行政管理部的固定资产具体情况，如图3-165所示。

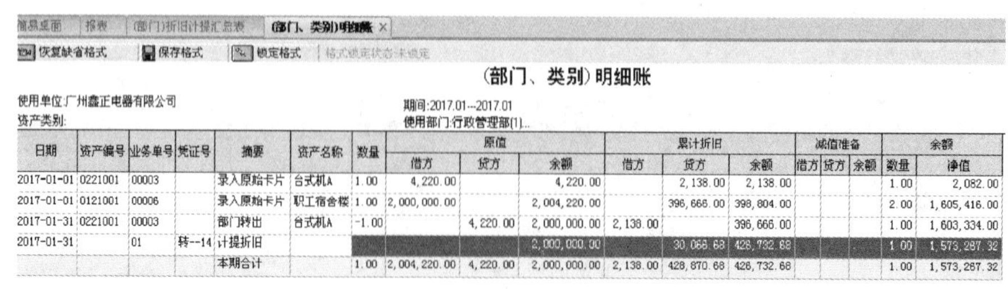

简易桌面 | 报表 | (部门)折旧计提汇总表 | (部门、类别)明细账

恢复缺省格式 保存格式 锁定格式 格式锁定状态:未锁定

(部门、类别)明细账

使用单位:广州鑫正电器有限公司　　期间:2017.01---2017.01

资产类别:　　使用部门:行政管理部(1)...

日期	资产编号	业务单号	凭证号	摘要	资产名称	数量	原值			累计折旧			减值准备			余额	
							借方	贷方	余额	借方	贷方	余额	借方	贷方	余额	数量	净值
2017-01-01	0221001	00003		录入原始卡片	台式机A	1.00	4,220.00		4,220.00		2,138.00	2,138.00				1.00	2,082.00
2017-01-01	0121001	00006		录入原始卡片	职工宿舍楼	1.00	2,000,000.00		2,004,220.00		396,666.00	398,804.00				2.00	1,605,416.00
2017-01-31	0221001	00003		部门转出	台式机A	-1.00		4,220.00	2,000,000.00	2,138.00		396,666.00				1.00	1,603,334.00
2017-01-31		01	转--14	计提折旧					2,000,000.00		30,066.68	426,732.68				1.00	1,573,267.32
				本期合计		1.00	2,004,220.00	4,220.00	2,000,000.00	2,138.00	428,870.68	426,732.68				1.00	1,573,267.32

图3-165 （部门、类别）明细账

（6）将鼠标光标移到（部门、类别）明细账中倒数第二行凭证号为“转-14”（操作时以自己账套的凭证编号为准）一行处，双击可以打开相应的记账凭证进行查询。

（7）查看后退出该界面。

6. 输出账套

（1）在D盘中新建“999-4-3 固定资产系统账表查询”文件夹。

（2）由系统管理员admin注册系统管理，在“系统管理”窗口中，执行“账套”→“输出”命令，打开“账套输出”对话框。

（3）在“账套号”文本框中选择“999 广州鑫正电器有限公司”，将账套输出至“D:\ 999-4-3 固定资产系统账表查询”文件夹中。

（4）单击“确定”按钮，完成账套备份。

第五节　应收款管理系统

功能概述

应收款管理系统主要用于核算和管理客户往来款项，即管理企业在日常经营过程中所产生的各种应收款数据信息，及时收回款项。对于应收款的核算与管理既可以深入到各种产品、各个地区、各个部门和业务员，又可以从不同的角度对应收款项进行分析、决策，使购销业务系统和财务系统有机地联系起来。

详细核算应用方案的功能主要包括记录应收款项的形成（包括由商品交易和非商品交易所形成的所有的应收项目）、处理应收项目的收款及转账情况、对应收票据进行记录和管理、随应收项目的处理过程自动生成凭证并传递给总账系统、对外币业务及汇兑损益进行处理以及提供针对多种条件的各种查询和分析。

简单核算应用方案的功能主要包括接受销售系统的发票、对其进行审核以及对销售发票进行制单处理并传递给总账系统。

实验目的与要求

◇掌握用友ERP软件中有关应收款管理的相关内容。

◇掌握应收款管理系统初始化、日常业务处理及月末处理的操作。

◇理解应收款在总账核算与在应收款管理系统核算的区别。

◇熟悉应收款管理系统账簿查询的作用和基本方法。

教学建议

应收款管理系统的功能较为全面，由于不同功能模块的组合将会使应收款管理系统的功能实现方式不同，因此在学习时一定要弄清楚应收款管理系统的基本功能后，再系统学习不同模块组合时应收款管理系统录入数据或接收数据的方法和相应的账务处理。

建议本章讲授4课时，上机练习4课时。

实验一　应收款管理系统初始化

实验准备

引入已完成的上个实验的账套备份数据，将系统日期修改为“2017 年 1 月 1 日”，以“105 刘彤”的身份注册登录企业应用平台。

实验内容

◇设置系统参数。

◇设置科目。

◇坏账准备设置。

◇账龄区间设置。

◇设置存货分类。

◇设置计量单位。

◇设置存货档案。

◇设置报警级别。

◇设置允许修改“销售专用发票”的编号。

实验资料

1. 应收款管理系统参数

应收款管理系统参数如表 3-32 所示。

表 3-32　　应收款管理系统参数

控制参数		参数设置
常规	单据审核日期依据	单据日期
	坏账处理方式	应收余额百分比法
	代垫费用类型	其他应收单
	应收账款核算类型	详细核算
凭证	受控科目制单方式	明细到客户
	非受控科目制单方式	汇总方式
	控制科目依据	按客户
	预收冲应收是否生成凭证	是
权限与预警	单据报警天数	5 天
核销设置	应收款核销方式	按单据

2. 科目设置

科目设置如表 3-33 所示。

表 3-33　　科目设置

科目类别	设置方式
基本科目设置	应收科目：1122
	预收科目：2203
	税金科目：22210102
	销售收入科目：6001
	销售退回科目：6001
	银行承兑科目：1121
	商业承兑科目：1121
	现金折扣科目：6603
	票据利息科目：6603
	票据费用科目：6603
结算方式科目设置	结算方式：现金结算；币种：人民币；科目：1001
	结算方式：现金支票；币种：人民币；科目：10020101
	结算方式：转账支票；币种：人民币；科目：10020101
	结算方式：电汇；币种：人民币；科目：10020101

3. 坏账准备参数设置

坏账准备参数设置如表 3-34 所示。

表 3-34　　坏账准备参数设置

控制参数	参数设置
提取比率	0.5%
坏账准备期初余额	975 元
坏账准备科目	1231（坏账准备）
对方科目	6701（资产减值损失）

4. 账期内账龄区间及逾期账龄区间

账期内账龄区间及逾期账龄区间分别如表 3-35 和表 3-36 所示。

表 3-35　　账龄区间

序号	起止天数（天）	总天数（天）
1	1~20	20
2	21~60	60
3	61~90	90
4	91 以上	

表 3-36 逾期账龄区间

序号	起止天数（天）	总天数（天）
1	1～30	30
2	31～60	60
3	61～90	90
4	91～120	120
5	121 以上	

5. 存货分类

存货分类如表 3-37 所示。

表 3-37 存货分类

存货分类编码	存货分类名称
1	原料及主要材料
2	库存商品
3	应税劳务

6. 计量单位

计量单位如表 3-38 所示。

表 3-38 计量单位

计量单位组	计量单位编码及名称
基本计量单位（无换算率）	1 根
	2 台
	3 公里（1 公里 = 1 千米，下同）

7. 存货档案

存货档案如表 3-39 所示。

表 3-39 存货档案

存货编码	存货名称	所属分类码	存货分类	计量单位组	计量单位	税率（%）	存货属性
01	电热管	1	原料及主要材料	1-基本计量单位	根	17	外购、生产耗用
02	压缩机	1	原料及主要材料	1-基本计量单位	台	17	外购、生产耗用

表3-39(续)

存货编码	存货名称	所属分类码	存货分类	计量单位组	计量单位	税率(%)	存货属性
03	电暖器	2	库存商品	1-基本计量单位	台	17	自制、内销
04	除湿机	2	库存商品	1-基本计量单位	台	17	自制、内销
05	运输费	3	应税劳务	1-基本计量单位	公里	7	外购、内销、应税劳务

8. 报警级别

报警级别如表3-40所示。

表3-40　**报警级别**

报警级别	总比率
A级	总比率10%
B级	总比率20%
C级	总比率30%
D级	总比率40%
E级	总比率50%
F级	总比率50%以上

9. 单据设计

系统设置“销售发票”“其他应收单”和“收款单”单据编号为“手工改动，重号时自动重取”。

10. 期初余额

期初余额如表3-41所示。

表3-41　**期初余额情况**

单据名称	方向	开票日期	票号	客户名称	销售部门	科目编码	存货名称	数量	含税单价（元）	价税合计（元）
销售专用发票	正	2016-12-01	ST110	1-飞扬公司	销售一组	1121	03-电暖器	40	500	20 000
销售专用发票	正	2016-12-22	ST222	3-天际公司	销售一组	1121	03-电暖器	40	500	20 000
销售专用发票	正	2016-11-11	GZ11	2-宏光公司	销售一组	1122	04-除湿机	50	831.8	41 590
销售专用发票	正	2016-11-21	GZ87	8-地丰公司	销售二组	1122	03-电暖器	140	500	70 000
销售专用发票	正	2016-11-25	BJ22	5-泰山公司	销售二组	1122	04-除湿机	30	831.8	24 954
预收款单		2016-06-23		2-宏光公司	销售一组					40 100
预收款单		2016-11-18		1-飞扬公司	销售一组					20 000

注：预收款单的结算方式均为“转账支票”

实验指导

1. 设置系统参数

（1）用“105 刘彤”登录企业应用平台，执行“业务工作”→“财务会计”→“应收款管理”→“设置”→“选项”命令，打开“账套参数设置”对话框。

（2）单击“编辑”按钮，打开“常规”选项卡，根据实验资料修改参数设置，具体如图 3-166 所示。

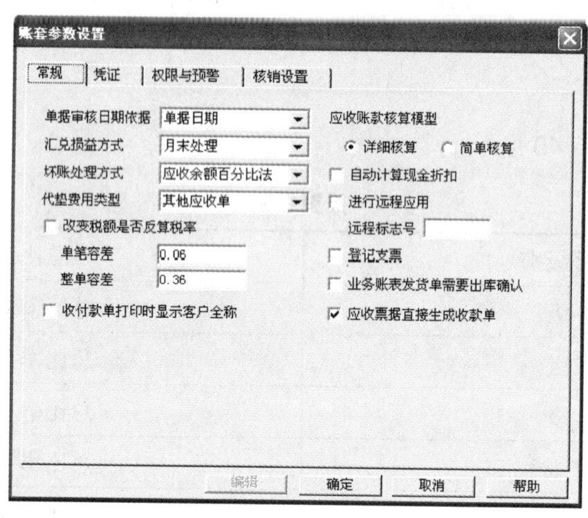

图 3-166　常规参数设置

（3）打开“凭证”选项卡，根据实验资料修改参数设置，具体如图 3-167 所示。

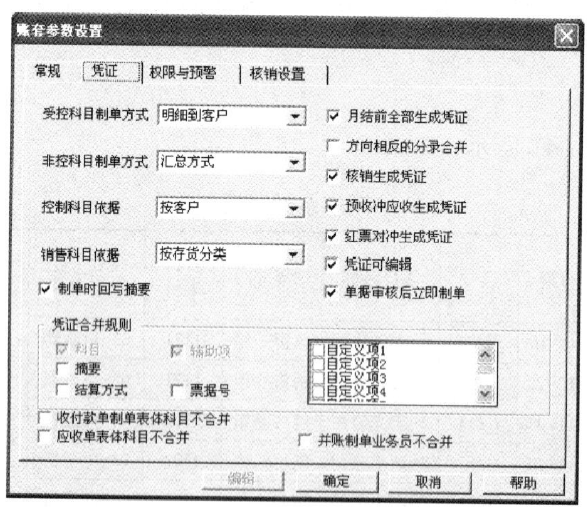

图 3-167　凭证参数设置

（4）打开“权限与预警”选项卡，根据实验资料修改参数设置，具体如图 3-168所示。

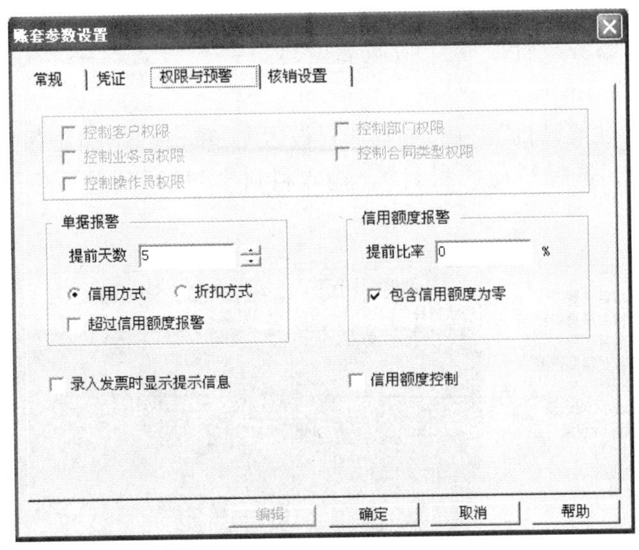

图 3-168　权限与预警参数设置

（5）打开“核销设置”选项卡，根据实验资料修改参数设置，具体如图 3-169 所示。

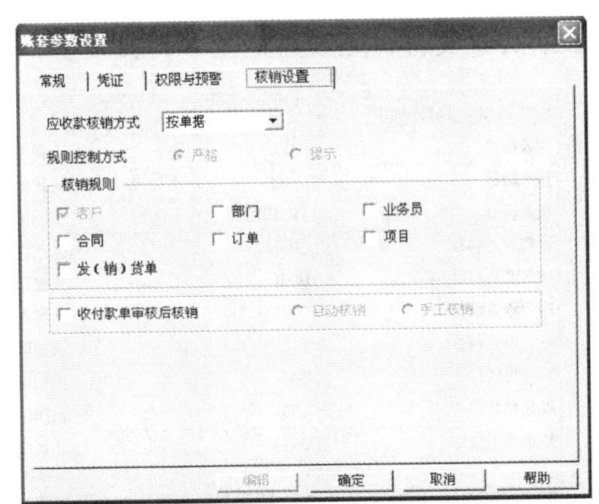

图 3-169　核销参数设置

（6）单击“确定”按钮，完成参数设置。

注意：

➢在账套使用过程中，可以随时修改账套参数。

➢如果选择单据日期为审核日期，则月末结账时单据必须全部审核。

➢坏账处理方式在已计提过坏账准备后不能修改。

➢关于应收款核算模型，在系统启用时或者还没有进行任何业务处理的情况下才允许从简单核算改为详细核算；从详细核算改为简单核算随时都可以进行。

2. 设置科目

（1）执行“财务会计”→“应收款管理”→“设置”→“初始设置”命令，打开“初始设置”窗口。

（2）选择“设置科目”→“基本科目设置”，单击“增加”按钮，在“基础科目种类”列表中，选择“应收科目”，输入科目“1122”，然后按“回车”键，如图 3-170 所示。

图 3-170　应收科目设置

（3）以此类推，根据实验资料，完成其他基本科目设置，如图 3-171 所示。

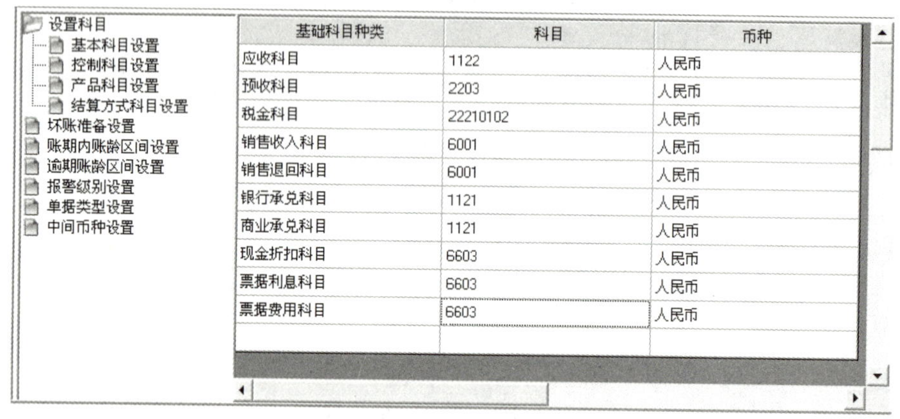

图 3-171　基本科目设置

（4）选择“设置科目”→“结算方式科目设置”，单击“增加”按钮，在“结算方式”列表中，选择“现金结算”，币种选择“人民币”，输入科目“1001”，然后按“回车”键，如图 3-172 所示。

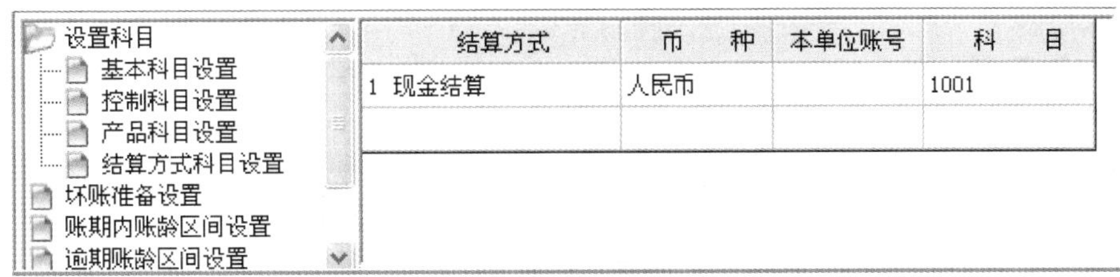

设置科目
- 基本科目设置
- 控制科目设置
- 产品科目设置
- 结算方式科目设置

坏账准备设置
账期内账龄区间设置
逾期账龄区间设置

结算方式	币　种	本单位账号	科　目
1 现金结算	人民币		1001

图 3-172　现金结算科目设置

(5) 依此类推，根据实验资料，完成其他结算方式科目设置，如图 3-173 所示。

设置科目
- 基本科目设置
- 控制科目设置
- 产品科目设置
- 结算方式科目设置

坏账准备设置
账期内账龄区间设置
逾期账龄区间设置
报警级别设置
单据类型设置
中间币种设置

结算方式	币　种	科　目
1 现金结算	人民币	1001
201 现金支票	人民币	10020101
202 转账支票	人民币	10020101
4 电汇	人民币	10020101

图 3-173　结算科目设置

注意：

➢在这里设置的基本科目，在生成凭证时能直接显示相关会计科目，否则只能手工录入。

➢如果应收科目、预收科目按不同客户或客户分类分别设置，则可在“控制科目”中设置。

➢如果针对不同的存货分别设置销售收入核算科目，可以在“产品科目设置”中进行设置。

3. 坏账准备设置

(1) 执行“财务会计”→“应收款管理”→“设置”→“初始设置”命令，选择“坏账准备设置”，根据实验资料录入以下信息：

①提取比例：0.5。

②坏账准备期初余额：975 元。

③坏账准备科目：1231。

④对方科目：6701。

具体如图 3-174 所示。

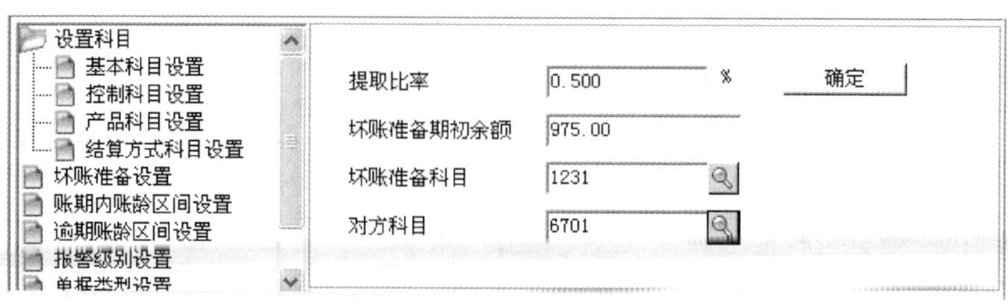

图 3-174　坏账准备设置

（2）单击“确定”按钮，完成设置。

注意：

➢坏账准备的期初余额应与总账系统中所录入的坏账准备的期初余额一致，但是系统没有自动对账的功能，只能人工核对。

4. 设置账龄区间

（1）执行“财务会计”→“应收款管理”→“设置”→“初始设置”命令，选择“账期内账龄区间设置”。

（2）在“总天数”栏根据实验资料录入相关信息，如图 3-175 所示。

图 3-175　账龄区间设置

（3）以此类推，完成“逾期账龄区间设置”录入。

5. 设置存货分类

（1）执行“基础设置”→“基础档案”→“存货”→“存货分类”命令，打开“存货分类”窗口。

（2）单击“增加”按钮，根据实验资料录入相关信息，再单击“保存”按钮，然后单击“退出”按钮，完成设置，如图 3-176 所示。

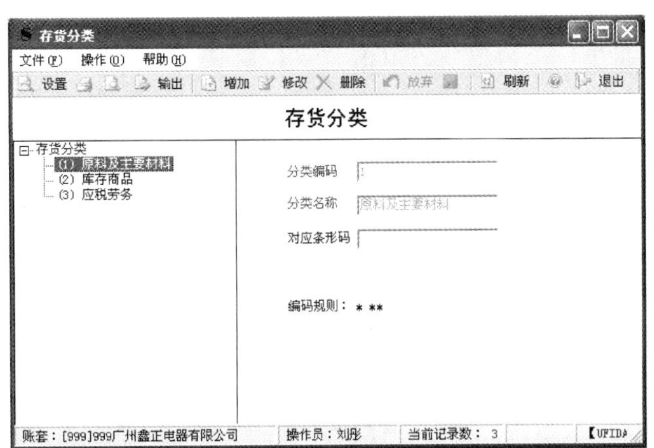

图 3-176　设置存货分类

6. 设置计量单位

(1) 执行"基础设置"→"基础档案"→"存货"→"计量单位"命令，打开"计量单位"窗口。

(2) 单击"分组"按钮，进入"计量单位组"对话框，单击"增加"按钮，录入以下信息：

①计量单位组编码：1。

②计量单位组名称：基本计量单位。

③计量单位组类别：无换算率。

具体如图 3-177 所示。

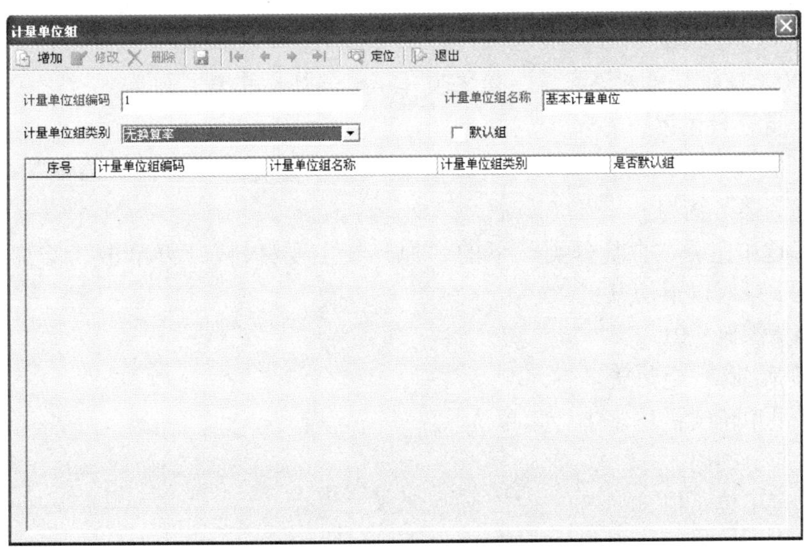

图 3-177　计量单位组设置

（3）单击“保存”按钮并退出。

（4）在“计量单位”窗口下，单击“单位”按钮，进入“计量单位设置”窗口，单击“增加”按钮，录入以下信息：

①计量单位编码：1。

②计量单位：根。

（5）单击“保存”按钮，依此类推，继续录入其他计量单位内容，结果如图3-178所示。

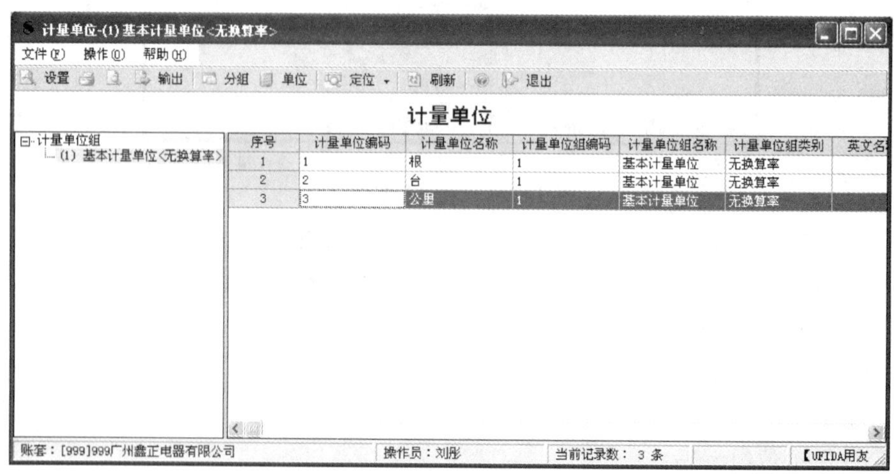

图 3-178　录入计量单位

注意：

➢在设置计量单位时必须先设置单位分组，再设置各个计量单位组中的计量单位。

➢计量单位组分为无换算率、固定换算率、浮动换算率三种类型。

7. 设置存货档案

（1）执行“基础设置”→“基础档案”→“存货”→“存货档案”命令，打开“存货档案”窗口。

（2）选中左侧“存货分类”下的“原料及主要材料”，再单击“增加”按钮，在对话框中录入以下信息：

①存货编码：01。

②存货名称：电热管。

③计量单位组：1-基本计量单位。

④所属分类码：1。

⑤计量单位：根。

⑥税率：17%。

⑦存货属性：外购、生产耗用。

具体如图 3-179 所示。

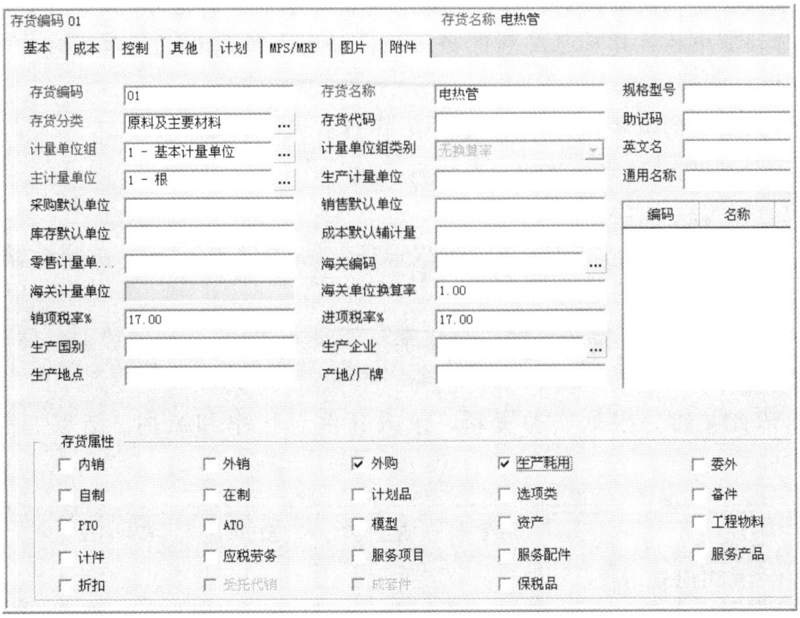

图 3-179　存货档案设置

（3）单击“保存”按钮，依此类推，根据实验资料录入其他的存货档案，结果如图 3-180 所示。

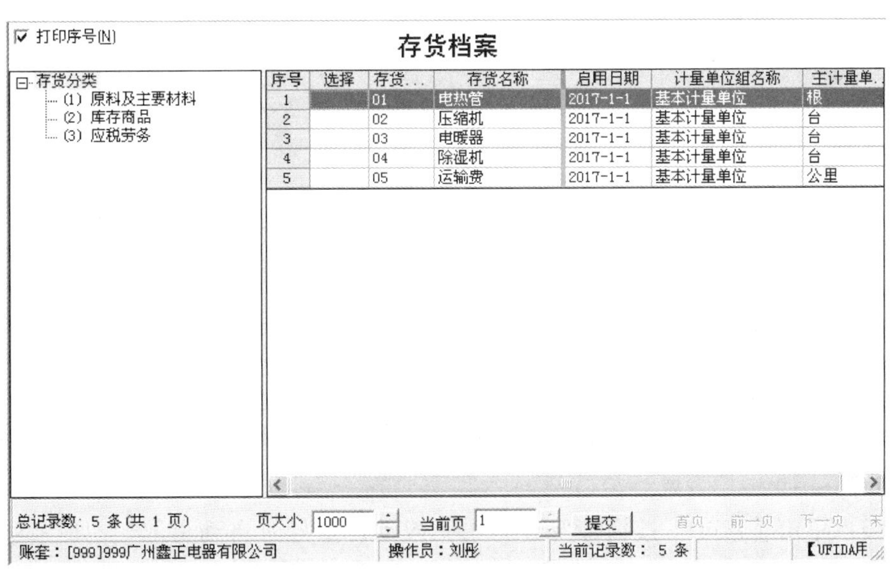

☑ 打印序号(N)

存货档案

存货分类
(1) 原料及主要材料
(2) 库存商品
(3) 应税劳务

序号	选择	存货...	存货名称	启用日期	计量单位组名称	主计量单...
1		01	电热管	2017-1-1	基本计量单位	根
2		02	压缩机	2017-1-1	基本计量单位	台
3		03	电暖器	2017-1-1	基本计量单位	台
4		04	除湿机	2017-1-1	基本计量单位	台
5		05	运输费	2017-1-1	基本计量单位	公里

总记录数：5 条(共 1 页)　页大小 1000　当前页 1　提交　首页　前一页　下一页

账套：[999]999广州鑫正电器有限公司　操作员：刘彤　当前记录数：5 条　【UFIDA用

图 3-180　存货档案设置

注意：

➢在录入存货档案时，如果存货类别不符合要求应重新进行选择。

➢存货档案中的存货属性必须选择正确，否则在填制相应的单据时就不会在存货里列表中出现。

➢存货档案中的有关成本资料可以在填制单据时列示，如果不录入成本资料，在单据中就不能自动列出存货的成本资料。

8. 设置报警级别

（1）执行“财务会计”→“应收款管理”→“设置”→“初始设置”命令，选择“报警级别设置”。

（2）单击“增加”按钮，在“总比率”栏录入“10”，在“级别名称”栏录入“A”，按“回车”键。

（3）依此类推，根据实验资料，录入其他总比率和级别，结果如图 3-181 所示。

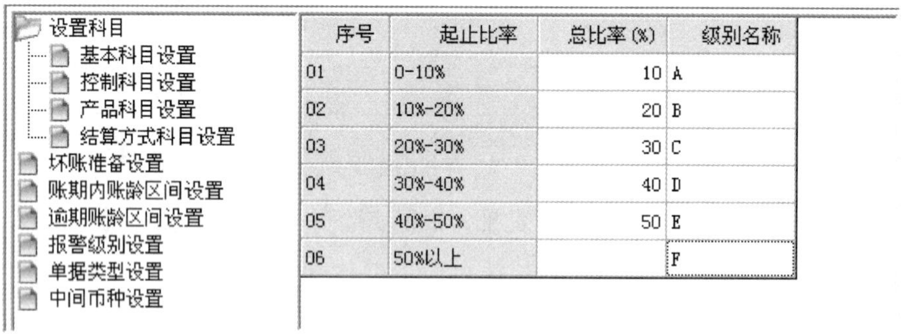

设置科目
- 基本科目设置
- 控制科目设置
- 产品科目设置
- 结算方式科目设置

坏账准备设置
账期内账龄区间设置
逾期账龄区间设置
报警级别设置
单据类型设置
中间币种设置

序号	起止比率	总比率(%)	级别名称
01	0-10%	10	A
02	10%-20%	20	B
03	20%-30%	30	C
04	30%-40%	40	D
05	40%-50%	50	E
06	50%以上		F

图 3-181　报警级别

注意：

➢系统会根据输入的比率自动生成相应的区间。

➢单击“增加”按钮，可以在当前级别之前插入一个级别。插入一个级别后，该级别后的比率会自动调整。

9. 单据编号设置

（1）执行“基础设置”→“单据设置”→“单据编号设置”命令，进入“单据编号设置”对话框。

（2）选中左侧“单据类型”→“销售管理”→“销售专用发票”，打开“单据编号设置-销售专用发票”窗口。

（3）单击“修改”按钮，勾选“手工改动，重号时自动重取”，如图 3-182 所示。

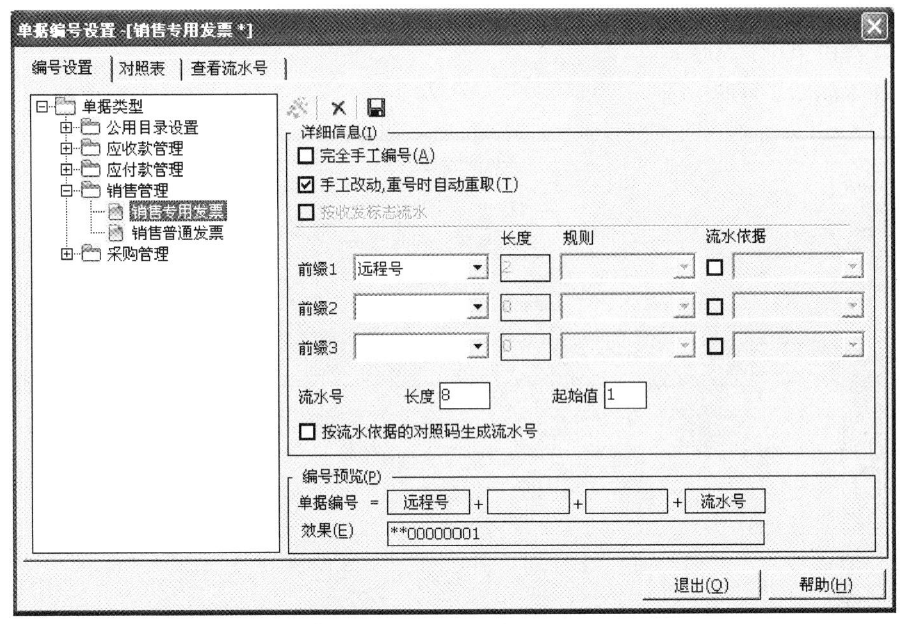

图 3-182　单据编号设置

（4）单击“保存”按钮，并退出。

（5）依此类推，设置“应收款管理”下的“其他应收单”和“收款单”，这两种单据编号允许手工修改。

10. 录入期初销售专用发票

（1）执行“业务工作”→“财务会计”→“应收款管理”→“设置”→“期初余额”命令，进入“期初余额——查询”窗口，单击“确定”按钮，进入“期初余额明细表”窗口。

（2）单击“增加”按钮，打开“单据类别”对话框，选择以下相关信息：

①单据名称：销售发票。

②单据类型：销售专用发票。

③方向：正向。

单击“确定”按钮，进入“销售专用发票”窗口。

（3）单击“增加”按钮，修改以下相关信息：

①发票日期：2016-12-01。

②发票号：ST110。

③客户名称：1-飞扬公司。

④税率：17%。

⑤科目：1121。

⑥货物编号：03-电暖器。

⑦数量：40 台。

⑧含税单价：500 元。

具体如图 3-183 所示。

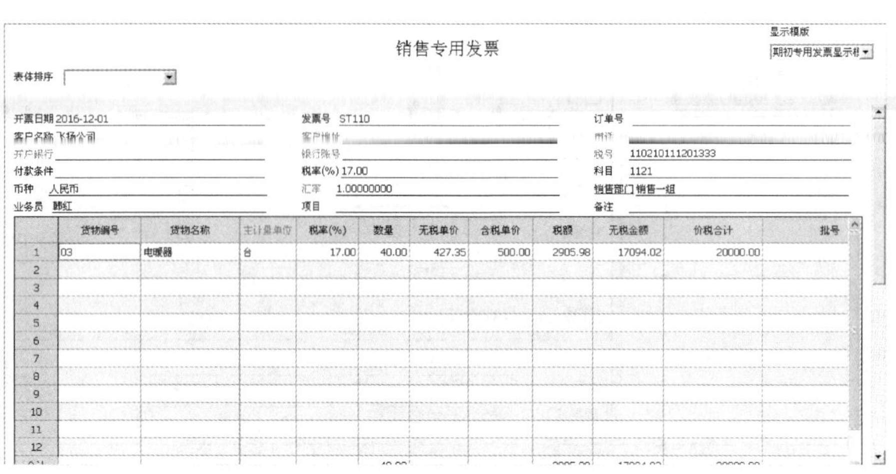

销售专用发票

显示模版 期初专用发票显示模

表体排序

开票日期 2016-12-01　发票号 ST110　订单号

客户名称 飞扬公司　客户地址　电话

开户银行　银行账号　税号 110210111201333

付款条件　税率(%) 17.00　科目 1121

币种 人民币　汇率 1.00000000　销售部门 销售一组

业务员 韩红　项目　备注

	货物编号	货物名称	主计量单位	税率(%)	数量	无税单价	含税单价	税额	无税金额	价税合计	批号
1	03	电暖器	台	17.00	40.00	427.35	500.00	2905.98	17094.02	20000.00	
2											
3											
4											
5											
6											
7											
8											
9											
10											
11											
12											

图 3-183　期初销售专用发票

(4) 单击“保存”按钮。依此类推，根据实验资料，录入其他期初销售专用发票。

注意：

➢初次使用应收款管理系统时，应将启用应收款管理系统时未处理完的所有客户的应收账款、预收账款、应收票据等数据录入到本系统。

➢在录入期初余额时一定要注意期初余额的会计科目。应收款管理系统的期初余额应与总账进行对账，如果科目错误将会导致对账错误。

11. 录入预收款单

(1) 执行“应收款管理”→“设置”→“期初余额”命令，打开“期初余额——查询”窗口，单击“确定”按钮，打开“期初余额明细表”。

(2) 单击“增加”按钮，选择以下信息：

①单据名称：预收款。

②单据类型：收款单。

(3) 单击“确定”按钮，打开“收款单”窗口，单击“增加”按钮，录入以下信息：

①单据日期：2016-06-23。

②客户：2-宏光公司。

③结算方式：202-转账支票。

④金额：40 100 元。

具体如图 3-184 所示。

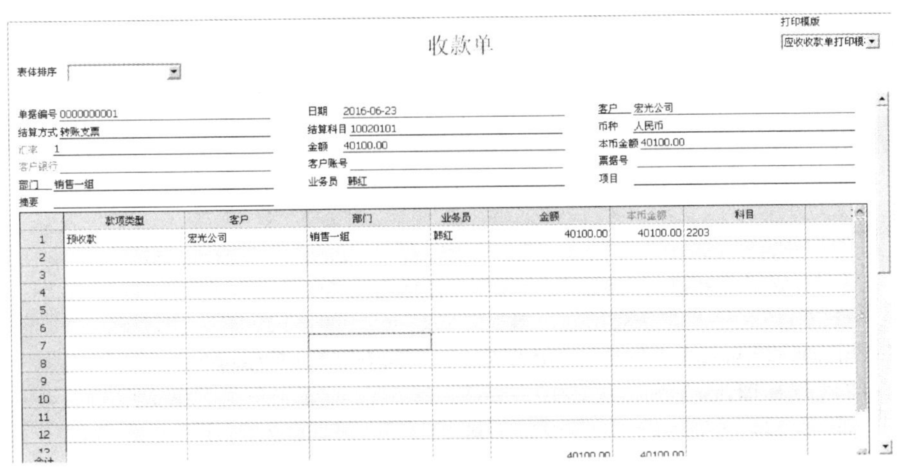

打印模版 应收收款单打印模

收款单

表体排序

单据编号 0000000001　日期 2016-06-23　客户 宏光公司

结算方式 转账支票　结算科目 10020101　币种 人民币

汇率 1　金额 40100.00　本币金额 40100.00

客户银行　客户账号　票据号

部门 销售一组　业务员 郭红　项目

摘要

	款项类型	客户	部门	业务员	金额	本币金额	科目
1	预收款	宏光公司	销售一组	郭红	40100.00	40100.00	2203
2							
3							
4							
5							
6							
7							
8							
9							
10							
11							
12							
合计					40100.00	40100.00	

图 3-184　期初预收款单

（4）单击“保存”按钮。依此类推，根据实验资料，录入其他期初预收款单。

注意：

➢录入预收款的单据类型仍然是“收款单”，但是款项类型为“预收款”。

12. 应收款管理系统与总账系统对账

（1）在“期初余额明细表”窗口中，单击“对账”按钮，打开“期初对账”窗口，对账结果如图 3-185 所示。

科目		应收期初		总账期初		差额	
编号	名称	原币	本币	原币	本币	原币	本币
1121	应收票据	40,000.00	40,000.00	40,000.00	40,000.00	0.00	0.00
1122	应收账款	136,544.00	136,544.00	136,544.00	136,544.00	0.00	0.00
2203	预收账款	-60,100.00	-60,100.00	-60,100.00	-60,100.00	0.00	0.00
	合计		116,444.00		116,444.00		0.00

图 3-185　对账结果

（2）退出对账界面。

13. 输出账套

（1）在 D 盘中新建“999-5-1 应收款系统初始化”文件夹。

（2）由系统管理员 admin 注册系统管理，在“系统管理”窗口中，执行“账套”→“输出”命令，打开“账套输出”对话框。

（3）在“账套号”文本框中选择“999 广州鑫正电器有限公司”，将账套输出至“D:\ 999-5-1 应收款管理系统初始化”文件夹中。

（4）单击“确定”按钮，完成账套备份。

实验二　应收款管理系统的日常业务处理

实验准备

引入已完成的上个实验的账套备份数据，将系统日期修改为“2017 年 1 月 31 日”，以“105 刘彤”的身份注册登录企业应用平台。

实验内容

◇录入应收单据、收款单据。

◇修改应收单据、收款单据。

◇删除应收单据。

◇核销收款单据。

◇填制商业承兑汇票。

◇商业承兑汇票贴现并制单。

◇结算商业承兑汇票并制单。

◇对应收单据、收款单据进行账务处理。

实验资料

（1）2017 年 1 月 2 日，企业收到地丰公司支付前欠货款的转账支票（支票号：DF3394）一张，金额 70 000 元。

（2）2017 年 1 月 2 日，企业收到银行通知，收到泰山公司以电汇方式支付前欠货款 24 954 元。

（3）2017 年 1 月 3 日，企业收到飞扬公司签发并承兑的商业承兑汇票一张，汇票号为 678951，面值为 20 000 元，到期日为 2017 年 1 月 23 日。

（4）2017 年 1 月 4 日，企业收到天际公司签发并承兑的商业承兑汇票一张，汇票号为 324551，面值为 20 000 元，到期日为 2017 年 3 月 16 日。

（5）2017 年 1 月 5 日，企业向明尧公司销售除湿机 100 台，无税单价 710.94 元，增值税税率为 17%，销售专用发票号码为 44055678，未收到款项。

（6）2017 年 1 月 6 日，企业向邦民公司销售除湿机 80 台，无税单价 710.94 元，增值税税率为 17%，销售专用发票号码为 44067543，以现金代垫运费 200 元，款项均未收到。

（7）2017 年 1 月 10 日，企业向铭泰公司销售电暖器 30 台，无税单价 427 元，增值税税率为 17%，销售专用发票号码为 44015734，以转账支票代垫运费 180 元，支票号 DK96476，款项均未收到。

（8）2017 年 1 月 15 日，企业向宏光公司销售电暖器 10 台，无税单价 427.35 元，增值税税率为 17%，销售专用发票号码为 44012388，未收到款项。

（9）2017 年 1 月 19 日，企业发现 2017 年 1 月 10 日所填制的向铭泰公司“销售电暖器 30 台，无税单价 427 元，增值税税率 17%，销售专用发票号为 44015734”的销售专用发票中的无税单价填制错误，正确应为 427.35 元。

(10) 2017 年 1 月 23 日，企业发现 2017 年 1 月 5 日向明尧公司"销售除湿机 100 台，无税单价 710.94 元，增值税税率为 17%，销售专用发票号码为 44055678"的销售专用发票填制错误应删除。

(11) 2017 年 1 月 23 日，企业将 2017 年 1 月 3 日收到的飞扬公司签发并承兑的，汇票号为 678951 的商业承兑汇票进行结算。

(12) 2017 年 1 月 31 日，企业将 2017 年 1 月 4 日收到的天际公司签发并承兑的，汇票号为 324551 的商业承兑汇票进行贴现，贴现率为 6%。

实验指导

1. 填制收款单

(1) 根据第 1 笔实验资料，执行"业务工作"→"财务会计"→"应收款管理"→"收款单据处理"→"收款单据录入"命令，打开"收款单"窗口。

(2) 单击"增加"按钮，录入以下信息：

①开票日期：2017-01-02。

②客户名称：8-地丰公司。

③结算方式：202-转账支票。

④金额：70 000 元。

⑤摘要：收到货款。

具体如图 3-186 所示。

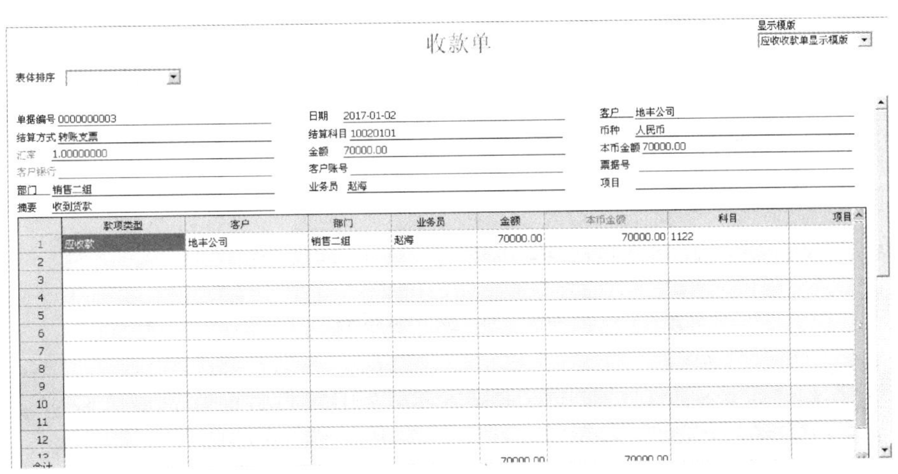

图 3-186　收款单

(3) 单击"保存"按钮。用同样方法，根据实验资料录入第 2 笔业务。

注意：

➢保存收款单时，系统会自动生成收款单表体的内容。

➢表体中的款项类型默认为"应收款"，可以修改为"预收款"或"其他费用"。

➢如果一张收款单中，表头客户和表体客户不一致，则视为表体客户的款项为代付款。

➢在填制收款单后，可以直接单击“核销”按钮进行单据核销的操作。

2. 审核收款单

（1）执行“应收款管理”→“收款单据处理”→“收款单据审核”命令，打开“收款单过滤条件”对话框，单击“确定”按钮，打开“收付款单列表”窗口。

（2）单击“全选”按钮，再单击“审核”按钮，系统提示“本次审核成功单据2张”。

（3）单击“确定”按钮并退出窗口。

3. 核销收款单

（1）将第1笔业务中收到的70 000元款项进行核销，执行“应收款管理”→“核销处理”→“手工核销”命令，打开“核销处理”对话框。

（2）在客户栏处输入“8-地丰公司”，单击“确定”按钮，进入“单据核销”窗口。

（3）在下半部分的“本次结算”栏输入“70 000”，然后单击“保存”按钮并退出。

（4）参考上述步骤，将第2笔业务中收到的24 954元款项进行核销，结果如图3-187所示。

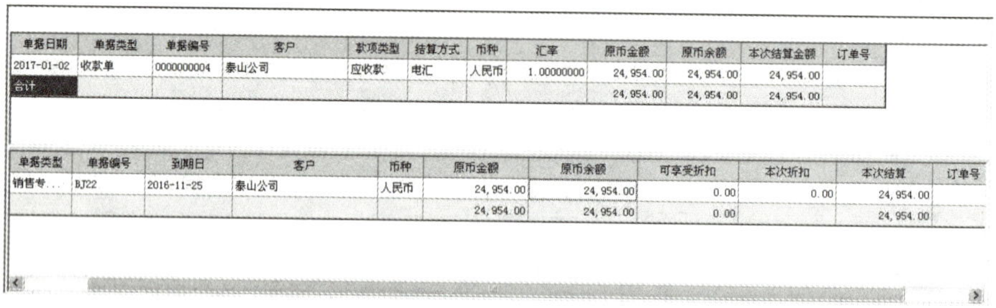

单据日期	单据类型	单据编号	客户	款项类型	结算方式	币种	汇率	原币金额	原币余额	本次结算金额	订单号
2017-01-02	收款单	0000000004	泰山公司	应收款	电汇	人民币	1.00000000	24,954.00	24,954.00	24,954.00	
合计								24,954.00	24,954.00	24,954.00	

单据类型	单据编号	到期日	客户	币种	原币金额	原币余额	可享受折扣	本次折扣	本次结算	订单号
销售专...	BJ22	2016-11-25	泰山公司	人民币	24,954.00	24,954.00	0.00	0.00	24,954.00	
					24,954.00	24,954.00	0.00		24,954.00	

图3-187　核销收款单

注意：

➢核销时，结算单列表中款项类型为应收款的记录默认本次结算金额为该记录上的原币金额；款项类型为预收款的记录默认的本次结算金额为空。核销时可以修改本次结算金额，但是不能大于该记录的原币金额。

➢手工核销一次只显示一个客户的单据记录，并且结算单列表根据表体记录明细显示。当结算单有代付处理时，只显示当前所选客户的记录。

➢如果结算单列表的本次结算金额大于或小于被核销单据列表的本次结算金额合计，系统将提示结算金额不相等，不能保存。

4. 填制商业承兑汇票

（1）根据第3笔实验资料，执行“应收款管理”→“票据管理”命令，打开

“查询条件选择”对话框，单击“确定”按钮，进入“票据管理”窗口。

（2）单击“增加”按钮，打开票据增加窗口，录入以下信息：

①票据类型：商业承兑汇票。

②收到日期：2017-01-03。

③结算方式：商业承兑汇票。

④票据编号：678951。

⑤出票人：1-飞扬公司。

⑥金额：20 000 元。

⑦出票日期：2017-01-03。

⑧到期日：2017-01-23。

⑨摘要：收到商业承兑汇票。

具体如图 3-188 所示。

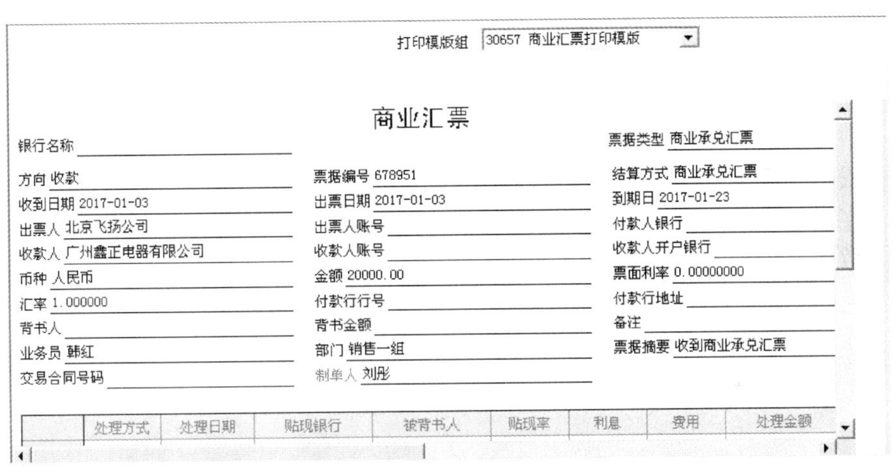

打印模版组 30657 商业汇票打印模版

商业汇票

银行名称

票据类型 商业承兑汇票

方向 收款　票据编号 678951　结算方式 商业承兑汇票

收到日期 2017-01-03　出票日期 2017-01-03　到期日 2017-01-23

出票人 北京飞扬公司　出票人账号　付款人银行

收款人 广州鑫正电器有限公司　收款人账号　收款人开户银行

币种 人民币　金额 20000.00　票面利率 0.00000000

汇率 1.000000　付款行行号　付款行地址

背书人　背书金额　备注

业务员 韩红　部门 销售一组　票据摘要 收到商业承兑汇票

交易合同号码　制单人 刘彤

	处理方式	处理日期	贴现银行	被背书人	贴现率	利息	费用	处理金额

图 3-188　商业承兑汇票

（3）单击“保存”按钮。用同样方法，录入第 4 笔业务。

注意：

➢保存一张商业票据之后，系统会自动生成一张收款单。这张收款单还需要经过审核之后才能生成记账凭证。

➢由票据生成的收款单不能修改。

5. 填制销售专用发票

（1）根据第 5 笔实验资料，执行“应收款管理”→“应收单据处理”→“应收单据录入”命令，打开“单据类别”对话框，录入以下信息：

①单据名称：销售发票。

②单据类型：销售专用发票。

③方向：正向。

（2）单击“确定”按钮，打开“销售专用发票”窗口。

（3）单击“增加”按钮，单击销售类型的参照按钮，进入“销售类型基本参照”窗口→单击“编辑”按钮，进入“销售类型”窗口→单击“增加”按钮，录入销售类型编码“01”，销售类型名称为“普通销售”→单击“出库类别参照”按钮，进入“收发类别档案基本参照”窗口→单击“编辑”按钮，进入“收发类别”窗口→单击“增加”按钮，录入收发类别编码“1”，收发类别名称“出库”，保存。

（4）同理，在“1-出库”类别下，增设“101-销售出库”类别→设置完收发类别后，回到“销售类型”窗口，选择“出库类别”为“101-销售出库”→单击“保存”按钮。

（5）单击“退出”按钮，返回“销售发票录入”界面，录入以下信息；

①销售类型：普通销售。

②发票号：44055678。

③开票日期：2017-01-05。

④客户：7-明尧公司。

⑤销售部门：销售二组。

⑥税率：17%。

⑦存货编码及名称：04-除湿机。

⑧数量：100 台。

⑨无税单价：710.94 元。

具体如图 3-189 所示。

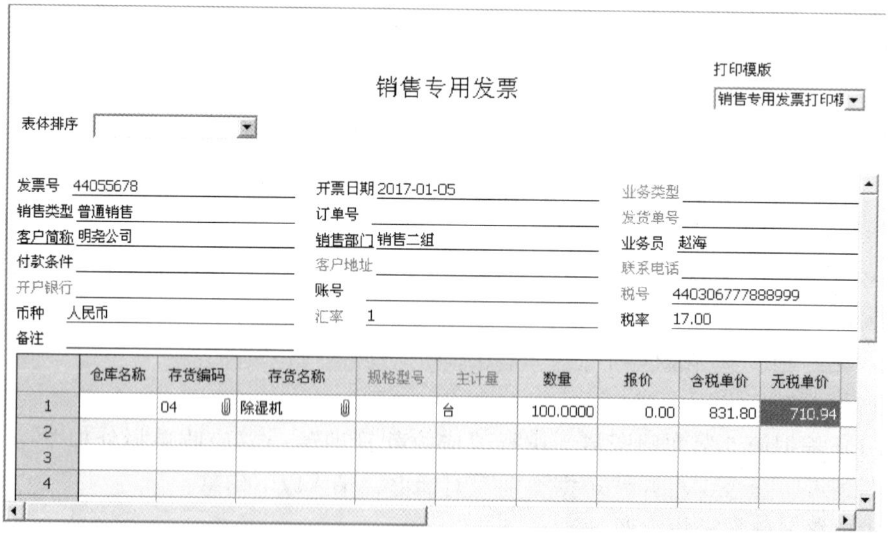

销售专用发票

打印模版 销售专用发票打印模

表体排序

发票号 44055678　开票日期 2017-01-05　业务类型

销售类型 普通销售　订单号　发货单号

客户简称 明尧公司　销售部门 销售二组　业务员 赵海

付款条件　客户地址　联系电话

开户银行　账号　税号 440306777888999

币种 人民币　汇率 1　税率 17.00

备注

	仓库名称	存货编码	存货名称	规格型号	主计量	数量	报价	含税单价	无税单价
1		04	除湿机		台	100.0000	0.00	831.80	710.94
2									
3									
4									

图 3-189　销售专用发票

（6）单击“保存”按钮，用同样的方法，根据实验资料，增加第6笔业务、第7笔业务和第8笔业务。

注意：

➢销售发票与应收单是应收款管理系统日常核算的单据。

➢如果没有使用销售系统，所有的发票和应收单都应在应收款管理系统中录入。

➢已审核的单据不能修改或删除，已生成凭证或进行过核销的单据在单据界面中不再显示。

6. 填制第6笔业务的其他应收单

（1）执行“应收款管理”→“应收单据处理”→“应收单据录入”命令，打开“单据类别”对话框，录入以下信息：

①单据名称：应收单。

②单据类型：其他应收单。

③方向：正向。

（2）单击“确定”按钮，打开“应收单”窗口，单击“增加”按钮，录入以下信息：

①单据日期：2017-01-06。

②客户：6-邦民公司。

③金额：200元。

④摘要：代垫运费。

⑤对应科目：1001。

具体如图3-190所示。

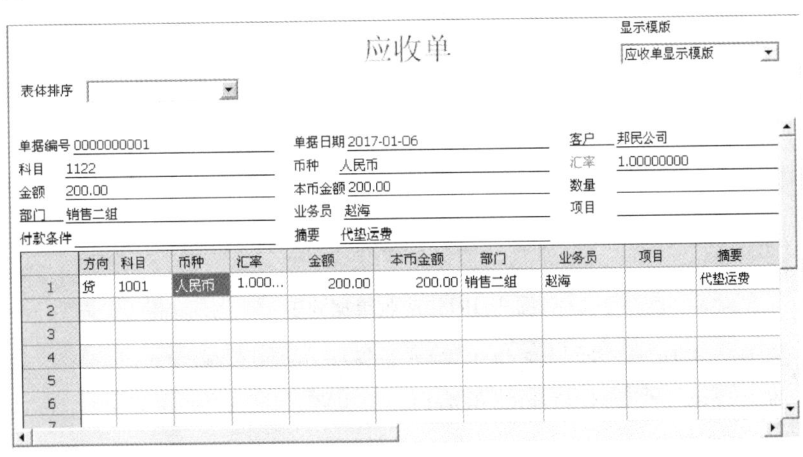

图3-190　代垫运费

（3）单击“保存”按钮并退出。用同样的方法，增加第7笔业务中的代垫运费应收单，注意录入时，对应科目为10020101。

7. 修改销售专用发票

（1）执行“应收款管理”→“应收单据处理”→“应收单据录入”命令，打开“单据类别”对话框，单击“确定”按钮，打开“销售专用发票”窗口。

（2）用翻页键找到“44015734”号销售专用发票，单击“修改”按钮，将无税单价改为“427.35”。

（3）单击“保存”按钮，并退出窗口。

8. 删除销售专用发票

（1）执行“应收款管理”→“应收单据处理”→“应收单据收入”命令，打开“单据类别”对话框，单击“确定”按钮，打开“销售专用发票”窗口。

（2）用翻页键找到“44055678”号销售专用发票，单击“删除”按钮，系统提示“单据删除后不能恢复，是否继续”，选择“是”，并退出窗口。

9. 审核应收单据

（1）执行“应收款管理”→“应收单据处理”→“应收单据审核”命令，打开“应收单查询条件”，单击“确定”按钮，进入“应收单据列表”窗口。

（2）单击“全选”按钮，如图 3-191 所示。

应收单据列表

记录总数：5

选择	审...	单据日期	单据类型	单据号	客户名称	部门	业...	原币金额	本币金额	备注
Y		2017-01-06	其他应收单	0000000001	湖北邦民公司	销售二組	赵海	200.00	200.00	代垫运费
Y		2017-01-06	销售专...	44067543	湖北邦民公司	销售二組	赵海	66,544.00	66,544.00	
Y		2017-01-10	其他应收单	0000000002	山东铭泰公司	销售一組	韩红	180.00	180.00	代垫运费
Y		2017-01-10	销售专...	44015734	山东铭泰公司	销售一組	韩红	15,000.00	15,000.00	
Y		2017-01-15	销售专...	44012388	天津宏光公司	销售一組	韩红	5,000.00	5,000.00	
合计								86,924.00	86,924.00	

图 3-191　应收单据列表

（3）单击“审核”按钮，系统提示“本次成功审核单据 5 张”。

（4）单击“确定”按钮，并退出窗口。

10. 商业汇票结算

（1）根据第 11 笔实验资料，执行“财务会计”→“应收款管理”→“票据管理”命令，打开“票据查询”对话框，单击“确定”按钮，进入“票据管理”窗口。

（2）在“票据管理”窗口中，选中“2017-01-03 收到的汇票号为 678951 的商业承兑汇票”，单击“结算”按钮，打开对话框，录入以下信息：

①结算日期：2017-01-23。

②结算金额：20 000 元。

③结算科目：10020101。

④托收单位：工行广州珠江支行。

（3）单击“确定”按钮，提示“是否立即制单”，选择“是”，生成结算的记账凭证，单击“保存”按钮，结果如图 3-192 所示。

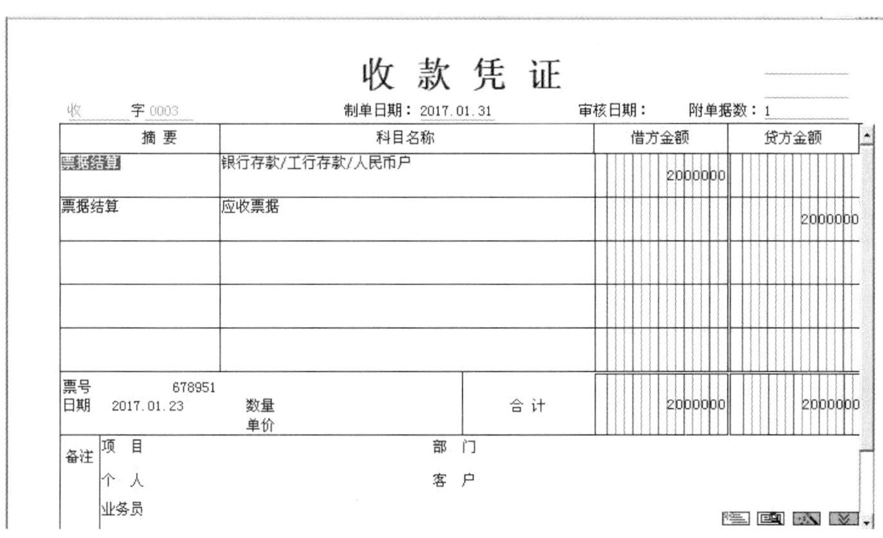

收款凭证

收　字 0003　　制单日期：2017.01.31　　审核日期：　　附单据数：1

摘要	科目名称	借方金额	贷方金额
票据结算	银行存款/工行存款/人民币户	2000000	
票据结算	应收票据		2000000
票号 678951 日期 2017.01.23　数量 单价	合计	2000000	2000000

备注　项目　　部门

个人　　客户

业务员

图 3-192　生成凭证

11. 商业汇票贴现

（1）根据第 12 笔实验资料，执行“财务会计”→“应收款管理”→“票据管理”命令，打开“票据查询”对话框，单击“确定”按钮，进入“票据管理”窗口。

（2）在“票据管理”窗口中，选中“2017-01-04 收到的汇票号为 324551 的商业承兑汇票”，单击“贴现”按钮，打开“票据贴现”对话框，修改以下信息：

①贴现方式：异地贴现。

②贴现日期：2017-01-31。

③贴现率：6%。

④结算科目：10020101。

具体如图 3-193 所示。

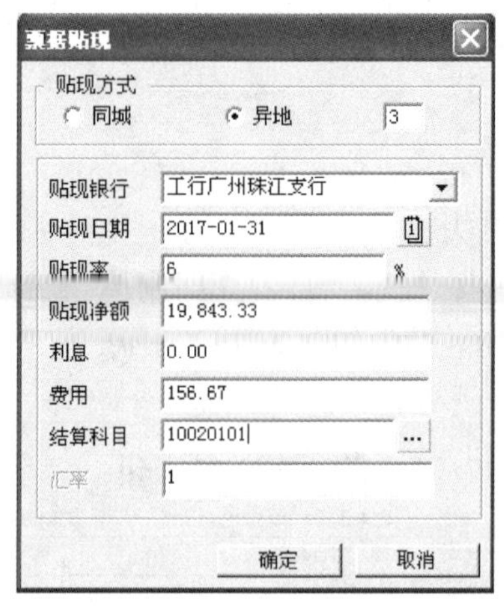

图 3-193　票据贴现

（3）单击“确定”按钮，系统弹出“是否立即制单”信息提示框，选择“是”，生成贴现凭证，单击“保存”按钮，结果如图 3-194 所示。

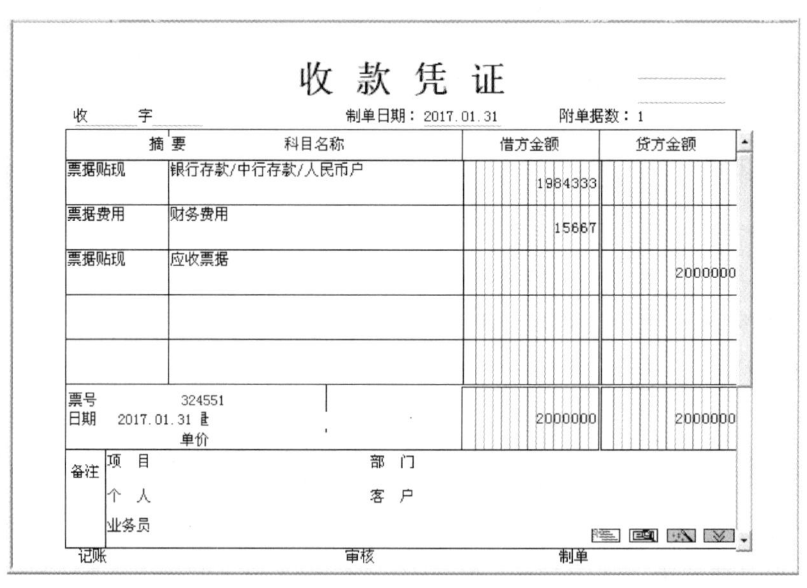

收款凭证

收　字　　制单日期：2017.01.31　　附单据数：1

摘要	科目名称	借方金额	贷方金额
票据贴现	银行存款/中行存款/人民币户	1984333	
票据费用	财务费用	15667	
票据贴现	应收票据		2000000
票号 324551 日期 2017.01.31 单价		2000000	2000000

备注　项　目　　部　门
个　人　　客　户
业务员

记账　　审核　　制单

图 3-194　生成凭证

注意：

➢如果贴现净额大于余额，系统自动将差额作为利息，不能修改；如果贴现净额小于票据余额，系统自动将其差额作为费用，不能修改。

12. 制单

（1）执行“应收款管理”→“制单处理”命令，打开“制单查询”对话框，勾选“发票制单”“应收单制单”和“收付款单制单”，如图 3-195 所示。

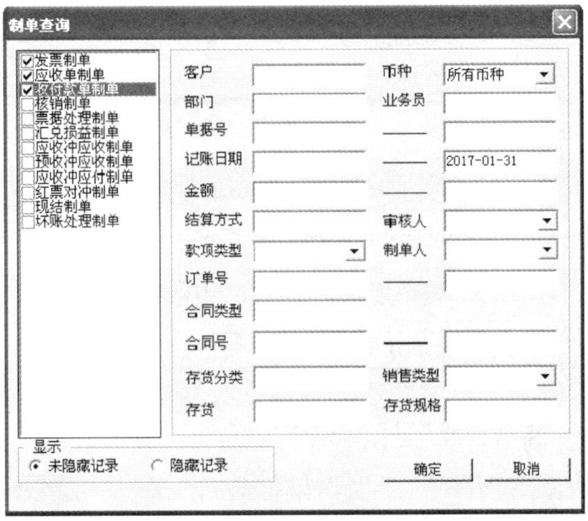

图 3-195　制单查询

（2）单击“确定”按钮，打开“应收制单”窗口，单击“全选”按钮，如图 3-196所示。

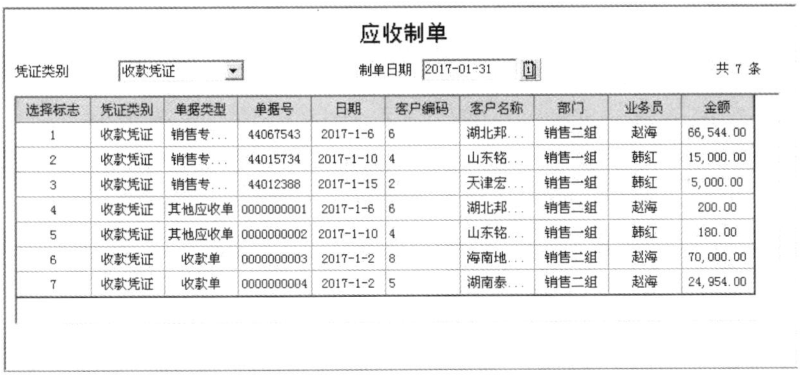

应收制单

凭证类别　收款凭证　　制单日期　2017-01-31　　共 7 条

选择标志	凭证类别	单据类型	单据号	日期	客户编码	客户名称	部门	业务员	金额
1	收款凭证	销售专...	44067543	2017-1-6	6	湖北邦...	销售二组	赵海	66,544.00
2	收款凭证	销售专...	44015734	2017-1-10	4	山东铭...	销售一组	韩红	15,000.00
3	收款凭证	销售专...	44012388	2017-1-15	2	天津宏...	销售一组	韩红	5,000.00
4	收款凭证	其他应收单	0000000001	2017-1-6	6	湖北邦...	销售二组	赵海	200.00
5	收款凭证	其他应收单	0000000002	2017-1-10	4	山东铭...	销售一组	韩红	180.00
6	收款凭证	收款单	0000000003	2017-1-2	8	海南地...	销售二组	赵海	70,000.00
7	收款凭证	收款单	0000000004	2017-1-2	5	湖南泰...	销售二组	赵海	24,954.00

图 3-196　制单窗口

（3）单击“制单”按钮，出现第一张记账凭证，修改凭证类别为“转账凭证”。

（4）单击选择“科目名称栏”中的第二项“主营业务收入”（即先选择需修改的带有项目辅助项的会计科目）→将鼠标光标移至下方备注栏的“项目”处，等到光标变为了一个笔头的形式，双击打开“辅助项”对话框，选择项目名称为“除湿机”，如图 3-197 所示，单击“确定”按钮并返回。

图 3-197　修改会计科目 6001 的辅助项

（5）单击“保存”按钮。

（6）参考以上步骤，按照实验资料分别修改并保存余下 6 张记账凭证。

13. 审核收款单并制单

（1）执行“应收款管理”→“收款单据处理”→“收款单据审核”命令，打开“收款单过滤条件”对话框，单击“确定”按钮，打开“收付款单列表”窗口。

（2）单击“全选”按钮，再单击“审核”按钮，系统提示“本次审核成功单据 2 张”。

（3）单击“确定”按钮并退出窗口。

（4）根据上述实验步骤 12，对已审核的两张收款单进行制单。

14. 输出账套

（1）在 D 盘中新建“999-5-2 应收款管理系统日常业务处理”文件夹。

（2）由系统管理员 admin 注册系统管理，在“系统管理”窗口中，执行“账套”→“输出”命令，打开“账套输出”对话框。

（3）在“账套号”文本框中选择“999 广州鑫正电器有限公司”，将账套输出至“D：\ 999-5-2 应收款管理系统日常业务处理”文件夹中。

（4）单击“确定”按钮，完成账套备份。

实验三　转账处理及坏账处理

实验准备

引入已完成的上个实验的账套备份数据，将系统日期修改为“2017 年 1 月 31 日”，以“105 刘彤”的身份注册登录企业应用平台。

实验内容

◇应收账款冲抵应收账款。

◇预收账款冲抵应收账款。

◇处理坏账收回业务。

◇制单。

实验资料

（1）2017 年 1 月 31 日，经三方同意，企业将 1 月 6 日形成的应向邦民公司收取的货税款及代垫运费款共 66 744 元，转为向天际公司的应收账款。

（2）2017 年 1 月 31 日，经双方同意，企业将宏光公司 2017 年 1 月 15 日购买电暖器 10 台的货税款 5 000 元用预收款冲抵。

（3）2017 年 1 月 30 日，企业将 1 月 10 日形成的向铭泰公司收取的应收账款 15 180元（其中货款 15 000 元，代垫运费 180 元）转为坏账。

（4）2017 年 1 月 31 日，企业收到银行通知，企业收到铭泰公司发来电汇款，收回已作为坏账处理的应向铭泰公司收取的应收账款 15 180 元。

实验指导

1. 应收账款冲抵应收账款

（1）执行“财务会计”→“应收款管理”→“转账”→“应收冲应收”命令，打开“应收冲应收”对话框。

（2）在“客户”栏录入“6-湖北邦民公司”，再在“转入”下的“客户”栏中录入“3-江苏天际公司”，如图 3-198 所示。

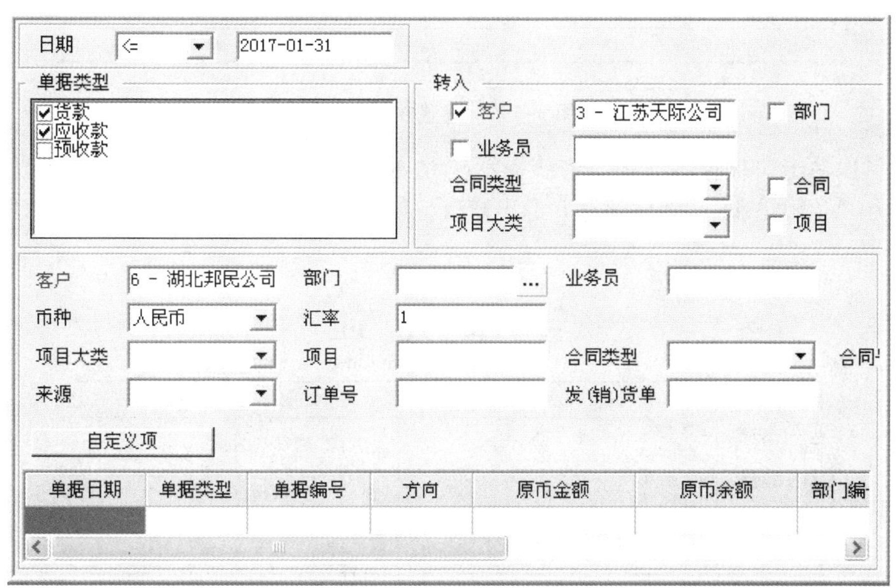

图 3-198　应收冲应收

（3）单击“查询”按钮，在第一行和第二行的“并账金额”处分别录入“66544”和“200”，如图 3-199 所示。

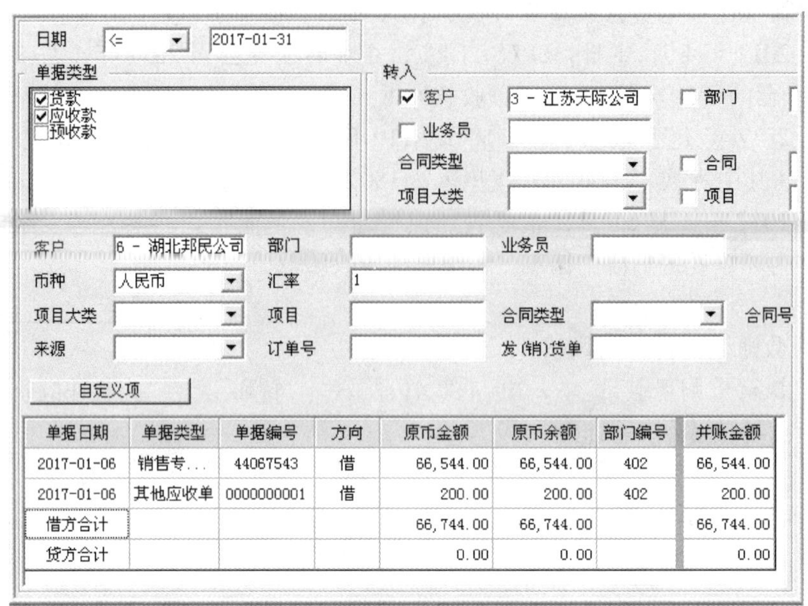

单据日期	单据类型	单据编号	方向	原币金额	原币余额	部门编号	并账金额
2017-01-06	销售专...	44067543	借	66,544.00	66,544.00	402	66,544.00
2017-01-06	其他应收单	0000000001	借	200.00	200.00	402	200.00
借方合计				66,744.00	66,744.00		66,744.00
贷方合计				0.00	0.00		0.00

图 3-199　设置并账金额

（4）单击“保存”按钮，系统提示“是否立即制单”，选择“是”，修改凭证类别为“转账凭证”，然后保存并退出窗口，如图 3-200 所示。

转 账 凭 证

转 字 0018　　制单日期：2017.01.31　　附单据数：1

摘要	科目名称	借方金额	贷方金额
销售专用发票	应收账款	6674400	
销售专用发票	应收账款	6674400	

票号
日期
单价

备注　项　目　　部　门
个　人　　客　户 邦民公司
业务员 赵海

图 3-200　“应收冲应收”凭证

2. 预收账款冲抵应收账款

（1）执行“应收款管理”→“转账”→“预收冲应收”命令，打开“预收冲应收”对话框。

（2）在“客户”栏录入“2-天津宏光公司”，单击“过滤”按钮，在“金额”栏录入“5 000”，如图 3-201 所示。

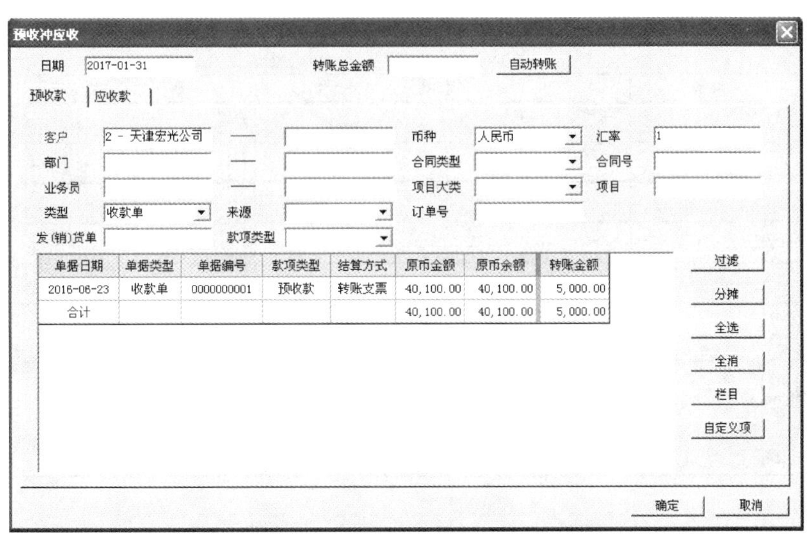

图 3-201　设置信息

（3）单击“应收款”选项卡，单击“过滤”按钮，在第一行“转账金额”栏录入“5 000”，如图 3-202 所示。

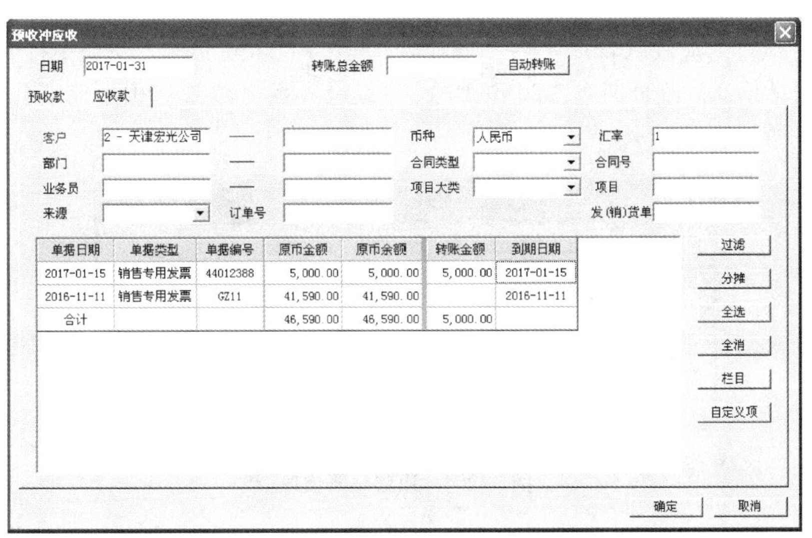

图 3-202　录入转账金额

（4）单击“确定”按钮，系统提示“是否立即制单”，选择“是”，修改凭证类别为“转账凭证”，单击“保存”按钮并退出，如图 3-203 所示。

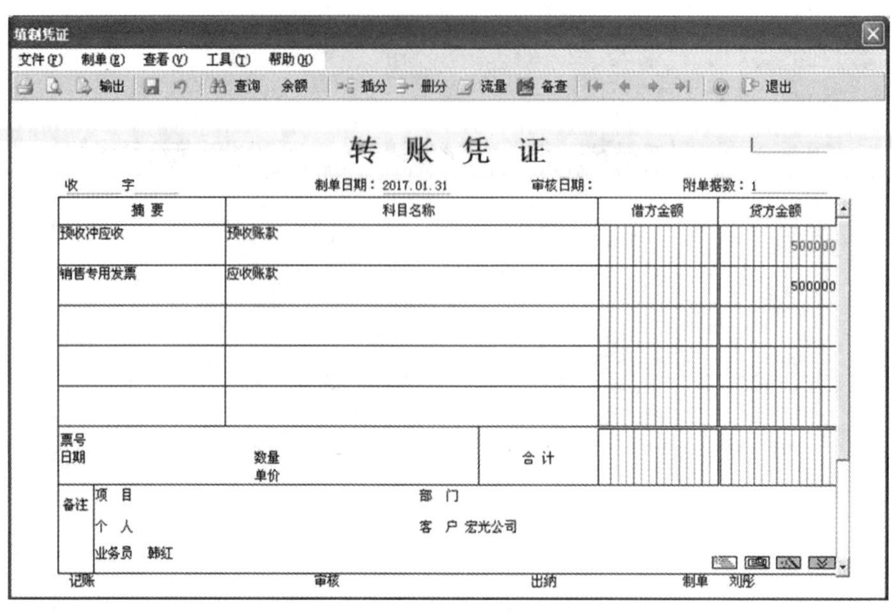

图 3-203 “预收冲应收”记账凭证

注意：

➢每一笔应收款的转账金额不能大于其余额。

➢应收款的转账金额合计应该等于预收款的转账金额合计。

3. 发生坏账

（1）执行“应收款管理”→“坏账处理”→“坏账发生”命令，打开“坏账发生”对话框。修改日期为“2017-01-30”，录入客户为“4-山东铭泰公司”，如图 3-204 所示。

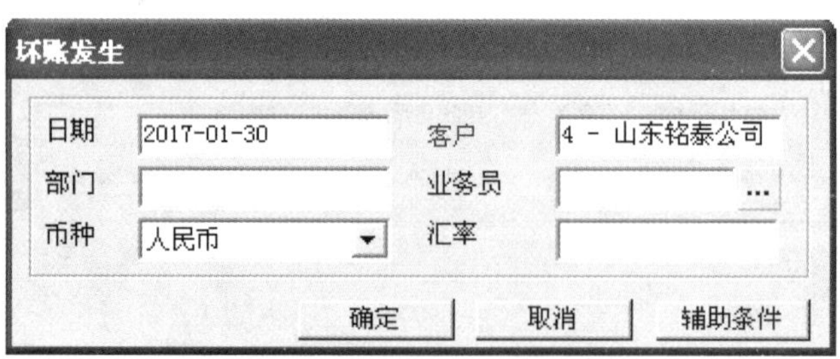

图 3-204 设置坏账信息

（2）单击“确定”按钮，进入“发生坏账损失”窗口，分别在第一行和第二行的“本次发生坏账金额”栏录入“15 000”和“180”，如图 3-205 所示。

坏账发生单据明细

单据类型	单据编号	单据日期	到期日	余额	部门	本次发生坏账金额
销售专用发票	44015734	2017-01-10	2017-01-10	15,000.00	销售一組	15000
其他应收单	0000000002	2017-01-10	2017-01-10	180.00	销售一組	180
合　计				15,180.00		15,180.00

15,180.00

图 3-205　录入坏账金额

（3）单击“确认”按钮，系统提示“是否立即制单”，选择“是”，修改凭证类别为“转账凭证”，单击“保存”按钮并退出，结果如图 3-206 所示。

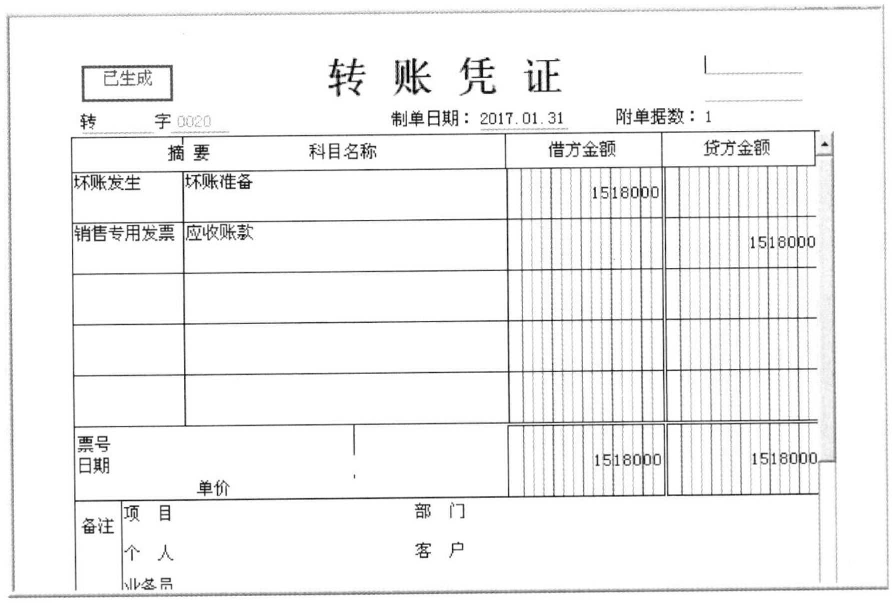

已生成

转账凭证

转　字 0020　制单日期：2017.01.31　附单据数：1

摘要	科目名称	借方金额	贷方金额
坏账发生	坏账准备	1518000	
销售专用发票	应收账款		1518000
票号 日期　单价		1518000	1518000

备注　项目　部门
个人　客户
业务员

图 3-206　“发生坏账”制单

4. 坏账收回

（1）执行“应收款管理”→“收款单据处理”→“收款单据录入”命令，进入“收款单”窗口，单击“增加”按钮，录入以下信息：

①日期：2017-01-31。

②客户：4-铭泰公司。

③结算方式：4-电汇。

④金额：15 180 元。

⑤摘要：已作坏账处理的应收账款又收回。

（2）单击“保存”按钮并返回。

（3）执行“坏账处理”→“坏账收回”命令，打开“坏账收回”对话框，录入以下信息：

①客户：4-铭泰公司。

②金额：15 180 元。

③结算单号：0000000007。

（4）单击“确定”按钮，系统提示“是否立即制单”，选择“是”，单击“保存”按钮并退出，结果如图 3-207 所示。

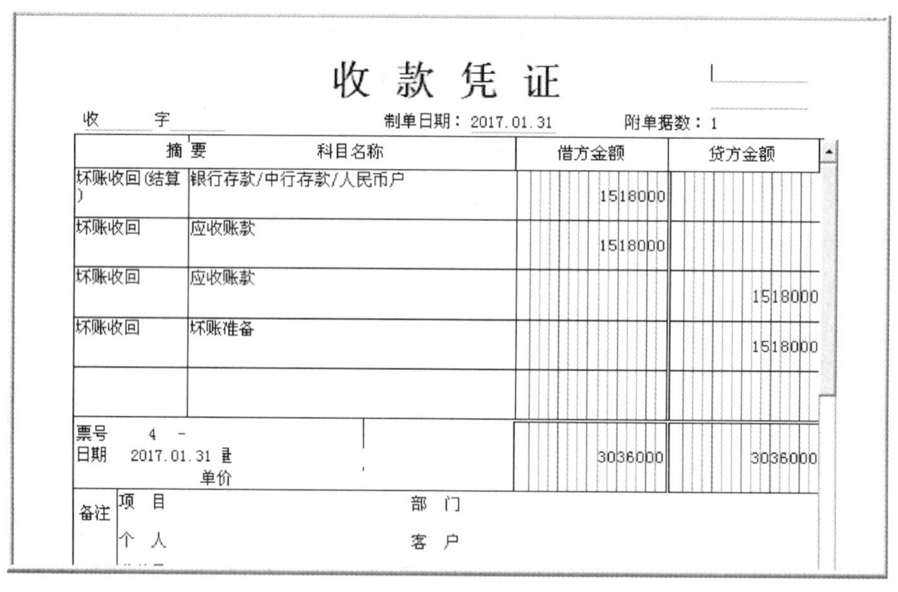

收款凭证

收 字　　制单日期：2017.01.31　　附单据数：1

摘要	科目名称	借方金额	贷方金额
坏账收回(结算)	银行存款/中行存款/人民币户	1518000	
坏账收回	应收账款	1518000	
坏账收回	应收账款		1518000
坏账收回	坏账准备		1518000
票号 4 - 日期 2017.01.31 数量 单价		3036000	3036000

备注　项　目　　部　门

个　人　　客　户

图 3-207　“收回坏账”记账凭证

5. 查看应收明细账

（1）执行“应收款管理”→“账表管理”→“业务账表”→“业务明细账”命令，打开“查询条件选择”。

（2）选择明细对象为“客户”，单击“确定”按钮，打开“应收明细账”窗口，如图 3-208 所示。

应收明细账

输出 小计 合计 格式 查询 分组 折行 单据 余额表 凭证 合同 金额式 外币金额式

应收明细账

币种： 全部
期间： 1 － 1

年	月	日	凭证号	客户		摘要	单据类型	单据号	币种	本期应收	本期收回	余额	到期日
				编码	名称					本币	本币	本币	
2017	1	3	转-0017	1	北京飞扬公司	收到商...	收款单	0000000005	人民币		20, 000. 00	-20, 000. 00	2017-01-03
				2	天津宏光公司	期初余额						1, 490. 00	
2017	1	15	转-0016	2	天津宏光公司	销售专...	销售专...	44012388	人民币	5, 000. 00		6, 490. 00	2017-01-15
				3	江苏天际公司	期初余额						20, 000. 00	
2017	1	4	转-0018	3	江苏天际公司	收到商...	收款单	0000000006	人民币		20, 000. 00		2017-01-04
2017	1	31	转-0019	3	江苏天际公司	销售专...	并账	BZAR0000000000001	人民币	66, 744. 00		66, 744. 00	2017-01-06
2017	1	10	付-0005	4	山东铭泰公司	代垫运费	其他应收单	0000000002	人民币	180. 00		180. 00	2017-01-10
2017	1	10	转-0015	4	山东铭泰公司	销售专...	销售专...	44015734	人民币	15, 000. 00		15, 180. 00	2017-01-10
2017	1	31	转-0021	4	山东铭泰公司	销售专...	坏账发生	HZAR0000000000002	人民币		15, 180. 00		2017-01-10
2017	1	31	收-0007	4	山东铭泰公司	坏账收回	坏账收回	HZAR0000000000003	人民币	15, 180. 00	15, 180. 00		2017-01-31
				5	湖南泰山公司	期初余额						24, 954. 00	
2017	1	2	收-0006	5	湖南泰山公司	收到货款	收款单	0000000004	人民币		24, 954. 00		2017-01-02
2017	1	6	付-0004	6	湖北邦民公司	代垫运费	其他应收单	0000000001	人民币	200. 00		200. 00	2017-01-06
2017	1	6	转-0014	6	湖北邦民公司	销售专...	销售专...	44067543	人民币	66, 544. 00		66, 744. 00	2017-01-06
2017	1	31	转-0019	6	湖北邦民公司	销售专...	并账	BZAR0000000000001	人民币	-66, 744. 00			2017-01-06
				8	海南地丰公司	期初余额						70, 000. 00	
2017	1	2	收-0005	8	海南地丰公司	收到货款	收款单	0000000003	人民币		70, 000. 00		2017-01-02
合...										102, 104. 00	165, 314. 00	53, 234. 00	

【用友

图 3-208　应收明细账

6. 与总账进行对账

（1）执行“应收款管理”→“账表管理”→“业务账表”→“与总账进行对账”命令，打开“对账条件”对话框。

（2）单击“确定”按钮，进入“与总账对账结果”窗口，结果如图 3-209 所示。

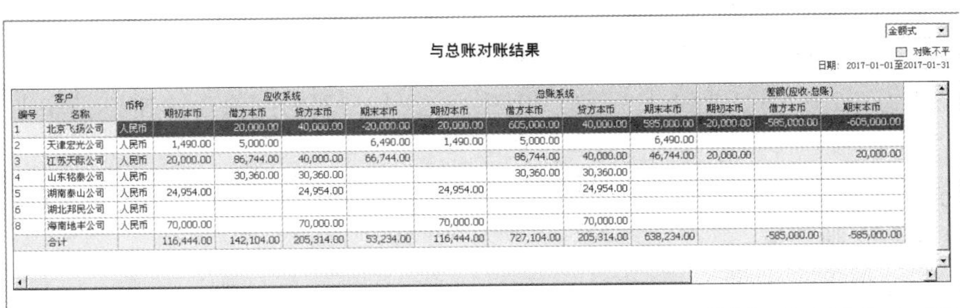

金额式

与总账对账结果

对账不平

日期：2017-01-01至2017-01-31

客户		币种	应收系统				总账系统				差额(应收-总账)		
编号	名称		期初本币	借方本币	贷方本币	期末本币	期初本币	借方本币	贷方本币	期末本币	期初本币	借方本币	期末本币
1	北京飞扬公司	人民币		20,000.00	40,000.00	-20,000.00	20,000.00	605,000.00	40,000.00	585,000.00	-20,000.00	-585,000.00	-605,000.00
2	天津宏光公司	人民币	1,490.00	5,000.00		6,490.00	1,490.00	5,000.00		6,490.00			
3	江苏天际公司	人民币	20,000.00	86,744.00	40,000.00	66,744.00		86,744.00	40,000.00	46,744.00	20,000.00		20,000.00
4	山东铭泰公司	人民币		30,360.00	30,360.00			30,360.00	30,360.00				
5	湖南泰山公司	人民币	24,954.00		24,954.00		24,954.00		24,954.00				
6	湖北邦民公司	人民币											
8	海南地丰公司	人民币	70,000.00		70,000.00		70,000.00		70,000.00				
	合计		116,444.00	142,104.00	205,314.00	53,234.00	116,444.00	727,104.00	205,314.00	638,234.00		-585,000.00	-585,000.00

图 3-209　对账结果

7. 输出账套

（1）在 D 盘中新建“999-5-3 转账处理及坏账处理”文件夹。

（2）由系统管理员 admin 注册系统管理，在“系统管理”窗口中，执行“账套”→“输出”命令，打开“账套输出”对话框。

（3）在“账套号”文本框中选择“999 广州鑫正电器有限公司”，将账套输出至“D：\ 999-5-3 转账处理及坏账处理”文件夹中。

（4）单击“确定”按钮，完成账套备份。

第六节　应付款管理系统

功能概述

应付款管理系统通过发票、其他应付单、付款单等单据的录入，对企业的往来账款进行综合管理，及时、准确地提供供应商的往来账款余额资料，提供各种分析报表，帮助用户合理地进行资金的调配，提高资金的利用效率。

实验目的与要求

◇了解应付款管理系统的主要功能。

◇了解应付款管理系统与总账系统的票据传递关系以及应付款管理系统与其他子系统的联系。

◇熟悉应付款管理系统的操作流程。

◇掌握应付款管理系统初始化、日常业务处理、期末处理的主要工作内容和处理方法。

◇掌握在应付款管理系统进行账表查询的操作技能的信息查询方法。

教学建议

建议本章讲授 4 课时，上机练习 6 课时。

实验一　应付款管理系统初始化

实验准备

引入已完成的“999-5-3 应收款管理系统期末处理”的账套备份数据，将系统日期修改为“2017 年 1 月 1 日”，以 101 周平或 105 刘彤的身份注册登录企业应用平台。

实验内容

◇进行参数设置。

◇初始设置。

◇设置科目。

◇逾期账龄区间设置。

◇报警级别设置。

◇单据编号设置。

◇录入期初余额并进行对账。

◇账套备份。

实验资料

1. 控制参数

控制参数如表 3-42 所示。

表 3-42　　控制参数

选项卡	控制参数	参数设置（其他无特别要求采用系统默认）
常规	单据审核日期依据	业务日期
	应付账款核算类型	详细核算
凭证	受控科目制单方式	明细到供应商
	非受控科目制单方式	汇总方式
	控制科目依据	按供应商
	采购科目依据	按存货分类
核销设置	应付款核销方式	按单据
权限与预警	单据报警	提前 10 天按信用方式报警

2. 初始设置

初始设置如表 3-43 所示。

表 3-43　　初始设置

科目类别		科目（币种都为人民币）
基本科目设置	应付科目	2202
	预付科目	1123
	采购科目	1401
	税金科目	22210101
	银行承兑科目	2201
	商业承兑科目	2201
	现金折扣科目	6603
	票据利息科目	6603
	票据费用科目	6603
	收支费用科目	660103

表3-43(续)

科目类别		科目（币种都为人民币）
结算方式科目设置	现金结算	1001
	现金支票	10020101
	转账支票	10020101
	商业承兑汇票	10020101
	银行承兑汇票	10020101

3. 逾期账龄区间设置

逾期账龄区间设置如表 3-44 所示。

表 3-44 **逾期账龄区间**

序号	起止天数（天）	总天数（天）
01	1～30	30
02	31～60	60
03	61～90	90
04	91 及以上	

4. 单据编号设置

应付款管理系统中的所有采购专用发票、其他应付单、付款单的单据号全都采用“完全手工编号”方式。

5. 期初余额

期初余额如表 3-45、表 3-46、表 3-47 所示。

表 3-45 **应付票据期初余额** 金额单位：元

开票日期	票号	供应商	采购部门	科目编码	货物名称	数量	无税单价	价税合计
2016. 7. 21	PL220	01-辽大公司	采购部	2201	02-压缩机	550	85. 47	55 000

表 3-46 **应付账款期初余额** 金额单位：元

开票日期	票号	供应商	采购部门	科目编码	货物名称	数量	无税单价	价税合计
2016. 8. 24	GZ108	01-辽大公司	采购部	2202	01-电热管	240	85. 47	24 000
2016. 12. 26	BJ235	02-广目公司	采购部	2202	01-电热管	160	85. 47	16 000

表 3-47　　预付账款期初余额　　金额单位：元

开票日期	结算方式	票号	采购部门	科目编码	供应商	预付金额
2016. 9. 22	301	KO55	采购部	1123	02-广目公司	44 000

实验指导

1. 进行参数设置

（1）在企业应用平台界面，选择“业务工作”→“财务会计”→“应付款管理”→“设置”→“选项”，打开“账套参数设置”对话框。

（2）单击“编辑”按钮，提示“选项修改需要重新登录才能生效”，如图3-210所示→单击“确定”按钮。

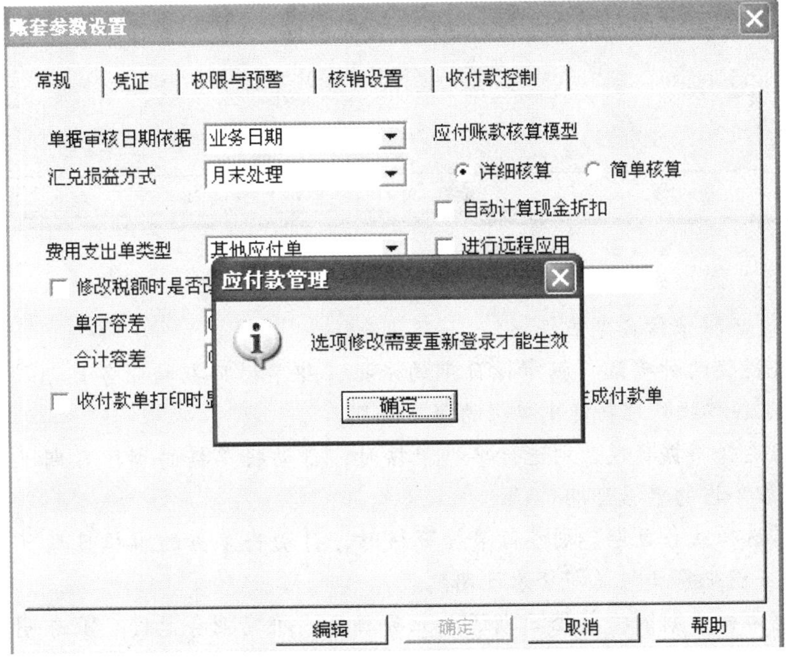

图 3-210　账套参数设置

（3）打开“常规”选项卡，如图 3-211 所示。设置如下参数：

①单据审核日期依据：业务日期。

②应付账款核算类型：详细核算。

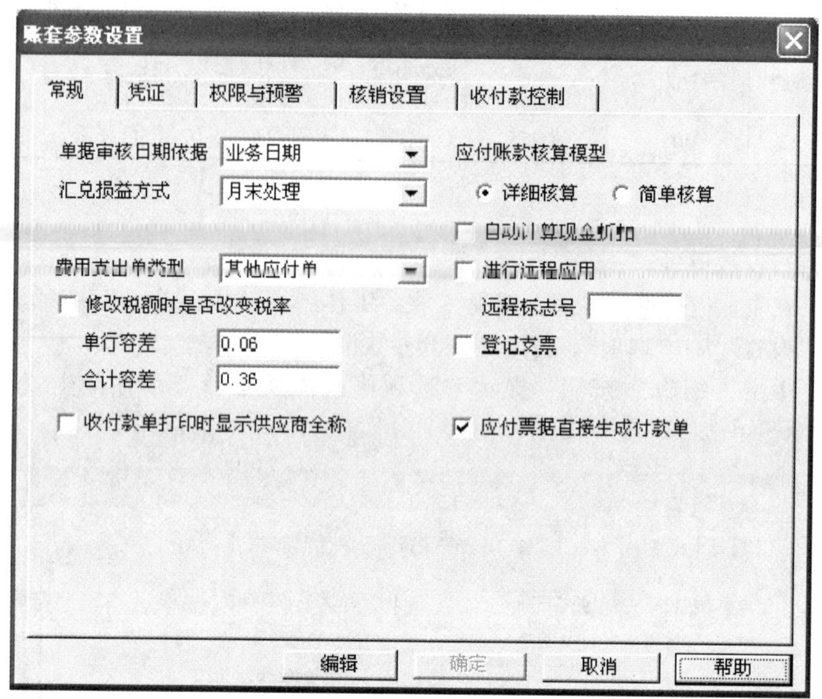

图 3-211　账套参数设置

注意（单据审核日期依据）：

➢系统提供两种确认单据审核日期的依据，即单据日期和业务日期。该功能设置，决定了在单据处理功能中单据的审核日期。

➢如果选择单据日期，则进行单据审核时，自动将单据的审核日期（即入账日期）记为该单据的单据日期。

➢如果选择业务日期，则进行单据审核时，自动将单据的审核日期（即入账日期）记为当前业务日期（即登录日期）。

➢单据审核日期依据单据日期还是业务日期，决定业务总账、业务明细账、余额表等的查询期间取值。

注意：

➢系统提供两种应收款管理系统的应用模型：简单核算、详细核算。用户必须选择其中一种方式，系统缺省选择详细核算方式。

➢选择简单核算：应付只是完成将采购传递过来的发票生成凭证传递给总账这样的模式。适合采购业务以及应付账款业务不复杂，或者现结业务很多的企业。

➢选择详细核算：应付可以对往来进行详细的核算、控制、查询、分析。如果采购业务以及应付款核算与管理业务比较复杂，或者需要追踪每一笔业务的应付款、付款等情况，或者需要将应付款核算到产品一级的企业。

（4）打开“凭证”选项卡，如图 3-212 所示。设置如下参数：

①受控科目制单方式：明细到供应商。

②非受控科目制单方式：汇总方式。

③控制科目依据：按供应商。

④采购科目依据：按存货分类。

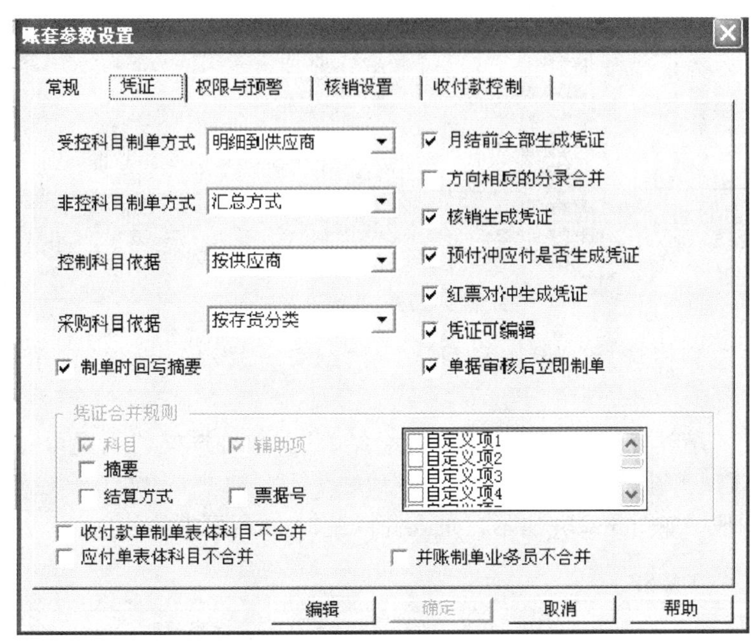

图 3-212　账套参数设置

注意：

➢有两种制单方式供选择，即明细到供应商、明细到单据的方式。

➢明细到供应商：将一个供应商的多笔业务合并生成一张凭证时，如果核算这多笔业务的控制科目相同，系统将自动将其合并成一条分录。这种方式的目的是在总账系统中能够查看到每一个供应商的详细信息。

➢选择详细核算：将一个供应商的多笔业务合并生成一张凭证时，系统会将每一笔业务形成一条分录。这种方式的目的是在总账系统中也能查看到每个供应商的每笔业务的详细情况。

（5）同理，根据实验资料，对选项中的其他选项卡进行设置。

2. 进行科目设置

（1）在企业应用平台界面，选择“业务工作”→“财务会计”→“应付款管理”→“设置”→“初始设置”，进入“初始设置”界面。

（2）在左侧栏选择“设置科目”→“基本科目设置”，单击“增加”按钮。

（3）在“基础科目种类表”中，选择“应付科目”，输入科目“2202”，然后按回车键。

（4）同理，如图 3-213 所示，录入资料表 3-43 所要求的信息。

简易桌面　初始设置 ×

设置科目
- 基本科目设置
- 控制科目设置
- 产品科目设置
- 结算方式科目设置

账期内账龄区间设置
逾期账龄区间设置
报警级别设置
单据类型设置
中间币种设置

基础科目种类	科目	币种
应付科目	2202	人民币
预付科目	1123	人民币
采购科目	1401	人民币
税金科目	22210101	人民币
银行承兑科目	2201	人民币
商业承兑科目	2201	人民币
现金折扣科目	6603	人民币
票据利息科目	6603	人民币
票据费用科目	6603	人民币
收支费用科目	660103	人民币

图 3-213　初始设置

（5）在左侧栏选择“设置科目”→“结算方式科目设置”，单击“增加”按钮。

（6）在“结算方式”栏选择“1 现金结算”，币种选择“人民币”，输入科目“1001”→按回车键。

（7）同理，如图 3-214 所示，录入资料表 3-43 所要求的信息。

结算方式	币　种	本单位账号	科　目
1 现金结算	人民币		1001
201 现金支票	人民币		10020101
202 转账支票	人民币		10020101
301 商业承兑汇票	人民币		10020101
302 银行承兑汇票	人民币		10020101

图 3-214　初始设置

3. 逾期账龄区间设置

（1）进入企业应用平台界面的应付款管理系统“初始设置”界面。

（2）在左侧栏选择“逾期账龄区间设置”，单击“增加”按钮。

（3）在“总天数”栏处直接填写总天数，如图 3-215 所示。

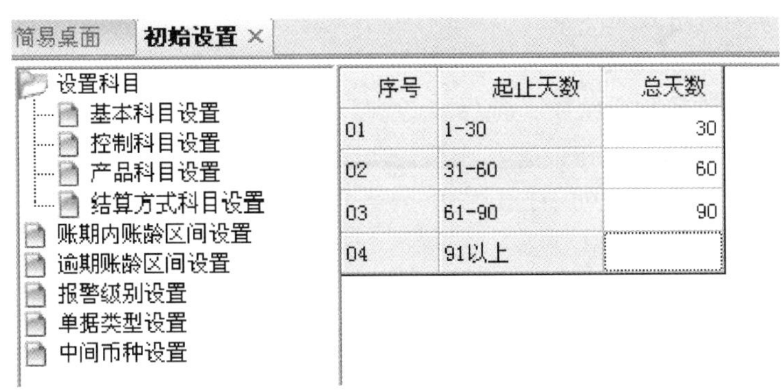

图 3-215　初始设置

4. 单据编号设置

（1）在企业应用平台界面，选择“基础设置”→“单据设置”→“单据编号设置”，进入“单据编号设置”界面。

（2）在左侧“单据类型”一栏，找到“采购管理”→“采购专用发票”，打开“单据编号设置-［采购专用发票＊］”窗口。

（3）单击“修改”（即 按钮）→选中“完全手工编号”对话框，如图3-216所示。

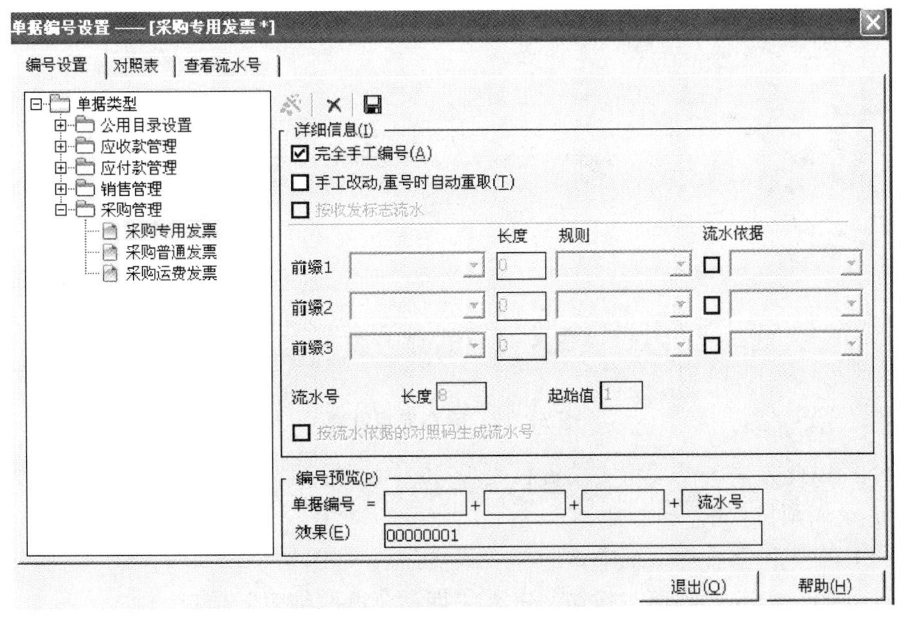

图 3-216　单据编号设置——［采购专用发票＊］

（4）单击“保存”按钮，同理，修改应付款管理系统中的“其他应付单”“付款单”的单据编号形式。

5. 录入期初采购发票

（1）在应付款管理系统中，选择“设置”→“期初余额”，进入“期初余额-查询”界面→“确定”按钮，进入“期初余额明细表”窗口。

（2）单击“增加”按钮→打开“单据类别”对话框，录入以下信息：

①单据名称：采购发票。

②单据类型：采购专用发票。

③方向：正向。

（3）单击“确定”，进入“采购专用发票”界面。

（4）单击“增加”按钮，如图 3-217 所示，录入以下信息：

①发票号：PL220。

②开票日期：2016 年 7 月 21 日。

③供应商：01-辽大公司。

④科目编码：2201。

⑤采购部门：采购部。

⑥存货名称：02-压缩机。

⑦数量：550 台。

⑧原币价税合计：55 000 元。

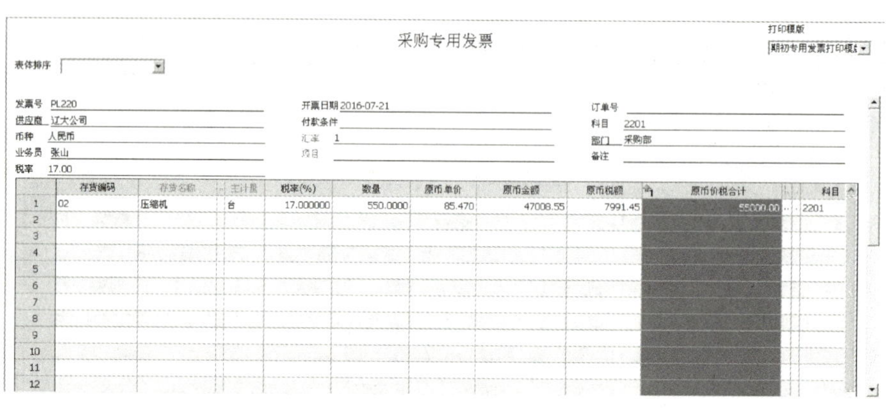

图 3-217　采购专用发票

（5）以此方法，继续将实验资料表 3-46 中的数据录入期初采购专用发票中。

6. 录入预付款单

（1）在应付款管理系统中，选择“设置”→“期初余额”，进入“期初余额-查询”界面→单击“确定”按钮，进入“期初余额明细表”窗口。

（2）单击“增加”按钮→打开“单据类别”对话框→如图 3-218 所示，修改单据名称“预付款”，单据类型“付款单”，进入“付款单”界面。

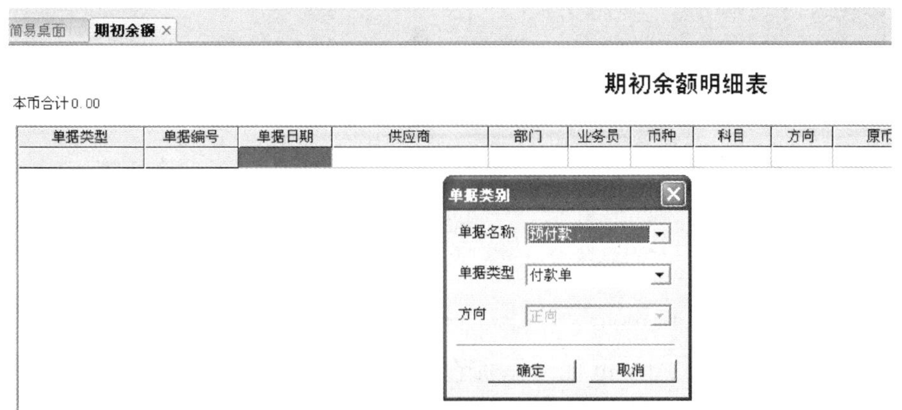

图 3-218　单据类别

(3) 单击“增加”按钮，如图 3-219 所示，录入以下信息：

①票号：KO55。

②开票日期：2016 年 9 月 22 日。

③供应商：广目公司。

④结算方式：301。

⑤金额：44 000 元。

⑥采购部门：采购部。

⑦业务员：张山。

图 3-219　付款单

(4) 保存后退出。

7. 将应付款管理系统与总账对账

(1) 在“期初余额明细表”窗口，单击“对账”按钮，打开“期初对账”选项卡，如图 3-220 所示。

科目		应付期初		总账期初		差额	
编号	名称	原币	本币	原币	本币	原币	本币
1123	预付账款	-44,000.00	-44,000.00	-44,000.00	-44,000.00	0.00	0.00
2201	应付票据	55,000.00	55,000.00	55,000.00	55,000.00	0.00	0.00
2202	应付账款	40,000.00	40,000.00	40,000.00	40,000.00	0.00	0.00
	合计		51,000.00		51,000.00		0.00

图 3-220　期初对账

（2）单击“退出”按钮。

8. 账套备份

（1）在 D 盘中新建“999-6-1 应付款管理系统初始化”文件夹。

（2）由系统管理员 admin 注册系统管理，在“系统管理”窗口中，执行“账套”→“输出”命令，打开“账套输出”对话框。

（3）在“账套号”文本框中选择“999 广州鑫正电器有限公司”，将账套输出至“D:\ 999-6-1 应付款管理系统初始化”文件夹中。

（4）单击“确定”按钮，完成账套备份。

实验二　应付款管理系统的日常业务处理

实验准备

引入已完成的“999-6-1 应付款管理系统初始化”的账套备份数据，将系统日期修改为“2017 年 1 月 31 日”，以 101 周平或 105 刘彤的身份注册登录企业应用平台。

实验内容

◇录入应付单据。

◇修改应付单据。

◇删除应付单据。

◇录入付款单据。

◇修改付款单据。

◇审核本月录入的应付单和付款单。

◇核销付款单。

◇付款单制单。

◇填制商业承兑汇票。

◇结算商业承兑汇票并制单。

◇预付冲应付。

◇应付冲应付。

◇账套备份。

实验资料

1. 应付单据资料

业务一：2017 年 1 月 9 日，企业从启星公司购入压缩机 100 台，原币单价为 90

元，增值税税率为 17%（采购专用发票号：PL221）。

业务二：2017 年 1 月 19 日，企业从辽大公司购入电热管 200 根，原币单价为 86 元，增值税税率为 17%（采购专用发票号：PL222），运费为 70 元。

业务三：2017 年 1 月 20 日，企业发现 1 月 19 日填制的从辽大公司购入电热管 200 根，原币单价为 86 元，增值税税率为 17%的“PL222”号采购专用发票号填制错误，其无税单价（原币单价）应为 87 元。

业务四：2017 年 1 月 20 日，企业发现 1 月 9 日填制的从启星公司购入压缩机 100 台，原币单价为 90 元，增值税税率为 17%的“PL221”号采购专用发票有误，应删除。

业务五：2017 年 1 月 26 日，企业从广目公司购入压缩机 200 台，原币单价为 83 元，增值税税率为 17%（采购专用发票号：PL223）。

业务六：2017 年 1 月 26 日，企业从辽大公司购入电热管 200 根，原币单价为 86 元，增值税税率为 17%（采购专用发票号：PL224），运费为 70 元。

2. 付款单据资料

业务七：2017 年 1 月 19 日，企业以转账支票支付向启星公司购买压缩机 100 台的购货款 10 530 元。

业务八：2017 年 1 月 21 日，企业以转账支票向辽大公司支付 2016 年 7 月 21 日的前欠购货款 55 000 元。

业务九：2017 年 1 月 24 日，企业以转账支票向辽大公司支付 2016 年 8 月 24 日的前欠购货款 24 000 元。

业务十：2017 年 1 月 25 日，企业以转账支票向广目公司支付 2016 年 12 月 26 日的前欠购货款 16 000 元

业务十一：2017 年 1 月 27 日，企业发现 1 月 25 日填制的第 0000000004 号付款单有误，金额应为 20 000 元，其中 16 000 元为支付 2016 年 12 月 26 日的前欠购货款，余款作为预付款。

业务十二：2017 年 1 月 27 日，企业发现 1 月 19 日填制的第 0000000001 号付款单中的购货款 10 530 元有误，应删除。

3. 审核本月录入的应付单和付款单

业务十三：2017 年 1 月 31 日，企业审核本月录入的所有应付单据和付款单据。

4. 核销付款单

业务十四：2017 年 1 月 31 日，企业核销本月所有的付款单。

5. 对本月录入的应付单和付款单进行制单

企业对本月录入的应付单和付款单进行制单。

6. 票据管理

业务十五：2017 年 1 月 21 日，企业向启星公司签发并承兑商业承兑汇票一张（票据编号：121），面值为 10 530 元，到期日为 2017 年 2 月 11 日。

业务十六：2017 年 1 月 24 日，企业向辽大公司签发并承兑商业承兑汇票一张（票据编号：122），面值为 20 428 元，到期日为 2017 年 6 月 24 日，系付采购专用发票号 PL222 和普通发票号 0000000001 的业务。

业务十七：2017 年 1 月 31 日，企业将向启星公司、辽大公司签发并承兑的两张商业承兑汇票（票据编号：121 和 122）结算。

7. 转账处理

业务十八：2017 年 1 月 31 日，经双方同意，企业将向广目公司 2016 年 9 月 22 日预付的 44 000 元与剩余的所有应向其支付的应付款共 35 422 元进行冲抵。

业务十九：2017 年 1 月 31 日，企业经三方同意，企业将 2017 年 1 月 19 日产生的应向辽大公司支付的应付货款共转为应向广目公司支付应付货款。

操作指导

1. 填制业务一的采购专用发票

（1）在企业应用平台界面，选择“业务工作”→“财务会计”→“应付款管理”→“应付单据处理”→“应付单据录入”，打开“单据类别”对话框，录入以下信息：

①单据名称：采购发票。

②单据类型：采购专用发票。

③方向：正向。

（2）单击“确定”按钮，打开“专用发票”界面。

（3）单击“增加”按钮，如图 3-221 所示，在表头对应栏中录入以下信息：

①开票日期：2017 年 1 月 9 日。

②供应商：启星公司。

③发票号：PL221。

④部门名称：采购部。

⑤业务员：张山。

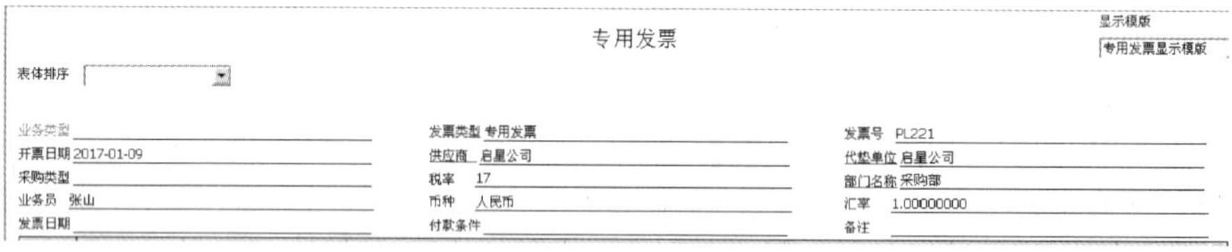

图 3-221 专用发票

（4）如图 3-222 所示，在表体对应栏中录入以下信息：

①存货编码：02。

②存货名称：压缩机。

③数量：100 台。

④原币单价：90 元。

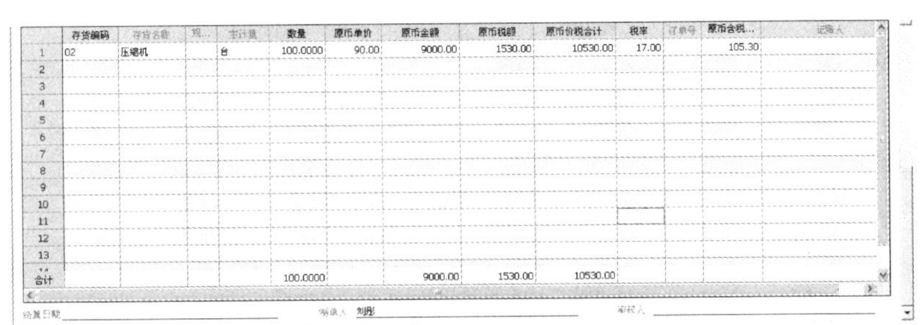

图 3-222　专用发票

（5）单击“保存”按钮，再单击“退出”按钮。

（6）同理，填制业务二、业务五、业务六的采购专用发票。

2. 填制业务二的采购普通发票

（1）在应付款管理系统中，选择“应付单据处理”→“应付单据录入”，打开“单据类别”对话框。

（2）单击“单据类别”栏的下三角按钮，选择“采购普通发票”，如图 3-223 所示。

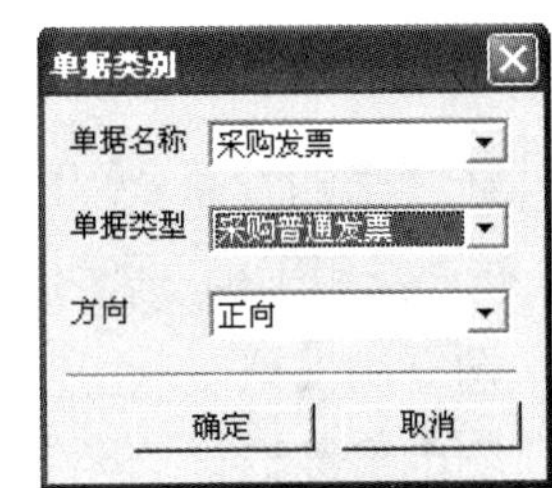

图 3-223　单据类别

（3）单击“确定”按钮，打开“采购发票-普通发票”窗口。

（4）单击“增加”按钮，如图 3-224 所示，在表头对应栏中录入以下信息：

①开票日期：2017 年 1 月 19 日。

②供应商：辽大公司。

③部门名称：采购部。

④业务员：张山。

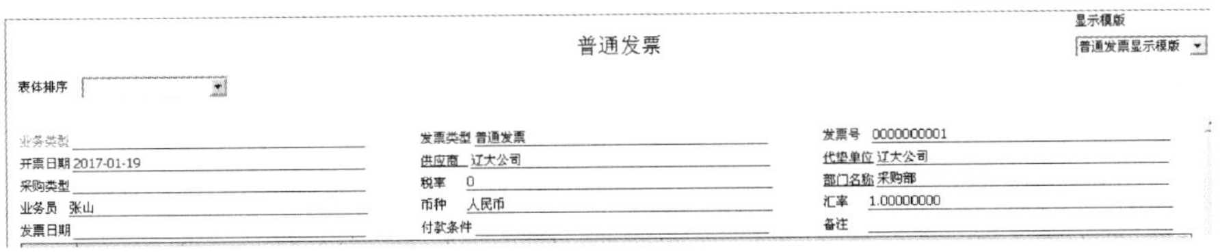

图 3-224　普通发票

（5）如图 3-225 所示，在表体对应栏中录入以下信息：

①存货编码：05。

②存货名称：运输费。

③原币金额：70 元。

④税率：7%。

	存货编码	存货名称	规格型号	主计量	数量	原币金额	原币税额	税率	订单号
1	05	运输费		公里	200.0000	70.00	4.90	7.00	
2									
3									
4									
5									
6									
7									
8									
9									
10									
11									
12									

图 3-225　普通发票

（6）单击“保存”按钮，再单击“退出”按钮。

（7）同理，填制业务六的采购普通发票。

3. 修改业务二填制的采购普通发票

（1）在应付款管理系统中，选择“应付单据处理”→“应付单据录入”，打开“单据类别”对话框。

（2）单击“确定”按钮，打开“采购发票-专用发票”窗口。

（3）单击“翻页”按钮（ 即为翻页按钮列表，选择其中一个按钮查找即可），找到“PL222”的采购专用发票。

（4）单击“修改”按钮，在原币单价栏将“86”元修改为“87”元。

（5）单击“保存”按钮后退出此界面。

4. 删除业务一填制的采购普通发票

（1）在应付款管理系统中，选择“应付单据处理”→“应付单据录入”，打开“单据类别”对话框。

（2）单击“确定”按钮，打开“采购发票-专用发票”窗口。

（3）单击“首张”按钮，找到“PL221”的采购专用发票。

（4）单击“删除”按钮→系统提示“单据删除后不能恢复，是否继续”。

（5）单击“是”按钮后退出此界面。

5. 填制业务七的付款单

（1）在应付款管理系统中，选择“付款单据处理”→“付款单据录入”，打开“付款单”窗口。

（2）单击“增加”按钮，如图 3-226 所示，在表头对应栏中录入以下信息：

①开票日期：2017 年 1 月 19 日。

②供应商：启星公司。

③结算方式：转账支票。

④金额：10 530 元。

⑤部门：采购部。

⑥业务员：张山。

⑦摘要：支付压缩机 100 台的购货款。

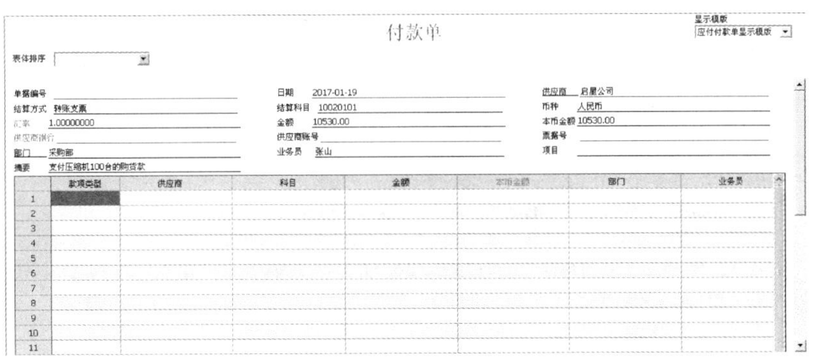

图 3-226　付款单

（3）单击“保存”按钮，再单击“增加”按钮。

（4）继续填制业务八、业务九、业务十的付款单。

6. 修改业务十填制的付款单

（1）在应付款管理系统中，选择“付款单据处理”→“付款单据录入”，打开“付款单”窗口。

（2）单击“翻页”按钮 ，找到 1 月 25 日填制的第 0000000004 号付款单。

（3）单击“修改”按钮，将表头部分的金额修改为“20 000”元。

（4）将表头部分的摘要修改为“支付前欠货款并预付部分货款”。

（5）在表体中增加一行，款项类型选择“预付款”，按回车键后，如图 3-227 所示。

图 3-227　付款单

（6）单击“保存”按钮后退出此界面。

7. 删除业务七填制的付款单

（1）在应付款管理系统中，选择“付款单据处理”→“付款单据录入”，打开“付款单”窗口。

（2）单击“首张”按钮，找到第0000000001号付款单。

（3）单击“删除”按钮→系统提示“单据删除后不能恢复，是否继续”。

（4）单击“是”按钮后退出此界面。

8. 审核本月录入的应付单

（1）在应付款管理系统中，选择“应付单据处理”→“应付单据审核”，打开“应付单查询条件”对话框。

（2）单击“确定”按钮，进入“应付单据列表”窗口。

（3）单击“全选”按钮，如图3-228所示→单击“审核”按钮→系统提示“本次审核成功单据5张”。

应付单据列表

记录总数：5

选择	审核人	单据日期	单据类型	单据号	供应商名称	部门	业务员	制单人	币种	汇率	原币金额	本币金额	备注
Y		2017-01-19	采购普...	0000000001	上海辽大公司	采购部	张山	刘彤	人民币	1.00000000	70.00	70.00	
Y		2017-01-19	采购专...	PL222	上海辽大公司	采购部	张山	刘彤	人民币	1.00000000	20,358.00	20,358.00	
Y		2017-01-26	采购普...	0000000002	上海辽大公司	采购部	张山	刘彤	人民币	1.00000000	70.00	70.00	
Y		2017-01-26	采购专...	PL223	河南广目公司	采购部	张山	刘彤	人民币	1.00000000	19,422.00	19,422.00	
Y		2017-01-26	采购专...	PL224	上海辽大公司	采购部	张山	刘彤	人民币	1.00000000	20,124.00	20,124.00	
合计											60,044.00	60,044.00	

图3-228　应付单据列表

（4）单击“确定”按钮后退出此界面。

9. 应付单制单

（1）在应付款管理系统中，选择“制单处理”，打开“制单查询”对话框。

（2）选中“发票制单”复选框→单击“确定”按钮，进入“采购发票制单”窗口。

（3）如图3-229所示，单击“全选”按钮→单击“制单”按钮。

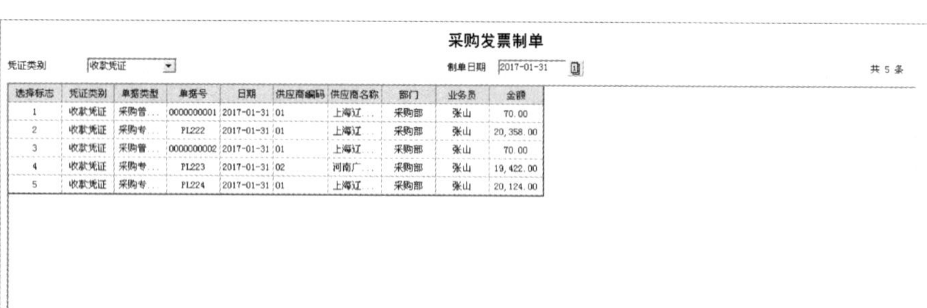

采购发票制单

凭证类别 收款凭证　　制单日期 2017-01-31　　共5条

选择标志	凭证类别	单据类型	单据号	日期	供应商编码	供应商名称	部门	业务员	金额
1	收款凭证	采购普...	0000000001	2017-01-31	01	上海辽...	采购部	张山	70.00
2	收款凭证	采购专...	PL222	2017-01-31	01	上海辽...	采购部	张山	20,358.00
3	收款凭证	采购普...	0000000002	2017-01-31	01	上海辽...	采购部	张山	70.00
4	收款凭证	采购专...	PL223	2017-01-31	02	河南广...	采购部	张山	19,422.00
5	收款凭证	采购专...	PL224	2017-01-31	01	上海辽...	采购部	张山	20,124.00

图3-229　采购发票制单

（4）在左上角凭证类别处选择“转账凭证”，如图 3-230 所示。

转 账 凭 证

转　字　　制单日期：2017.01.31　　审核日期：　　附单据数：1

摘 要	科目名称	借方金额	贷方金额
采购普通发票	材料采购	6510	
采购普通发票	应交税费/应交增值税/进项税额	490	
采购普通发票	应付账款		7000
票号 日期	数量 单价 合 计	7000	7000

备注　项　目　　部　门
个　人　　客　户
业务员

记账　审核　出纳　制单　刘彤

图 3-230　转账凭证

（5）单击“保存”按钮→生成第一张转账凭证。

（6）单击“下张”按钮，再保存凭证，重复此步骤直至完成全部单据的制单。

10. 审核本月录入的付款单

（1）在应付款管理系统中，选择“付款单据处理”→“付款单据审核”，打开“付款单查询条件”对话框。

（2）单击“确定”按钮，进入“收付款单据列表”窗口。

（3）单击“全选”按钮，如图 3-231 所示→单击“审核”按钮→系统提示“本次审核成功单据 3 张”。

收付款单列表

记录总数：3

选择	审核人	单据日期	单据类型	单据编号	供应商	部门	业务员	结算方式	票据号	币种	汇率	原币金额
Y		2017-01-21	付款单	0000000002	上海辽大公司	采购部	张山	转账支票		人民币	1.00000000	55,000.00
Y		2017-01-24	付款单	0000000003	上海辽大公司	采购部	张山	转账支票		人民币	1.00000000	24,000.00
Y		2017-01-25	付款单	0000000004	河南广目公司	采购部	张山	转账支票		人民币	1.00000000	20,000.00
合计												99,000.00

图 3-231　收付款单列表

（4）单击“确定”按钮后退出此界面。

11. 核销付款单

本月有效的付款单共 3 张，涉及供应商辽大公司和广目公司，因此核销时分别查找向辽大公司和广目公司支付时产生的付款单即可。

（1）在应付款管理系统中，选择“核销处理”→“手工核销”，打开“核销条件”对话框。

（2）如图 3-232 所示，在“供应商”栏中录入“01 辽大公司”→单击“确定”按钮。

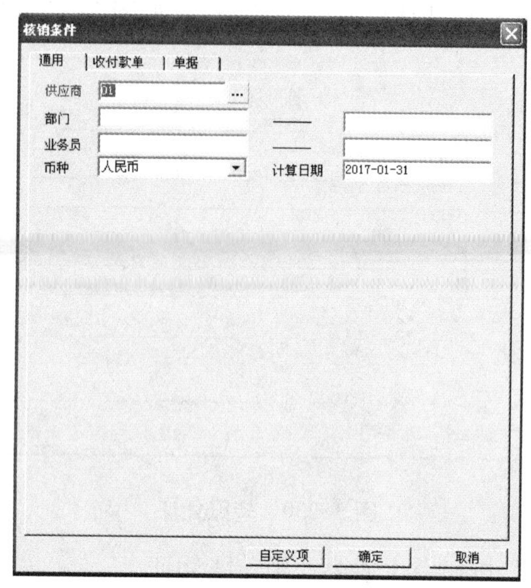

图 3-232　核销条件

（3）打开的“单据核销”窗口有上下两部分，上半部分为填制的与辽大公司有关的付款单，下半部分为填制的与辽大公司有关的应付款单据。在上半部分中，确认“本次结算栏”的金额分别为“55 000”元和“24 000”元。

（4）在下半部分中，找到发票号为“PL220”这一行，在其“本次结算栏”处填入“55 000”元。

（5）找到发票号为“GZ108”这一行，在其“本次结算栏”处填入“24 000”元，如图 3-233 所示。

单据日期	单据类型	单据编号	供应商	款项...	结算方式	币种	汇率	原币金额	原币余额	本次结算	订单号
2017-01-21	付款单	0000000002	辽大公司	应付款	转账支票	人民币	1.00000000	55,000.00	55,000.00	55,000.00	
2017-01-24	付款单	0000000003	辽大公司	应付款	转账支票	人民币	1.00000000	24,000.00	24,000.00	24,000.00	
合计								79,000.00	79,000.00	79,000.00	

单据日期	单据类型	单据编号	到期日	供应商	币种	原币金额	原币余额	可享受折扣	本次折扣	本次结算	订单号	凭证号
2017-01-19	采购普...	0000000001	2017-01-19	辽大公司	人民币	70.00	70.00	0.00				
2017-01-26	采购普...	0000000002	2017-01-26	辽大公司	人民币	70.00	70.00	0.00				
2016-08-24	采购专...	GZ108	2016-08-24	辽大公司	人民币	24,000.00	24,000.00	0.00	0.00	24,000.00		
2016-07-21	采购专...	PL220	2016-07-21	辽大公司	人民币	55,000.00	55,000.00	0.00	0.00	55,000.00		
2017-01-19	采购专...	PL222	2017-01-19	辽大公司	人民币	20,358.00	20,358.00	0.00				
2017-01-26	采购专...	PL224	2017-01-26	辽大公司	人民币	20,124.00	20,124.00	0.00				
合计						119,622.00	119,622.00	0.00		79,000.00		

图 3-233　核销付款单

（6）单击“保存”按钮，退出该界面。

注意：

➢核销处理指用户日常进行的付款核销应付款的工作。

➢单据核销的作用是处理付款核销应付款，建立付款与应付款的核销记录，监督应付款及时核销，加强往来款项的管理。

➢手工核销，用户手工确定系统内付款与应付款的对应关系，选择进行核销。手工核销功能可以根据查询条件选择需要核销的单据，然后手工核销，加强了往来款项核销的灵活性。

➢自动核销，即系统自动确定系统内付款与应付款的对应关系，选择进行核销。自动核销功能可以根据查询条件选择需要核销的单据，然后系统自动核销，加强了往来款项核销的效率性。

11. 付款单制单

（1）在应付款管理系统中，选择“制单处理”，打开“制单查询”对话框。

（2）选中“收付款单制单”复选框→单击“确定”按钮，进入“收付款单制单”窗口。

（3）单击“全选”按钮，如图 3-234 所示。

收付款单制单

凭证类别　收款凭证　　　　制单日期　2017-01-31

选择标志	凭证类别	单据类型	单据号	日期	供应商编码	供应商名称	部门	业务员	金额
1	收款凭证	付款单	0000000002	2017-01-21	01	上海辽...	采购部	张山	55,000.00
2	收款凭证	付款单	0000000003	2017-01-24	01	上海辽...	采购部	张山	24,000.00
3	收款凭证	付款单	0000000004	2017-01-25	02	河南广...	采购部	张山	20,000.00

图 3-234　收付款单制单

（4）在左上角凭证类别处选择“付款凭证”→单击“制单”按钮→生成第一张付款凭证，如图 3-235 所示。

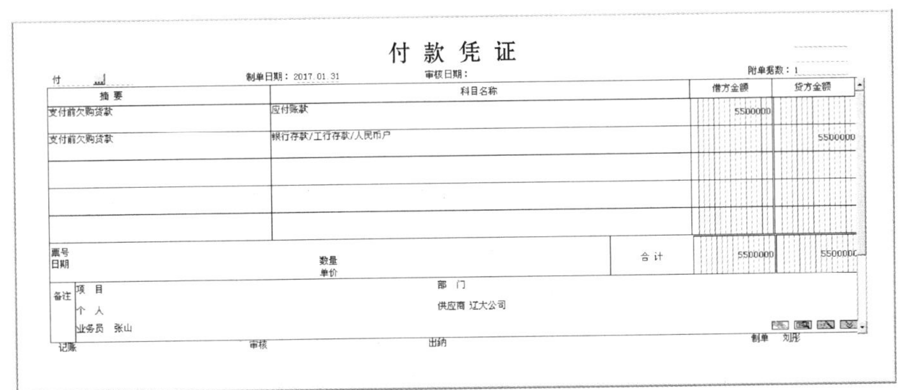

付 款 凭 证

付　　制单日期：2017.01.31　　审核日期：　　附单据数：1

摘要	科目名称	借方金额	贷方金额
支付前欠购货款	应付账款	5500000	
支付前欠购货款	银行存款/工行存款/人民币户		5500000
票号 日期	数量 单价	合计 5500000	5500000

备注　项　目　　部　门

个　人　　供应商　辽大公司

业务员　张山

记账　　审核　　出纳　　制单　刘彤

图 3-235　付款凭证

（5）单击“保存”按钮。

（6）单击“下张”按钮，再保存凭证，重复此步骤直至完成全部单据的制单。

12. 填制业务十五的商业承兑汇票

（1）在应付款管理系统中，双击“票据管理”按钮，打开“查询条件选择”对话框。

（2）单击“确定”按钮，进入“票据管理”窗口。
（3）单击“增加”按钮，进入“应付票据”窗口。
（4）在打开的“商业汇票”中，如图 3-236 所示录入以下信息：
①票据类型：商业承兑汇票
②票据编号：121。
③结算方式：商业承兑汇票。
④收到日期：2017-01-21。
⑤出票日期：2017-01-21。
⑥到期日：2017-02-11。
⑦收款人：山西启星公司。
⑧金额：10 530 元。
⑨票据摘要：签发并承兑商业承兑汇票。

显示模版组：30656 商业汇票显示模版

商业汇票

银行名称
方向 付款
收到日期 2017-01-21
出票人 广州鑫正电器有限公司
收款人 山西启星公司
币种 人民币
汇率 1.000000
背书人
业务员 张山
交易合同号码

票据编号 121
出票日期 2017-01-21
出票人账号
收款人账号
金额 10530.00
付款行行号
背书金额
部门 采购部
制单人 刘彤

票据类型 商业承兑汇票
结算方式 商业承兑汇票
到期日 2017-02-11
付款人银行
收款人开户银行
票面利率 0.00000000
付款行地址
备注
票据摘要 签发并承兑商业承兑汇票

	处理方式	处理日期	贴现银行	被背书人	贴现率	利息	费用	处理金额
1								
2								
3								
4								
5								
6								

图 3-236　商业汇票

（5）单击“保存”按钮。
（6）用同样方法，录入业务十六商业承兑汇票，结果如图 3-237 所示。

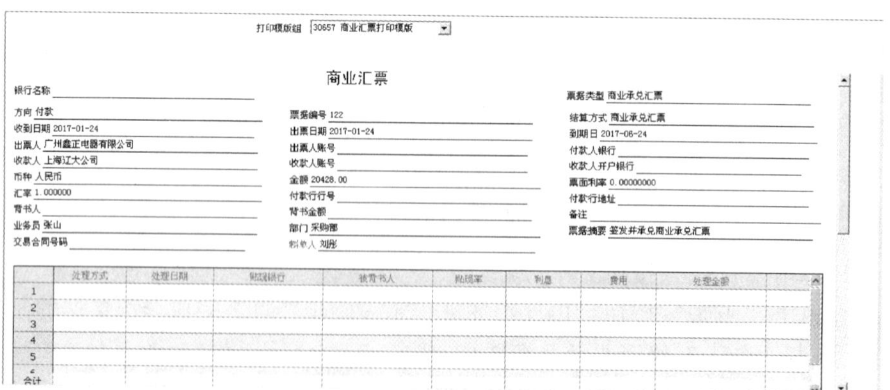

打印模版组 30657 商业汇票打印模版

商业汇票

银行名称
方向 付款
收到日期 2017-01-24
出票人 广州鑫正电器有限公司
收款人 上海辽大公司
币种 人民币
汇率 1.000000
背书人
业务员 张山
交易合同号码

票据编号 122
出票日期 2017-01-24
出票人账号
收款人账号
金额 20428.00
付款行行号
背书金额
部门 采购部
制单人 刘彤

票据类型 商业承兑汇票
结算方式 商业承兑汇票
到期日 2017-06-24
付款人银行
收款人开户银行
票面利率 0.00000000
付款行地址
备注
票据摘要 签发并承兑商业承兑汇票

	处理方式	处理日期	贴现银行	被背书人	贴现率	利息	费用	处理金额
1								
2								
3								
4								
5								
合计								

图 3-237　商业汇票

13. 结算商业汇票并制单

（1）根据实验资料中的业务十七，执行“财务会计”→“应付款管理”→“票据管理”命令，打开“票据查询”对话框，单击“确定”按钮，进入“票据管理”窗口。

（2）在“票据管理”窗口中，找到票据编号为“121”的商业承兑汇票一行，在其“选择”栏双击打上“Y”标志，单击“结算”按钮，打开“票据结算”对话框，如图 3-238 所示，录入以下信息：

①结算日期：2017-01-31。

②结算金额：10 530 元。

③结算科目：10020101。

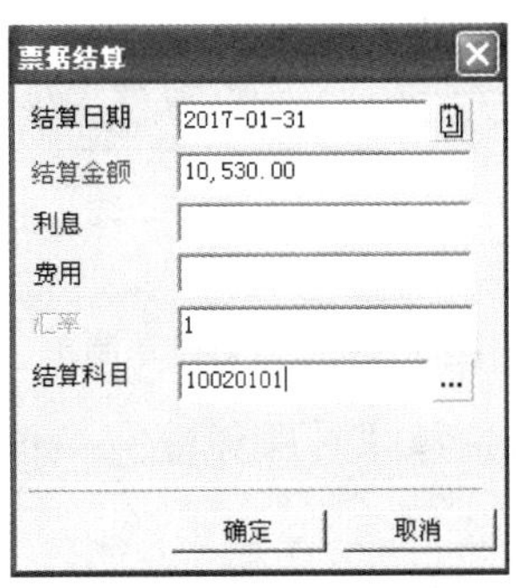

图 3-238　票据结算

（3）单击“确定”按钮，提示“是否立即制单”，选择“是”，生成结算的记账凭证，结果如图 3-239 所示，单击“保存”按钮。

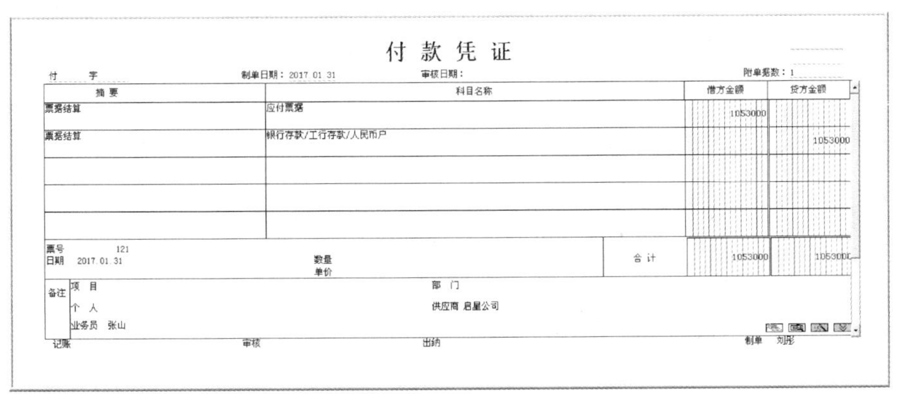

付 款 凭 证

付　字　　制单日期：2017.01.31　　审核日期：　　附单据数：1

摘要	科目名称	借方金额	贷方金额
票据结算	应付票据	1053000	
票据结算	银行存款/工行存款/人民币户		1053000
票号 121 日期 2017.01.31	数量 单价　合计	1053000	1053000

备注　项目　　部门

个人　　供应商 启星公司

业务员 张山

记账　审核　出纳　制单 刘彤

图 3-239　付款凭证

（4）同理，对票据编号为“122”的商业承兑汇票进行结算并制单。

14. 审核付款单（商业承兑汇票）

（1）在应付款管理系统中，选择“付款单据处理”→“付款单据审核”，打开

“付款单查询条件”对话框。

（2）单击“确定”按钮，进入“收付款单据列表”窗口。

（3）单击“全选”按钮→单击“审核”按钮→系统提示“本次审核成功单据2张”。

15. 付款单制单

（1）在应付款管理系统中，选择“制单处理”，打开“制单查询”对话框。

（2）选中“收付款单制单”复选框→单击“确定”按钮，进入“收付款单制单”窗口。

（3）单击“全选”按钮，如图3-240所示。

收付款单制单

凭证类别 收款凭证　　　　制单日期 2017-01-31

选择标志	凭证类别	单据类型	单据号	日期	供应商编码	供应商名称	部门	业务员	金额
1	收款凭证	付款单	0000000007	2017-01-21	3	山西启...	采购部	张山	10,530.00
2	收款凭证	付款单	0000000008	2017-01-24	01	上海辽...	采购部	张山	20,428.00

图3-240　收付款单制单

（4）在左上角凭证类别处选择“转账凭证”→单击“制单”按钮→单击“保存”按钮。

（5）单击“下张”按钮，保存凭证，重复此步骤直至完成全部单据的制单。

16. 预付冲应付

（1）在企业应用平台中，执行“应付款管理”→“转账”→“预付冲应付”命令，打开“预付冲应付”对话框。

（2）在“供应商”栏录入“02-广目公司”，单击“过滤”按钮，找到2016年9月22日单据编号为KO55的一行，在该行的“转账金额”栏录入“35 422元”，如图3-241所示。

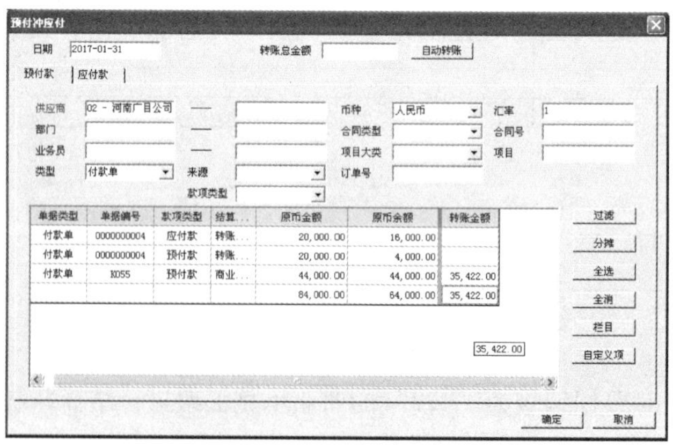

图3-241　预付冲应付

（3）单击“应付款”选项卡，单击“过滤”按钮，将每一行的原币金额，在转账金额栏如数录入，表示全部被冲销，如图 3-242 所示。

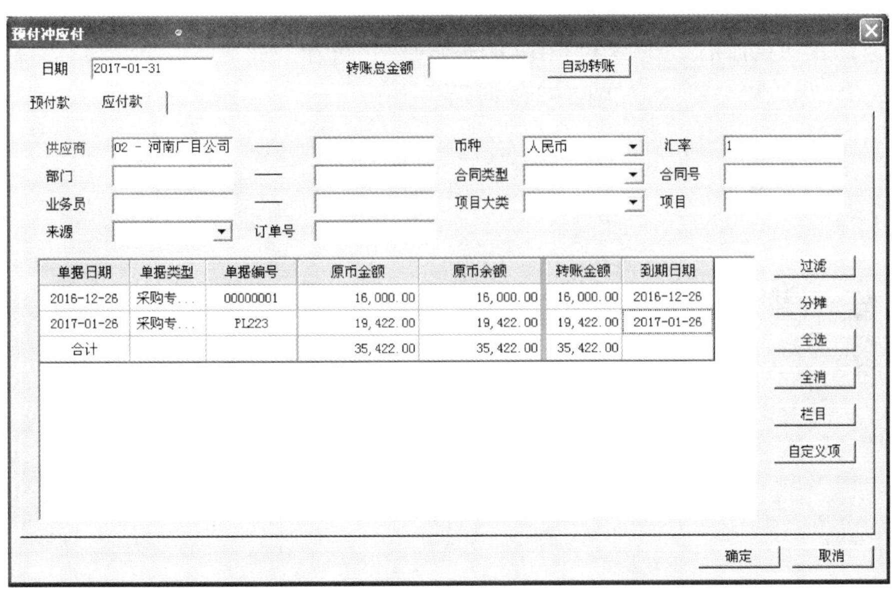

单据日期	单据类型	单据编号	原币金额	原币余额	转账金额	到期日期
2016-12-26	采购专...	00000001	16,000.00	16,000.00	16,000.00	2016-12-26
2017-01-26	采购专...	PL223	19,422.00	19,422.00	19,422.00	2017-01-26
合计			35,422.00	35,422.00	35,422.00	

图 3-242　预付冲应付

（4）单击“确定”按钮，系统提示“是否立即制单”，选择“是”，修改凭证类别为“转账凭证”，如图 3-243 所示，单击“保存”按钮并退出。

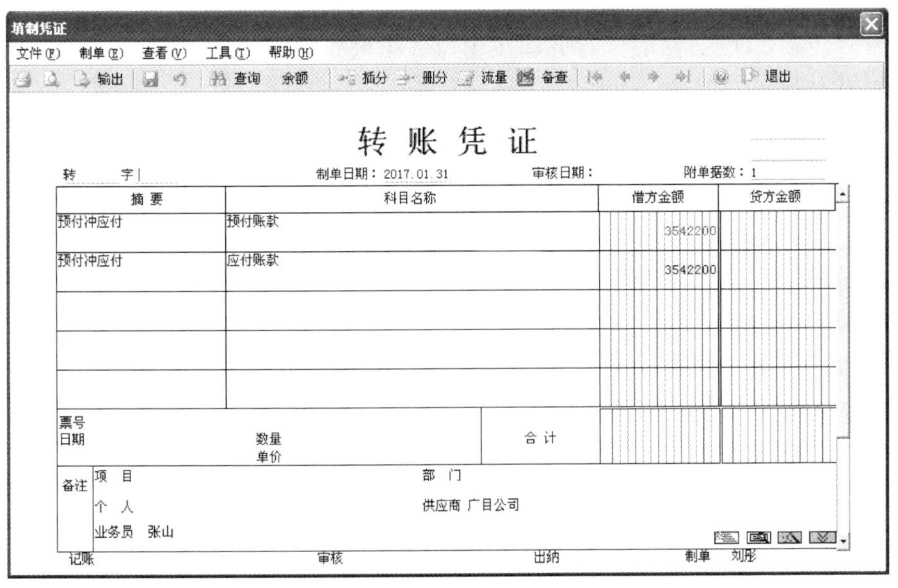

摘要	科目名称	借方金额	贷方金额
预付冲应付	预付账款	3542200	
预付冲应付	应付账款	3542200	

图 3-243　转账凭证

17. 应付冲应付

（1）执行“财务会计”→“应付款管理”→“转账”→“应付冲应付”命令，打开“应付冲应付”对话框。

（2）在“供应商”栏录入“01-辽大公司”，再在“转入”下的“供应商”栏中录入“02-广目公司”，如图 3-244 所示。

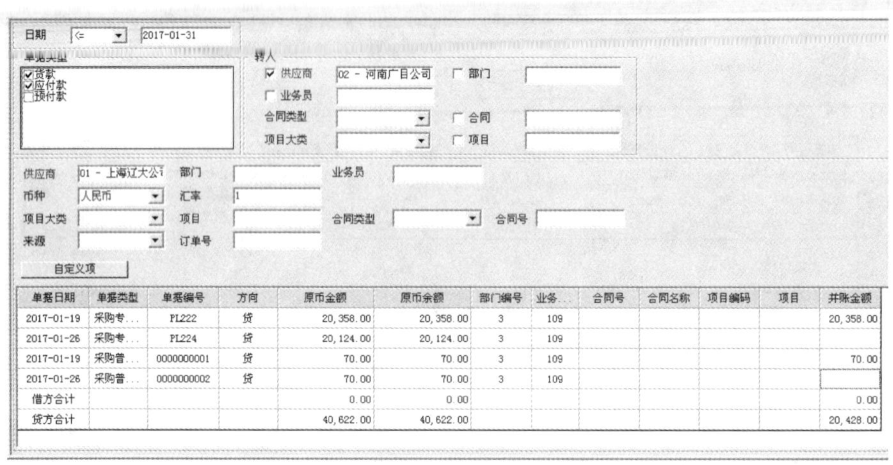

单据日期	单据类型	单据编号	方向	原币金额	原币余额	部门编号	业务...	合同号	合同名称	项目编码	项目	并账金额
2017-01-19	采购专...	PL222	贷	20,358.00	20,358.00	3	109					20,358.00
2017-01-26	采购专...	PL224	贷	20,124.00	20,124.00	3	109					
2017-01-19	采购普...	0000000001	贷	70.00	70.00	3	109					70.00
2017-01-26	采购普...	0000000002	贷	70.00	70.00	3	109					
借方合计				0.00	0.00							0.00
贷方合计				40,622.00	40,622.00							20,428.00

图 3-244　应付冲应付

（3）单击“查询”按钮，在第一行和第三行的“并账金额”处分别录入“20 358”元和“70”元。

（4）单击“保存”按钮，系统提示“是否立即制单”，选择“是”，修改凭证类别为“转账凭证”，然后保存并退出窗口，结果如图 3-245 所示（凭证号以自己系统生成为准）。

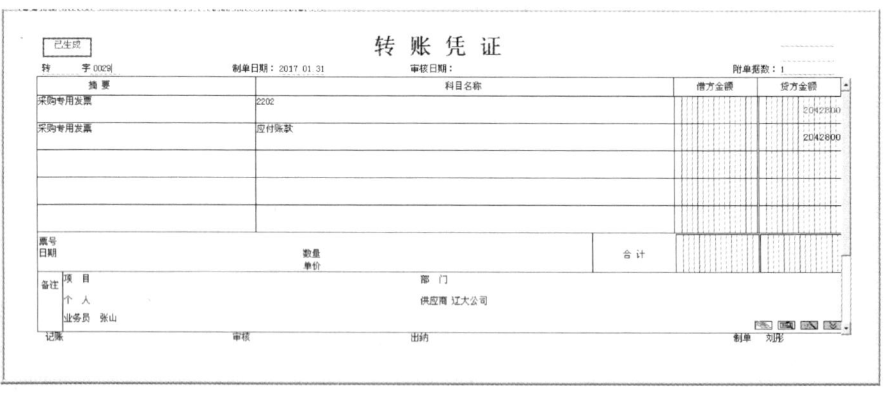

图 3-245　转账凭证

18. 制单

（1）在应付款管理系统中，选择“制单处理”，打开“制单查询”对话框。

（2）选中“核销制单”复选框→单击“确定”按钮，进入“核销制单”窗口。

（3）将出现的所有未制单的单据进行制单。

注意：

➢如果无法确定哪种类型的业务还未制单，可以在打开“制单查询”对话框时，将所有与操作过的业务相关的复选框全打钩。

19. 输出账套

（1）在D盘中新建“999-6-2应付款管理系统的日常处理”文件夹。

（2）由系统管理员admin注册系统管理，在“系统管理”窗口中，执行“账套”→“输出”命令，打开“账套输出”对话框。

（3）在“账套号”文本框中选择“999广州鑫正电器有限公司”，将账套输出至“D:\999-6-2应付款管理系统的日常处理”文件夹中。

（4）单击“确定”按钮，完成账套备份。

实验三　应付款管理系统账表查询

实验准备

引入已完成的“999-6-2应付款管理系统的日常处理”的账套备份数据，将系统日期修改为“2017年1月31日”，以105刘彤的身份注册登录企业应用平台。

实验内容

◇查询采购专用发票。

◇查询收付款单。

◇查询应付款管理系统填制的所有凭证。

◇查询业务总账。

◇查询业务明细账。

◇与总账进行对账。

◇查看应付账龄分析。

◇账套备份。

实验资料

1. 查询采购专用发票

查询2017年1月期间企业所有的采购专用发票。

2. 查询收付款单

查询2017年1月期间企业所有的收付款单。

3. 查询应付款管理系统填制的所有凭证

2017年1月31日，查询应付款管理系统填制的所有凭证。

4. 查询应付款管理系统业务总账

2017年1月31日，查询应付款管理系统中的业务总账。

5. 查询应付款管理系统业务明细账

2017 年 1 月 31 日，查询应付款管理系统中的业务明细账。

6. 与总账进行对账

2017 年 1 月 31 日，查看应付款管理系统与总账数据是否平衡。

7. 查看应付账龄分析

2017 年 1 月 31 日，查看截至本日企业的应付账龄情况。

实验指导

1. 查询采购专用发票

（1）在企业应用平台中，执行“业务工作”→“财务会计”→“应付款管理”→“单据查询”→“发票查询”命令，打开“查询条件选择”窗口。

（2）选择发票类型为“采购专用发票”，如图 3-246 所示→单击“确定”按钮，打开“发票查询”窗口，如图 3-247 所示。

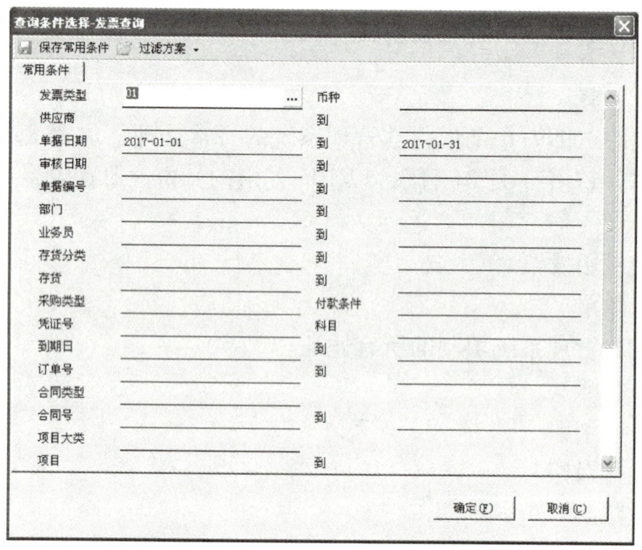

图 3-246　查询条件选择-发票查询

发票查询

记录总数：2

单据日期	单据类型	单据编号	供应商	币种	汇率	原币金额	原币余额	本币金额	本币余额	打印次数
2017-01-19	采购专...	PL222	上海辽大公司	人民币	1.00000000	20,358.00	20,358.00	20,358.00	20,358.00	0
2017-01-26	采购专...	PL224	上海辽大公司	人民币	1.00000000	20,124.00	20,124.00	20,124.00	20,124.00	0
合计						40,482.00	40,482.00	40,482.00	40,482.00	

图 3-247　发票查询

（3）选择某一张发票，双击，弹出“单据查询”窗口，可以查看具体发票信息。

2. 查询收付款单

（1）在企业应用平台中，执行“业务工作”→“财务会计”→“应付款管理”→“单据查询”→“收付款单查询”命令，打开“查询条件选择”窗口。

（2）单据类型不做选择，即为全选，单据日期为“2017-01-01”到“2017-01-31”→单击“确定”按钮，打开“收付款单查询”窗口，如图3-248所示。

收付款单查询

打印模版 AP49应付付款单打

记录总数：3

选择打印	单据日期	单据类型	单据编号	供应商	币种	汇率	原币金额	原币余额	本币金额	本币余额	打印次数
	2017-01-21	付款单	0000000007	山西启星公司	人民币	1.00000000	10,530.00	10,530.00	10,530.00	10,530.00	0
	2017-01-24	付款单	0000000008	上海辽大公司	人民币	1.00000000	20,428.00	20,428.00	20,428.00	20,428.00	0
	2017-01-25	付款单	0000000004	河南广目公司	人民币	1.00000000	20,000.00	20,000.00	20,000.00	20,000.00	0
合计							50,958.00	50,958.00	50,958.00	50,958.00	

图3-248　收付款单查询

（3）选择某一张付款单，双击，弹出“单据查询”窗口，可以查看具体付款单信息。

3. 查询应付款管理系统填制的所有凭证

（1）在应付款管理系统中，执行“单据查询”→“凭证查询”命令，打开“凭证查询条件”窗口。

（2）选择凭证日期为“2017-01-01”到“2017-01-31”→单击“确定”按钮，打开“凭证查询”窗口，如图3-249所示（凭证号以自己系统产生的为准）。

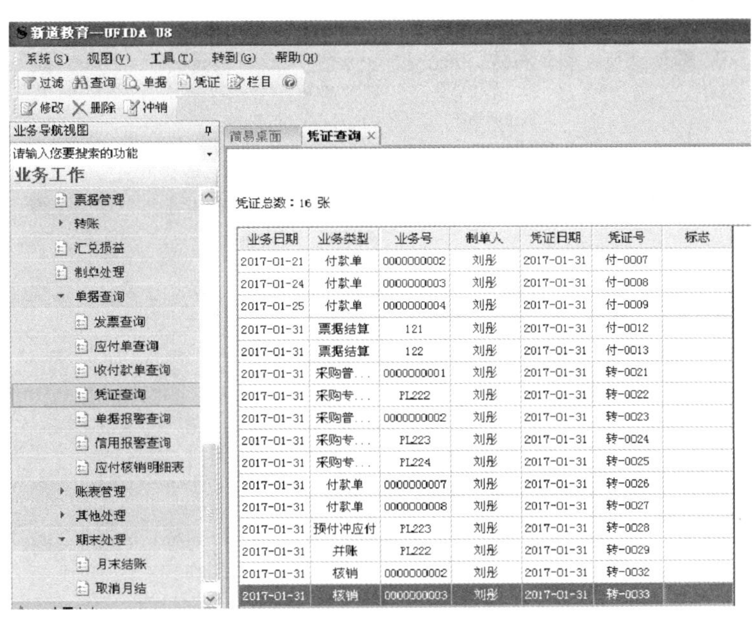

业务日期	业务类型	业务号	制单人	凭证日期	凭证号	标志
2017-01-21	付款单	0000000002	刘彤	2017-01-31	付-0007	
2017-01-24	付款单	0000000003	刘彤	2017-01-31	付-0008	
2017-01-25	付款单	0000000004	刘彤	2017-01-31	付-0009	
2017-01-31	票据结算	121	刘彤	2017-01-31	付-0012	
2017-01-31	票据结算	122	刘彤	2017-01-31	付-0013	
2017-01-31	采购普...	0000000001	刘彤	2017-01-31	转-0021	
2017-01-31	采购专...	PL222	刘彤	2017-01-31	转-0022	
2017-01-31	采购普...	0000000002	刘彤	2017-01-31	转-0023	
2017-01-31	采购专...	PL223	刘彤	2017-01-31	转-0024	
2017-01-31	采购专...	PL224	刘彤	2017-01-31	转-0025	
2017-01-31	付款单	0000000007	刘彤	2017-01-31	转-0026	
2017-01-31	付款单	0000000008	刘彤	2017-01-31	转-0027	
2017-01-31	预付冲应付	PL223	刘彤	2017-01-31	转-0028	
2017-01-31	并账	PL222	刘彤	2017-01-31	转-0029	
2017-01-31	核销	0000000002	刘彤	2017-01-31	转-0032	
2017-01-31	核销	0000000003	刘彤	2017-01-31	转-0033	

图3-249　凭证查询

（3）单击选择某一张凭证，左上角处可以选择进行修改凭证、删除凭证、查询凭证、查询凭证对应的原始单据等操作。

4. 查询应付款管理系统业务总账

（1）在应付款管理系统中，执行“账表管理”→“业务账表”→“业务总账”命令，打开“查询条件”窗口。

（2）单击“确定”按钮，打开“应付总账表”窗口，如图 3-250 所示。

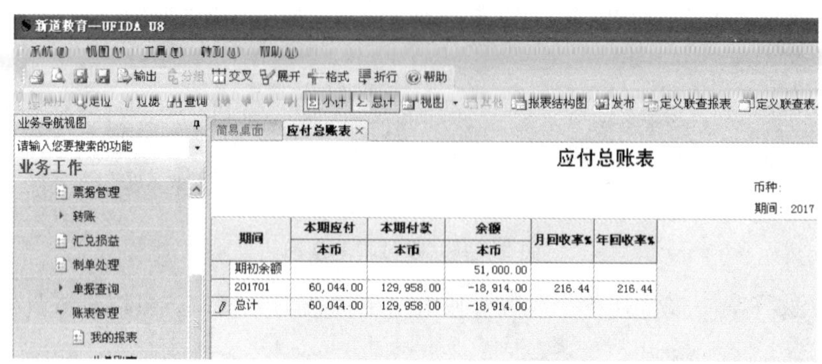

应付总账表

币种:
期间: 2017

期间	本期应付	本期付款	余额	月回收率%	年回收率%
	本币	本币	本币		
期初余额			51,000.00		
201701	60,044.00	129,958.00	-18,914.00	216.44	216.44
总计	60,044.00	129,958.00	-18,914.00		

图 3-250　应付总账表

5. 查询应付款管理系统业务明细账

（1）在应付款管理系统中，执行“账表管理”→“业务账表”→“业务明细账”命令，打开“查询条件”窗口。

（2）单击“确定”按钮，打开“应付明细账”窗口，如图 3-251 所示。

应付明细账

输出 小计 合计 格式 查询 分组 折行 单据 余额表 凭证 合同 金额式 外币金额式 数量外币式

应付明细账

币种：全部
期间：1 - 1

年	月	日	凭证号	供应商		摘要	单据类型	单据号	订单号	币种	本期应付	本期付款	余额	到期日
				编码	名称						本币	本币	本币	
				01	上海辽大公司	期初余额							79,000.00	
2017	1	21	付-0007	01	上海辽大公司	支付前...	付款单	0000000002		人民币		55,000.00	24,000.00	2017-01-21
2017	1	24	付-0008	01	上海辽大公司	支付前...	付款单	0000000003		人民币		24,000.00		2017-01-24
2017	1	24	转-0027	01	上海辽大公司	签发并...	付款单	0000000008		人民币		20,428.00	-20,428.00	2017-01-24
2017	1	31	转-0021	01	上海辽大公司	采购普...	采购普...	0000000001		人民币	70.00		-20,358.00	2017-01-19
2017	1	31	转-0022	01	上海辽大公司	采购专...	采购专...	PL222		人民币	20,358.00			2017-01-19
2017	1	31	转-0023	01	上海辽大公司	采购普...	采购普...	0000000002		人民币	70.00		70.00	2017-01-26
2017	1	31	转-0025	01	上海辽大公司	采购专...	采购专...	PL224		人民币	20,124.00		20,194.00	2017-01-26
2017	1	31	转-0029	01	上海辽大公司	采购专...	并账	BZAP000...		人民币	-20,428.00		-234.00	2017-01-19
				(01)小计:							20,194.00	99,428.00	-234.00	
				02	河南广目公司	期初余额							-28,000.00	
2017	1	25	付-0009	02	河南广目公司	支付前...	付款单	0000000004		人民币		20,000.00	-48,000.00	2017-01-25
2017	1	31	转-0024	02	河南广目公司	采购专...	采购专...	PL223		人民币	19,422.00		-28,578.00	2017-01-26
2017	1	31	转-0029	02	河南广目公司	采购专...	并账	BZAP000...		人民币	20,428.00		-8,150.00	2017-01-19
				(02)小计:							39,850.00	20,000.00	-8,150.00	
2017	1	21	转-0026	3	山西启星公司	签发并...	付款单	0000000007		人民币		10,530.00	-10,530.00	2017-01-21
				(3)小计:								10,530.00	-10,530.00	
合...											60,044.00	129,958.00	-18,914.00	

图 3-251　应付明细账

6. 与总账进行对账

（1）在应付款管理系统中，执行“账表管理”→“业务账表”→“与总账对账”命令，打开“对账条件”窗口，如图 3-252 所示。

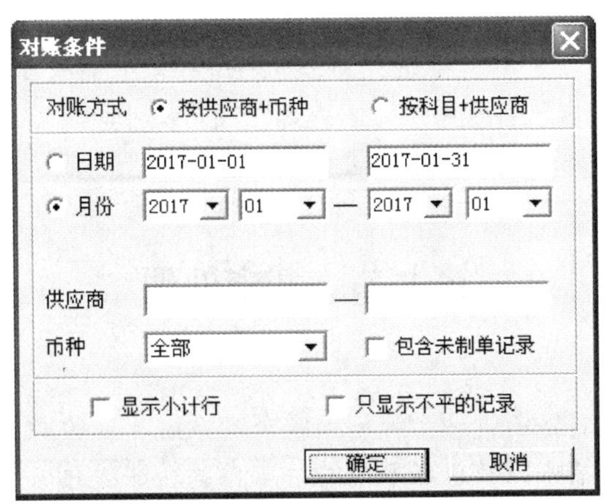

图 3-252　对账条件

（2）单击“确定”按钮，打开“与总账对账结果”窗口，如图 3-253 所示，无差额，表示平衡。

与总账对账结果

金额式　对账不平　日期：2017-01-01至2017-01-

供应商		币种	应付系统				总账系统				差额(应付-总账)			
编号	名称		期初本币	借方本币	贷方本币	期末本币	期初本币	借方本币	贷方本币	期末本币	期初本币	借方本币	贷方本币	期末本币
01	上海辽大公司	人民币	79,000.00	119,856.00	40,622.00	-234.00	79,000.00	119,856.00	40,622.00	-234.00				
02	河南广目公司	人民币	-28,000.00	20,000.00	39,850.00	-8,150.00	-28,000.00	20,000.00	39,850.00	-8,150.00				
3	山西启星公司	人民币		21,060.00	10,530.00	-10,530.00		21,060.00	10,530.00	-10,530.00				
	合计		51,000.00	160,916.00	91,002.00	-18,914.00	51,000.00	160,916.00	91,002.00	-18,914.00				

图 3-253　与总账对账结果

7. 查看应付账龄分析

（1）在应付款管理系统中，执行“账表管理”→“统计分析”→“应付账龄分析”命令，打开“查询条件”窗口。

（2）单击“确定”按钮，打开“应付账龄分析”窗口，查看企业应付款情况，如图 3-254 所示。

应付账龄分析

金额式　币种：全部

供应商　全部　　截止日期：2017-01-31

供应商		本币余额	账期内		1-30		31-60		61-90		91以上		信用额度
编号	名称		本币金额	%	本币金额	%	本币金额	%	本币金额	%	本币金额	%	
01	上海辽大公司	20,194.00			20,194.00	100.00							
02	河南广目公司	20,428.00			20,428.00	100.00							
数量					2								
金额		40,622.00			40,622.00	100.00							

图 3-254　应付账龄分析

8. 输出账套

（1）在 D 盘中新建“999-6-3 应付款管理系统账表查询”文件夹。

（2）由系统管理员 admin 注册系统管理，在“系统管理”窗口中，执行“账套”→“输出”命令，打开“账套输出”对话框。

（3）在“账套号”文本框中选择“999 广州鑫正电器有限公司”，将账套输出至“D:\ 999-6-3 应付款管理系统账表查询”文件夹中。

（4）单击“确定”按钮，完成账套备份。

第七节　期末处理

功能概述

期末处理是通过对薪资管理系统、固定资产系统、应收款管理系统、应付款管理系统的月末处理和结账以及总账系统的月末自动转账处理、试算平衡、对账、结账、月末工作报告来完成。

实验目的与要求

◇掌握在各子系统和总账系统中进行期末处理的方法和结账的顺序。

◇掌握在总账系统中如何定义转账分录、生成机制凭证、对账、结账的操作。

教学建议

讲授 2 课时，上机实验 2 课时。

实验一　期末处理

实验准备

引入已完成的上个实验的账套备份数据，将系统日期修改为“2017 年 1 月 31 日”，用各实验步骤中提及的用户身份注册登录企业应用平台。

实验内容

◇薪资管理系统期末处理。

◇固定资产系统期末处理。

◇应收款管理系统期末处理。

◇应付款管理系统期末处理。

◇定义转账分录。

◇生成机制凭证。

◇对账。

◇结账。

◇账套备份。

实验指导

1. 薪资管理系统月末处理

（1）用“104 何军”登录企业应用平台，执行“业务工作”→“人力资源”→“薪资管理”→“工资类别”→“打开工资类别”命令，选择“在职人员”工资类别，单击“确定”按钮。

（2）执行“薪资管理”→“业务处理”→“月末处理”命令，打开“月末处理”对话框，如图3-255所示。

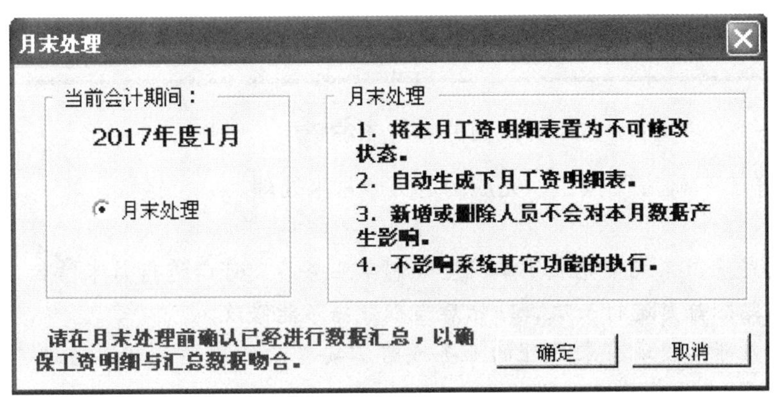

图3-255　“月末处理”对话框

（3）单击“确定”按钮，出现系统提示，如图3-256所示。

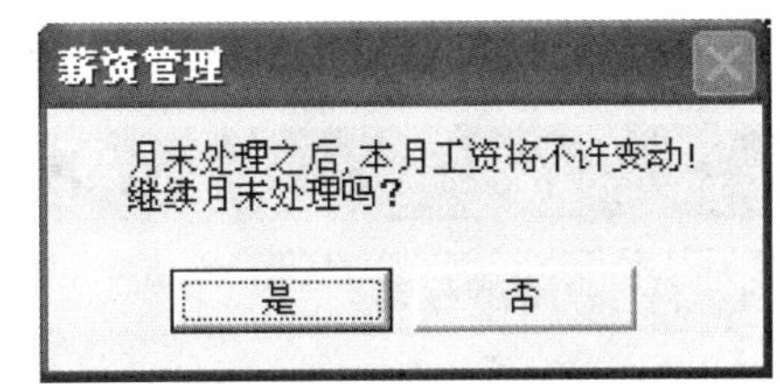

图3-256　系统提示

（3）选择“是”，系统提示“是否选择清零项”，选择“否”，系统提示“月末处理完毕”，单击“确定”按钮完成月末处理。

（4）依此类推，完成“退休人员”工资类别下的月末处理。

注意：

➢月末处理只有在会计年度的1月至11月进行。

➢如果本月工资数据未汇总，系统将不允许进行月末处理。

➢在进行月末处理后，如果发现还有一些业务或者其他事项要在已进行月末处理的月份进行账务处理，可以由账套主管进行反结账，取消已结账标记。

➢如果总账已经结账则不允许反记账。

2. 固定资产系统月末处理

（1）用“104何军”登录企业应用平台，执行“业务工作”→“财务会计”→“固定资产”→“处理”→“月末结账”命令，打开“月末结账”对话框。

（2）单击“开始结账”按钮，出现“与总账对账结果”对话框，单击“确定”按钮，出现系统提示，单击“确定”按钮，出现系统提示，如图3-257所示。

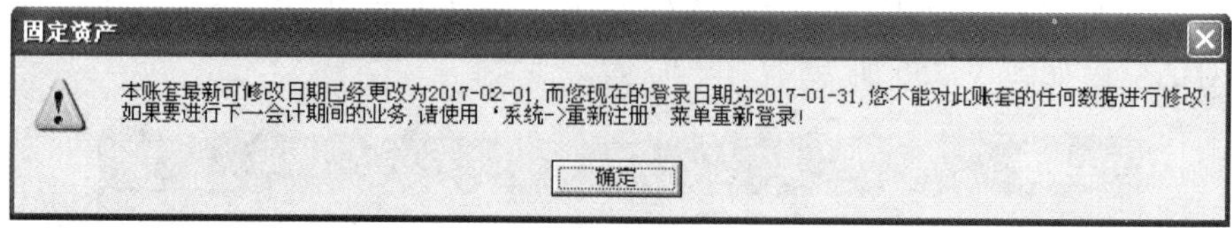

图 3-257 系统提示

（3）单击“确定”按钮，完成固定资产月末处理。

注意：

➢在固定资产系统中完成了本月全部制单业务后，可以进行月末结账。

➢月末结账每月进行一次，结账后当期数据不能修改。

➢如果结账后发现有未处理的业务或者需要修改的事项，可以通过“恢复月末结账前状态”功能进行反结账。

3. 应收款管理系统月末处理

（1）用“105 刘彤”登录企业应用平台，执行“业务工作”→“财务会计”→“应收款管理”→“期末处理”→“月末结账”命令，打开“月末结账”对话框。

（2）双击一月份“结账标志”栏，如图 3-258 所示。

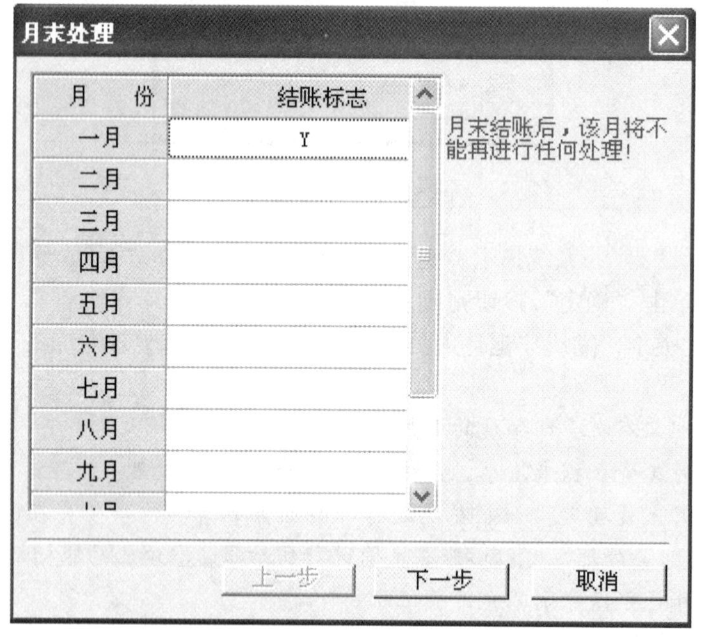

图 3-258 月末处理

（3）单击“下一步”按钮，出现“月末处理——处理情况”对话框，在处理情况都是“是”的情况下，单击“完成”按钮，系统弹出“1 月份结账成功”信息提示框。

（4）单击“确定”按钮，完成应收款管理系统月末处理。

注意：

➢在月末结账后，就可以开始下月的工作。

➢月末结账需按顺序进行，如果前一个月未结账，本月是不能进行结账的。

4. 应付款管理系统月末处理

（1）用“105 刘彤”登录企业应用平台，执行“业务工作”→“财务会计”→“应付款管理”→“期末处理”→“月末结账”命令，打开“月末处理”对话框。

（2）双击一月份“结账标志”栏，单击“下一步”按钮，出现“月末处理-处理情况”对话框，在处理情况都是“是”的情况下，单击“完成”按钮，系统弹出“1 月份结账成功”信息提示框。

（3）单击“确定”按钮，完成应付款管理系统月末处理。

5. 2017 年 1 月凭证出纳签字

（1）用“102 王静”登录企业应用平台，执行“业务工作”→“财务会计”→“总账”→“凭证”→“出纳签字”命令，打开“出纳签字”对话框，单击“确定”按钮。

（2）在打开的“出纳签字列表”中，双击第一栏记录，打开“收款凭证”界面，单击“批处理”下的“成批出纳签字”按钮。

（3）单击“确定”按钮并返回。

6. 2017 年 1 月所有记账凭证审核记账

（1）用“101 周平”登录企业应用平台，执行“业务工作”→“财务会计”→“总账”→“凭证”→“审核凭证”命令，打开“凭证审核”对话框，单击“确定”按钮。

（2）双击任一未审核记账凭证所在行，打开“记账凭证”界面，单击“批处理”下的“成批审核凭证”按钮，结果如图 3-259 所示。

图 3-259　审核结果

（3）单击“确定”按钮并返回。

（4）执行“总账”→“凭证”→“记账”命令，打开“记账”对话框，单击“全选”按钮，如图 3-260 所示。

注意：

➢如果凭证未能审核成功，并且备注“同一人”，则需要切换另一有审核凭证权限的用户对该凭证进行审核（制单和审核不能是同一人）。

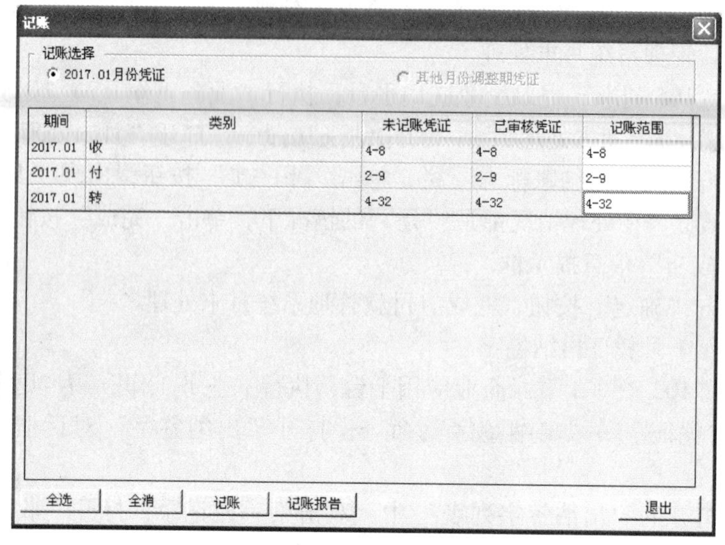

图 3-260 “记账”对话框

（5）单击“记账”按钮，成功记账后，单击“退出”按钮。

7. 设置计提短期借款利息自定义结转凭证

（1）用“103 罗艳”登录企业应用平台，执行“业务工作”→“财务会计”→“总账”→“期末”→“转账定义”→“自定义转账”命令，打开“自定义转账设置”窗口。

（2）单击“增加”按钮，打开“转账目录”设置对话框，录入以下信息：

①转账序号：0001。

②转账说明：计提短期借款利息。

③凭证类别：转 转账凭证。

具体如图 3-261 所示。

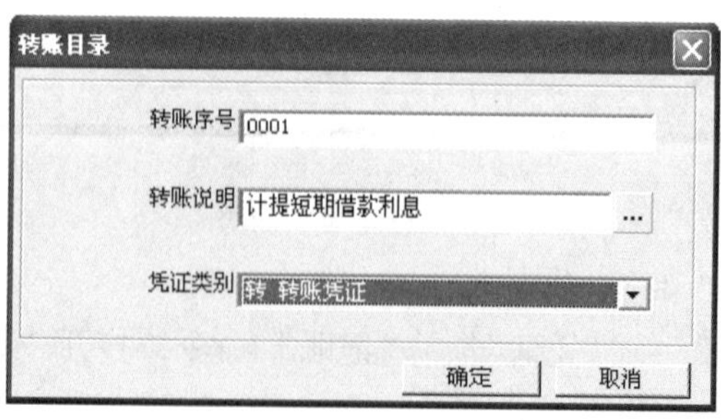

图 3-261 转账目录

(3) 单击“增行”按钮，选择科目编码为“6603”，方向“借”，双击“金额公式”栏，单击“参照”按钮，打开“公式向导”对话框，选择“期末余额”函数，单击“下一步”按钮，进行公式定义。

(4) 在公式向导中，选择科目“5001”，如图 3-262 所示。

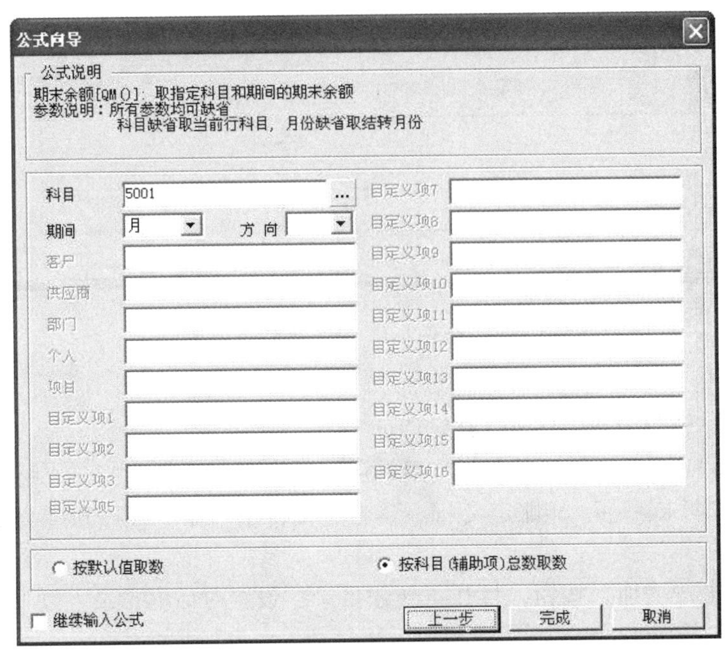

图 3-262　公式向导

(5) 单击“完成”按钮，返回自定义转账界面，将光标移至末尾，输入“*0.002”，按回车键确认，如图 3-263 所示。

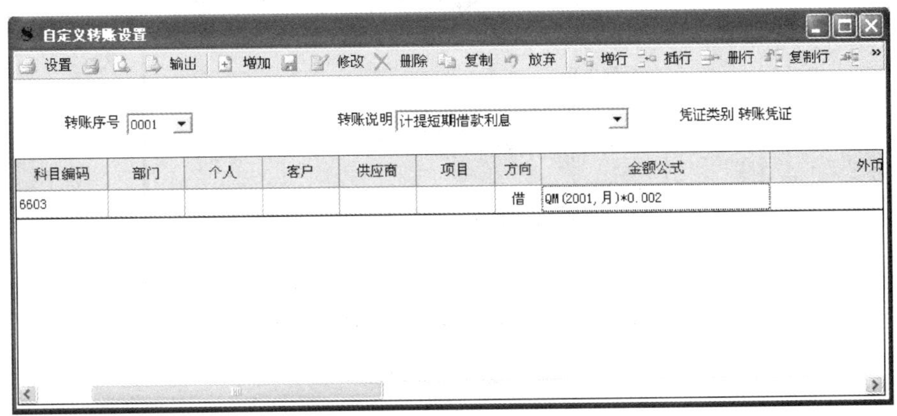

图 3-263　借方金额公式设置

(6) 单击“增行”按钮，选择科目编码“2231”，方向“贷”，输入金额公式

“JG（）”，如图 3-264 所示。

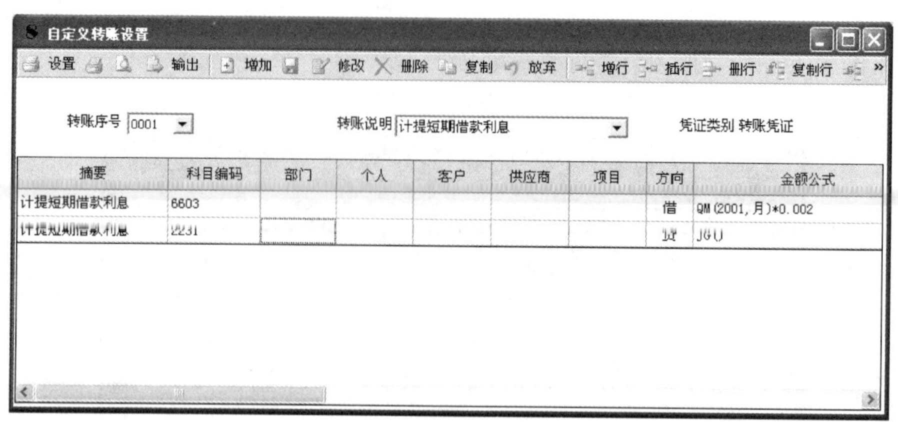

图 3-264　转账设置

（7）单击“保存”按钮并返回界面。

8. 设置结转制造费用自定义结转凭证

（1）用“103 罗艳”登录企业应用平台，执行“业务工作”→“财务会计”→“总账”→“期末”→“转账定义”→“自定义转账”命令，打开“自定义转账设置”窗口。

（2）单击“增加”按钮，打开“转账目录”设置对话框，录入以下信息：

①转账序号：0002。

②转账说明：结转制造费用。

③凭证类别：转 转账凭证。

具体如图 3-265 所示。

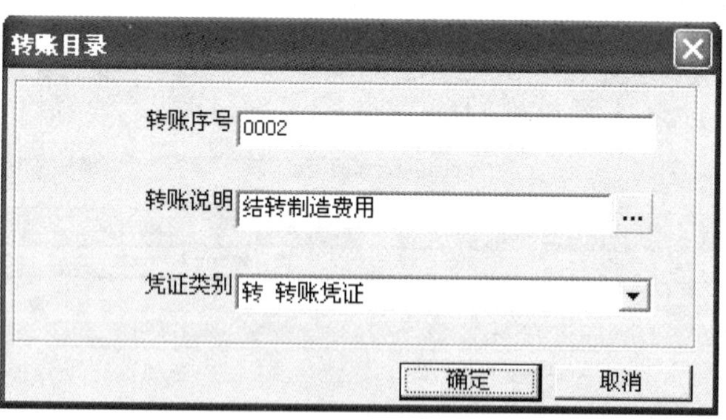

图 3-265　转账目录

（3）单击“增行”按钮，选择科目编码为“5001”，方向“借”，双击“金额公式”栏，单击“参照”按钮，打开“公式向导”对话框，选择“期末余额”函数，单击“下一步”按钮，进行公式定义。

（4）在公式向导中，选择科目“2001”，如图 3-266 所示。

图 3-266 公式向导

（5）单击“增行”按钮，弹出“选择明细科目”对话框，如图 3-267 所示，将左侧“明细科目”全部移至右侧“展开科目”，再单击“确定”按钮。

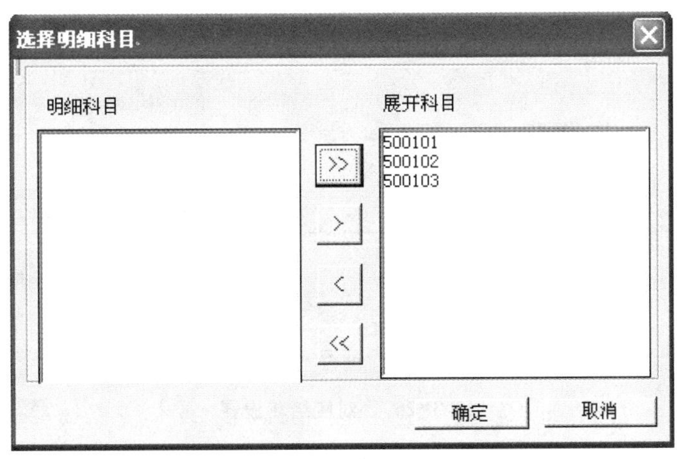

图 3-267 展开明细科目

（6）选择科目编码“5101”，方向“贷”，输入金额公式“JG（ ）”，如图 3-268所示。

自定义转账设置

设置 输出 增加 修改 删除 复制 放弃 增行 插行 删行 复制行 粘贴行 退出

转账序号 0002　　转账说明 结转制造费用　　凭证类别 转账凭证

摘要	科目编码	部门	个人	客户	供应商	项目	方向	金额公式	外币公式
结转制造费用	500101						借	QM(5001,月)	
结转制造费用	500102						借	QM(5001,月)	
结转制造费用	500103						借	QM(5001,月)	
结转制造费用	0101						贷	[illegible]	

图 3-268　转账设置

（7）单击“保存”按钮并返回界面。

9. 设置对应结转转账凭证

（1）用“103 罗艳”登录企业应用平台，执行“财务会计”→“总账”→“期末”→“转账定义”→“对应结转”命令，打开“对应结转设置”窗口。

（2）在窗口中，录入以下信息：

①编号：0002。

②凭证类别：转账凭证。

③摘要：结转销项税额。

④转出科目：22210102。

具体如图 3-269 所示。

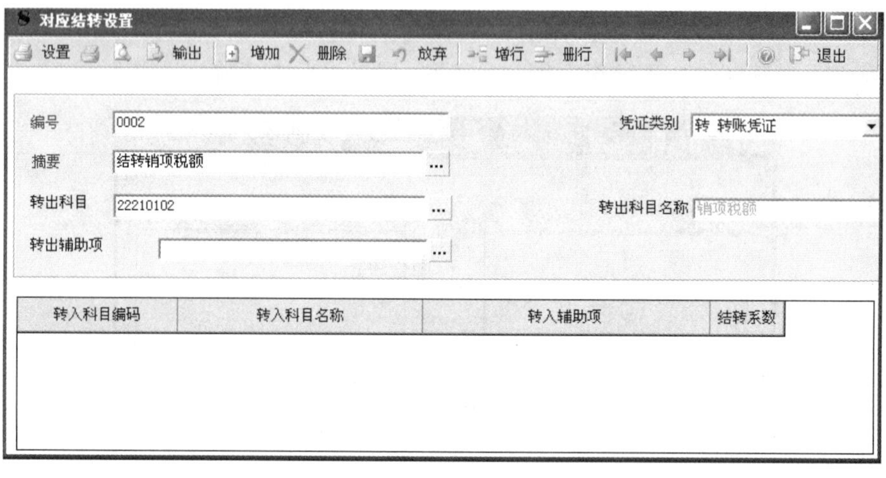

图 3-269　对应结转设置

（3）单击“增行”按钮，转入科目编码“222102”，结转系数为“1”，如图 3-270所示。

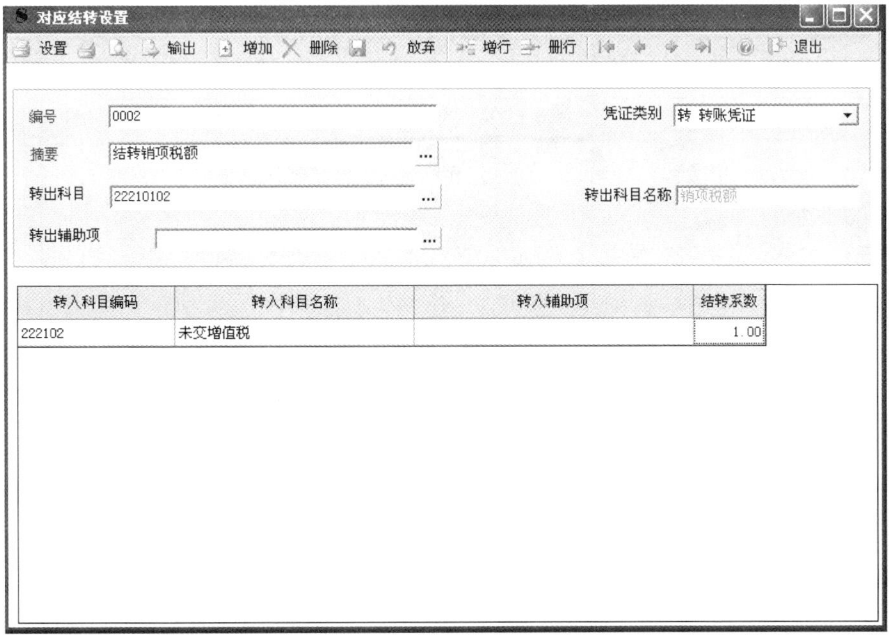

图 3-270　对应结转设置

（4）单击“保存”按钮并退出。

注意：

➢对应结转不仅可以进行两个科目的一对一结转，也可以进行科目的一对多结转。

➢对应结转的科目为上级科目，但其下级科目的科目结构必须一致，如果有辅助核算，则两个科目的辅助账类也必须一一对应。

➢对应结转只能结转期末余额。

10. 设置期间损益结转转账凭证

（1）用“103 罗艳”登录企业应用平台，执行“总账”→“期末”→“转账定义”→“期间损益”命令，打开“期间损益结转设置”窗口。

（2）在窗口中，选择凭证类别为“转账凭证”，在“本年利润科目”栏录入“4103”，如图 3-271 所示。

（3）单击“确定”按钮，完成设置。

11. 生成期末转账凭证

（1）用“103 罗艳”登录企业应用平台，执行“总账”→“期末”→“转账生成”命令，打开“转账生成”窗口。

（2）在窗口左侧选择“自定义转账”选项，在右侧选中要结转的凭证所在行，如图 3-272 所示。

（3）单击“确定”按钮，出现系统提示“2017 年 1 月之前有未记账凭证，是

期间损益结转设置

凭证类别 转 转账凭证　　本年利润科目 4103

损益科目编号	损益科目名称	损益科目账类	本年利润科目编码	本年利润科目名称	本年利润科目账类
6001	主营业务收入	项目核算	4103	本年利润	
6011	利息收入		4103	本年利润	
6021	手续费及佣金收入		4103	本年利润	
6031	保费收入		4103	本年利润	
6041	租赁收入		4103	本年利润	
6051	其他业务收入		4103	本年利润	
6061	汇兑损益		4103	本年利润	
6101	公允价值变动损益		4103	本年利润	
6111	投资收益		4103	本年利润	
6201	摊回保险责任准备金		4103	本年利润	
6202	摊回赔付支出		4103	本年利润	
6203	摊回分保费用		4103	本年利润	
6301	营业外收入		4103	本年利润	
6401	主营业务成本	项目核算	4103	本年利润	

每个损益科目的期末余额将结转到与其同一行的本年利润科目中. 若损益科目与之对应的本年利润科目都有辅助核算，那么两个科目的辅助账类必须相同　。损益科目为空的期间损益结转将不参与

打印　预览　确定　取消

图 3-271　期间损益结转设置

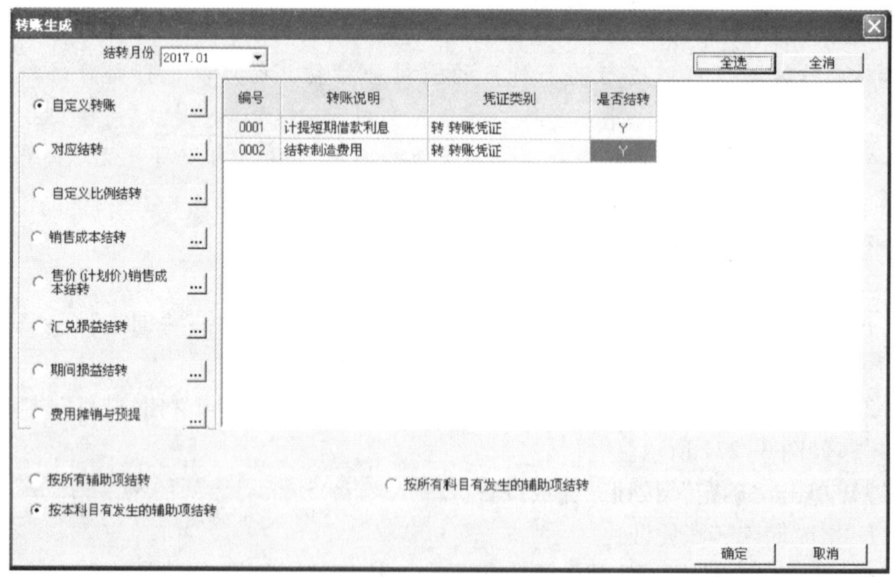

图 3-272　选择凭证

否继续结转”，选择“否”，需要先将所有记账凭证进行记账后，再生成计提短期借款利息的转账凭证，如图 3-273、图 3-274 所示。

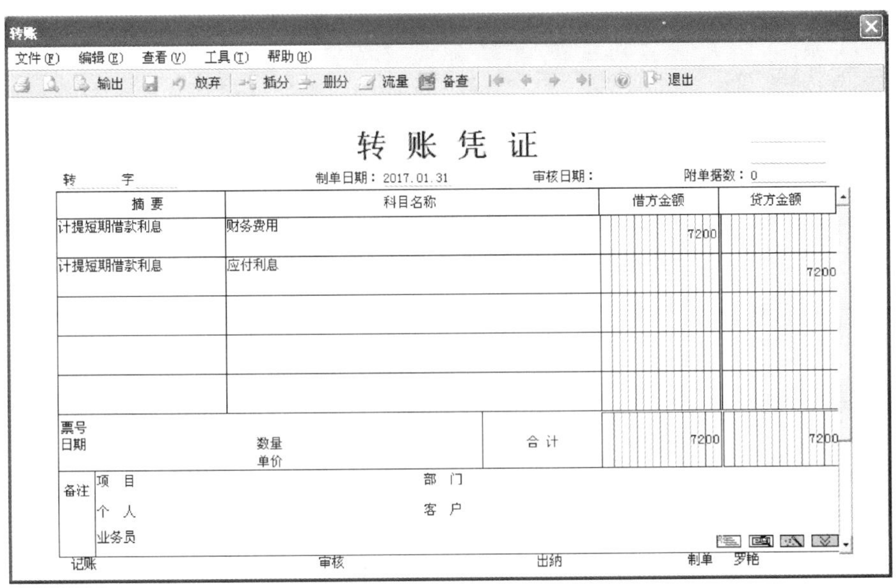

图 3-273　计提短期借款利息的转账凭证

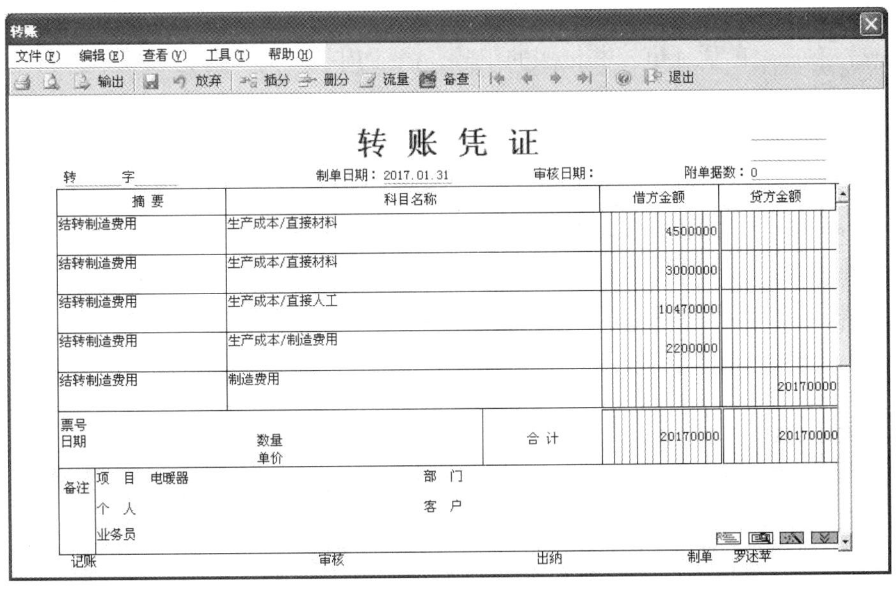

图 3-274　结转制造费用的转账凭证

（4）单击“保存”按钮并退出。

（5）依此类推，在“转账生成”窗口中，选择“对应结转”选项，用同样的方法生成对应结转凭证，如图 3-275 所示。

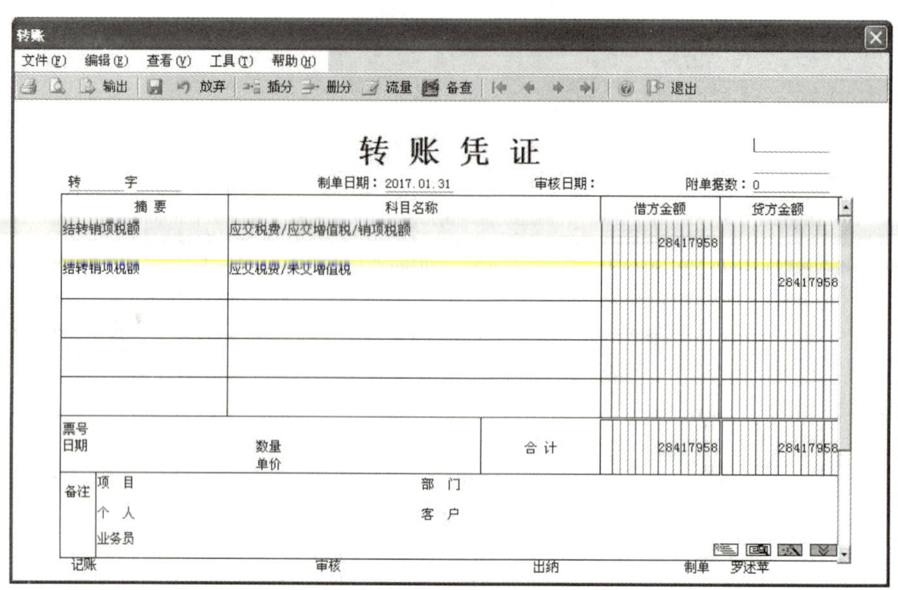

图 3-275　对应结转生成的转账凭证

（6）单击“保存”按钮并退出。

（7）参照之前凭证审核并记账的步骤，由“周平”对所有记账凭证进行审核并记账。

12. 期间损益结转生成凭证

（1）用“103 罗艳”登录企业应用平台，执行“总账”→“期末”→“转账生成”命令，打开“转账生成”窗口。

（2）在“转账生成”窗口中，选择“期间损益结转”选项，单击“全选”按钮，生成“期间损益结转”凭证，如图 3-276 所示。

（3）单击“保存”按钮。

（4）由“周平”对该凭证进行审核并记账。

注意：

➤由于期末转账业务的数据来源为账簿，因此为了保证数据准确，应在所有业务都记账后再进行期末转账业务的操作。

➤在进行期间损益结转之前，需要将本月所有未记账凭证进行记账，以保证损益类科目的完整性。

13. 2017 年 1 月会计账簿对账

（1）用“101 周平”登录企业应用平台，执行“业务工作”→“财务会计”→“总账”→“期末”→“对账”命令，打开“对账”对话框。

（2）单击“试算”按钮，出现“试算平衡表”。

（3）在“试算结果平衡”的情况下，单击“确定”按钮，再单击“选择”按

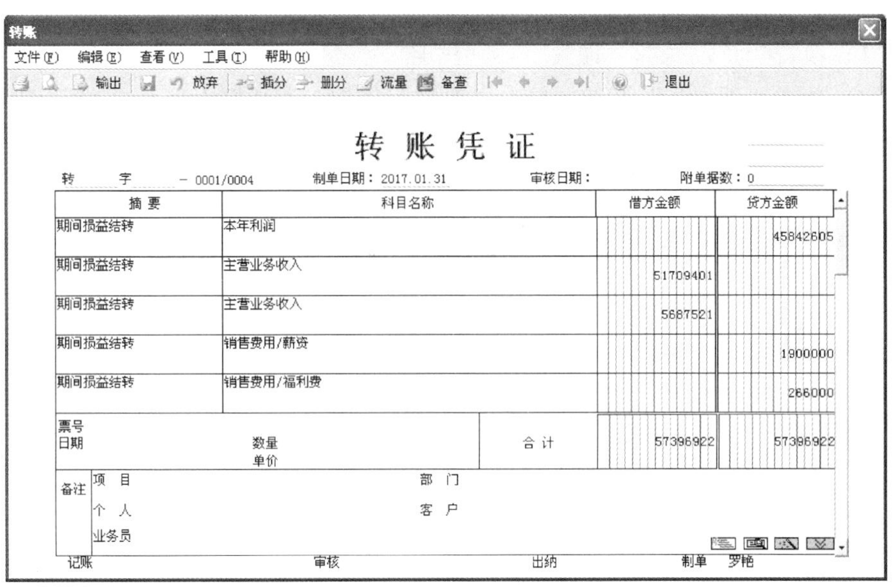

图 3-276　期间损益结转凭证

钮，“2017 年 1 月是否对账栏”出现“Y”标志。

（4）选中“2017. 01”栏后，单击“对账”按钮，系统开始对账，并显示结果，如图 3-277 所示。

图 3-277　对账结果

（5）单击“退出”按钮并返回界面。

14. 2017 年 1 月总账系统结账

（1）执行“总账”→“期末”→“结账”命令，打开“结账”对话框。

（2）单击“下一步”按钮，单击“对账”按钮，对话框中显示“对账完毕”。

（3）单击“下一步”按钮，再单击“下一步”按钮，最后单击“结账”按钮，完成总账系统记账，如图 3-278 所示。

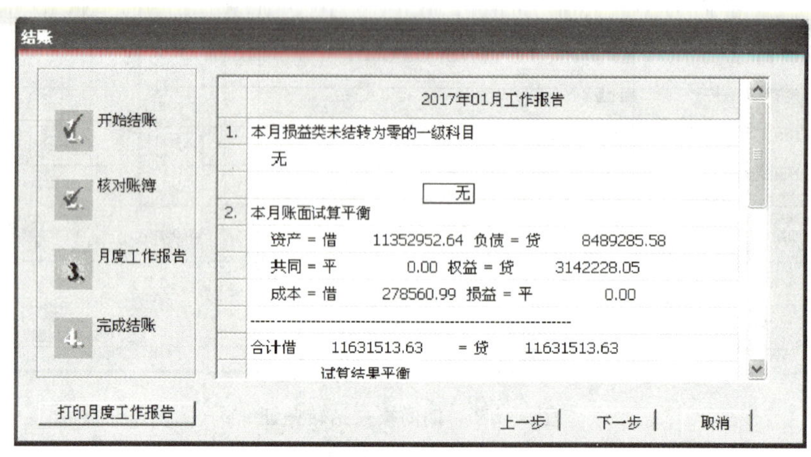

图 3-278　结账结果

注意：

➢结账完成后，除了可以进行查询外，不得再进行本月的其他业务操作。

➢如果需要取消结账，需要账套主管在“结账”界面，按 Ctrl+Shift+F6 键激活“取消结账”功能，既可以取消结账标志。

15. 输出账套

（1）在 D 盘中新建“999-7-1 期末处理”文件夹。

（2）由系统管理员 admin 注册系统管理，在“系统管理”窗口中，执行“账套”→“输出”命令，打开“账套输出”对话框。

（3）在“账套号”文本框中选择“999 广州鑫正电器有限公司”，将账套输出至“D:\ 999-7-1 期末处理”文件夹中。

（4）单击“确定”按钮，完成账套备份。

第八节　UFO 报表系统

功能概述

利用用友 UFO 报表系统可以编制对外报表又可以编制内部报表，其任务是利用报表的格式和编辑的公式，从总账和其他业务系统中取得有关的会计信息并自动编制会计报表的数据。通过学习用友 UFO 报表系统，学生应学会灵活运用 UFO 报表系统，获取所需数据。

实验目的与要求

◇理解报表编制的原理及流程。

◇掌握报表格式定义、公式定义的操作方法，掌握报表单元公式的用法。

◇掌握报表数据处理、表页管理以及图表功能等操作。

◇掌握如何利用报表模板生成一张报表。

教学建议

建议本章讲授4课时，上机练习8课时。

实验一　自定义报表

实验准备

引入已完成的“999-7-1 期末处理”的账套备份数据，将系统日期修改为“2017年1月31日”，以101周平或105刘彤的身份注册登录企业应用平台。

实验内容

◇自定义报表格式。

◇定义单元公式。

◇定义审核公式。

◇定义舍位平衡公式。

实验资料

1. 货币资金表

报表格式如表3-48所示。

表3-48　　货币资金收支日报表

编制单位：　　年　月　日　　单位：元

行次	项目	昨日余额	今日收入	今日支出	今日余额
1	库存现金				
2	银行存款				
3	工行存款				
4	人民币户				
5	美元户				
6	合计				

制表人：

说明如下：

（1）表格统一行高为6mm，列宽为27mm。

（2）表头：标题“货币资金收支日报表”设置为黑体、14号，居中排列。

（3）设置“单位名称”和“日期”为关键字，其中关键字“日期”偏移量为

"-180"。

（4）表体：标题中文字设置为楷体、12号，居中排列。

（5）表尾："制表人："设置为宋体、10号，右对齐排列。

（6）"D3：D8"区域字体为红色，"E3：E8"区域字体为绿色。

2. 报表公式

库存现金昨日余额：C4= QC（"1001"，日期,,,,,,,,,）。

库存现金今日收入：D4= FS（"1001"，日期,"借",,,,,）。

库存现金今日支出：E4= FS（"1001"，日期,"贷",,,,,）。

库存现金今日余额：F4= QM（"1001"，日期,,,,,,,,,）。

银行存款昨日余额：C5=QC（"1002"，日期,,,,,,,,,）。

银行存款今日收入：D5= FS（"1002"，日期,"借",,,,,）。

银行存款今日支出：E5 =FS（"1002"，日期,"贷",,,,,）。

银行存款今日余额：F5= QM（"1002"，日期,,,,,,,,,）。

……（货币资金收支日报表第6-8行的公式同理设置，提示：工行存款"100201"，人民币户"10020101"，美元户"10020102"）

昨日余额合计：C9=C4+C5。

今日收入合计：D9=D4+D5。

今日支出合计：E9=E4+E5。

今日余额合计：F9=F4+F5。

3. 审核公式

C5=C6=C7+C8。

D5=D6=D7+D8。

E5=E6=E7+E8。

F5=F6=F7+F8。

MESS"不满足汇总关系！""

实验指导

1. 启用UFO报表系统

（1）在企业应用平台中，选择"业务工作"→"财务会计"→"UFO报表"，启动UFO报表系统。

（2）弹出"日积月累"对话框，单击"关闭"按钮。

（3）选择"文件"→"新建"，建立一张名为"report1"的空白报表文件。

2. 自定义报表的格式

（1）查看空白报表底部左下角的"格式/数据"按钮，确定当前状态为"格式"状态。

（2）设置报表格式。选择"格式"菜单→"表尺寸"，打开"表尺寸"对话框，如图3-279所示，录入"行：10"，"列：6"→单击"确认"按钮。

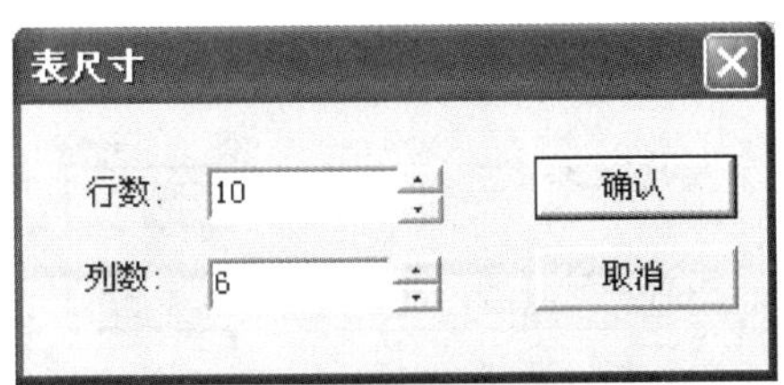

图 3-279　“表尺寸”对话框

（3）定义组合单元。单击选中 A1 单元格后拖动鼠标到 F2，即选中 A1：F2 区域→单击“格式”菜单→选择“组合单元”，打开“组合单元”对话框→选择组合方式“按行组合”，如图 3-280 所示→确定（同理组合 A10：F10）

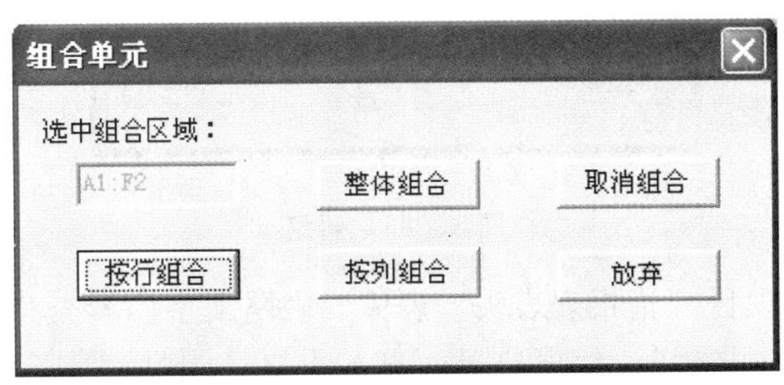

图 3-280　“组合单元”对话框

（4）画表格线。选中要画线的区域 A3：F9→单击“格式”菜单→选择“区域画线”，打开“区域画线”对话框→选择画线类型为“网线”，如图 3-281 所示→单击“确认”按钮。

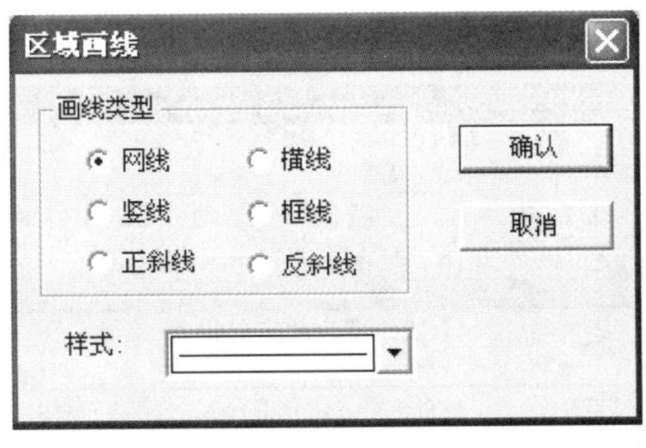

图 3-281　“区域画线”对话框

（5）定义行高和列宽。用鼠标选中全部单元格→单击“格式”菜单→选择“行高”（或“列宽”）→输入实验资料所要求的数字，如图 3-282 和图 3-283 所示→单击“确定”按钮。

图 3-282　行高

选中区域：A1:F10
列宽[毫米] 27
确认
取消

图 3-283　列宽

（6）输入报表项目（指报表表头、表体、表尾文字内容）。单击“工具”菜单→单击选择“公式工具栏”，使窗口界面显示出格式工具栏→选中要输入内容的单元→输入以下信息：

①第 1 行：货币资金收支日报表（录完单击“居中”按钮）。

②第 2 行：单位：元（录完单击“居右”按钮）。

③第 10 行：制表人：周平（录完单击“居右”按钮）。

④区域“A3：F9”：参照实验资料录入，如图 3-284 所示。

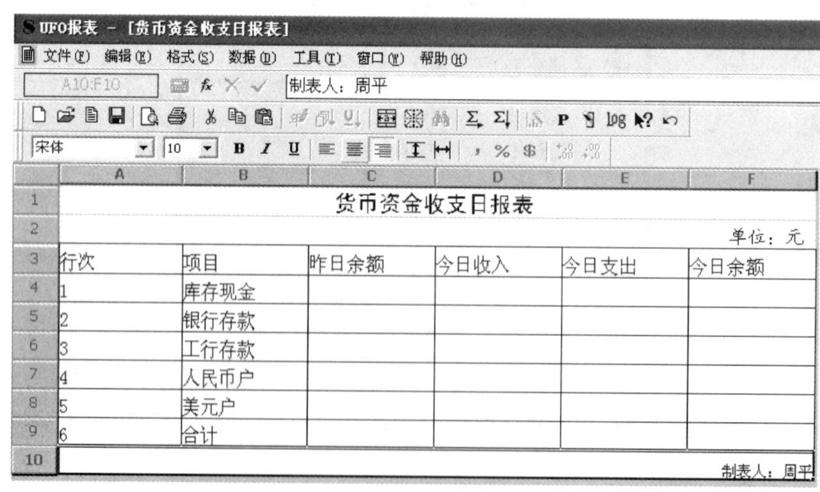

货币资金收支日报表

单位：元

行次	项目	昨日余额	今日收入	今日支出	今日余额
1	库存现金				
2	银行存款				
3	工行存款				
4	人民币户				
5	美元户				
6	合计				

制表人：周平

图 3-284　货币资金收支日报表

（7）选择单元风格。选中要设置的单元→单击“格式”菜单→选择“单元属性”，打开“单元属性”对话框→单击选择“字体图案”选项卡→进行以下相应设置，单击“确认”按钮。

①第 1 行：黑体、14 号。

②第 2 行：楷体、12 号。

③第 10 行：宋体、10 号。

④“D3：D9”区域：红色。

⑤“E3：E9”区域：绿色。

（8）设置关键字。用鼠标单击选择要设置的第 2 行→单击“数据”菜单→选择“关键字”→“设置”，打开“关键字设置”对话框→如图 3-285 所示，选择“单位名称”→单击“确认”按钮，同理设置关键字“日期”。

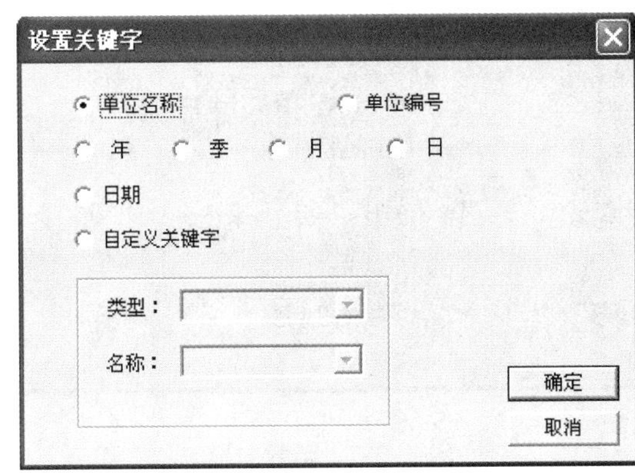

图 3-285　设置关键字

（9）调整关键字位置。单击“数据”菜单→选择“关键字”→“偏移”，打开“定义关键字偏移”对话框→如图 3-286 所示，在“日期”后面输入偏移量“-180”（正值右移，负值左移）→单击“确认”按钮。

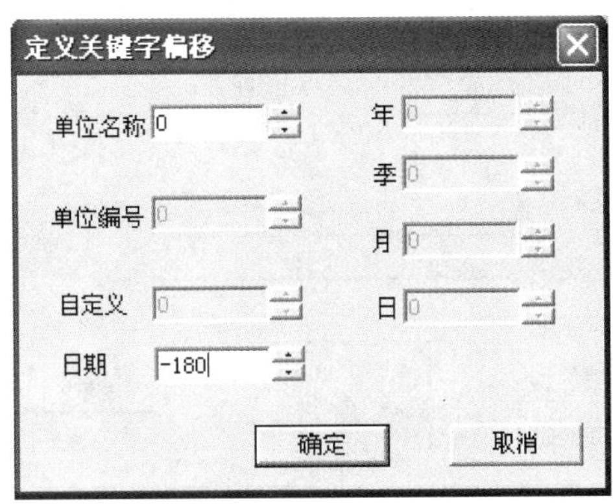

图 3-286　定义关键字偏移

3. 定义单元公式

（1）鼠标单击选择 C4 单元格→“数据”→“编辑公式”→“单元公式”，打开“定义公式”对话框。

（2）单击“函数向导…”按钮，出现“函数向导”对话框。

（3）函数分类选择“用友财务函数”，函数名选择“期初（QC）”，如图 3-287 所示→单击“下一步”按钮。

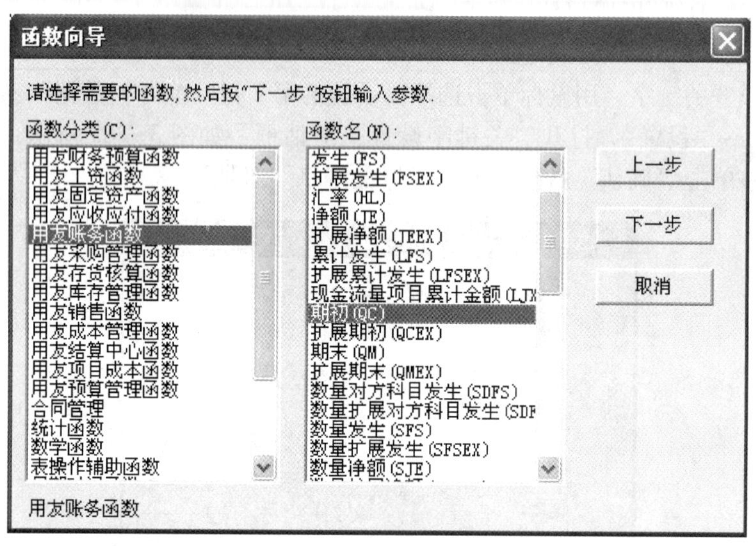

图 3-287　函数向导

（4）弹出“用友财务函数”对话框，单击“参照”按钮。

（5）在弹出的“财务函数”对话框中，“科目”录入“1001”，“期间”选择“日期”，如图 3-288 所示。

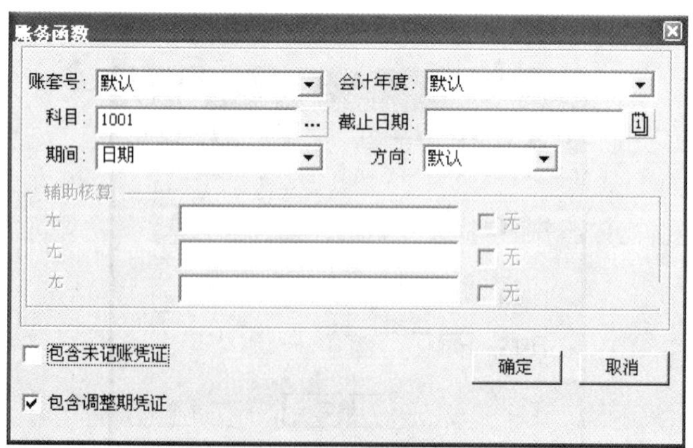

图 3-288　账务函数

（6）单击“确定”→“确认”按钮，完成 C4 单元格的公式设置。

（7）同理，继续设置资料要求的其他单元公式，设置结果如图 3-289 所示。

UFO报表 －［货币资金收支日报表］

文件(F) 编辑(E) 格式(S) 数据(D) 工具(T) 窗口(W) 帮助(H)

F9 =F4+F5+F6+F7+F8

	A	B	C	D	E	F
1	货币资金收支日报表					
2	单位名称：xxxxxxxxxxxxxxxxxxxxxxxxxxxxxx			日期		单位：元
3	行次	项目	昨日余额	今日收入	今日支出	今日余额
4	1	库存现金	公式单元	公式单元	公式单元	公式单元
5	2	银行存款	公式单元	公式单元	公式单元	公式单元
6	3	工行存款	公式单元	公式单元	公式单元	公式单元
7	4	人民币户	公式单元	公式单元	公式单元	公式单元
8	5	美元户	公式单元	公式单元	公式单元	公式单元
9	6	演示数据 合计	公式单元	公式单元	公式单元	公式单元
10						制表人：周平

图 3-289　设置结果

4. 定义审核公式

（1）单击“数据”菜单→选择“编辑公式”→“审核公式”，打开“审核公式”对话框→如图 3-290 所示，在“审核关系”栏中录入以下公式：

①C5＝C6＝C7+C8。

②D5＝D6＝D7+D8。

③E5＝E6＝E7+E8。

④F5＝F6＝F7+F8。

⑤MESS“不满足汇总关系！”。

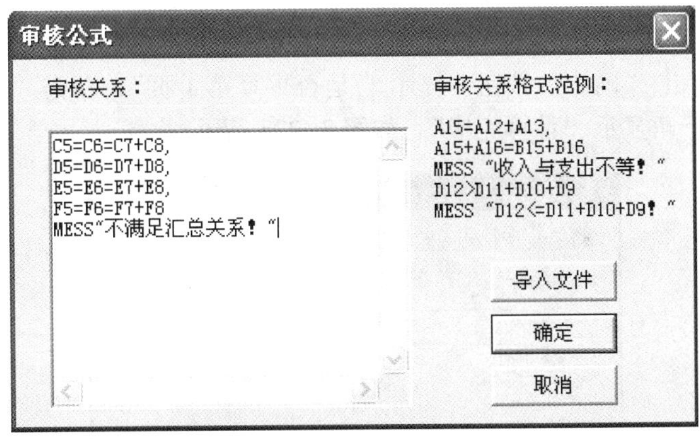

图 3-290　审核公式

（2）单击“确定”按钮。

5. 定义舍位平衡公式

（1）单击“数据”菜单→选择“编辑公式”→“舍位公式”，打开“舍位平衡公式”对话框→如图 3-291 所示，录入以下信息：

①舍位表名：SW1。

②舍位范围：C4：F9。

③舍位位数：3。

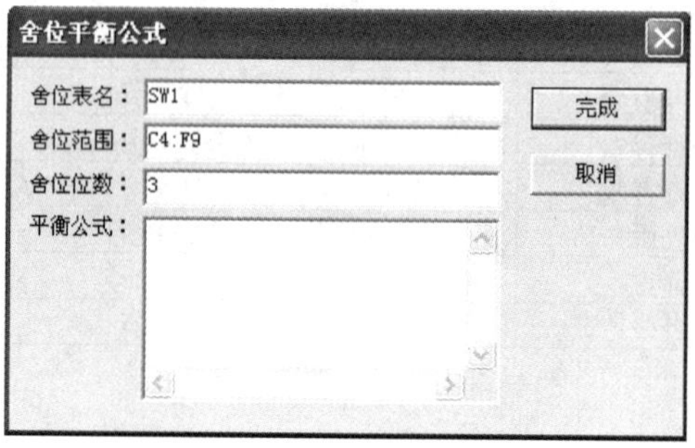

图 3-291　舍位平衡公式

（2）单击“完成”按钮。

6. 保存报表格式

执行“文件”→“保存”命令→输入文件名“货币资金收支日报表”，确认文件类型为“＊. rep”→单击“保存”按钮。

7. 报表数据处理

（1）打开所建立的报表——“货币资金收支日报表”，单击报表底部左下角的“格式/数据”按钮，使之为数据状态。

（2）单击“数据”菜单→选择“关键字”→“录入”，打开“录入关键字”对话框→输入关键字：单位名称“广州鑫正电器有限公司”，日期“2017/1/2”，如图 3-292 所示→单击“确认”按钮→提示“是否重算第 1 页”，单击“是”按钮→计算后，报表左下角显示“计算完毕”，如图 3-293 所示。

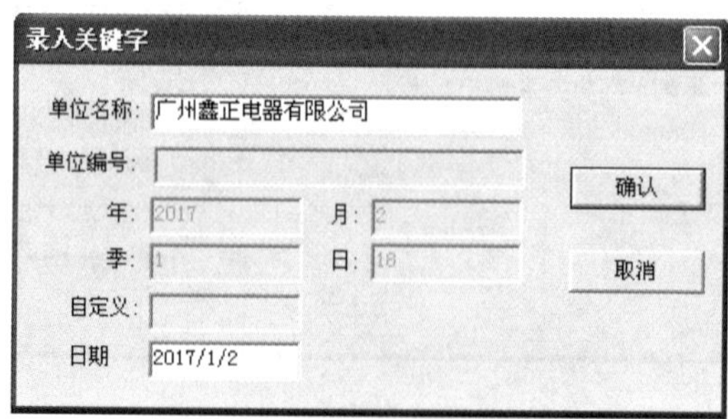

图 3-292　录入关键字

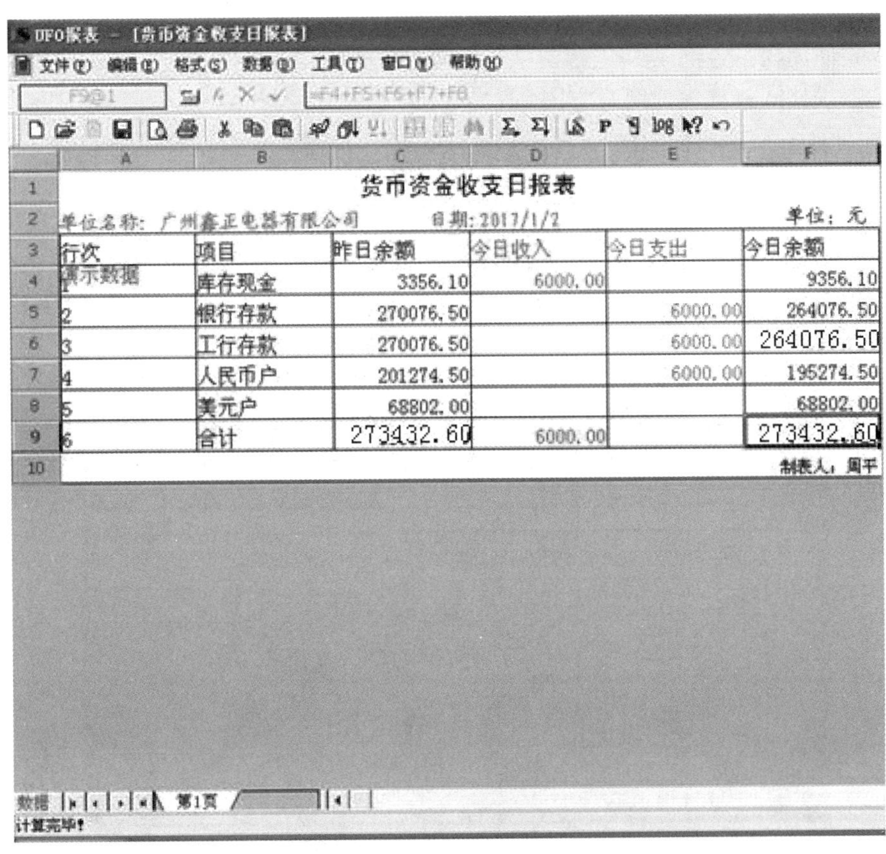

货币资金收支日报表

单位名称：广州鑫正电器有限公司　　日期：2017/1/2　　单位：元

行次	项目	昨日余额	今日收入	今日支出	今日余额
演示数据 1	库存现金	3356.10	6000.00		9356.10
2	银行存款	270076.50		6000.00	264076.50
3	工行存款	270076.50		6000.00	264076.50
4	人民币户	201274.50		6000.00	195274.50
5	美元户	68802.00			68802.00
6	合计	273432.60	6000.00		273432.60

制表人：周平

图 3-293　货币资金收支日报表

8. 报表舍位操作

（1）在报表“数据”状态下，单击“数据”菜单→选择“舍位平衡”→生成2017 年 1 月 2 日经过舍位平衡的“货币资金收支日报表”。

（2）如图 3-294 所示，修改报表状态为“格式”状态，将第 2 行“单位：元”修改为“单位：千元”→切换到“数据”状态，重算报表。

（3）保存舍位平衡报表。

9. 插入图表对象

（1）在“数据”状态下，选择数据区域（B3：F8）→选择“工具”菜单→选择“插入图表对象”，打开“区域作图”对话框。

（2）如图 3-295 所示，选择或输入以下信息：

①数据组：行。

②操作范围：当前表页。

③图表名称：2017 年 1 月 2 日货币资金收支折线图。

④图表标题：2017 年 1 月 2 日货币资金收支。

⑤X 轴标题：项目。

⑥Y 轴标题：金额。

⑦图表格式：立体成组直方图。

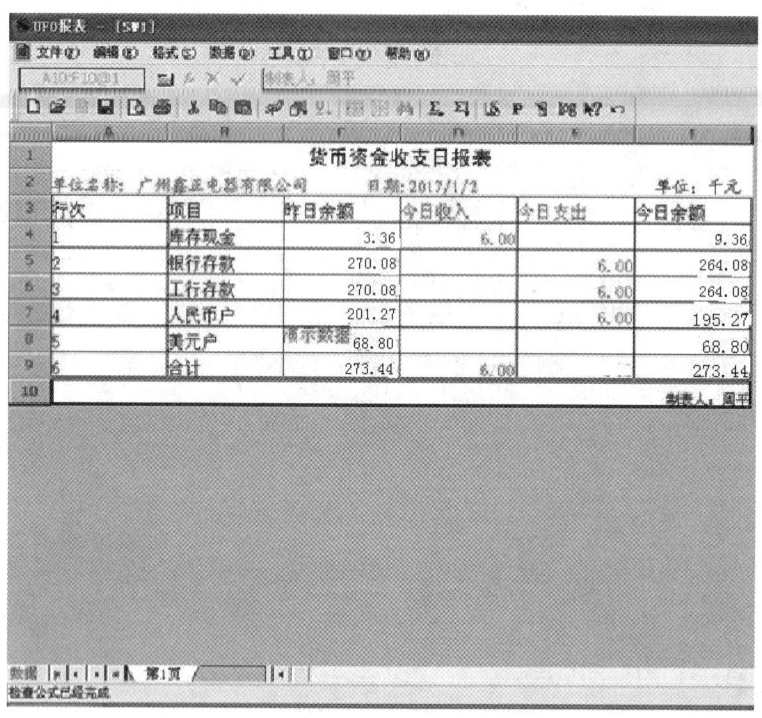

货币资金收支日报表					
单位名称：广州鑫亚电器有限公司		日期：2017/1/2			单位：千元
行次	项目	昨日余额	今日收入	今日支出	今日余额
1	库存现金	3.36	6.00		9.36
2	银行存款	270.08		6.00	264.08
3	工行存款	270.08		6.00	264.08
4	人民币户	201.27		6.00	195.27
5	美元户	68.80			68.80
6	合计	273.44	6.00		273.44
					制表人：周平

图 3-294　货币资金收支日报表

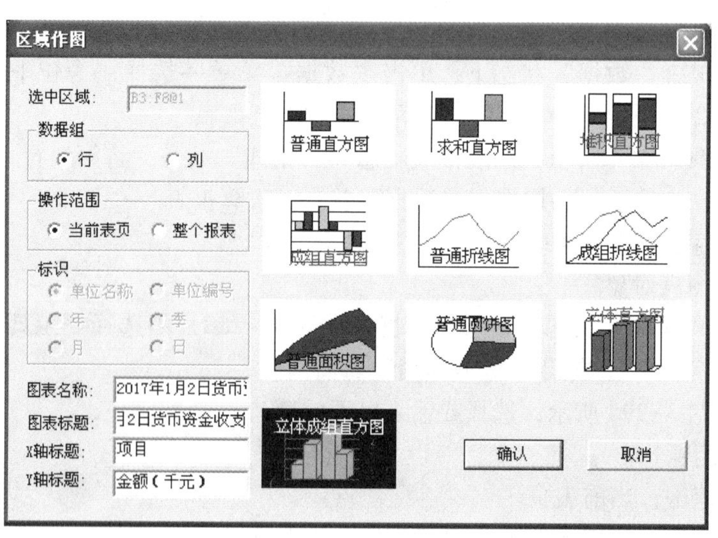

图 3-295　区域作图

（3）单击“确认”按钮，将图表放置到合适位置。

10. 保存报表

单击“保存”按钮。

实验二　利用报表模板生成资产负债表、利润表

实验准备

引入已完成的“999-7-1 期末处理”的账套备份数据，将系统日期修改为“2017 年 1 月 31 日”，以 101 周平或 105 刘彤的身份注册登录企业应用平台。

实验内容

◇利用报表模板生成资产负债表。

◇利用报表模板生成利润表。

◇输出报表。

实验资料

1. 资产负债表和利润表

利用报表模板生成资产负债表和利润表。

实验指导

1. 利用报表模板建立资产负债表

（1）在企业应用平台中，选择“业务工作”→“财务会计”→“UFO 报表”，启动 UFO 报表系统。

（2）弹出“日积月累”对话框，单击“关闭”按钮。

（3）选择“文件”→“新建”，建立一张名为“report1”的空白报表文件。

（4）查看空白报表底部左下角的“格式/数据”按钮，确定当前状态为“格式”状态。

（5）选择“格式”→“报表模板”，打开“报表模板”对话框。

（6）如图 3-296 所示，单击“您所在的行业”下拉按钮，选择“2007 年新会计制度科目”→单击“财务报表”下拉按钮，选择“资产负债表”→单击“确认”按钮。

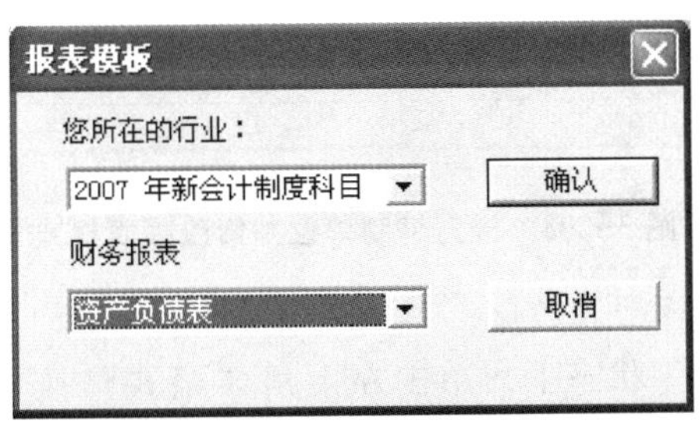

图 3-296　报表模板

（7）弹出“模板格式将覆盖本表格式！是否继续”提示框，单击“继续”按

钮→打开按“2007 新会计制度科目”设置的“资产负债表”模板，如图 3-297 所示。

资产负债表							
							会企01表
编制单位:		xxxx 年	xx 月	xx 日			单位:元
资　产	行次	期末余额	年初余额	负债和所有者权益（或股东权益）	行次	期末余额	年初余额
流动资产:				流动负债:			
货币资金	1	公式单元	公式单元	短期借款	32	公式单元	公式单元
交易性金融资产	2	公式单元	公式单元	交易性金融负债	33	公式单元	公式单元
应收票据	3	公式单元	公式单元	应付票据	34	公式单元	公式单元
应收账款	4	公式单元	公式单元	应付账款	35	公式单元	公式单元
预付款项	5	公式单元	公式单元	预收款项	36	公式单元	公式单元
应收利息	6	公式单元	公式单元	应付职工薪酬	37	公式单元	公式单元
应收股利	7	公式单元	公式单元	应交税费	38	公式单元	公式单元
其他应收款	8	公式单元	公式单元	应付利息	39	公式单元	公式单元
存货	9	公式单元	公式单元	应付股利	40	公式单元	公式单元
一年内到期的非流动资产	10			其他应付款	41	公式单元	公式单元
其他流动资产	11			一年内到期的非流动负债	42		
流动资产合计	12	公式单元	公式单元	其他流动负债	43		
非流动资产:			演示数据	流动负债合计	44	公式单元	公式单元

图 3-297　“资产负债表”模板

2. 设置编制单位并修改报表格式

（1）在报表“格式”状态下，单击选中 A3 单元格。

（2）在“编制单位:”后录入“广州鑫正电器有限公司”，如图 3-298 所示。

资产负债表							
							会企01表
编制单位:广州鑫正电器有限公司		xxxx 年	xx 月	xx 日			单位:元
资　产	行次	期末余额	年初余额	负债和所有者权益（或股东权益）	行次	期末余额	年初余额
流动资产:				流动负债:			
货币资金	1	公式单元	公式单元	短期借款	32	公式单元	公式单元
交易性金融资产	2	公式单元	公式单元	交易性金融负债	33	公式单元	公式单元
应收票据	3	公式单元	公式单元	应付票据	34	公式单元	公式单元
应收账款	4	公式单元	公式单元	应付账款	35	公式单元	公式单元
预付款项	5	公式单元	公式单元	预收款项	36	公式单元	公式单元
应收利息	6	公式单元	公式单元	应付职工薪酬	37	公式单元	公式单元
应收股利	7	公式单元	公式单元	应交税费	38	公式单元	公式单元
其他应收款	8	公式单元	公式单元	应付利息	39	公式单元	公式单元
存货	9	公式单元	公式单元	应付股利	40	公式单元	公式单元
一年内到期的非流动资产	10			其他应付款	41	公式单元	公式单元
其他流动资产	11			一年内到期的非流动负债	42		
流动资产合计	12	公式单元	公式单元	其他流动负债	43		
非流动资产:				流动负债合计	44	公式单元	公式单元

图 3-298　设置编制单位并修改报表格式

3. 录入关键字并计算报表数据

（1）在报表“格式”状态下，单击左下角“格式”按钮→系统提示“是否确定全表重算”→选择“否”，报表进入“数据”状态。

（2）在报表“数据”状态下，选择“数据”→“关键字”→“录入”，打开“录入关键字”对话框。

（3）该报表模板中设置的关键字有“年”“月”“日”，在“年”处录入“2017”，在“月”处录入“1”，在“日”处录入“31”，如图 3-299 所示。

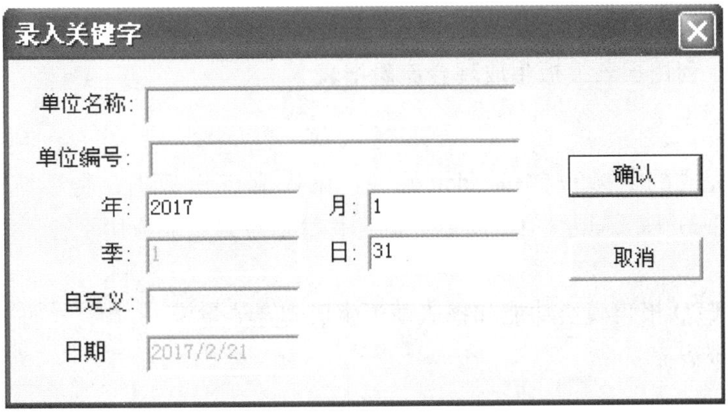

录入关键字

单位名称：

单位编号：

年：2017　月：1

季：1　日：31

自定义：

日期　2017/2/21

确认　取消

图 3-299　录入关键字

（4）单击“确认”按钮→系统提示“是否重算第 1 页”→选择“是”，生成资产负债表数据，如图 3-300 所示。

资产负债表

会企01表

编制单位：广州鑫正电器有限公司　2017 年　1 月　31 日　单位：元

资　产	行次	期末余额	年初余额	负债和所有者权益（或股东权益）	行次	期末余额	年初余额
流动资产：				流动负债：			
货币资金	1	288,027.93	204,630.60	短期借款	32	36,000.00	36,000.00
交易性金融资产	2			交易性金融负债	33		
应收票据	3	40,000.00	40,000.00	应付票据	34		55,000.00
应收账款	4	652,359.00	135,025.00	应付账款	35	-6,336.00	40,000.00
预付款项	5	12,578.00	44,000.00	预收款项	36	55,100.00	60,100.00
应收利息	6			应付职工薪酬	37	339,980.00	235,000.00
应收股利	7			应交税费	38	184,909.58	96,055.60
其他应收款	8	3,000.00	3,000.00	应付利息	39	72.00	
存货	9	689,023.20	634,000.00	应付股利	40		
一年内到期的非流动资产	10			其他应付款	41	-10,440.00	
其他流动资产	11			一年内到期的非流动负债	42		
流动资产合计	12	1,684,988.13	1,060,655.60	其他流动负债	43		
非流动资产：				流动负债合计	44	599,285.58	522,155.60
可供出售金融资产	13			非流动负债：			
持有至到期投资	14			长期借款	45	7890000.00	7890000.00
长期应收款	15			应付债券	46		
长期股权投资	16			长期应付款	47		
投资性房地产	17	演示数据		专项应付款	48		
固定资产	18	9,866,480.57	9,966,500.00	预计负债	49		
在建工程	19			递延所得税负债	50		
工程物资	20			其他非流动负债	51		
固定资产清理	21	3,183.94		非流动负债合计	52	7890000.00	7890000.00
生产性生物资产	22			负债合计	53	8489285.58	8412155.60
油气资产	23			所有者权益（或股东权益）：			
无形资产	24			实收资本（或股本）	54	2,068,802.00	2,000,000.00
开发支出	25			资本公积	55		
商誉	26			减：库存股	56		
长期待摊费用	27			盈余公积	57		
递延所得税资产	28			未分配利润	58	1,073,426.05	615,000.00
其他非流动资产	29			所有者权益（或股东权益）合计	59	3,142,228.05	2,615,000.00

数据　第1页

图 3-300　资产负债表

（5）执行“文件”→“保存”命令，将文件保存为“资产负债表”。

4. 用生成资产负债表的方法生成利润表

略。

实验三　利用报表模板生成现金流量报表

实验准备

引入已完成的“999-7-1 期末处理”的账套备份数据，将系统日期修改为“2017 年 1 月 31 日”，以“101 周平”的身份注册登录企业应用平台。

实验内容

◇利用 UFO 报表模块功能和报表模板生成现金流量表。

◇输出报表。

实验资料

1. 编制现金流量表

利用报表模板生成现金流量表。

2. 现金流量凭证

现金流量项目设置参考如表 3-49 所示（仅供本实验参考，设置时需结合具体业务）。

表 3-49　　现金流量项目设置

摘要	科目	方向	项目编码	项目名称
收到投资款	10020102	借	17	吸收投资所收到的现金
报销差旅费	1001	借	03	收到的其他与经营活动的现金
票据结算	10020101	借	01	销售商品、提供劳务收到的现金
票据贴现	10020101	借	01	销售商品、提供劳务收到的现金
收款单	10020101	借	01	销售商品、提供劳务收到的现金
坏账收回（结算）	10020101	借	01	销售商品、提供劳务收到的现金
职工出差借款	1001	贷	07	支付的与其他经营活动有关的现金
直接购入资产	10020101	贷	13	购建固定资产、无形资产和其他长期资产所支付的现金
其他应收单	1001	贷	07	支付的与其他经营活动有关的现金
支付前欠购货款	10020101	贷	04	购买商品、接受劳务支付的现金
支付前欠货款并预付部分货款	10020101	贷	04	购买商品、接受劳务支付的现金
票据结算	10020101	贷	04	购买商品、接受劳务支付的现金

实验指导

1. 将现金流量表中需要使用的科目指定为现金流量科目

（1）在企业应用平台中，选择“基础设置”→“基础档案”→“财务”→“会计科目”，打开“会计科目”窗口。

（2）单击“编辑”→“指定科目”按钮，打开“指定科目”窗口。

（3）单击“现金流量科目”前的单选按钮，再单击待选科目中的“1001　库存现金”按钮→单击“>”按钮，将该待选科目放到已选科目栏→重复单击“>”按钮，直到将所有现金流量表中需使用的科目放到已选科目栏。需要指定的科目如下：

①1001　库存现金。

②10020101　人民币户。

③10020102　美元户。

④1003　存放中央银行款项。

⑤1011　存放同业。

⑥1012　其他货币资金。

⑦1021　结算备付金。

⑧1031　存出保证金。

（4）结果如图 3-301 所示，再单击“确定”按钮。

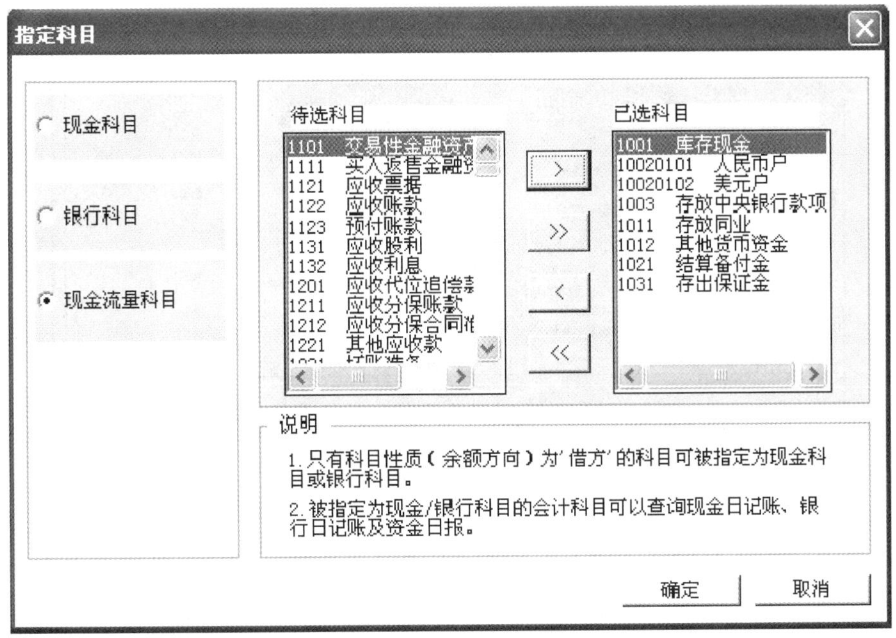

图 3-301　指定科目

注意：

➢利用 UFO 报表模板编制现金流量表，编制的方法有两种：一种是利用现金流量表模块编制，另一种是利用 UFO 报表模块编制。

➢利用 UFO 报表模块生成现金流量表，需要利用总账系统的项目管理功能，在编制现金流量表前，需要在总账系统做好相关设置。

第一，将现金流量表中需使用的科目指定为现金流量科目。

第二，将现金流量表中需使用的科目的辅助账类型修改为项目核算。

第三，设置项目核算大类、项目分类及项目目录。

第四，指定项目核算科目。

2. 设置项目核算大类、项目分类及项目目录

（1）在企业应用平台中，选择“基础设置”→“基础档案”→“财务”→“项目目录”，打开“项目档案”窗口。

（2）单击“项目大类”处的下拉三角栏，选择“现金流量项目”→单击“项目目录”选项卡，查看用友软件已预置好的现金流量项目（可根据新会计准则做相应增加、删除、修改），如图 3-302 所示。

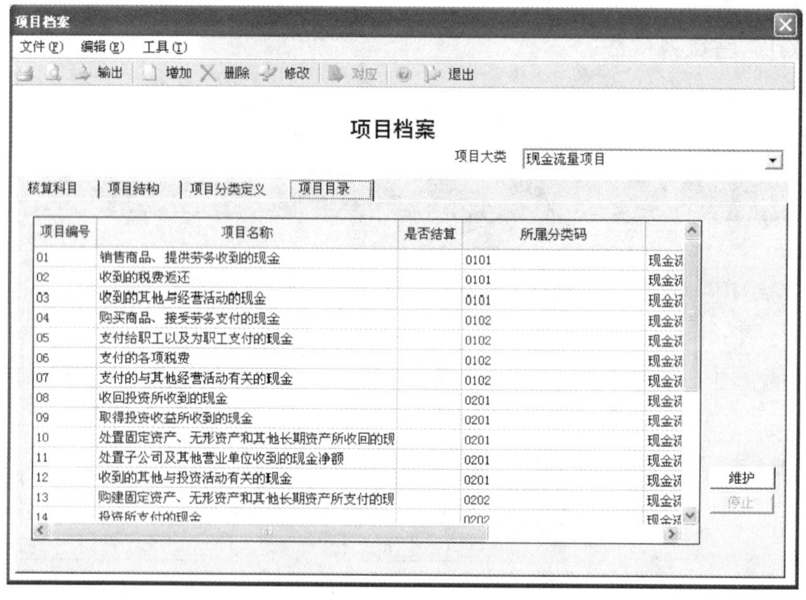

图 3-302 项目档案

注意：

➢利用 UFO 报表编制现金流量表（见后面实验指导）时，其单元公式是取总账系统现金流量项目金额，因此在总账系统需要设置项目核算，大类为“现金流量项目”。其下属分类为经营活动（分类编码 01）、投资活动（分类编码 02）、筹资活动（分类编码 03）等。分类下的项目目录就是现金流量表的主要项目。

3. 现金流量凭证查询及修改

（1）在企业应用平台中，选择“业务工作”→“财务会计”→“总账”→

“现金流量表”→“现金流量凭证查询”，打开“现金流量凭证查询”对话框，如图 3-303 所示。

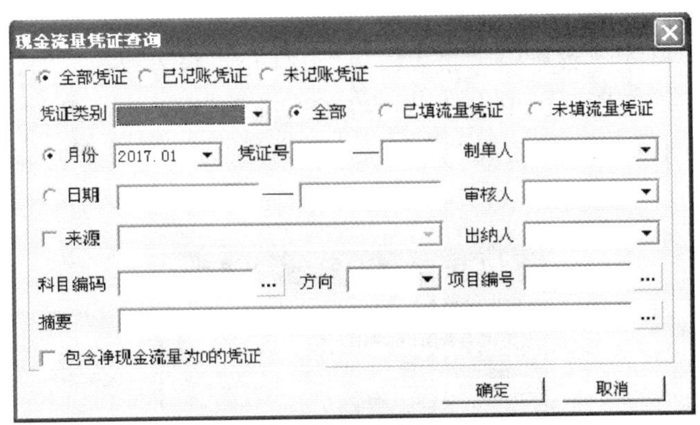

图 3-303 现金流量凭证查询

（2）单击“确定”按钮，进入“现金流量查询及修改”界面。

（3）单击收字 001 号凭证所在行，单击“修改”按钮，弹出“现金流量录入修改”界面。

（4）在“项目编码”下的空白格双击→单击出现的“参照”按钮→在“参照”界面的左侧栏中，双击选择“筹资活动”→单击选择“0301 现金流入”→在右侧界面双击选择“17 吸收投资所收到的现金”→回到“现金流量录入修改”界面，单击“确定”按钮，结果如图 3-304 所示。

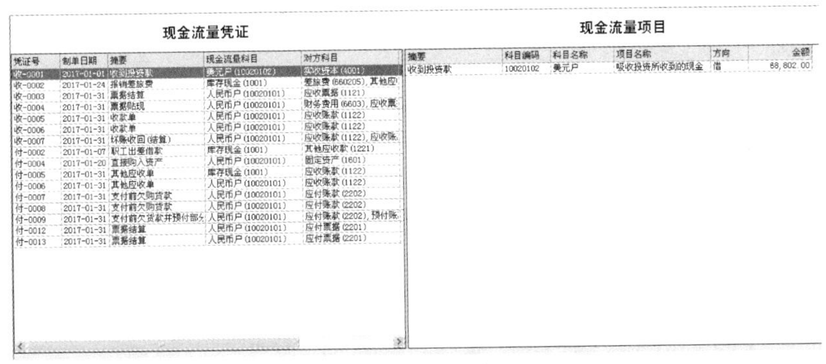

图 3-304 现金流量凭证修改

（5）按照此方法，完成所有现金流量凭证的现金流量项目的设置（可参考实验资料）。

4. 注册 UFO 报表，调用现金流量表模板

（1）在企业应用平台中，选择“业务工作”→“财务会计”→“UFO 报表”，启动 UFO 报表系统。

（2）选择“文件”菜单→“新建”，建立一张名为“report1”的空白报表文件。

（3）查看空白报表底部左下角的“格式/数据”按钮，确定当前状态为“格式”状态。

（4）选择“格式”菜单→“报表模板”，打开“报表模板”对话框。

（5）如图 3-305 所示，单击“您所在的行业”下拉按钮，选择“2007 年新会计制度科目”→单击“财务报表”下拉按钮，选择“现金流量表”→单击“确认”按钮。

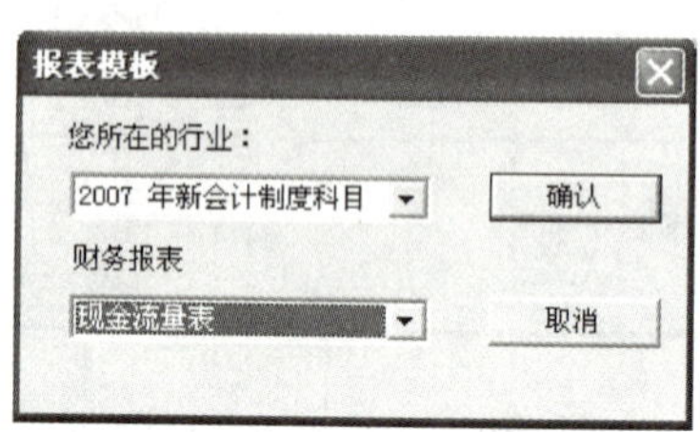

图 3-305　报表模板

（6）弹出“模板格式将覆盖本表格式！是否继续”提示框，选择“继续”→打开按“2007 新会计制度科目”设置的“现金流量表”模板，如图 3-306 所示。

UFO报表 - [report2]

文件(F)　编辑(E)　格式(S)　数据(D)　工具(T)　窗口(W)　帮助(H)

A1:D1　现金流量表

	A	B	C	D
1	现金流量表			
2				会企03表
3	编制单位:	xxxx 年	xx 月	单位：元
4	项　　目	行次	本期金额	上期金额
5	一、经营活动产生的现金流量:			
6	销售商品、提供劳务收到的现金	1		
7	收到的税费返还	2		
8	收到其他与经营活动有关的现金	3		
9	经营活动现金流入小计	4	公式单元	公式单元
10	购买商品、接受劳务支付的现金	5		
11	支付给职工以及为职工支付的现金	6		
12	支付的各项税费	7		
13	支付其他与经营活动有关的现金	8		
14	经营活动现金流出小计	9	公式单元	公式单元
15	经营活动产生的现金流量净额	10	公式单元	公式单元
16	二、投资活动产生的现金流量:		演示数据	
17	收回投资收到的现金	11		
18	取得投资收益收到的现金	12		

格式

检查公式已经完成

图 3-306　现金流量表模板

5. 调整现金流量表模板

（1）在报表“格式”状态下，单击选中 A3 单元格。

（2）在“编制单位：”后录入“广州鑫正电器有限公司”。

6. 定义 C6 单元项目取数公式

（1）将光标移至 C6 单元格，单击选中→单击编辑栏的 f_x 图标或按“=”键，打开“定义公式”对话框。

（2）单击“函数向导”按钮，打开“函数向导”对话框。选择“用友账务函数-现金流量项目金额（XJLL）”，如图 3-307 所示。

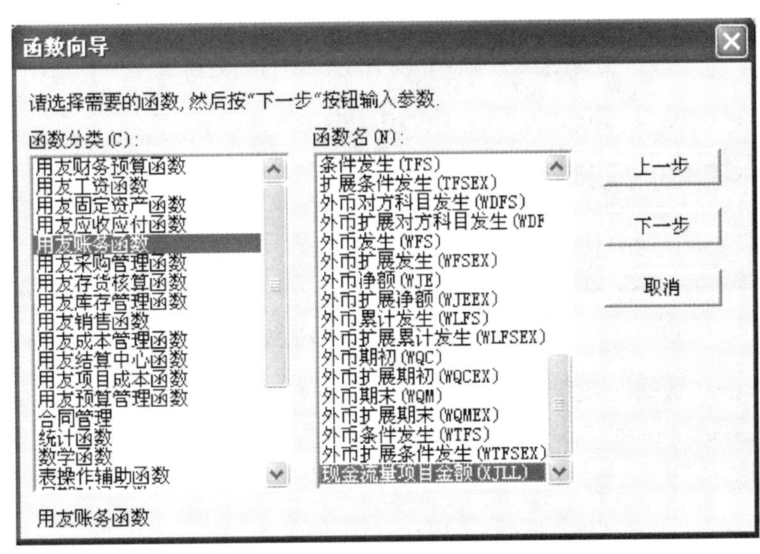

图 3-307　函数向导

（3）单击“下一步”按钮，打开“用友账务函数”对话框，单击“参照”按钮，打开“账务函数”对话框。

（4）会计期间选“月”，起止日期不选→现金流量项目编号选“01 销售商品、提供劳务收到的现金”（C6 项目的选择与现金流量表中的 A6 内容一致即可），方向选“借”，其他默认→单击“确定”按钮，回到“用友账务函数”窗口，如图 3-308所示。

（5）单击“确定”按钮，回到“定义公式”界面→再单击“确认”按钮。

（6）参照此方法，一一设置现金流量表中 C 列剩余单元格的公式（设置时注意区别“流入”和“流出”）。

7. 保存报表格式

执行“文件”→“保存”命令→输入文件名“现金流量表”，确认文件类型为“＊. rep”→单击“保存”按钮。

8. 报表数据处理

（1）打开所建立的报表——现金流量表，单击报表底部左下角的“格式/数据”按钮，使之为“数据”状态。

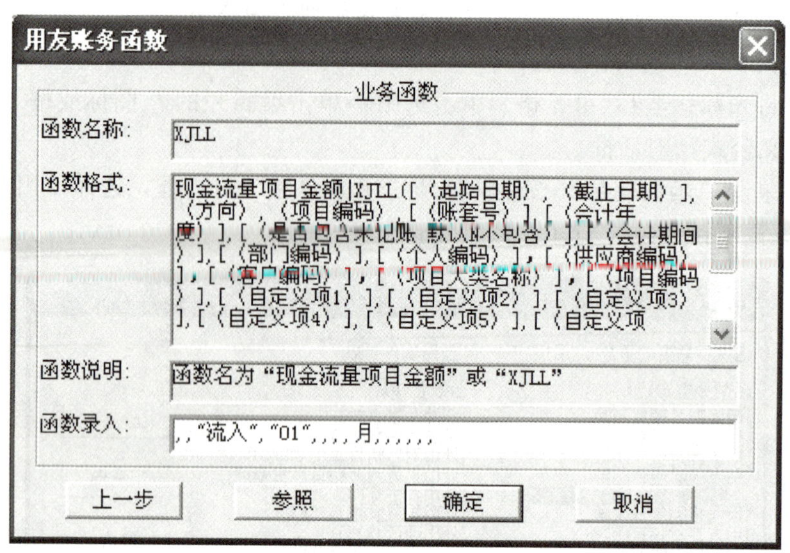

图 3-308 用友账务函数

（2）单击“数据”菜单→选择“关键字”→“录入”，打开“录入关键字”对话框→输入关键字：年“2017”，月“1”→单击“确认”按钮→提示“是否重算第 1 页”，选择“是”→计算后，报表左下角显示“计算完毕”，如图 3-309～图 3-311所示。

	A	B	C	D
1	现金流量表			
2				会企03表
3	编制单位：广州鑫正电器有限公司	2017 年	1 月	单位：元
4	项　　目	行次	本期金额	上期金额
5	一、经营活动产生的现金流量：			
6	销售商品、提供劳务收到的现金	1	149433.33	
7	收到的税费返还	2		
8	收到其他与经营活动有关的现金	3	1000.00	
9	经营活动现金流入小计	4	150,433.33	
10	购买商品、接受劳务支付的现金	5	129958.00	
11	支付给职工以及为职工支付的现金	6		
12	支付的各项税费	7		
13	支付其他与经营活动有关的现金	8	演示数据 4080.00	
14	经营活动现金流出小计	9	134,038.00	
15	经营活动产生的现金流量净额	10	16,395.33	
16	二、投资活动产生的现金流量：			
17	收回投资收到的现金	11		
18	取得投资收益收到的现金	12		

图 3-309 现金流量表

	A	B	C	D
19	处置固定资产、无形资产和其他长期资产收回的现金净额	13		
20	处置子公司及其他营业单位收到的现金净额	14		
21	收到其他与投资活动有关的现金	15		
22	投资活动现金流入小计	16		
23	购建固定资产、无形资产和其他长期资产支付的现金	17	1800.00	
24	投资支付的现金	18		
25	取得子公司及其他营业单位支付的现金净额	19		
26	支付其他与投资活动有关的现金	20		
27	投资活动现金流出小计	21	1,800.00	
28	投资活动产生的现金流量净额	22	-1,800.00	
29	**三、筹资活动产生的现金流量：**			
30	吸收投资收到的现金	23	68802.00	
31	取得借款收到的现金	24		
32	收到其他与筹资活动有关的现金	25		
33	筹资活动现金流入小计	26	68,802.00	
34	偿还债务支付的现金	27		
35	分配股利、利润或偿付利息支付的现金	28		
36	支付其他与筹资活动有关的现金	29		
37	筹资活动现金流出小计	30		

图 3-310　现金流量表

38	筹资活动产生的现金流量净额	31	68,802.00	
39	**四、汇率变动对现金及现金等价物的影响**	32		
40	**五、现金及现金等价物净增加额**	33	83,397.33	
41	加：期初现金及现金等价物余额	34		
42	**六、期末现金及现金等价物余额**	35	83,397.33	

数据　第1页

图 3-311　现金流量表

（3）保存生成数据的报表（可以“另存为”，也可以覆盖保存）。

9. 输出账套

（1）在 D 盘中新建“999-8-3 利用报表模板生成现金流量报表”文件夹。

（2）由系统管理员 admin 注册系统管理，在“系统管理”窗口中，执行“账套”→“输出”命令，打开“账套输出”对话框。

（3）在“账套号”文本框中选择“999 广州鑫正电器有限公司”，将账套输出至“D：\ 999-8-3 利用报表模板生成现金流量报表”文件夹中。

（4）单击“确定”按钮，完成账套备份。

第四章
财务业务一体化综合案例利用

一、练习须知

（1）练习时间 3 小时。

（2）会计科目采用（用友 U8V10.1 版）“2007 新会计制度科目”。

（3）记账凭证摘要必须写完整。

（4）本章经济业务中所有涉及的单价均为不含税单价。

（5）练习开始，请把系统时间调到 2013-01-01。

二、练习要求

（1）注册企业应用平台，完成各模块期初数据（部分没有完成）操作（操作员：003；操作时间：2013-01-01）。

（2）注册企业应用平台，根据经济业务在相应模块填制相关业务单据，生成会计凭证，并登记账簿，完成各模块记账工作（操作员：003；操作时间：2013-01-31；所有凭证制单日期为业务发生日期，附单据数不用填写）。

（3）总账模块中审核凭证操作员：002。

（4）编制指定格式报表保存到指定目录下。

三、企业概况

（一）企业基本情况

企业名称：哈尔滨乐家装饰材料有限公司（简称乐家装饰材料）（位于哈尔滨市科技产业园 1 号）。企业类型：生产型企业。法定代表人：张爱国。联系电话和传真均为 0451-12345678。纳税人识别号：045188888888。

（二）乐家装饰材料采用的会计政策和核算方法

（1）企业记账本位币为人民币。

（2）所有仓库采用实际成本法核算，采用先进先出法计价。

（3）固定资产折旧方法采用平均年限法（二），按月计提折旧。

（4）增值税税率为 17%，城市建设维护税税率为 7%，教育费附加率为 3%，企业所得税税率为 25%（企业所得税税率实行查账计征，按季预缴、年终汇算清缴）；所有涉及的采购及销售业务均为无税单价。

（5）月末计算并结转相关税费（不做考核要求）。损益结转采用账结法。

四、企业静态数据

（一）预置数据

1. 账套信息

账套号：666。

账套名称：哈尔滨乐家装饰材料有限公司。

启用日期：2013 年 1 月 1 日。

2. 基础信息

存货、客户、供应商不分类，有外币核算。

3. 编码方案

科目编码：42222。

部门：22。

收发类别：121。

其他采用系统默认。

4. 数据精度

采用系统默认。

（二）设置操作员及权限

设置操作员及权限如表 4-1 所示。

表 4-1　　操作员及权限

操作员编号	操作员姓名	工作职责	系统权限
002	王道明		财务主管
003	张华		账套主管

（三）系统启用

启用总账、应收、应付、固定资产、采购、销售、库存、存货，启用日期统一为 2013 年 1 月 1 日。

（四）基础档案

1. 部门档案

部门档案如表 4-2 所示。

表 4-2 部门档案

部门编码	部门名称	部门编码	部门名称
01	总经办	05	生产部
02	财务部	06	基本生产车间
03	销售部	07	辅助生产车间
04	采购部	08	库房

2. 人员类别

人员类别如表 4-3 所示。

表 4-3 人员类别

分类编码	分类名称
1001	管理人员
1002	营销人员
1003	采购人员
1004	生产人员

3. 人员档案

人员档案如表 4-4 所示。

表 4-4 人员档案

人员编号	人员姓名	性别	行政部门	人员类别	是否业务员
001	郑国化	男	总经办	管理人员	是
002	徐军	女	总经办	管理人员	是
003	彭媛	女	财务部	管理人员	是
004	张爱	女	财务部	管理人员	是
005	黄秋艳	女	采购部	采购人员	是
006	高正	男	采购部	采购人员	是
007	文静	男	销售部	营销人员	是
008	李德立	男	销售部	营销人员	是
009	王书	女	基本生产车间	管理人员	是
010	赵明山	男	基本生产车间	生产人员	是
011	丁逸飞	女	辅助生产车间	管理人员	是
012	王雷	男	辅助生产车间	生产人员	是
013	王明月	女	库房	管理人员	是

4. 供应商档案

供应商档案如表 4-5 所示。

表 4-5　　供应商档案

编号	供应商名称	简称	纳税号	开户银行	银行账号
001	马边县林业开发公司	马边公司	519781100008075	工行马边支行	3187538971
002	西昌林业开发公司	西昌公司	616735580529711	建行西昌支行	6921328644
003	甘孜州林业开发公司	甘孜公司	516113597002389	工行甘孜支行	1030075848

5. 客户档案

客户档案如表 4-6 所示。

表 4-6　　客户档案

编号	客户名称	简称	纳税号	开户银行	银行账号
001	哈尔滨市西蓉装饰公司	西蓉公司	510013364663413	工行锦城支行	21643326363
002	哈尔滨亿兴装饰公司	亿兴公司	510436663216645	工行建外支行	26564646326
003	哈尔滨双林装饰公司	双林公司	510336665123435	工行西郊支行	26546546478

6. 结算方式

结算方式如表 4-7 所示。

表 4-7　　结算方式

编号	结算方式
1	现金支票
2	转账支票
3	商业承兑汇票
4	银行承兑汇票

7. 银行档案

银行编码：05。

银行名称：哈尔滨商业银行。

账号长度：14 位。

8. 本单位开户银行

本单位开户银行信息如表 4-8 所示。

表 4-8　　本单位开户银行信息

编号	银行账号	开户银行
001	12345678956456	哈尔滨商业银行通达支行

9. 凭证类别设置

凭证类别设置如表 4-9 所示。

表 4-9　　凭证类别

类型	限制类型	限制科目
记账凭证	无限制	

10. 计量单位

立方（立方米，下同）、公斤（千克，下同）、张、套、双、个、箱。

11. 存货档案

存货档案如表 4-10 所示。

表 4-10　　存货档案　　金额单位：元

存货编码	存货名称	计量单位	税率（%）	存货属性	库存数量	单位成本	金额
1011	木材	立方	13	外购、生产耗用	502	297	149 094. 00
1012	石蜡	公斤	17	外购、生产耗用	1 450	3. 21	4 654. 50
1013	地板胶	公斤	17	外购、生产耗用	210	1. 60	336. 00
	小计						154 084. 50
1021	木纹纸	张	17	外购、生产耗用	620	12. 00	7 440. 00
1022	防潮纸	张	17	外购、生产耗用	624	15. 00	9 360. 00
1023	耐磨纸	张	17	外购、生产耗用	615	2. 60	1 599. 00
	小计						18 399. 00
	合计						172 483. 50
2011	工作服	套	17	外购、生产耗用	300	82	24 600. 00
2012	手套	双	17	外购、生产耗用	100	3. 00	300. 00
	小计						24 900. 00
2021	机油	公斤	17	外购、生产耗用	80	7. 20	576. 00
2022	黄油	公斤	17	外购、生产耗用	20	5. 80	116. 00
	小计						692. 00
	合计						25 592. 00
301	包装箱	个	17	外购、生产耗用	850	11. 80	10 030. 00
	小计						10 030. 00
401	强化木地板	箱	17	自制、内销	20	195. 00	3 900. 00
402	中密度纤维板	张	17	自制、内销	50	135. 00	6 750. 00
	小计						10 650. 00
	合计						218 755. 50
901	运输费	元	11	应税劳务			

12. 仓库档案

仓库档案如表 4-11 所示。

表 4-11 仓库档案

仓库编码	仓库名称	所属部门
1	原材料仓库	库房
2	成品仓库	库房

注：编码为 401、402 的存货存放在成品仓库，其他存货存放在原材料仓库

13. 收发类别

收发类别如表 4-12 所示。

表 4-12 收发类别

收发类别编码	收发类别名称	收发类别编码	收发类别名称
1	入库类别	2	出库类别
101	采购入库	201	销售出库
102	产成品入库	202	领用出库
		203	其他出库

（五）各模块初始设置

1. 采购管理模块参数设置

业务范围：无受托代销业务；无期初数。

2. 销售管理模块参数设置

无委托代销业务，无销售调拨业务，无零售日报业务，销售报价含税，销售计划金额含税；无期初数。

3. 库存管理模块参数设置

无批次管理，无保质期管理，无组装拆卸和形态转换业务，无最高、最低库存报警。

4. 存货核算模块参数设置

业务范围：默认系统提供参数。

5. 应收款管理系统模块参数设置

应收款核销方式：按单据。

坏账处理方式：应收余额百分比法，其他参数为系统默认。

科目设置：应收科目为 1122，预收科目为 2203，应交增值税科目为 22210105，其他可暂时不设。

结算方式科目设置：现金对应 1001，其他结算方式均对应 100201。

坏账准备设置：提取比例为 0.5%，坏账准备期初余额为 520 元；坏账准备科目为 1231，对方科目为 6701。

6. 应付款管理系统模块参数设置

应付款核销方式：按单据，其他参数为系统默认。

科目设置：应付科目为2202，预付科目为1123，采购科目为1403，应交增值税科目为22210101，其他可暂时不设。

结算方式科目设置：现金对应1001，其他结算方式均对应100201。

7. 固定资产系统模块参数设置

（1）业务控制参数。

①启用月份为2013年1月；固定资产类别编码方式为2-1-1-2，固定资产编码方式按"类别编码+序号"自动编码；已注销的卡片5年后删除；当月初已计提月份=可使用月份-1时，要求将剩余折旧全部提足。

②用平均年限法（二）按月计提折旧；卡片序号长度为3；要求与总账系统进行对账；固定资产对账科目为"1601 固定资产"；累计折旧对账科目为"1602 累计折旧"。

③对账不平衡的情况下允许月末结账。

（2）初始设置。

①资产类别如表4-13所示。

表4-13　　资产类别

编码	类别名称	单位	计提属性	折旧方法	卡片式样
01	生产经营用固定资产		正常计提	平均年限法（二）	通用
02	非生产经营用固定资产		正常计提	平均年限法（二）	通用
03	不需用固定资产		正常计提	平均年限法（二）	通用

②2013年1月初固定资产使用及折旧情况资料如表4-14所示。

表4-14　　2013年1月初固定资产使用及折旧情况

固定资产编号	固定资产名称	类别编号	使用部门	增加方式	可使用年限（年）	开始使用日期	单位	数量	原值（元）	12月份止累计折旧（元）	使用状况	净残值率（%）
01001	削片机	01	基本生产车间	直接购入	10	2012-11-01	台	1	240 000	63 360	在用	4
01002	清洗机	01	基本生产车间	直接购入	10	2012-11-01	台	1	150 000	39 600	在用	4
01003	热磨机	01	基本生产车间	直接购入	10	2012-11-01	台	1	320 000	84 480	在用	4
01004	干燥铺装机	01	基本生产车间	直接购入	10	2012-11-01	台	1	380 000	100 320	在用	4
01005	连续压机	01	基本生产车间	直接购入	10	2012-11-01	台	1	792 000	59 088	在用	4
01006	锯板机	01	基本生产车间	直接购入	10	2012-11-01	台	1	230 000	60 720	在用	4
01007	砂光机	01	基本生产车间	直接购入	10	2012-11-01	台	1	200 000	52 800	在用	4
01008	打包机	01	基本生产车间	直接购入	10	2012-11-01	台	1	120 000	31 680	在用	4
01009	车间厂房	01	基本生产车间	直接购入	25	2012-11-01	M2	150	1 400 000	108 400	在用	10
01010	车间厂房	01	辅助生产车间	直接购入	25	2012-11-01	M2	400	200 000	50 000	在用	10

表4-14（续）

固定资产编号	固定资产名称	类别编号	使用部门	增加方式	可使用年限（年）	开始使用日期	单位	数量	原值（元）	12月份止累计折旧（元）	使用状况	净残值率（%）
01011	东风卡车	01	总经办	直接购入	5	2012-11-01	辆	1	42 000	22 176	在用	10
01012	东风卡车	01	总经办	直接购入	5	2012-11-01	辆	1	42 000	22 176	在用	10
01013	小车	01	总经办	直接购入	5	2012-11-01	台	1	150 000	76 200	在用	10
01014	电脑	01	总经办	直接购入	4	2012-11-01	台	1	10 000	600	在用	4
01015	电脑	01	总经办	直接购入	4	2012-11-01	台	1	10 000	600	在用	4
01016	电脑	01	总经办	直接购入	4	2012-11-01	台	1	10 000	600	在用	4
01017	电脑	01	总经办	直接购入	4	2012-11-01	台	1	10 000	600	在用	4
01018	电脑	01	总经办	直接购入	4	2012-11-01	台	1	10 000	600	在用	4
01019	复印机	01	总经办	直接购入	4	2012-11-01	台	1	18 000	6 910	在用	4
01020	办公楼	01	总经办	直接购入	25	2012-11-01	M2	920	1 200 000	70 800	在用	10
01021	仓库	01	总经办	直接购入	25	2012-11-01	M2	1 800	600 000	59 400	在用	10
01022	营业用房	01	销售部	直接购入	25	2012-11-01	M2	100	50 000	1 650	在用	10
02001	职工食堂	02	总经办	直接购入	25	2012-11-01	M2	250	100 000	9 900	在用	10
03001	锅炉	03	辅助生产车间	直接购入	5.5	2012-11-01	台	1	200 000	198 000	在用	1
合计									6 484 000	1 122 660	在用	

③部门及对应折旧科目如表4-15所示。

表4-15　**部门及对应折旧科目**

部门	对应折旧科目
总经办	660205“管理费用——折旧费”
财务部	660205“管理费用——折旧费”
销售部	660103“销售费用——折旧费”
采购部	660205“管理费用——折旧费”
基本生产车间	510102“制造费用——折旧费”
辅助生产车间	500102“生产成本——辅助生产成本”
库房	660205“管理费用——折旧费”

④增减方式如表4-16所示

表4-16　**增减方式**

增减方式目录	对应入账科目
增加方式：直接购入	100201：银行存款——通达支行
减少方式：报废	1606“固定资产清理”

8. 薪资系统（启用时间 2013 年 1 月 1 日）参数设置

（1）工资类别：多个工资类别；从工资中代扣个人所得税（注：其他参数采用默认）。

（2）工资类别设置为：（类别编码 001）在职人员；（类别编码 002）退休人员。“在职人员”分布在各个部门，而退休人员只属于总经办。

（3）“在职人员”需增加的工资项目如表 4-17 所示。

表 4-17 “在职人员”需增加的工资项目

工资项目名称	类型	长度	小数	增减项
基本工资	数字	8	2	增项
职务补贴	数字	8	2	增项
津贴	数字	8	2	增项
交通补贴	数字	8	2	增项
医疗保险	数字	8	2	减项
养老保险	数字	8	2	减项
失业保险	数字	8	2	减项
住房公积金	数字	8	2	减项
缺勤扣款	数字	8	2	减项
缺勤天数	数字	8	2	其他
计税工资	数字	8	2	其他

（4）银行名称为哈尔滨商业银行通达支行。账号长度为 14 位，录入时自动带出的账号长度为 8 位。

（5）在职人员档案如表 4-18 所示。

表 4-18 在职人员档案

人员编号	人员姓名	性别	行政部门	人员类别	银行账号
001	郑国化	男	总经办	管理人员	10011020088001
002	徐军	女	总经办	管理人员	10011020088002
003	彭媛	女	财务部	管理人员	10011020088003
004	张爱	女	财务部	管理人员	10011020088004
005	黄秋艳	女	采购部	采购人员	10011020088005
006	高正	男	采购部	采购人员	10011020088006
007	文静	男	销售部	营销人员	10011020088007

表4-18(续)

人员编号	人员姓名	性别	行政部门	人员类别	银行账号
008	李德立	男	销售部	营销人员	10011020088008
009	王书	女	基本生产车间	管理人员	10011020088009
010	赵明山	男	基本生产车间	生产人员	10011020088010
011	丁逸飞	女	辅助生产车间	管理人员	10011020088011
012	王雷	男	辅助生产车间	生产人员	10011020088012
013	王明月	女	库房	管理人员	10011020088013

9. 2013 年 1 月初会计科目体系发生额及辅助核算账户期初余额

（1）发生额及余额表如表 4-19 所示。

表 4-19　　**发生额及余额表**　　单位：元

科目名称	方向	年初余额
库存现金（1001）	借	12 749. 33
银行存款（1002）	借	510 261. 17
——通达支行（100201）	借	438 261. 17
——建设银行（100202）	借	72 000. 00
应收票据（1121）	借	420 000. 00
——银行承兑票据（112101）	借	420 000. 00
应收账款（1122）	借	142 000. 00
坏账准备（1131）	贷	520. 00
预付账款（1123）	借	50 000. 00
原材料	借	208 105. 50
库存商品（1405）	借	10 650. 00
——强化木地板（140501）	借	3 900. 00
——中密度纤维板（140502）	借	6 750. 00
固定资产（1601）	借	6 484 000. 00
累计折旧（1602）	贷	1 122 660. 00
无形资产（1701）	借	48 000. 00
——专利权（170101）	借	48 000. 00
短期借款（2001）	贷	150 000. 00
应付账款（2202）	贷	37 600. 00

表4-19(续)

科目名称	方向	年初余额
应付职工薪酬（2211）	贷	270 336.00
预收账款（2203）	贷	50 000.00
应交税费（2221）	贷	5 992.00
——应交增值税（222101）	贷	
——进项税额（22210101）	借	
——销项税额（22210105）	贷	
——转出未交增值税（22210103）	贷	
——未交增值税（222102）	贷	5 600.00
——应交城建税（222108）	贷	392.00
——应交所得税（222106）	贷	
——应交个人所得税（22210601）	贷	
——应交企业所得税（22210602）	贷	
其他应付款（2241）	贷	
——应交教育费附加（224101）	贷	
长期借款（2501）	贷	1 530 000.00
——通达支行（250101）	贷	1 530 000.00
实收资本（4001）	贷	4 200 000.00
资本公积（4002）	贷	78 168.00
本年利润（4103）	贷	500 490.00
利润分配（4104）	贷	52 000.00
——未分配利润（410415）	贷	52 000.00
生产成本（5001）	借	112 000.00
——基本生产成本（500101）	借	112 000.00
——强化木地板（50010101）	借	27 000.00
——中密度纤维板（50010102）	借	85 000.00
辅助生产成本（500102）	借	

（2）辅助核算。

库存现金（1001）：日记账。银行存款（1002）：日记账和银行账。应收账款（1122）和预收账款（2203）：客户往来。应付账款（2202）和预付账款（1123）：

供应商往来。

（3）辅助核算账户期初余额如表4-20~表4-23所示。

表4-20　**应收账款（1122）期初余额**　单位：元

日期	客户名称	摘要	方向	余额
2012-12-05	哈尔滨双林装饰公司	客户欠款	借	60 000.00
2012-11-24	哈尔滨市西蓉装饰公司	客户欠款	借	82 000.00

表4-21　**预收账款（2203）期初余额**　单位：元

日期	客户名称	摘要	方向	余额
2012-11-04	哈尔滨亿兴装饰公司	预收货款	贷	50 000.00

注：结算方式为“转账支票”

表4-22　**应付账款（2202）期初余额**　单位：元

日期	供应商名称	摘要	方向	余额
2012-11-02	西昌林业开发公司	欠供应商款	贷	9 600.00
2012-11-23	甘孜州林业开发公司	欠供应商款	贷	28 000.00

表4-23　**预付账款（1123）期初余额**　单位：元

日期	客户名称	摘要	方向	余额
2012-11-15	马边县林业开发公司	预付货款	借	50 000.00

注：结算方式为“转账支票”

五、业务处理

（一）业务初始处理

（1）在会计科目档案中增加科目“中行（100203）”，科目属性为“外币核算”，外币名称为“美元”，币符为“USA”，月初汇率（固定汇率）为6.4。

（2）根据企业静态数据“2013年1月初会计科目体系发生额及辅助核算账户期初余额”，检查相关模块期初数据，录入还没有录入的期初数据。

（3）根据企业静态数据“存货档案”信息，录入库存结存数及存货期初数。

（4）增加的操作员（编码：008；姓名：任丰），该操作员具有“填制凭证”的权限，只能使用“库存现金（1001）”“应收账款（1122）”科目填制（包括查询）凭证。

（5）根据企业静态数据“薪资系统”信息，设置工资类别，并为“在职人员”增加相应的工资项目及人员档案。

（二）日常业务

（1）1月1日，企业直接从四川清江市化工厂（供应商编码：004）购入地板胶4 000公斤，单价1.6元，税金1 088元，价税合计7 488元；运费320元。材料已验收入库，企业没有支付货款及运费（增值税专用发票号774521，运费发票号006188）。根据相关单据在应付款管理系统生成1张凭证传递到总账系统。

借：原材料

应交税费——应交增值税——进项税额

贷：应付账款

（2）1月1日，采购部张昕（人员编号：014，性别：男，人员类别：采购人员）因去西安考察，预借差旅费2 000元，以现金支付。

借：其他应收款——单位个人（科目编号：122101，辅助核算：个人往来）

贷：库存现金

（3）1月1日，基本生产车间领用木材50立方，石蜡100公斤，地板胶100公斤，木纹纸、防潮纸和耐磨纸各300张，包装箱240个，用于强化木地板生产用。

（4）1月1日，企业从通达支行取得短期借款200 000元用于流动资金周转，月利率为4.88‰，借款期为9个月（要求：设置科目备查账。备查资料：月利率、借款期）。

借：银行存款——通达支行

贷：短期借款

（5）1月3日，财务部开具通达支行转账支票一张，预付西昌林业开发公司货款3 500元。财务人员在应付模块中根据相应单据生成凭证传到总账系统。

借：预付账款

贷：银行存款——通达支行

（6）1月4日，按规定上交上月增值税5 600元，城市维护建设税392元。

借：应交税费——未交增值税

——应交城建税

贷：银行存款——通达支行

（7）1月5日，采购部张昕报销去西安考察的差旅费2 300元，补付现金300元。

借：管理费用——办公费

贷：其他应收款——单位个人

库存现金

（8）1月5日，企业与哈尔滨西蓉装饰公司协商，对方同意订购中密度纤维板20张，单位售价245元；强化木地板10箱，单位售价298元。订单预发货日期为2012年1月31日。企业确认后于1月8日（提前）发货（成品仓）并出库，开出增值税专用发票一份（增值税专用发票，软件自动编号），商品已发出，货款尚未收到。经财务部门确认该笔应收款项，并在应收模块中根据发票生成应收账款传到总账（销售类型编码：01。销售类型：批发）。

借：应收账款

　贷：主营业务收入——中密度纤维板

　　　主营业务收入——强化木地板

　　　应交税费——应交增值税——销项税额

(9) 1月9日，采购部张昕报销业务招待费570元，以现金支付。

借：管理费用——公司经费

　贷：库存现金

(10) 1月10日，银行代发上月工资270 336元（支票号286702）。

借：应付职工薪酬

　贷：银行存款——通达支行

(11) 1月11日，辅助生产车间申请报废锅炉1台，原值200 000元，已提折旧198 000元，收到废旧锅炉出售款600元，以现金方式收讫。由固定资产模块生成1张凭证（合并）传递到总账系统。其他凭证在总账中填制（注：先提取折旧）。

借：固定资产清理

　　累计折旧

　贷：固定资产

收到废旧锅炉出售款。

借：库存现金

　贷：固定资产清理

(12) 1月12日，企业从乐山锅炉厂购入KJM-4锅炉一台，单位售价100 000元，价税合计117 000元，预计使用8年，以转账支票的方式支付（支票号1412630），锅炉已交付辅助车间使用。固定资产模块生成1张凭证（合并）传递到总账系统（注：固定资产名称：KJM-4锅炉）。

借：固定资产

　　应交税费——应交增值税——进项税额

　贷：银行存款——通达支行

(13) 1月24日，基本生产车间完工入库中密度纤维板520张，强化木地板300箱，产品已验收入库。

(14) 1月31日，企业计提坏账准备金。

借：资产减值损失

　贷：坏账准备

(15) 1月31日，企业按部门计提本月累计折旧（以软件计提数为准）。

借：管理费用——折旧费

　　制造费用——折旧费

销售费用——折旧费

基本生产成本——辅助生产成本

贷：累计折旧

（16）1月31日，个人所得税按“计税工资”扣除“3 500”元后计税，个人所得税税率表如表4-24所示。

表4-24 个人所得税税率表（工资、薪金所得适用）

级数	含税级距	税率（%）	速算扣除数
1	不超过1 500元的部分	3	0
2	超过1 500元至4 500的部分	10	105
3	超过4 500元至9 000的部分	20	555
4	超过9 000元至35 000的部分	25	1 005
5	超过35 000元的部分	30	2 755

（三）月末业务

（1）1月31日，财务对当月材料出库业务进行材料成本结转，并生成凭证传到总账系统。

借：生产成本——基本生产成本——强化木地板

贷：原材料

（2）1月31日，“制造费用”与“辅助生产成本”在产成品“强化木地板”“中密度纤维板”中按1∶4分配（自定义结转）。

借：生产成本——基本生产成本——强化木地板

——中密度纤维板

贷：制造费用——折旧费

生产成本——辅助生产成本

（3）假定1月31日已完工产品占总投入成本的80%，分配到产成品入库单中，并生成凭证传到总账系统。

借：库存商品——强化木地板

——中密度纤维板

贷：生产成本——基本生产成本——强化木地板

——中密度纤维板

（4）1月31日，财务根据当月销售业务结转相应销售成本，并生成凭证传到总账系统。

借：主营业务成本——强化木地板

——中密度纤维板

贷：库存商品——强化木地板

——中密度纤维板

（5）1 月 31 日，企业结转本年利润（期间损益转账，收入类与支出类各生成一张凭证）。

（6）1 月 31 日，企业对所有凭证记账，并在 UFO 报表中，利用报表模板编制 1 月份资产负债表、利润表以及现金流量表。

图书在版编目(CIP)数据

会计信息系统/郭婉儿主编 .—成都:西南财经大学出版社,2017.11
(2019.1 重印)
ISBN 978-7-5504-3233-8

Ⅰ.①会… Ⅱ.①郭… Ⅲ.①会计信息—财务管理系统—教材
Ⅳ.①F232

中国版本图书馆 CIP 数据核字(2017)第 243170 号

会计信息系统
主　编:郭婉儿
副主编:罗述苹　马玉娟　何子昉

责任编辑:李晓嵩
责任校对:田　园
封面设计:何东琳设计工作室
责任印制:朱曼丽

出版发行	西南财经大学出版社(四川省成都市光华村街 55 号)
网　　址	http://www.bookcj.com
电子邮件	bookcj@foxmail.com
邮政编码	610074
电　　话	028-87353785　87352368
照　　排	四川胜翔数码印务设计有限公司
印　　刷	四川五洲彩印有限责任公司
成品尺寸	185mm×260mm
印　　张	22.5
字　　数	475 千字
版　　次	2017 年 11 月第 1 版
印　　次	2019 年 1 月第 3 次印刷
印　　数	3001—5000 册
书　　号	ISBN 978-7-5504-3233-8
定　　价	49.80 元